本书系天津市哲学社会科学规划课题"天津近代教育专题史研究"（TJJX13—012）、天津市教育科学"十二五"规划课题"天津近代教育史专题研究"（CE4010）成果。

天津近代教育制度史

王慧 等◎著

中国社会科学出版社

图书在版编目（CIP）数据

天津近代教育制度史／王慧等著．—北京：中国社会科学出版社，2017.12

ISBN 978 – 7 – 5203 – 1660 – 6

Ⅰ.①天… Ⅱ.①王… Ⅲ.①地方教育—教育制度—教育史—研究—天津—近代 Ⅳ.①G527.21

中国版本图书馆 CIP 数据核字（2017）第 299471 号

出 版 人　赵剑英
责任编辑　马　明
责任校对　任晓晓
责任印制　王　超

出　　版　中国社会科学出版社
社　　址　北京鼓楼西大街甲 158 号
邮　　编　100720
网　　址　http：//www.csspw.cn
发 行 部　010 – 84083685
门 市 部　010 – 84029450
经　　销　新华书店及其他书店

印　　刷　北京君升印刷有限公司
装　　订　廊坊市广阳区广增装订厂
版　　次　2017 年 12 月第 1 版
印　　次　2017 年 12 月第 1 次印刷

开　　本　710 × 1000　1/16
印　　张　28.5
插　　页　2
字　　数　453 千字
定　　价　118.00 元

序

　　欣闻《天津近代教育制度史》即将出版，实在可喜可贺。为什么呢？一是因为"近代中国看天津"，近代天津的新式学堂出现早，发展快，类型多，有许多有特色、有影响的学校，值得好好深入研究；二是因为天津地方教育史的研究成果数量不多，需要充实和加强这方面的研究。所以，这本书的出版是值得欣慰的事情。

　　地方教育史是中国教育史研究的拓宽和深入，是教育史学科建设的重要组成部分，它阐明一定区域教育的产生、发展和变化，有助于发掘和整理地方教育史志资料，梳理各个时期教育发展的脉络，总结历史经验，深化教育改革，对于存史、育人、资政都有重大的理论价值和现实意义。

　　这本书的研究主题突出，逻辑线索清晰，特别在史料的挖掘上下了一番功夫，运用了很多历史档案、报纸杂志等一手资料，比前人的同类研究有所突破和完善，值得学术界关注。

　　作者王慧是我的学生，多年来，难得她一直心系中国教育史，倾心教学与研究，希望她能再接再厉，在这个领域取得更丰硕的研究成果。

阎国华

2017.1.22

（作者系著名教育史学家、河北大学教授、国务院政府特殊津贴获得者）

目　录

绪　论

一

天津——中国北方的经济中心和历史文化名城。

她位于华北平原九河下游，东临渤海，北依燕山，是海河五大支流南运河、子牙河、大清河、永定河、北运河的汇合处和入海口，素有"九河下梢""河海要冲"之称。

唐朝时这里被称作"三会海口"，即大运河与海河及渤海湾交汇的地方①，南北汇通，水陆交通便利，漕运、盐业发达。1153 年，金海陵王迁都中都大兴府（今北京），所需粮食、丝绸等物资都通过运河运抵中都，而位于南北运河与海河交汇的三岔河口一带便成为漕运的重要枢纽，金朝政府在此设有粮仓，为保障物资运输的安全，特设"直沽寨"，派兵戍守。元朝时，直沽仍是漕运中转的枢纽，延祐三年（1316），直沽寨改为"海津镇"，是军事重镇和漕粮转运中心，"兵民杂居"，人口稠密，在诗人张翥的笔下呈现出一种"一日粮船到直沽，吴罂越布满街衢"的繁荣景象。明朝建立后定都南京，明成祖朱棣久居北平，由于直沽地处"水陆咽喉"，而且又是他当年率兵渡河、取得胜利并成为"天子"的地方，于是，永乐二年（1404）在直沽设卫，并赐名"天津"。翌年设天津左卫，转年又增设右卫。明中叶以后，随着河海交通航运的发展，天津的商业贸易日渐繁荣，是北方商品的集散地，到明中叶天津已经发展成为

---

① 中国人民政治协商会议天津市文史资料委员会编：《中国历史文化名城——天津》，天津人民出版社 2005 年版，第 3 页。

北方的商业中心。明清之交，天津的商业和城市已经相当发达，据清康熙年《天津卫志》记载："南运数万之漕，悉道经于此，舟楫之所咸临，商贾之所萃集，五方之民所杂处……名虽曰卫，实在一大都会所莫能过也。"① 顺治九年（1652），三卫合一，归并于天津卫。雍正三年（1725），改天津卫为天津州；雍正九年（1731），又晋升为天津府，全面提升了天津的政治、军事地位。

此外，天津"去神京二百余里，当南北往来之要冲"②，既是出海通道，又是安全屏障，自辽代以后，是守卫几朝首都的"京畿门户"，在政治和军事上都占有重要的战略地位。

二

教育是社会系统中的一个子系统，教育的发展离不开社会政治、经济、文化大背景。

马克思曾说："掠夺是一切资产阶级的生存原则。"③ 19 世纪 60 年代，天津被迫卷入世界经济的旋涡，正是由这个生存原则所决定的。

18 世纪 60 年代，工业革命首先在英国爆发，大机器生产代替了手工生产，生产力得到极大提高，物理、化学、生物等近代科学技术取得了空前成就，西方资本主义迅速发展起来，而国内的资源和市场已经不能满足资本主义的发展需求，为了寻找新的原料产地和商品市场，西方殖民列强开始了疯狂的对外扩张，将魔爪伸向了中国———一个沉睡着的古老东方大国。鸦片战争失败后，中国被迫签订丧权辱国的《南京条约》，开放了广州、厦门、福州、宁波、上海等 5 个通商口岸，从此，中国从一个闭关自锁的封建大国开始沦为半殖民地半封建国家。

第一批开放的通商口岸都在南方，帝国主义列强又把魔爪伸向位于北方的天津。天津特殊的地理位置和发达的商业，早在鸦片战争之前，

① 《天津卫志·序》。
② 同上。
③ 中共中央马克思恩格斯列宁斯大林著作编译局编：《马克思恩格斯选集》第 4 卷，人民出版社 1995 年版，第 390 页。

就被帝国主义所觊觎、窥伺，1840 年 8 月，英军曾入侵大沽口。第二次鸦片战争失败后，他们迫不及待地增开天津为通商口岸，在这里大肆划定租界，开银行、洋行，控制海关，建教堂、学校和医院，在政治、经济、军事、文化各个方面对天津进行一系列的侵略活动，天津成了帝国主义在北方盘踞的最大基地。从此，天津从一个封建的商业、交通枢纽转变为半殖民地半封建的近代工商业港口贸易城市，这也促使了天津的经济结构发生重大转变，即从原来的以农业、手工业为主变为以工商业为主，大量的外国商人和洋行涌入天津，大批国内外商品和原材料通过天津港运往全国和世界各地，进出口贸易额逐年增加，天津成为北方最大的贸易口岸。

清末，西方列强横行中国，民不聊生，清政府统治内外交困，岌岌可危。清政府为了维护封建统治，寄希望于旨在"自强""求富"的洋务运动。洋务派非常看重天津的政治和地理位置，1867 年，在津设立"军火机器总局"（后更名为"天津机器制造局""北洋机器制造局"），这是中国最早的近代工业企业。同时，洋务派还在天津创办了一批工矿、轮船、钢铁、电报、纺织等民用企业，催生了天津近代的早期工业。

1902 年，袁世凯就任直隶总督兼北洋大臣，推行地方自治，天津出现了两次民族工业发展的热潮。第一次是在清末，袁世凯为迎合"新政"，接受直隶工艺总局总办周学熙的建议，大力兴办工艺、工厂。在"大兴工艺"的推动之下，以轻工业为主的天津民族工业开始有了初步的发展，从 1903 年到 1913 年，民族资产阶级在天津大量兴建工厂，资本在万元以上的约有 32 家，如北洋烟草厂、万益织呢厂、天津铁丝铁钉厂、北洋火柴厂、北洋榨油厂等等。第二次是在"一战"期间，西方殖民列强忙于战事，放松了对中国的侵略，天津的民族工业获得了一个发展的"黄金时期"，特别是以棉纺织业和面粉业为主的轻工业发展更为迅速，当时建了很多纱厂，到 1922 年，天津一跃成为仅次于上海的第二大棉纺工业城市。

在外力的压迫之下，天津逐渐偏离了中国传统城市的发展轨迹，工业、商业、贸易在全国都占据举足轻重的地位，成为北方的经济中心、全国第二大商埠，其政治、经济、文化教育的地位迅速提升，正所谓

"千年历史看西安，五百年历史看北京，百年历史看天津"①。

三

近代的天津作为"京畿门户"，一方面，成为西方列强对华进行政治、军事、经济、文化侵略的突破口；另一方面，也是中西文化碰撞、交流的前沿和"救亡""图存"的基地。从 1860 年美国基督教公理会开始在天津兴办小学起，各类教会学校不断涌现，在纵向上建立了初、中、高三级学校体系，在横向上编织了覆盖普通教育、宗教教育、职业教育的教育网络。西方教会在天津办学长达百年之久，虽然以传教为目的，带有帝国主义文化侵略的色彩，但在客观上却推动了天津教育的近代化。

两次鸦片战争以及甲午战争后，西方思想、文化大量传入中国。为了挽救民族危亡，洋务派与维新派不约而同地聚集在"西学"上。洋务派于 19 世纪 60—90 年代，在天津集中兴建了一批洋务学堂，有天津电报学堂（1880）、天津水师学堂（1881）、天津武备学堂（1885）、天津西医学堂（1893）。1895 年 10 月，天津海关道盛宣怀通过直隶总督王文韶，禀奏清光绪皇帝设立新式学堂获准，成立了天津北洋西学学堂（后更名为北洋大学堂），这是中国第一所近代意义上的大学，成为中国高等教育近代化的里程碑。戊戌变法失败后，庚子国变爆发，清政府启动"新政"以求自救，教育改革一触即发。然而，北京作为当时的政治中心，保守势力盘踞，在学习西方以及改革教育的进程中表现出明显的保守性，而天津却凭借畿辅重镇的战略地位以及依托海河形成的码头文化凸显了巨大的包容性，成为中西文化的交汇地，在学习西方文明、进行教育改革过程中占据了先机。

19 世纪末 20 世纪初，在维新教育思想和"新政"教育改革的推动下，天津的各类新式学校如雨后春笋，据《天津县新志》记载，1900—1911 年间，天津共有各种类型的学堂共 156 所，包括大学堂、高等学堂、中学堂、小学堂、女学堂、师范学堂、法政学堂、工业学堂、农业学堂、

---

① 张利民：《解读天津六百年》，天津社会科学院出版社 2003 年版，第 360 页。

医学堂、艺徒学堂、半日学堂、半夜学堂等不同类型的学校,① 无论是学校的数量、规模，还是学校的类型、管理，都走在全国前列，在全国起到了良好的示范作用，成为我国近代新式教育的一个标杆，取得了许多宝贵经验，值得我们深入研究、思考和总结，对促进当今天津教育事业的发展有着重要的参考价值。

四

本书入选天津市哲学社会科学规划项目"天津近代教育专题史研究"（TJJX13—012）、天津市教育科学"十二五"规划课题"天津近代教育史专题研究"（CE4010）。本书采用历史法，以教会教育、学前教育、义务教育、普通中学教育、高等教育、留学教育、师范教育、职业教育、社会教育等专题为研究对象，时间段截取以上各类教育在天津的出现为起始点，1949 年新中国成立为终止点。教会教育比较特殊，其时间段为1860 年天津出现最早的教会学校——小书房，到 1956 年教会学校在天津消失。本书的"天津"是指自清末以来设置的天津县、天津特别市、天津市及其所辖区域。

本书在对大量史料进行整理、分析的基础上，对各级各类教育的发展进行历史分期，并对每个时期发展的特点进行归纳，同时，对办学机构的行政管理、经费来源及使用、课程设置、教学内容、师资与学生管理等方面进行深入剖析，力图较为全面、深入地展现天津近代教育制度的发展脉络和图景，进一步加深对天津教育近代化的认识，具有一定的理论意义，同时，也对天津近代教育制度发展的特色、经验、不足及启示进行概括总结，为当今天津的教育改革提供历史借鉴，具有一定的现实意义。

本书具有以下几个特点：（1）选题新颖。本书系首次对天津近代教育制度进行的专门研究，具有一定的开拓性。（2）涉及面广。本书所研究的专题包括了除女子教育外所有的教育类型，拓宽了天津近代教育史的研究范围。（3）结构严谨。本书所涉及的每个专题都从纵横两个方面

---

① 张大民主编：《天津近代教育史》，天津人民出版社 1993 年版，第 83 页。

进行研究，纵向上划分发展阶段，总结各个阶段发展的特点；横向上聚焦行政和学校管理机构、经费来源、课程设置、教学内容及方法、教师与学生等问题，全面、深入剖析教育制度的各个基本要素，尽可能反映天津近代教育制度的真实面貌。（4）史料充实，史论结合。本书在史料挖掘上下了一番功夫，查阅了近代大量相关的档案、报纸、期刊和书籍，增添了不少新的史料，同时，不乏分析论证。本书以我国近代政治、经济、文化发展的社会宏观背景为经，以天津近代社会发展的现实和教育实际为纬，运用马克思主义唯物辩证法，论述天津近代教育制度的发展和演变，力求在理论层面上对天津近代教育实际进行精细剖析和入理论证，寓理论分析于史实之中，在史实基础上进行理论概括。

　　本书的撰写者：绪论（王慧）、第一章（郑丽琴、王廷）、第二章（刘向军、张天征）、第三章（陈雅雯、王慧）、第四章（吴婷、王慧）、第五章（赵亮、刘兆宇）、第六章（李凤、吴婷）、第七章（王羽、王慧）、第八章（顾安俊）、第九章（梁雯娟、王慧）、结语（王慧），全书由王慧统稿。

第 一 章

天津近代教会教育

　　1840 年，英国的坚船利炮打开了清王朝闭关锁国的大门，中国一步步地沦为半殖民地半封建社会。1860 年，清政府与英法联军签订《北京条约》，天津被迫成为通商口岸，各国列强争相在此划定租界、设立领事馆，其教会组织也蜂拥而至，建教堂，设学校，立医院。从 1853 年起，各国教会陆续建立了包括教会小学、中学、大学在内的各类学校，具有相当规模且自成体系，在客观上促进了天津教育的近代化。

第一节　教会教育兴起的原因

　　1860 年，天津出现了第一所教会学校，此后，教会教育在天津存在了 100 年。天津教会教育在天津兴起的原因主要有以下几方面：

一　教会传教活动此起彼伏

　　天主教是最早进入天津的教会组织，早在 1847 年法国神父卫儒梅进入天津传教。初期，传教活动因为没有得到中国政府的认可而秘密进行，直到第二次鸦片战争失败后，借助《天津条约》的庇护才开始大张旗鼓地肆意扩张势力，他们强占土地建造教堂，拐骗、虐待中国儿童，极大地激怒了当地民众，最终爆发了震惊中外的"天津教案"。1900 年，八国联军在天津大肆烧杀抢掠，凭借着《辛丑条约》的庇护，天主教传教士的气焰再次嚣张起来，各国传教士利用赔款，大量购置土地建造教堂，收买教徒，堂口数量从"1904 年的 7 处增至 1911 年的 10 处"①。1912 年 4 月，罗马教廷准许了林懋德（S. Jarlin）的建议，成立天津教区。新成立的天津教区有堂口 13 处，中外神父 19 名，修士修女共 48 名，并且拥有经费约银圆 45 万元。"天津教区成立后，天主教势力迅速扩张，据统计，1912 年已有教徒 34517 名。"②

基督教最早进入天津传教的是美国公理会传教士柏亨利。1861 年，英国圣道堂、伦敦会进入天津，他们凭借英国的侵略势力，强行购置房屋、土地改造、建造教堂，还以免费就医、入学的方式吸引民众入教。美以美会在 1872 年进入天津传教，修建教堂，开办学校和妇婴医院。吉瑞在 1897 年向华北年所做的会议报告中提到，美以美会在天津有 11 处礼拜堂，还有 3 个医院和药房，还有几个神学院、两个兴盛的膳宿兼备的男女中学，并有一些小学和一个女学道房。③

1900 年春，义和团运动伸入到直隶，矛头直指外国入侵者，教会成为重点打击的对象。义和团首领杨寿臣率领众人烧毁了教堂，各县基督教会也被迫停止活动。义和团运动极大地打击了教会势力，很多基督教堂化为灰烬。《辛丑条约》签订后，各国教会又开始强行扩充租界，重建教堂，扩建医院和学校，还有一些新的教派势力也迅速壮大起来。为了更好地利用宗教征服中国，各国政府对教会办学给予支持，教会学校的规模不断扩大，客观上为天津教会教育的发展提供了有利的条件。

二　扩大教会的影响力

第一次鸦片战争后，各教派凭借着一系列的不平等条约的支持进行传教，但是效果并不明显。传教士被人民唤作"洋鬼子"，教士们或在街上散发《圣经》小册子，或赈灾布道，很难取得实际效果，于是教会就将目标转移到办学上。1866 年，美国公理会创办教会小学，这是教会在津创办最早的学校。后来其他教会也积极参与办学，相继创办了成美馆、安立甘教会学校、法汉学堂等。这些学堂招收穷苦儿童，并且免学费，

---

①　中国人民政治协商会议天津市委员会文史资料研究委员会编：《天津文史资料选辑》第 2 辑，天津人民出版社 1979 年版，第 155 页。

②　同上书，第 156 页。

③　刘清芬：《美以美会（卫理公会）传入天津和华北的概况》，载《天津宗教资料选辑》第 1 辑，天津人民出版社 2003 年版，第 99 页。

提供食宿，这样就减轻了百姓的负担，减小了传教过程中遇到的阻力，便于教义传播，扩大了教会的影响。教会办学"其志亦并不在于教育人才以促进教育之进步，乃欲以学校为一种补助之物，以助其宣传福音之业"①。教会采用办学方式进行传教，其效果远比传教布道要好得多，吸引了不少普通民众的孩子入教学习教义。

三　迎合洋务运动的需要

两次鸦片战争的失败，清政府中一些官员开始意识到在"器物"层面上的不足，试图通过学习西方先进技术，扭转被动挨打局面，于是发起了"自强""求富"的洋务运动，天津以其重要的区位优势成为北方洋务运动的中心。

英国传教士李提摩太（Timothy Richard）刚来天津时，听他布道的人寥寥无几，局面一直没有打开，直到第二次鸦片战争后，仍然没有起色，于是，他转变策略，迎合洋务运动的潮流，披起西学的外衣进行传教，果然奏效。从1880—1884年，他花费1000英镑订购了宗教、科技书籍和仪器，每月举行一场科学讲座，目的是通过传播西学让中国人接受"福音"。在传播西学的过程中，教会意识到了，仅有小学程度的学堂是不够的，必须着手办更多的中学乃至大学，这样既能满足"洋务"的人才所需，也能让更多的人接受"福音"。

四　为了实现"中华归主"

随着对"洋务"人才数量需求的增加和教会势力的不断扩大，教会也越发意识到办学的重要性，《基督教中学之特殊的职务与目的》中提到："中学教育之影响乃及于大部分的中等社会，此中等社会者，盖即目前教堂之所藉以发展得力者也，社会上超越之领袖虽非中学所能产出，但大部分基督教的社会强健的维持者，乃端由此中学供给之也。"②尤其在清末"新政"以后，原来抵触教会教育的士大夫和富商

---

① 李楚才编：《帝国主义侵华教育史资料——教会教育》，教育科学出版社1987年版，第5页。

② 同上书，第179页。

们纷纷将孩子送到教会学校接受教育。"1905 年后，申请入教会学校的学生多到学校无法容纳的程度"①，天津的教会学校就在这个时候发展起来。

此外，1904 年清政府颁布《奏定学堂章程》，公立中小学的发展极大地威胁到教会学校的地位，因此在历届中华基督教大会上，各教会都会对学校的发展提出规划，他们认为教会应与教育界互利互惠，大力发展教育，要让教会学校"彻底的中国化、更有效的教育化、更切实的基督化"②，即培养高素质的教徒，扩大教会在中国的影响，并且找到未来中国的精神领袖，对中国施加更多的影响力，最终达到"中华归主"的目标。

第二节　教会学校的发展轨迹

天津的教会学校最初是由教会小学堂发展起来的。1900 年后教会学校在天津迅速兴起。根据天津教会学校的发展，笔者将其分为草创时期、发展时期、立案与调整改革时期、脉动发展时期、改造时期。

一　教会学校的草创时期（1860—1900）

19 世纪 50 年代至 20 世纪初，天津教会教育的办学层次以小学为主，中学甚少。教会学校只是作为传播福音的场所之一，宗旨是培养传教人才以及引导青少年信教。

（一）教会小学的兴办

1860 年 9 月，美国基督教公理会传教士柏亨利（Henry Blodget）在东门外天后宫一带传教，由于不通汉语，为了便于传教，他成立了小书房，招收数名学生进行"教育"，③ 这是外国教会在天津设立的第一所教会学校。1862—1863 年，柏亨利又先后在鼓楼东仓门口开办了一所男书

① 栗洪武：《西学东渐与中国近代教育思潮》，高等教育出版社 2002 年版，第 130 页。
② 李楚才编：《帝国主义侵华教育史资料——教会教育》，教育科学出版社 1987 年版，第 183 页。
③ 《究真轶事》，《河北区小学校史选》第 1 集，第 1 页。

房和一所女书房。① 1864 年，柏亨利离津，书房的管理由山嘉利
（C. A. Sinanley）夫妇接任。1866 年，山嘉利夫人在杨柳青创办一所小学
堂，设 4 个班，学生多是教会子女。学校规模甚小，分男女两部，每部
只有一名教师，食宿由教会供给。1889 年该校迁至紫竹林海大道（今大
沽路）。

1862 年，英国差会圣道堂传教士殷森德夫妇在其位于紫竹林的布道
班办起了中国女童学堂。1867 年，又分别在水梯子、马家渡口及芦庄子
建立学馆，招收 10 余名中国学生，"学生皆受洗奉教者，平日居心作为，
固宜恪守圣经真训，无犯教规，而外貌礼节，亦宜庄肃"②。"总之，为学
生者则以听命为本，为无事之巨细，不当任意苟简，如有不率教者，查
行戒饬，再劝而不听者，斥退可也。"③ 1888 年，殷森德的妻子在天津兴
办了一所女子小学堂，以她故去的长女 Anniced Kns Innocent 命名。

1864 年，英国伦敦会传教士李一视（Jonathan Lees）在海大道（今
大沽路）创办养正学堂，这是一所圣经学校。

1864 年，法国天主教传教士狄仁吉在东门外小洋货街创建了天津第
一所慈善堂，收留了 156 名孤儿。1865 年，又在其堂口为奉教子弟开设
了一个学堂，招收 20 名学生。④

1882 年，美以美会传教士达吉瑞在紫竹林海大道创办了女学道
房。1886 年，又创办了一所膳宿男女学堂，名为蒙学馆，相当于初
等小学程度，招收男生 12 名，女生 10 名，这便是汇文小学的前身。
1890 年，美国卫理公会创办汇文小学，该校位于二区南门外大街，
首任校长王卫敏。

1890 年，美以美会牧师倭克在海大道创办成美馆，相当于高等小学
程度，初招学生 10 人⑤，教授圣经，培养基督徒，这便是汇文中学的

---

① 《究真轶事》，《河北区小学校史选》第 1 集，第 2 页。
② 李楚才编：《帝国主义侵华教育史资料——教会教育》，教育科学出版社 1987 年版，第
88 页。
③ 同上书，第 90 页。
④ 天津市教育局编：《天津基础教育四十年》，天津市教育局《教育志》编修办公室 1989
年版。
⑤ 天津宗教志编辑室编：《天津宗教资料选辑》第 1 辑，天津人民出版社 2003 年版，第
99 页。

前身。

1895 年和 1897 年，英国圣公会分别在浙江路 6 号和 8 号为英侨儿童设立男女学堂各一所，并从英国请来女教员任教。1898 年，传教士史嘉乐看到学堂女生人数大增，男生人数太少，决定将两学堂合并，在浙江路教堂内建造新校舍，称安立甘教会学堂，于是年 9 月开学，该校在义和团运动高涨时期停办，1905 年复学，由英国工部局接管了该校，改名为天津学堂。

（二）教会中学的出现

19 世纪后期，各教会为了培养传教人才，在发展教会小学的基础上着手兴办中学。

1887 年，法国天主教传教士刘克明（Dui Loux）、荷兰传教士武致中（Genarts），在紫竹林教堂创办了一所专供外侨子弟学习英、法等国语言和商业知识的中学堂，后来该校迁至大法国路（今解放北路），后又迁至圣路易路（今营口道滨江医院住院部），定名为圣路易中学堂。1891 年 4 月，北京教区主教都士良从法国调来 6 名圣母文学会修士接管了该校。①

1895 年，法国驻华公使施鄂兰和驻天津总领事杜士兰，授意紫竹林教堂创办一所法国驻华机关、企业培养通晓法文的华人学校，此案报经直隶总督李鸿章批准，于法国工部局（今解放北路天津粮食局）旁建校，校名定为"法国学堂"，这是天津最早招收华人子弟的教会中学，由法国天主教圣母会主管。学校初设两个班，每班有学生 20—25 人。课程以学习法文为主，所以当时又被称为"法文学堂"。1902 年学校迁至望海楼，1907 年更名为"工部学校"。1916 年，随同法租界的扩张，法国强行占领老西开，学校迁至法国教堂前的新建校舍，又更名为"法汉学校"。学校的课程也由过去的专教授法文，转为教授一般的中学课程。虽然该校几度迁校、更名，但始终置于法国工部局领导之下，由天主教圣母文学会修士掌管。

草创时期天津教会学校的基本情况详见表 1—1。这一时期教会学校

---

① 天津宗教志编辑室编：《天津宗教资料选辑》第 1 辑，天津人民出版社 2003 年版，第 108—109、111 页。

具有以下特点：

（1）教会学校办学层次较低，大多数为小学，教会中学只是零星出现。教学内容以语言教学为主，目的是为了便于传教。

（2）教会学校的规模都不大，在校学生人数少。

（3）教会学校中有较大一部分是为侨民子女设立的；而那些为华人子弟所办学堂，多以慈善事业或补贴为诱饵，招收的学生大多数来自于贫寒家庭。

（4）教会学校实际上是借办学之名，行传教之实，教育的目的主要是培养布道人才，吸引民众信教。

表1—1　　　　　　　　1860—1900 年天津教会小学一览

学校名称	创办时间	创办人	所属教会	学校地址
小书房	1860 年	柏亨利	基督教公理会	东门外天后宫
中国女童学堂	1862 年	殷森德夫妇	英国圣道堂	
女书房	1863 年	柏亨利	基督教公理会	鼓楼东仓门口
慈善堂	1864 年	狄仁吉	法国天主教	东南门小洋货街
养正学堂	1864 年	理一视	英国伦敦会	海大道（今大沽路）
小学堂	1866 年	山嘉利夫妇	基督教公理会	杨柳青，1899 年迁至紫竹林
蒙学院（汇文小学前身）	1886 年	达吉瑞	美以美会	紫竹林海大道
女学道房	1882 年	达吉瑞	美以美会	紫竹林海大道
圣路易学校	1887 年	刘克明、武致中	法国天主教，1891 年由圣母文学会接管	法租界圣路易路今滨江医院
女子小学堂	1888 年	殷森德妻子	圣道堂	
汇文小学	1890 年		卫理公会	
安立甘教会学校	1898 年	英国圣公会	圣公会	马场道安立甘教会内

学校名称	创办时间	创办人	所属教会	学校地址
成美馆	1890 年	倭克	美以美会	海大道 （今大沽路）
法国学堂 （法文学堂）	1895 年前	法国教堂神父	天主教圣母会	法国工部局 （今解放北路）

资料来源：于学蕴、刘琳编：《天津老教堂》，天津人民出版社 2005 年版。

二 教会学校的发展时期（1901—1927）

1900 年，清政府签订丧权辱国的《辛丑条约》，中国完全沦为半殖民地半封建社会。帝国主义国家为了寻求在华代理人，开始大力发展教会教育，教会学校的办学规模不断扩大，办学层次也不断提高。

（一）教会小学平稳发展

这一时期，天津新建的教会小学主要有以下几所（见表1—2）。

1903 年，美国公理会创办育真小学，校址位于西沽龙王庙东一号。

1906 年，为扩大传教范围，公理会将紫竹林房地产卖给法国工部局，用于改建马路，将所得款项购买了北运河西岸西沽龙王庙，传教士山嘉利将教会和学校由紫竹林迁往龙王庙，学校实行分科教学六年制，男校始称究真小学，女校则称仰山女子小学。[1]

1906 年，天主教望海楼教堂创办诚正小学和贞淑女学，校址在望海楼附近（今河北区医院路附近），早期学堂堂长、教职员多由法国人担任。

1908 年，商人李某与天主教合办培德小学，校长是何之忠、张德忠，最初校址位于紫竹林，1913 年迁至老西开教堂一侧。1916—1923 年有教员 11 名，分初小、高小，学生 300 余人。[2]

1910 年 10 月，天津仓门口中国基督教会成立，下设支会并附设小

---

① 张大民主编：《天津近代教育史》，天津人民出版社 1993 年版，第 146 页。
② http://blog.sina.com.cn/s/blog_56e013dc0102vnp1.html，2015 年 4 月 3 日。

学,"河东沈王庄支会于1915年在创办人窦英堂住宅内设查经班并附设小学;河北任田里支会附设女子小学各一所"①。这是中国基督教徒自己创办的小学。

1914年6月,李鲁宜、杨荩仁、英实夫等人创办圣功女校,这是天主教为租界女童创办的一所学校,初期校址设在法租界义庆里,校舍3间,招收小学生70名,分低、中、高三班,夏景茹任校长。1915年秋,该校迁至海大道美以美会旧址,1916年复迁法租界26号路(今滨江道劝业场小学址)。②

1914年,天主教西开教堂创办西开小学,校址设在西宁道。

1915年,天主教西开教堂创办若瑟小学,校址位于宝鸡道文善里。

1920年,天主教西于庄教堂创办益世小学,校址在西于庄大街,首任校长张博雅。

1926年,基督教牧师霍培德在静海创办达成学校,初期招收高小班学生60人,教师3人,该校"七七事变"后停办。

1927年,美国卫理公会创办培才小学,校址位于法租界26号路。

表1—2　　　　　　　　1903—1927年天津教会小学一览

学校名称	创办时间	创办人	所属教会	学校地址
育真小学	1903年	校长,卢雯文	基督教公理会	西沽龙王庙东一号
究真小学(男校)	1906年	山嘉利	基督教公理会	北运河西岸西沽龙王庙
仰山女子小学	1906年	山嘉利	基督教公理会	北运河西岸西沽龙王庙
诚正小学	1906年	天主教会	天主教圣道堂	望海楼附近(今河北区医院路附近)
贞淑女学	1906年	天主教会	天主教圣道堂	望海楼附近(今河北区医院路附近)
宏育小学	1907年	校长石道宏	贺家口教堂	小刘庄经堂后街38号
培德小学	1908年	商人李某与天主教合办	天主教堂	紫竹林,1913年迁至老西开教堂一侧

---

① 张大民主编:《天津近代教育史》,天津人民出版社1993年版,第151页。
② 同上书,第152、153页。

学校名称	创办时间	创办人	所属教会	学校地址
汇文第二小学	1913 年	基督教女青年会	美国卫理公会	六区广东路
圣功小学	1914 年	校长为德玉珍	天主教天津教区	今滨江道小学
圣功女校	1914 年	李鲁宜、杨茝仁、英实夫	天主教	法租界义庆里，后迁海大道，1916 年迁法租界 26 号路（滨江道）
西开小学	1914 年	法国天主教	西开教堂	西宁道
若瑟小学	1915 年	法国天主教	西开教堂	宝鸡道文善里
法汉小学	1916 年	杨玉书	圣母文学会	西宁道 10 号
培英小学	1919 年		沈王庄教堂	四区沈王庄
崇一女校	1920 年	耶稣教会	耶稣教会	本埠东马路
益世小学	1920 年	西于庄教堂	天主教会	西于庄大街 24 号
振声小学	1926 年	佟德义	富辛庄教堂	富辛庄大街 65 号
达成学校	1926 年	霍培德	英国基督教	静海
培才小学	1927 年		美国卫理工会	法租界 26 号路（滨江道）

资料来源：http://blog.sina.com.cn/s/blog_8c0e9f3b01015iq3.html，2012 年 6 月 13 日；于学蕴、刘琳编：《天津老教堂》，天津人民出版社 2005 年版；《为准学校立案事致天津私立育真小学董事会指令（附育真小学调查报告）》，天津市档案馆藏，资料号：401206800－J0110－000605－002。

（二）教会中学的崛起

1900 年以后，教会中学大量涌现，他们有的是由教会小学升格的，有的是新设立的。天津近代一共有 12 所教会中学，其中 10 所都是在此期间建立的，这与当时天津的社会环境有着极大的关系。

首先，《辛丑条约》的签订，加重了中国社会的危机，殖民列强在津的势力扩张到海关、邮政、铁路、银行、厂矿等许多重要行业，他们大量划定租界，教会趁机扩大学校规模，比如伦敦会用《辛丑条约》的赔款，在养正书院旧址建立了新学书院，并设中学班。1908 年以后，"庚款兴学"再次掀起在津办学热潮，如中西女子中学、私立汇文学校就是用庚子赔款而兴建的。其次，为了培养中国需要的"西学""西艺"人才，不少教会小学升格成为教会中学。最后，1890 年的传教士大会达成了教会与教育界互利互惠的共识，确认中学生是传播基督教的中坚力量，因此，各差会大力发展中学，提出要让教会中学"更彻底的中国化、更有效的教育化、更加切实的基督化"①。这些因素为教会中学的崛起提供了契机和有利条件。

基督教所办中学虽然起步较晚，但办学特色鲜明，水平较高。同时，天主教也加快了办学步伐，如法汉学堂利用赔款迁到望海楼教堂东院，设立了初级中学和高级中学两部，学生人数由 1900 年的 40 余名增至 1907 年的 130 余名；除此还新建了圣功女校、老西开中学、圣若瑟女校及工商大学附属中学。以上种种因素，促使天津教会中学进入一个发展的黄金期，由原来的 1 所迅速增到 9 所。

这一时期，天津公立中学仅有 5 所，而教会中学在数量和规模上都比公立中学有优势。据统计，"法汉学校从成立至 1925 年，该校毕业高中 32 届，初中 34 届，毕业生已经达到 1000 余人。汇文中学，1901 年时，有学生 104 人，1916 年招生 176 人。中西女子中学 1915 年，新校举行第一届毕业生时，只有 6 名毕业生，到 1924 年时，学生增至 280 余人。1926 年，私立究真中学已经有 6 个班，有 200 余人"②。同时，在办学质量上远远高于公立中学，办学的类型也更加丰富，加之当时社会急需外语、科技人才，教会中学在这方面又具有先天的优势，必然能够吸引到生源，并且这些生源的家境条件颇为良好。教会中学的培养目标是培养各个阶层的领军人物，以达到中华归主的最终目的。

教会中学的类型主要有三种：第一种是高级和中级两级中学，课程为普通文化科，主要分文理科，大多数教会中学属于这一类型；第二种是中学商科、师范科，如汇文中学 1922 年增设商科，圣功女校设立师范科，这实际上是带有职业教育性质的；第三种是全英文教学，如英国文法学校，所有课程均采用英文教学，高年级的教学是为通过剑桥大学地方考试而服务的，一旦学生考试及格，直接入英国国内的大学读书。这样的教会中学隶属于其教会大学，可以向其教会大学输送优秀人才，也

---

① 李楚才编：《帝国主义侵华教育史资料——教会教育》，教育科学出版社 1987 年版，第 183 页。

② 张绍祖编著：《津门校史百汇》，天津人民出版社 1994 年版，第 40、54、56、69 页。

避免了与其他公立大学的竞争。另外，天津教会中学在女子中等教育方面独具优势，在 12 所教会中学中，有 4 所是教会女子中学，这为天津女子提供了接受教育的机会。这一时期天津教会中学发展情况详见表1—3。

表1—3　　　　　　　　1902—1927 年天津教会中学一览表

学校名称	创办时间	创办人	所属教会	学校地址	现名
新学书院	1902 年	赫立德	英国基督教伦敦会	英租界海大道	天津十七中学
中西女中	1909 年	美以美会	美以美会	初设在海大道马家渡口，后于南门外南关	天津长征中学
汇文学校	1911 年	倭克	美以美会	海大道（今大沽路）	天津汇文中学
圣功女校	1914 年	李鲁宜、杨荩仁	天主教会	法租界义庆里	新华中学
圣若瑟女校	1914 年	天主教圣芳济圣母会	天主教会	初在大法国路，后迁至萨工程师路	天津十一中学
圣路易学校	1914 年		天主教会	法国学校	
老西开中学	1916 年	法国天主教	天主教会	法界老西开	天津二十一中学
究真中学	1926 年	基督教公理会	美国公理会	河北公园后昆纬路北段	天津第三十中学
仰山中学	1926 年	天津	美国公理会		天津第三十中学

　　资料来源：张绍祖：《津门校史百汇》，天津人民出版社，1994 年版，第 223—230 页；张大民：《天津近代教育史》，人民出版社 1993 年版。

（三）教会大学和教会职业学校的出现

1. 天津工商大学

　　1913 年，罗马教廷与在华法国天主教传教士商议："中国还是一个非公教国家，奉教的很少。知识分子和资产阶级在中国占优势。为打进这两个阶层，必须成立高等学校。"拟在中国北方建立一所培养工、商人才的学校，最初校址选在河北省河间县城西附近的旷地。就在即将破土动工之际，1914 年 8 月爆发第一次世界大战，西方帝国主义国家陷入战争的旋涡，法国天主教在河间县的办学计划搁浅。第一次世界大战结束后，西方帝国主义国家又加紧了对中国的侵略，1920 年，天主教罗马教廷责令华北教区总堂——河北省献县耶稣会踵成前事，继续兴办学校。献县耶稣会会士集议，认为河间县非华北重镇，天津乃华北实业之中心、海陆交通之枢纽，在全国商埠中位居第二，且其面临有无限经济价值的渤海，背靠历史悠久的文化古城北京，是开办学校、掠夺资源和窃取情报的理想之地，因此，决定将校址由河间县改迁至天津。

1920 年 11 月 13 日，天主教献县教区刘文斯主教向天津教区文贵宾主教请求在天津开办一所工商学校，专门培养工、商两科专门人才，12 月 9 日，文贵宾主教予以允许办理。

1921 年 1 月 14 日，天主教罗马教廷文准营建。献县耶稣会委令于溥泽（P. P. Jubaru, 1862—1930）神父到天津筹备建校事宜。7 月 25 日，于溥泽抵津，并于 8 月上旬选定马场道清鸣台附近旷地为校址，占地百余亩。1922 年 4 月下旬，学校教职宿舍、预科大楼和北疆博物院北楼的基建工程相继动工。6 月 13 日，经天主教献县教区耶稣会会士计议，该校正式确定名为工商大学，教会内部称之为"天津圣心学院"。12 月初，部分教职员宿舍落成，献县教区在天津的各位神父移居于校内，同时确定于溥泽任工商大学第一任校长。这是天主教为培养工商业专门人才而采取的一项重要举措，该校填补了中国北方尚无天主教建立大学的空白，与南方的上海震旦学院遥相呼应。

1923 年 9 月 15 日，第一届新生入学，分工、商两科，学制本科 4 年，预科 2 年，共录取本科学生 48 名，预科学生 51 名，教授 9 人，除部分课程由天主教神父担任外，并在津聘请兼课教师任教。鉴于学校初创，地处幽僻，尚不为社会上众多人士所知，因此，当时来学者甚少。

2. 济华高级护士学校

该校于 1922 年由马大夫纪念医院护士主任英国人步乐仁创办，校址在海大道马大夫纪念医院内（今大沽路）。成立之初主要培训男性护理人员，后陆续招收一些学生免费学习，修业期限 4 年，结业后由马大夫纪念医院发给证书。1930 年正式命名为马大夫纪念医院附设护士学校，并向中华护士学会申请登记立案获准，首任校长满南溪（英国护士）。课程设置、教学安排均按护士学会规定进行。每年招生 1 次，均为初中毕业男生，1933 年改招女生。1937 年 9 月经教育局批准立案并转呈教育部备案，定名为天津市私立济华高级护士职业学校。这是天津唯一一所教会高等职业学校。

这一时期，天津教会教育的特点：

（1）建立了较为全面的教会学校系统。在纵向上建立了初、中、高三级学校体系；在横向上包含了普通教育和职业教育体系。教会小学在数量上保持了原有的发展水平，教会中学数量、规模增加较快，并出现了教会大学和教会职业学校。

（2）教会中学发展迅速。这一时期新办了 9 所教会中学，不仅规模扩大，而且办学质量也较高。

（3）教会教育的目的不再局限于传教，开始培养各级各类人才，由早期的为宗教服务扩大到为社会政治、经济需要服务。

（4）天主教会办学发展较快。1912 年，天津天主教区副主教雷鸣远担任望海楼教堂主教，他奉行"宗教救国"，重视教会办学，在组织成立的公教进行会章程中明确提到："教育包括幼稚园、小学、中学、大学、师范。"① 在他的倡导下，天主教各教派兴办了工商大学、圣功女校、私立老西开中学、圣若瑟女校及工商大学附属中学等学校。

（5）重视女子教育。这是教会办学的一大特色。在 10 所教会中学中，有 3 所是女子中学，圣功女校、圣若瑟女校都是为了解决女子入学的问题而新创办的。

三　教会学校的立案与调整改革时期（1928—1937）

20 世纪 20 年代，日益高涨的民族民主运动和风起云涌的收归教育权运动合流，使教会教育受到前所未有的冲击。1921 年，北洋政府颁布《教会所设中等学校请求立案办法》，要求教会学校要向当地教育机构立案，规定"学科内容及教授方法不得含有传教性质，否则不予立案"。但

---

① 张大民主编：《天津近代教育史》，天津人民出版社 1993 年版，第 151 页。

是，天津的教会学校消极应对，大多数学校并未向当局提交立案报告。1925 年 5 月，"五卅运动"爆发并迅速席卷全国，北洋政府于 11 月发布了《外国人捐资设立学校请求认可办法》，对办学宗旨、课程设置和学校的组织管理机构提出明确要求。1926 年，国民政府又出台《私立学校规程》，以此规范教会学校立案手续。1931 年教育部还规定，各大学在招收新生时，不得招收未正式立案的中等学校的学生，并规定 1931 年第一学期开学前一日为立案的最后期限，在这样的情况下，天津的教会学校不得不向政府提出立案，进行调整和改革。

（一）教会小学的立案与调整

在中国政府的一再督促下，天津的教会小学才开始向教育局立案，大部分教会小学在 20 世纪三四十年代均完成了立案以及相应的教育行政调整工作。详细情况见表 1—4。

根据天津教育局的要求，立案后的教会小学积极调整各项工作。如在教学内容方面增加体育，1932 年，位于意租界二马路的智德小学校，为提倡国术及健康儿童之身体，增设国术班，每日于一定时间内练习，男女兼收。①

除了在教学方面进行调整外，还开展多种多样的教育活动，如 1935 年 1 月，树德学校举办成绩展览会，"本市英租界五十九号路树德学校，兹为鼓励学生奋进起见，特自昨日起，举行成绩展览会三日，俾兹观摩，昨日前往参观者，学生家长及津市各小学学生，不下千余人。关于展览之物品，大部分分为试卷、劳作、图书等类，琳琅满目，异常可观，而尤以劳作成绩最为精彩，颇博观众好评云"②。1935 年 6 月，若瑟小学召开庆祝立案运动会。"本市法租界西开教堂后若瑟女子小学校，近为呈请市教育局立案，业已核准，特于昨日下午二时举行运动会以资庆祝，并招待学生家长，到有该校董事贺德惠、许日升、顾礼、张瀚翔、陈学谦、萧瞻峰等，暨学生家长来宾全体学生五百余人。"③

---

① 《智德小学校提倡体育》，《益世报》1932 年 11 月 17 日。
② 《树德学校成绩展览会》，《益世报》1935 年 1 月 30 日。
③ 《若瑟小学庆祝立案　昨举行运动会》，《益世报》1935 年 6 月 16 日。

表1—4   教会小学立案情况表

学校名称	立案时间	立案后的校长	校董会董事长
诚正小学	1923. 5. 15	赵振亚（曾任）、王际五	周虎臣
贞淑小学	1923. 9. 17	解承武	
培英小学	1931. 3. 3	王建新	
究真小学	1931. 7. 21		崔伯
仰山女子小学	1931. 12. 30		孙玉琦
汇文小学	1934. 5	王若敏	
正德小学	1934. 6. 1	富爱媄	
若瑟小学	1935. 4		陈学谦、许日升

然而，教会小学的立案并非一帆风顺，西开小学、益世小学、益民小学、谦德小学都是到1946年才完成立案的，育真小学于1947年进行了立案。

（二）教会中学的立案与改革

1929年，天津市教育局对圣功中学的立案进行调查。仰山女中于1930年5月7日，由天津市教育局批准立案，定名为天津私立仰山（女）初级中学。1930年，中西女子中学、新学书院向天津市教育局提出立案。老西开中学在1932年3月19日呈奉天津市教育局颁发的第137号令准许立案，更名为天津私立老西开中学。1933年，法汉学校向天津教育局提出立案，1935年批准立案。1934年，汇文中学向天津教育局提出立案申请。除圣若瑟女中外，其余11所教会中学都在1936年前向天津教育局立案，立案后的校名都被冠以"私立"字样，成为合法的教育机构，可以继续办学。

立案后，教会中学都成立了校董会负责管理校务，并且由中国人担任校长，例如，私立汇文中学和私立中西女中的校长由美国留学回来的博士刘芳担任，私立究真中学校长由协和大学毕业的李清贤先生担任，1932年，老西开中学立案后，校长由刘文贵担任，继任校长是苏国璋。

一些教会中学在调整后，扩大了原有规模，如仰山女中在1929年新增初中一年级，有学生46人；第二年增设初中二年级，学生人数为46

人；第三年增设初中三年级，学生有 20 余人，共计中学生 90 余人。天津工商大学在 1931 年增设初中部，命名为天津私立工商大学附属中学。

教会中学立案后的改革主要体现在三个方面：首先，改革课程，取消宗教课，增加英语和科学课的课时，并按照教育部颁布的课程标准实行教学，与公立中学所设课程无异。宗教课程虽然取消，但是宗教教育仍然存在，只是将宗教课程归到相关课程里，例如宗教教育由教育学课程替代，文学课可以上圣经内容。换言之，教会中学的宗教意识淡化，学校虽然仍由差会管理，但是获得了社会的认同，凭借着西方先进的教育模式和师资力量，其教学水平仍然高于当时的公立中学。

其次，改革学制与学科。立案后，私立汇文中学、中西女子中学、法汉中学、老西开中学、究真中学、圣功女中等学校，均采用教育部规定的"三三制"，大多学校采用学分制，根据学校培养人才的目标，进行分科教学，分文理两科，有的增加商科和师范科，如私立汇文中学设有商科；圣功女中设立高中师范科，突出其办学特色。

最后，加强党化教育。1927 年，蒋介石提出要在学校中实行"党化教育"，1929 年，民国政府要求学校要以"三民主义"为教育宗旨。1931 年，国民党第三届中央委员会通过了《三民主义教育实施原则》，明确"三民主义"是学校教育的指导思想。这一指导思想与教会中学宗教自由的愿望相冲突，许多教会组织向教育部递交请愿书，要求给宗教自由，但也有一些教会中学采取妥协，如中西女中即"根据三民主义教育标准，造成健全高级中学之学生资格，以便毕业后有升入大学本科之学历及养成良好之品格，具有适用之知识能力以应社会需要为宗旨"[①]。私立老西开中学"根据三民主义实行革命青年训练，训育目标 1. 生活平民化　2. 思想主义化　3. 行动纪律化　4. 职业科学化"[②]。天津每一所教会学校开设了党义必修课，每学年 4 学分，并取消了宗教课程，减少宗教活动的时间，但这并不意味着教会中学放弃了宗教教育。

迫于"五卅运动"和国民政府的压力，教会中学基本完成"本土化"

①　《天津私立女子中学本校章程》，天津市档案馆藏，资料号：J0110—1—000010—011。
②　《天津市私立老西开学校立案用表之一》，天津市档案馆藏，资料号：J0110—1—000018—022。

改造。从表面上看，立案后的教会学校与公立中学无异，但是实际上并没有舍弃其宗教目的，正如一位传教士所言："教会学校在各样的限制中寻找新的出路，以贯彻原来传教与教育并重的目标。"① 老西开中学在立案申请中提到："厉行党化训练宽严相济，学生生活平民化、思想主义化、行动纪律化、职业科学化的管训方法，注重人格感化"②，注重人格感化就是要从各种限制中寻找宗教教育的出路。另外，教会中学所属的差会并没有将教育的管理权完全交给校董会，这些董事会的成员只不过是差会事业的管理者而已。

（三）教会大学的立案与调整

天津工商大学于 1933 年 8 月得到教育部批准立案，因所设系科未达到"大学"三院九系的要求，故更名为"河北省私立天津工商学院"。立案后"聘请华南圭为院长，学校规章重新厘定，学校组织予以更动，全部按照教育部颁布标准。学制四年，分工、商两科"③。1933 年 9 月，学校开始招收夜读班，面向社会开设了以外国语为主的培训班，这种办学方式是后来夜大学的雏形，也是我国成人教育的一个创举。

四　教会学校的脉动发展时期（1938—1948）

1937 年 7 月 7 日，日本全面侵华，天津的教会中小学要么停办要么改组，只有天津工商学院还继续开办。抗战胜利后，教会中小学纷纷复校，得到短暂的恢复。

（一）教会中小学遭受不同程度的冲击

"七七事变"后，日军占领天津，教会中学在日伪政府的监视下仍可继续办学，有的学校甚至还扩大了办学规模，如 1937 年私立达文学校在南京路创办中学部；汇文中学也在 1937 年兴建新礼堂和图书馆。日伪政府对教会中学采取了一些监管措施，如要求教会中学开设日语课，见到日本教师必须行礼问好，宣扬"中日亲善"，开设以"东亚共存共荣"为

---

① 梁家麟：《广东基督教教育》，香港建道神学院，1993 年，第 226 页。

② 《天津市私立老西开学校立案用表之一》，档案号天津市档案馆藏，资料号：J0110—1—00018—022。

③ 吴梓明、梁元生主编：《中国教会大学文献目录》第 1 辑，商务印书馆 1997 年版，第 34 页。

指导思想的课程。

1941 年太平洋战争爆发后，教会中学不得不停办或改组。私立达文中学遭到了日寇封锁，学校由日本人控制。英国文法学校直接被日本当局接管，更名为"日本公学"。同年，日本特务机关占领了私立究真中学，本村为校长，1942 年该校停办。汇文中学在 1941 年停办，日伪政府在此基础上建立了天津第二中学。1942 年中西女子中学改组，与究真中学一起合并，称为天津市女二中。1942 年天津仰山女中停办，部分教师入女二中任教。1942 年 8 月 30 日，新学书院被日伪占用，改设市立第三中学及日语专科学校，张元第任校长。法汉中学失去了法国工部局的津贴支持，葛士琦只能聘民国政府驻日大使徐良做名誉董事长，得到日本支持，因此法汉中学必须缩减法语课程，增添日语及日本文化与历史课程。据圣功女中学生郑爱梅回忆，敌伪当局派日本人森原太郎到圣功女中教日语并且监视学生的活动，学生非常不满，视日本教官为凶神恶煞，不予合作，学校常常罢课。

（二）教会大学基本没有受到影响

私立天津工商学院地处法租界，相对比较安全，因而成为当时天津唯一幸存的高等学校，不仅没有受到战乱破坏，反而进入了快速发展时期。"学校聘用日本人三浦万之助为副院长，增聘龚仙舟、曹汝霖为校董，并获得伪华北政务委员会王揖唐、伪天津警察局的捐款。"① 随着学校声誉和社会影响的不断扩大，学校的招生人数逐年增加，办学规模持续扩大。1937 年，设立工学院和商学院，工学院下辖建筑系、土木工程系；商学院下辖国际贸易系、会计财政系；1943 年，增设女子文学院。1945 年 8 月，将女子文学院改为文学院，设文学、史地、家政三系。文学系又分为国文和西语两组。1945 年，达到三院九系，为升格改建大学做好了充分准备。同时，还扩充了设备，材料实验室、木工厂、电机实验室、商品检验室等都在短期内落成，工商学院步入发展的极盛时期，《大公报》称其"设备在私立学校中是最完美的"，"人才荟萃，堪称与美国康奈尔大学相伯仲，居于天津各高等学校之首"。"煌煌北国望学府，

---

① 吴梓明、梁元生主编：《中国教会大学文献目录》第 1 辑，商务印书馆 1997 年版，第 55 页。

巍巍工商独称尊"，是天津工商学院的真实写照。1948 年 10 月 4 日，国民政府教育部正式批准，将工商学院改名为私立津沽大学。

(三) 教会学校的恢复

1945 年抗战胜利后，教会学校着手复校准备。国民政府对教会学校给予经济上支持，因此教会学校得以恢复发展，但是也对其活动进行监视，谨防"亲共"。

汇文中学于 1942 年更名为天津市二中，1945 年改名为天津市一中，1947 年 8 月 1 日又恢复校名汇文中学，共招中学 10 个班，有 570 人。中西女子中学 1947 年复校，时任校长是谭新铭，1948 年，该校有 8 个班，学生人数达 282 名，25 名教师。老西开中学，1946 年 7 月更名为天津市私立西开中学，刘品一任校长，当时有 4 个班，267 名学生，12 名教职员。私立究真中学，也于 1946 年复校，到 1949 年时，学校学生数达千人以上。达文中学，也在这一年暑假恢复中学部，并招收新生，逐年增加班次，在 1947 年增设女中，1948 年向天津教育局立案，1949 年该校共有 3 个初中班，152 名学生，教职员 16 名。天津新学书院中学部，1947 年从市立第二中学迁出，同市立第一中学合并，8 月 1 日，天津私立新学中学正式复校。

1945 年 9 月 27 日，国民政府教育部颁布了《甄审沦陷区中等以上学校学生的办法》，通过国文、英文、三民主义的考试进行考查，不合格者不承认其学籍，教师不得聘用，这引发了全天津反甄审的斗争。1946 年内战爆发，教会中学的学生游行示威，1947 年天津大中学的学生举行反内战的游行，教会中学的学生也积极投入到斗争中去。因此在这一时期，天津教会中学只能是在硬件环境方面有所恢复，由于时局动荡，并不能很好地进行发展。

天津工商学院，1945 年成立三院七系，初具大学规模。抗日战争胜利后学校向国民政府教育部正式申报改建大学。1948 年 10 月 4 日，国民政府教育部正式批准立案，将工商学院改名为"私立津沽大学"。

解放战争时期，时局动荡不安，教会办学时断时续，难以真正地关注教育与社会的发展，只能在教育目标上强调仁爱教育，以此来适应动荡时期的社会发展。

五　教会学校的改造时期（1949—1956）

1949 年 1 月 15 日，天津解放。人民政府接管了天津市教育局，到 2 月，全市的中小学基本复校。1949 年 10 月 1 日，中华人民共和国成立，掀开了历史的新篇章。1950 年 12 月，中央人民政府政务院通过了《关于处理接收美国津贴的文化教育救济机关及宗教团体的方针决定》，明确"政府应计划并协助人民使现有接受美国津贴的文化教育救济机构和宗教团体实行完全自办"。从 1952 年开始，天津市教育局开始有计划、有组织地对教会学校进行接管、改造，在学校建立党支部，将其改为公立性质。遣送外籍教师回国，彻底断绝与西方教会的联系，至此，天津的教会教育从创办到结束走完了 61 年的历程。

教会中学通过和平改造，成为天津中学的中坚力量。1951 年，西开初级中学并入法汉中学；1952 年，向阳中学也并入法汉中学，更名为天津第二十一中学。1952 年，政府接管天津中西女子中学，更名为"五四"中学，1966 年更名为长征中学至今。圣功女中通过改造，更名为新华中学和劝业场小学。1952 年政府接管天津汇文中学，更名为天津第十八中学，同年年底，私立究真中学（包括仰山女中）与私立平实中学合并，更名为天津市第三十中学。1953 年天津新学书院改为天津市第十七中学，由刘嘉珍任校长。1954 年天津工商大学附属中学迁至平山道，更名为天津第六十中学。同年政府接办天津私立达文中学，1956 年更名为天津市第五十九中学至今。

1949 年天津解放后，津沽大学名义上由中国神父王俊德任校长，实权却控制在副校长兼教务长、法国耶稣会士卜相贤手中。该校师生为冲破外国势力的控制，于 1951 年 1 月 6 日成立校政改革委员会，要求将卜相贤撤职。1 月 10 日，校董会接受师生要求，将卜相贤撤职，另聘李宝震任副校长，王金鼎任教务长。1951 年 8 月，教育部决定接办津沽大学，9 月 25 日举行接收典礼。翌年 9 月，该校与教师学院合并为天津师范学院。

经过改造，教会学校纳入了国民教育的体系，成为人民教育事业的一部分，改造后的学校，不仅规模有所扩大，而且继续发扬学校优良的传统，使其成为向劳动人民传输科学文化知识的场所，担负起为新中国培养社会主义人才的重任。

第三节　教会学校的办学概况

教会学校秉承西方教育理念，采用西方学校管理模式，严格的管理、优秀的师资、良好的就业前景，凸显了教会学校的优势，形成了自己的办学特色。本节通过对教会学校的校务管理、经费使用、教学管理、师资聘任等方面的探讨，来展现教会学校的办学情况。

一　教会学校的管理

初期，教会学校的管理是由教会负责，机构设置极为简单，由教会指派校长负责学校的常规管理，"在早期，教育事业是在布道师和宣教师的督察下成长起来的，他们每人负责自己在旅行布道时可以访问的那些学校"①。随着教育规模的扩大，特别是 1877 年以后召开的在华传教士大会，要求各教会学校成立校董会，校董会在学校中拥有最高的权力。除此之外，"还有各差会'教育部'的监督检查。基督教有'中华基督教教育协会'，天主教有'中华公教教育协进会'，教经管其事"②。可见教会学校在行政管理体制上已经走向规范化，形成了一个全国性的教育管理系统。1927 年教会学校立案后，校务管理机构发生了很大的变化。

（一）管理机构设置

1. 教会小学的管理机构

教会小学最高管理机构是董事会。董事会一般每半年或每学期召开一次，如有特别事项或紧急情况可由董事长召集临时会议。董事会成员须按照教会的相关规定组成。老西开小学董事会成员包括："一、本校创立者；二、曾充本校校长或教员仍在本市教育厅工作者；三、热心赞助本校校务之进行者。"③ 若瑟小学董事会成员由"曾经研究教育或处理教

---

① 中华妇女界社编：《中华妇女》第 5 编，第 908 页。

② 高时良主编：《中国教会学校史》，湖南教育出版社 1994 年版，第 65、66 页。

③ 《天津市私立老西开初级中学立案表册初级中学校校董会立案表及学校平面图》，1931 年，天津市档案馆藏，资料号：401206800—J0110—1—000018—022。

育者充任之，遇有特殊情形时亦得有董事长酌量聘请之"①。可见，教会小学的董事会成员除了由本校经费捐赠者外，也可以由教育界德高望重者担任。另外，立案后，校董会成员以中国人居多，1931年老西开小学董事会成员组成详见表1—5。

表1—5　　　　　　1931年天津老西开小学校董会部分成员名单

姓名	籍贯	职务	住址
李鹤鸣	河北	现任校长	本校
周振东	河北天津	法公议局主任	老西开
孙凤藻	河北天津	前河北教育厅厅长	英租界
刘首荣	河北冀县	现益世报主任	本报馆
文若望	法国籍	教士	西开教堂
李富贵	河北天津	富升银号经理	老西开
孙凤山	河北天津		老西开
王从善	河北天津		老西开
姚鹤林	河北天津		日界清河

资料来源：1931年，天津市档案馆藏，资料号：401206800—J0110—1—000018—022。

董事会的职责是："一、决定本校进行方针；二、商定本校预算与决算；三、筹划本校经费；四、筹划本校校地、校舍之扩充；五、保管本校校款校产；六、任免校长。"② 其中，最重要的责任是筹集办学经费，须在每年终前后一个月内将下年使用财产项目呈报天津市教育局。由于校董会掌握着学校的经济命脉，因此也决定着学校的发展走向，包括校长的任免和学校组织机构的设置。

教会小学实行校董会下的校长负责制，校长的职责很多，除了负责向校董会报告学校的情况外，还要和其下属的机关单位进行沟通。为保证学校工作的正常运转，学校设有事务部、教务部、训育部等办事机构，

---

① 《天津市私立若瑟小学概况调查表》，天津市档案馆藏，资料号：401206800—J0002—3—006705—051。

② 《天津市私立老西开初级中学立案表册初级中学校校董会立案表及学校平面图》，1931年，天津市档案馆藏，资料号：401206800—J0110—1—000018—022。

负责学校的教学、教职员进退、学生入学学业、退学、转学、学生管训等事项。其组织结构如图1—1所示。

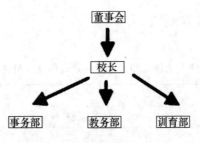

图1—1 教会小学组织机构图

2. 教会中学的机构设置

教会中学成立之初，机构设置极为简单，由教会负责学校的常规管理，校长由差会派人担任。1927年教会中学立案后，校务管理机构发生了很大的变化，主要体现在以下两方面：

第一，学校的管理机构逐步完善。大多数教会中学都成立了校董会，在校董会组织下，将学校情况备案，呈送教育局再转呈教育厅立案，如私立究真中学对校董会的职权做出如下规定："1.本校校董会以十二人组织推荐会长、秘书各一人，办理校董会一切事项。2.校董会对于本校校务经济负担完全责任。3.校董会担任筹募资金费议决算、预算。4.本校章程之制定及变革均由校董会通过。5.本校校长由校董会聘请中国人充任之，教职员由校长推荐，校董会决议之。"① 除了以上几条，有的教会中学将"决定学校进行方针、保管校款、校产；计划校址校舍之扩充等"②。一般而言，校董会每年召开两三次，有的中学是把6月、12月也列为校董会职责召开，有的是在每年1月、5月、9月召开，若遇紧急要事，可以临时召集会议。校董会议主要是讨论校务，如各系会议、教务会议、各委员会议、各处会议、职员会议等。根据校董会的组织，校长

---

① 《天津市私立究真中学立案用表之一》，天津市档案馆藏，资料号：J0110—1—000004—001。

② 《天津市私立老西开学校董会立案用表之一》，天津市档案馆藏，资料号：J0110—1—00018—001。

负责常规管理，下设五个到六个部门，并由这些部门的主任进行协助管理。如图1—2所示。①

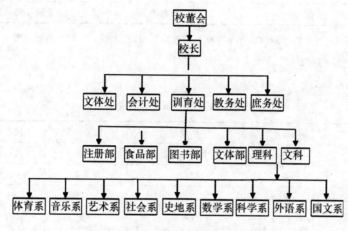

图1—2 中西女中校董会组织结构

第二，管理者以国人居多数。立案后，根据教育部的相关规定，教会学校的管理者应由中国人担任，校董会的成员中国人居大多数。教会中学的校长基本上由中国人担任。表1—6至表1—8是圣功女子中学、私立中西女子中学、私立老西开学校的校董成员一览表。

表1—6　　　　　　　1929年圣功女子中学校董一览表

姓名	籍贯	职业	住址
邓豁然	河北唐山	开滦及柳江煤商	英界自来水公司对过
王泽朴	河北天津	同上	英界十号路
吴博达	辽宁新城	曾为奉天师范校长	英界十六号
施鹤雏	四川沛县	曾为北大大顺学会会长	日租界秋山街
庄乐峰	江苏丹徒	曾任济南农林学校校长，现任天津公学的校董	法界华卫里
陈尽仁	河北冀县	德茂恒洋酒食品商西开小学的校董	老西开明德堡
英实夫	河北宛平	粮商，现充任香山慈幼院，及培根女学校校董	北平西什库若瑟胡同

① 《私立中西女子中学的本校章程中的〈本校行政组织表〉》，天津市档案馆藏，资料号：J0110—1—00010—011。

续表

姓名	籍贯	职业	住址
周振东	河北天津	天祥号货栈市场房产商	老西开明德堡
顾英仑	法国	天主教修士	老西开天主教教堂

资料来源：《天津特别市私立圣功女学校校董会用表之二》，天津市档案馆藏，资料号：J0110—1—000008—001。

表 1—7   私立中西女子中学校董一览表

姓名	籍贯	职业	本会职务	代表资格
卞寿孙	江苏	天津中国银行经理	主席	家长代表
黎邵芬	湖北	教育	副主席	特聘
卞叔成	天津	商界		家长
郝德安	美国	牧师	书记	美以美会
李瑞禾	北平	牧师		美以美会
刘深思	河北	商界		美以美会年议会
林桂甘夫人	福建			校友总会
朱关颂铣	广东			校友总会
严连	江苏			校友总会
黄荣良夫人				家长
雍涛	江苏	商界		特聘
谭路瑞	美国	本埠南关妇婴医院医生		美以美会
厚沙泊	美国	教育		美以美会
韦慕德	美国	北平慕贞女校		美以美会

资料来源：《本校立案各项表册》，天津市档案馆藏，资料号：J0110—1—0000010—015。

表 1—8   私立老西开学校校董一览表

姓名	籍贯	职业	住址
李鹤鸣	河北深县	现任本校校长	本校
周振东	河北天津县	法公议局主任	老西开
孙凤藻	河北天津县	前河北教育厅厅长	英租界福荫里
刘首荣	河北蓟县	现益世报主任	本报馆
箫瞻溥	河北交河县	曾任本校校长	老西开

续表

姓名	籍贯	职业	住址
文若望	法国	教士	西开教堂
王从善	河北武清县	富善陶业经理	老西开
姚鹤林	河北天津县	华威银号经理	日界清河里
李富贵	河北天津县	富升银号经理	老西开
孙凤山	河北天津县	恒裕银号经理	老西开
傅增松	四川江安县	河北省官产总处监察员	老西开
杨德茂	河北天津县	前益世报经理	望海楼

资料来源：《天津私立老西开学校校董会立案用表之二》，天津市档案馆藏，资料号：J0110—1—000018—022。

校董会成员数量为9—12人，一般由学校创立者、曾任的校长或教员、教育界服务者、热心赞助本校事务者、教会组织派选的传教士及家长代表组成。在人员的比例上，中国人占大多数，教会人士占2个到3个席位。按照中国政府的要求，校长要由中国人担任，但实际上教会中学的管理权力并没有完全收回，校长并没有实权，大部分权力仍由教会掌控，如法汉学校的校长由许日升担任，但实权由法籍传教士葛子琦掌控。

3. 教会大学管理机构

自天津工商大学始，直到私立津沽大学，学校基本上采用法国大学机构管理的模式，实行校董会委托下的校长负责制，校董会是学校的最高权力机构，对学校的各项决策有直接的决定权。

校董事会成员由天主教教职人员及若干社会知名人士组成。工商学院时期，聘请国内知名人士为校董，提高学校的名誉。如聘请教育界和商业界的知名人士，叶恭绰、张伯苓、翁文灏、卞白眉、杨荫苏。校董为刘斌、崔步云、鄂恩涛、尚建勋、刘勤镣、季恩永、张怀庚。5人华籍，2人法籍。1943年的董事会，由启新洋灰公司及卫辉华新编织公司总董事长龚仙舟担任董事长，天津教区主教文贵宾（法籍）任副董事长，在董事11人中，教职人员占6名，他们是献县教区主教赵振声、保定教区主教周济世、崇德堂会计主任柯守义（荷兰籍）、献县耶稣会长尚建勋

（法籍）、献县教区神父刘斌和景县教区主教凌安澜（德籍），其余5人为社会名流富商，包括前清两广总督张坚白、前国民政府交通次长徐端甫、北京中央医院院长邓维屏、井陉及磁县煤矿董事长曹润田、前国民政府财政部次长、烟酒事务署督办汪向叔。1949年的董事会，由徐端甫任董事长，董事减至6人，除1943年任董事的文贵宾、凌安澜、刘斌、邓维屏外，新增聘的董事2人为献县教区代理主教崔步云和东亚企业公司经理宋棐卿。

校长是沟通学校和董事会之间工作的协调人，具体执行董事会的工作安排和指示，校长才是掌握学校大权的管理人，但是校长往往都有教会背景，除1933—1937年由工程师华南圭任院长外，其余历任院（校）长如于溥泽、裴百纳、尚建勋、裴化行等及绝大多数教授均为法国神父，院务长、教务长及各系主任等要职也均由耶稣会士担任。抗战期间，院方为与日本拉关系，特聘日本人三浦万之助为副院长。1944年，三浦万之助辞去副院长职务，改就名誉教授，直至抗战胜利。所以，从某种意义上说，学校的管理大权实际掌握在教会手里。

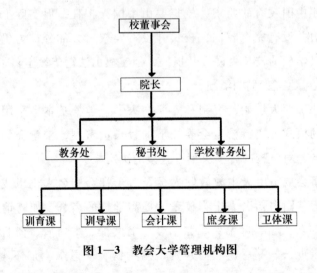

图1—3 教会大学管理机构图

工商学院时期，管理机构精简，教师既是行政人员，同时也是教学人员。院长1人，院务长和教务主任各1人。工商两科各设1名主任，由专任教师（为法国传教士）担任。他们讲课时数不少于专职教师，并负责教学行政，兼做教学科研工作。① 学校设教务处、秘书处、学校事务处等管理机构。教务处负责全校教务及学术、设备诸事项，下设训育课训导斋务；卫生体育课，安排组织校内外体育竞赛，指导学生体育；会计课，负责银钱出纳、登记保管及预算决算；庶务课，掌管购置、修缮、保管学校设备及下列其他各课的事宜。② 秘书处兼承院长旨意办理院务。各处设处长一人，备课设主任一人，事务员若干人，各司其职。学校事务分别由院办务会议、教务会议、事务会议研究决定执行，学校还设有出版、图书两个委员会。工商学院时期，学校的管理精简机构，效率高，服务到位，体现了校训"实事求是"的精神。

（二）教会学校的经费

1. 教会小学的经费来源及支出

初期，教会小学的办学经费主要来源于教会，学生多为"寒素不能读书者"。19 世纪 80 年代以后，"一些上层社会人士或者商人也将子弟送入教会学校读书，这时教会小学不但收学费，而且书籍、笔墨、服装、住宿都要收取费用"③。这些费用就成为教会小学经费的重要来源。

立案后，教会小学经费主要来自教会的拨款、学生的学费、校董的捐赠及商人或者社会名人的捐赠等渠道。私立仰山女子小学的办学经费来源有三："一是基督教公理会每年拨给 4500 余元；二是学费每年收入 2600 多元；三是临时捐款每年 300 余元。"④ 1916 年至 1923 年，私立老西开学校经费总额 6000 元，除校董 6 人每人岁出 100 元，天主堂岁出 100 元外，皆仰仗学费，学费为高小每年每人 19 元，初小每年每人 10元，寄宿生每月交宿费 1 元。⑤ 可见，随着教会小学在社会上地位的不断提高，其办学经费的主要来源已经转向学生的学费。

1929 年天津特别市私立圣功女子小学校办学经费的来源主要依赖校

---

① 中国人民政治协商会议天津市委员会文史资料委员会编：《天津文史资料选辑》第 56 辑，天津人民出版社 1992 年版，第 34 页。

② 中国人民政治协商会议天津市委员会文史资料委员会编：《天津文史资料选辑》第 1 辑，天津人民出版社 1999 年版，第 161、162 页。

③ 何晓夏、史静寰：《教会学校与中国教育近代化》，广东教育出版社 1996 年版，第 106 页。

④ 张绍祖编著：《津门校史百汇》，天津人民出版社 1994 年版，第 114 页。

⑤ 同上书，第 147 页。

董会的资助和学生的学费，学生一学年的学费为 2220 元，校董资助为
2789 元，总计 5009 元。① 私立若瑟小学的办学经费主要来源于校董会资
助，校董会一年大约资助 2996 元，学生一年的学费则为 1002 元。② 私立
老西开小学经费来源除了校董会资助和学生学费外，还包括利息及其他
一些渠道的经费。1931 年老西开小学学费收入为 3960 元，校董会捐资
1440 元，利息收入为 12.64 元，其他收入 664 元，总计 6076.64 元。③

　　教会小学经费最大的支出用于校舍的兴建，1931 年私立老西开小学
的经费支出详见表 1—9；1935 年私立若瑟小学的经费支出详见表 1—9。

表 1—9　　　　　1931 年私立老西开小学学校财务项目表　　　　　单位：元

校董会捐助现在总值：		81285	
不动产（中小学校会现值）	69600	仪器	1693
现款	293.64	橡木	670
国画	3855	校具	6945
总计		164341.64	

　　资料来源：《天津市私立老西开初级中学立案表册初级中学校校董会立案表及学校平面图》，
1931 年，天津市档案馆藏，资料号：401206800—J0110—1—000018—022。

表 1—10　　　　　　　私立若瑟小学校开办费预用表　　　　　单位：元

建筑费		设备费	
购地	10000	购置中国图书	200
建造校舍	7000	仪器样本	200
		购置校具	1500
		其他	200

　　资料来源：《天津市私立若瑟小学校呈报立案用表之三》，天津市档案馆藏，资料号：
401206800—J0002—3—006705—051。

----

　　① 《天津特别市私立圣功女子小学校立案用表之二》，1929 年，天津市档案馆藏，资料号：
401206800—J0110—1—0000008—003。
　　② 《天津市私立若瑟小学概况调查表》，天津市档案馆藏，资料号：401206800—J0002—
3—006705—051。
　　③ 《天津市私立老西开初级中学立案表册初级中学校校董会立案表及学校平面图》，1931
年，天津市档案馆藏，资料号：401206800—J0110—1—000018—022。

　　除在建校之初需要的庞大不动产投资外，教会小学每年主要的支出用在教职员薪金、购置图书、仪器、标本上，1929 年圣功女子小学校的支出明细详见表 1—11；1931 年老西开小学的支出明细详见表 1—12；私立若瑟小学校各项支出的明细见表 1—13。

表 1—11　　　　　　　**1929 年私立圣功女子小学校的各项支出**　　　　　单位：元

全年收入		4928	
教员	3588	仪器经本	60
校役工食	320	校具安置	40
图书安置	50	消耗费	150
总计		4208	

　　资料来源：《天津特别市私立圣功女子小学校立案用表之二》，1929 年，天津市档案馆藏，资料号：401206800—J0110—1—0000008—003。

表 1—12　　　　　　　**1931 年私立老西开小学各项支出**　　　　　单位：元

全年收入		6324.64	
薪俸	4774	开支	380
工资	310	其他	102
设置	410	备存现金	292.64
总计		6268.64	

　　资料来源：《天津市私立老西开小学校校务董事会立案表册（五）》，1931 年，天津市档案馆藏，资料号：401206800—J0110—1—000018—022。

表 1—13　　　　　　　**私立若瑟小学校各项支出**　　　　　单位：元

全年收入		3998	
教员体给	2880	仪器标本	150
校役工食	288	校本	200
图书	150	办公费	240
特别费	40	临时	50
总计		3998	

　　资料来源：《天津市私立若瑟小学概况调查表》，天津市档案馆藏，资料号：401206800—J0002—3—006705—051。

从以上三个表中可以看出，教职员薪俸是最大的支出费用，圣功女子小学校的教师薪俸约占85%，老西开小学的教师薪俸约占76%，若瑟小学教师薪俸约占72%，三所学校教师薪俸支出平均达到了78%。用于办公、购置图书、教学仪器设备，如私立若瑟小学"校中设有浮木秋千、篮球、滑梯、跷跷板等体育器械以便学生学习课外运动"①。

2. 教会中学的经费

早期教会中学经费由差会拨付。立案后，教会中学都成立了校董会，校董会的资助和学杂费就成为教会中学的重要经费来源。例如，1932年私立圣功女中学杂费是4620元，校董捐赠是8044元。每年需要经费为12600元。② 1947年私立老西开中学的学杂费为142960银圆，补助费为10000银圆，总计为152960银圆。③ 补助费大多是由校董会捐赠，每年校董会要向私立老西开中学捐2200元作为常年经费，不足时由学费补足，临时不足，再由校董会筹措。④ 教会中学学费是25—35元，住宿费是18元，膳费每月6元。有的中学对音乐学费、学钢琴、用钢琴的费用是另出，如圣功女中在这项费用上要另交33元。另外还有一些杂费，如医药费、体育费、实验费（物理、化学、生物实验），不同的学校，费用不等。这些费用构成了教会中学的主要收入。

抗战胜利后，政府补助拨款成为教会中学办学经费来源之一，如汇文中学校长刘芳曾向政府部门写函恳请为汇文中学进行补助，"查本校于民国36年第一学期后，复校收初中生七班、高中生十班，请领补助费。嗣于同年度，第二学期增加高中一班，兹等第一学期后复增初中两班，合计现有学生十三班，兹拟请自三十七年八月份起按照十三班拨发补助

---

① 《天津市私立若瑟小学概况调查表》，天津市档案馆藏，资料号：401206800—J0002—3—006705—051。

② 《天津特别市私立圣功女子中学校董会用表之二》，天津市档案馆藏，资料号：J0110—1—000008—001。

③ 《天津市私立老西开学校董会立案用表之二》，天津市档案馆藏，资料号：J0110—1—000018—022。

④ 同上。

费，仰祈核准"①。中西女中也在 1947 年恳请教育局拨发 1946 年度的补助费。

　　教会中学经费的大宗支出是学校基建费，但这类费用并不是每年都开支，经常性的支出主要是教职员薪俸、校役工食、图书购置、仪器标本、校具购置等。1927 年私立中西女中的支出和 1930 年私立老西开初级中学的支出费用明细详见表1—14、表1—15。

表1—14　　　　　　　**1927 年私立中西女子中学支出明细表**　　　　单位：元

全年总收入			37676
教员薪俸	14436	职员薪俸	5280
校役工食	1250	图书购置	500
仪器标本	500	校具购置	500
消耗费	4440	其他支出	10810
总计			37716

　　资料来源：《本校立案各项表册》，天津市档案馆藏，资料号：J0110—1—0000010—015。

表1—15　　　　　　　**1930 年私立老西开初级中学支出明细表**　　　　单位：元

全年总收入			6979.48
教员薪俸	2760	职员薪俸	1860
校役工食	320	图书购置	250
仪器标本	350	校具购置	100
消耗费	200	其他支出	300
总计			6140

　　资料来源：《天津老西开学校立案用表之二》，天津市档案馆藏，资料号：J0110—1—000018—022。

　　从这两个表中可以看出，教职员的薪俸是支出的主要项目，占到了近66%。在圣功女中，教员的月薪大部分是 16 元，校长的为 45 元，既

――――――――

　　① 《为拨发汇文中学补助费事至会计室函》，天津市档案馆藏，资料号：J0110—3—001376—012。

参与管理又教书的教师的月薪可达 64 元。① 老西开中学的教师薪金最高者为 35 元，最低为 25 元。② 其他费用基本上是教学事务的支出，支出项目细化，做到了专款专用，有利于教会中学的发展。

除此之外，教会中学均有实验仪器的投资。私立究真中学，实验仪器多达 140 种，如物理使用的光度计、离心环、角度器、滑车、天平、折光镜等，化学使用的玻璃瓶、试管、铁架油灯等，另外有挂图近 60 幅。私立中西女中，理化生的实验用品每年需要投资近 3800 银圆。私立老西开中学的科学教学的仪器投资也在 2000 银圆以上，主要包括力学、电学、磁学、光学、热学、化学、医药等方面的仪器，有的仪器还需要从国外订购，可见教会中学十分重视自然科学教学。

3. 教会大学的经费

19 世纪 20 年代，天津工商大学的办学经费由多方面筹措，主要渠道有：罗马教廷津贴、法国耶稣会拨给教区的传教经费、其他教会机构和教友个人的捐赠、天津教案付给法国教会的赔款、庚子赔款分给法国耶稣会的款项、法国政府的津贴等③，这些经费由直隶东南教区账房——崇德堂经营支付。1930 年，学校向教育部呈报的立案核准表显示其经费来源包括"基金（法国耶稣会募集拨发）150 万元（有价证券及现款现时存在国外银行），息金 9 万元；学费 2 万元；私人常年捐助资金 8 万元；其他 4 万元"，立案准予后又得到一部分中国政府的津贴。④ 这使学校有充足的财政保障。

天津工商学院时期，正值第二次世界大战爆发和日本侵华，国外津贴减少甚至断绝，中国政府的津贴也停止，教会打算停办学校，裁减教职员，但遭到师生的反对。为了解决经费的问题，1935 年成立校友会，1941 年校友会为母校发起补充基金募捐活动，虽略有小补，仍感实力不支。由于物价横飞，又通过增加学生的学费来维持学校的日常开支，但是使许多学生无法支付而不得不退学。校董会经过商讨决定邀请社会的

---

① 《天津特别市私立圣功女子中学校董会用表册》，天津市档案馆藏，资料号：J0110—1—000008。

② 张绍祖编著：《津门校史百汇》，天津人民出版社 1994 年版，第 173 页。

③ 阎玉田：《踞柝津之阳——天津工商大学》，人民出版社 2010 年版，第 42 页。

④ 《私立工商学院呈请立（一）用表》，河北大学档案馆藏，资料号：93 号。

名流加入校董会，以获得他们的捐赠，扩大学生的奖学金比例，从而解决学生无法上学的状况。① 为节约开支，1942 年将建筑系二年级与土木系二年级合并，并决定该系暂停招生。至抗战胜利后，经济状况有所好转，1949 年按折实小米计算，每月由耶稣会提供 4.8 万斤，法国领事馆提供 1.2 万斤，其余部分为学生学费，每人每学期交 290 斤小米。

天津工商大学（学院）多渠道筹集的经费主要用于建筑教学楼、学生和职工宿舍、教师的薪资、购置图书、教学设备等。

（三）招生

教会小学学生的入学年龄"初级阶段以 7 岁至 14 岁为限，高级以 11 岁至 16 岁为限。凡报考学生需先交报名费并填写报名单，报名成功后，进行入学考试，初级一二年用智力测验，三四年及高级一二年用学力测验，同时考入高一者须有初级毕业证书，考入高二或二三四年级插班者须有转学证书或者其他证明文件。考试通过并录取后，入学时需填写保证书并缴纳本学期学费，领取入学证。另外，学生若是要退学或者转学须有家长或者保证人来校说明或来函声明，经本校许可方可准退学，规定申请退学或被斥退者所缴学费概不退还"②。

教会中学招生主要方式是自主招生，以便将优秀人才纳入其中。有些教会学校是小学、中学一贯制，因此，这些教会小学毕业的学生，通过学校考试就能直接升入中学，如私立西开小学毕业的学生升学者占到 80%。③ 还有一些教会中学则面向社会招生。

教会中学每年 6 月至 8 月招生，各校都会提前发布招生简章，如圣功女中的招生简章：

一、本校分初中、高中两部，高中分文科、理科、美术科，除高三不招，每个年级都招生。二、程度：旧制高级小学三年级毕业成绩优秀者可以报考初中二年级，新制高小二年毕业者可以报考初

---

① 阎玉田：《踞枒津之阳——天津工商大学》，人民出版社 2010 年版，第 10 页。

② 《天津市私立若瑟小学概况调查表》，天津市档案馆藏，资料号：401206800—J0002—3—006705—051。

③ 张绍祖编著：《津门校史百汇》，天津人民出版社 1994 年版，第 174 页。

中一年级，其他年级的学生可以持本校认可的转学证明进行报考。三、报名手续：填写报名单，交四寸照片和报名费。四、文凭证书：手续完备，准以考证，否则无效。五、报名时期：自六月一日至八月十六日，每日上午八到十二时。①

为了让学生更好地了解学校情况，圣功女子中学给报名的学生特别开设体验课，并规定："凡由隶属本校之各初中及高小学校毕业升学而来准免入学考试，其他曾在本校注册认可之中小学校毕业生持有该校校长推荐信、毕业证书及成绩表，如果该生学业成绩在中等以上经校长或招考委员会认可，亦可免准入学考试。"② 通过考试后，确定学生为正式生还是补习生，补习生若是想转成正式生，还需要经过学校的考试。

1890 年，上海第二次传教士大会确立教会学校招生对象转向富家子弟，认为这样更容易训练未来的领袖和司令官，因此，教会中学通过各种方式以吸纳来自富裕家庭的生源。随着教会教育的发展和资产阶级势力的强大，越来越多的富家子女趋之若鹜，主要有三个原因：一是教会学校的办学质量优于公立学校，教会学校重视英语教学，学生毕业后就业情况较好。二是教会学校有留学的优势，新兴买办阶级都希望子女出国留洋，即使教会学校的学费较高，他们也在所不惜，愿意将其子女送入教会学校就读。三是好的教会学校多位于租界，有地域优势，如南开女中尚未成立之际，比较正规的女中是天津女子师范学校，这所学校是在河北区的天纬路，这离租界较远，不在附近住宿的，也不方便其走读，所以，只要家庭条件好些的，哪怕学费贵也会就近选择中西女中入读。

私立天津工商学院所招学生多为天主教徒子弟及有产阶层的青年。

（四）师资状况

教会中小学的教师，最初都由传教士充当，随着教会教育的发展，开始聘用其他教师。

---

① 《天津特别市私立圣功女子中学立案用表》，天津市档案馆藏，资料号：J0110—1—000007。

② 《中西女子中学的现行学则》，天津市档案馆藏，资料号：J0110—1—00010—011。

1. 教会小学的师资状况

教会小学的教师状况，以圣功女子中学小学部和私立若瑟小学为例，见表 1—16 和表 1—17。

表 1—16　　　　　1929 年圣功女中小学部教职员履历表

姓名	性别	年龄	籍贯	学历	教授科目及周课时	职称	月薪（元）
赵克慧	女	22	河北天津	南湖女高中	国语，算术，公民，理科，17	高小级任	35
张克静	女	24	河北河开	北平女附中毕业	国语，算术，公民，理科，17	高小级任	35
张守义	女	34	山东黄岛	山东高等师范	国语，算术，自然，23	初小级任	30
易中孚	女	28	云南邵通	本校师范	国语，算术，自然，23	初小级任	35
伊贞淑	女	28	河北宛平	本校师范	国语，算术，自然，24	初小级任	35
龙淑培	女	27	河北天津	补道师范	国语，算术，自然，24	初小级任	35
王述原	女	25	江西抚岛	北平附中	手工，国画，6	专任	20
周礼庭	女	28	河北天津	中西女学	英文，唱歌，10	专任	20
王喆	女	25	江西抚岛	北平附中	手工，国画，6	专任	10
石爱珍	女	20	河北宛平	保定第二女师	历史，地理，自然，12	专任	20
郑惠兰	女	19	广东中山	本校师范	三民，体操，唱歌，20	兼任	20
夏景茹	女	37	山东寿光	北洋女子师范		校长（兼任）	45
李静安	女	28	河北宝坻	北洋女附中		庶务（专任）	15

表 1—17　　　　　天津市私立若瑟女子小学校教职员履历表

姓名	性别	年龄	籍贯	学历	教授科目及周课时	职称	月薪（元）
许云绮	女	31	广东	北平女子高师	公民，历史，地理，国语卫生，20	教育主任（专任）	50
杨守谦	女	26	河北保定	天津师范学校	公民训练，算术，10	训育主任（专任）	义务
杨光乐	男	31	河北武清		卫生，国语，社会，自然，18		50

续表

姓名	性别	年龄	籍贯	学历	教授科目及周课时	职称	月薪(元)
苏锦亭	女	28	河北天津	天津贞淑师范学校	卫生，国语，算术，自然，19	文牍（专任）	50
刘慎修	女	24	河北天津	北平光华师范学校	卫生，国语，算术，17	书记（专任）	35
乔惠芳	女	22	河北天津	河北省女子师范学校	体育，美术，音乐，18		30
萧秉秀	女	29	河北天津	天津贞淑师范学校	社会，自然，18		25
苏绘云	女	25	河北天津	天津贞淑师范学校		校长（专任）	义务
苏长谦	女	46	河北天津	天津贞淑师范学校		事务主任（专任）	义务
贾淑杰	女	26	河北通辽	北平光华中学		会计（专任）	义务
李秀宝	女	23	河北香河	天津贞淑小学校		监护员（专任）	义务

资料来源：1. 1929 年，天津市档案馆藏，资料号：401206800—J0110—1—0000008—003。

2.《天津市私立若瑟女子小学校呈报立案用表之九》，天津市档案馆藏，资料号：401206800—J0002—3—006705—051。

3.《天津市私立若瑟女子小学校呈报立案用表之十》，天津市档案馆藏，资料号：401206800—J0002—3—006705—051。

如上表所示，两所教会小学的师资来源的渠道有二：一是本校培育的优秀毕业生，二是从其他渠道聘请。

从学历结构来看，大部分教师具有中等程度的学历，接受过高等教育的仅占24%；从专业结构看来，50%教师毕业于师范学校，而且大部分教师曾经有过3—5年的小学工作经历，有较为丰富的教学经验；从性别结构来看，女性比例偏高，占95%；从年龄结构来看，教师平均年龄在25岁，教职工的平均年龄在29岁，全部都是青年教师；从工作量来看，每周授课时数为20学时，每人教授科目3—4门，有的教师还负责学校的管理工作，工作任务繁重。

2. 教会中学的师资概况

以私立中西女中、法汉中学、私立究真中学为例，其教职员一览表详见表1—18至表1—20。

表1—18　　　　　　天津私立中西女中教职员一览表

姓名	性别	学历	经历	职务	教授科目
刘芳	男	汇文大学学士、美国康奈尔大学博士	北平汇文中学校长、西北边防督办公署教育处长	兼任校长	
范爱德	女	美国欧海欧威斯林大学学士、哥伦比亚大学硕士	曾任本校校长2年	专任教员	哲学、修身
王淑明	女	南开大学学士、美国米西干大学硕士	曾任本校教员一年	训育主任	社会、英文
狄美瑞	女	美国华盛顿大学学士	曾任美国中学学校教员	专任教员	科学、地理
王耀成	男	前清贡生、北洋优级师范毕业	曾任中文教员	专任教员	国文
薛梅乐	女	美国华盛顿大学学士	曾任美国中学学校教员	专任教员	英语
贺赞忱	男	齐鲁大学学士	曾任河南广被中学训育主任	专任教员	数学
刘朱荷贞	女	上海圣玛丽亚女校文科及音乐科毕业	曾任圣玛丽亚女校吴淞大学部音乐教员	专任教员	音乐、钢琴
黎桂珊	男	前清贡生、北平汇文学校毕业	曾任中小学史地教员	专任教员	史地
王英	女	河北省立第一女师范毕业	曾任北平慕贞女校教员	专任教员	手工、画图
崔明堂	男	北京汇文高级中学毕业	曾在西北边防督办公署秘书处任职	注册主任	

续表

姓名	性别	学历	经历	职务	教授科目
凌剑罗	女	东南女子体育专门学校毕业	曾任北平公立第一女中、顺德第三女师教员	专任教员	体育
刘子毅	女	本校毕业		图书馆	
赵路德	女	本校毕业		图书馆	
张波若	女	本校毕业		图书馆	
李惠泉	男	前清贡生	曾任北平中学教员	后勤	
徐秀达	女	北平妇婴医院护士学校毕业	曾任北平协和医院护士5年	专任护士	
张凤石	女	国立女高师、私立华北大学国文系毕业	曾任高师附小、圣约瑟女师、培华女中国文教员	专任教员	国文
程单贵娥	女	燕京大学学士	任河北女子师范学院家政科教员	兼任教员	家政
郑宗周	男	河北省立第一师范毕业、法国商学院政治经济科肄业	曾任国民党天津县党部执行委员兼党义教师检定委员	兼任教员	党义
何子择	男	省立优级师范	任武清县师范传习所教员	专任教员	国文
莱子路	女	美国埃里克尼大学学士	现任私立汇文中学英文教员	兼任教员	音乐
奥维廉	女	美西方大学学士、欧伯林大学硕士	曾任英文教员	专任教员	英语
杨雪琴	女	本校毕业		兼任教员	钢琴
谭新铭	女	美国晨边大学学士，米西干大学科学研究科硕士	现任本校副校长	专任教员	物理
苏昌泰	男	国立北京美术专门学校毕业	先任天津市艺术视察员	兼任教员	美术
施瑞甫	女	美国米西干大学学士	曾任美国英文教员	专任教员	英文

资料来源：《私立中西女子中学校立案用表之十、十一》，天津市档案馆藏，资料号：J0110—1—00010—015。

表1—19　　　　　　　　　**1934年法汉中学教职员一览表**

姓名	年龄	籍贯	履历	职务	兼任或专任	教授科目	月薪（元）
许日昇	34	广东	震旦大学毕业	校长	兼任	法文科	180
葛子琦	47	法国	法国师范大学	教导主任	兼任高中二级任	法文科	150
穆	34	法国	法国师范大学	训育主任	兼任高中一级任	法文科	100
雷	49	法国	法国师范大学	教务主任	兼任初中三乙任	法文科	100
李矸瓆	24	河北磁县	北平上义高师毕业	事务主任	兼任中小学科任	地理	100
王萍	25	河北蓟县	北平上义高师毕业	附小主任	兼任小学二级人		100
富国璋	24	天津	本校毕业	事务员	专任文版事宜		35
佟	48	法国	法国师范大学	初中三乙	专任	法文科	80
满	48	法国	法国师范大学	初中三甲	专任	法文科	100
沙	27	法国	法国师范大学	科任	兼任	法文科	80
石	20	法国	法国师范大学	科任	兼任	法文科	80
钱鸿云	33	天津	本校高中毕业	初中二甲	专任	法文科	75
苏实良	34	天津	本校高中毕业	初中二乙	专任	法文科	75
马雁题	26	天津	本校高中毕业	初中二丙	专任	法文科	75
沈祖绪	27	天津	本校高中毕业	初中一甲	专任	法文科	75
张连勋	43	天津	本校高中毕业	初中一乙	专任	法文科	75
佟晓枫	29	天津	本校高中毕业	科任	专任		75
洪炳章	45	河北通县	北平工业学校京兆财政学堂毕业	科任	兼任	中国文学	50

资料来源：《河北省私立法汉中学立案用表》，天津市档案馆藏，资料号：J0110—1—000046。

表1—20　　　　　　　　　**1930年私立究真中学教职员一览表**

姓名	性别	籍贯	学历或经历	科目/每周授课时数	专任或兼任	月薪（元）
李清贤	男	河北武清县	协和大学毕业、曾任潞河中学兼燕京大学教授		专任校长	80元本校支付6个月，7月由仰山女校支付
柏乐五	男	美国	亚利大学毕业		专任副校长	60
徐振东	男	河北大兴县	潞河中学毕业		专任学生处	25

续表

姓名	性别	籍贯	学历或经历	科目/每周授课时数	专任或兼任	月薪（元）
步云斌	女	美国		英文、音乐	兼任	
张永龄	男	河北武清	协和大学毕业、曾任宏道中学教员	地理6课时	专任	50
王锡田	男	河北宁津	河北省第一师范毕业曾任吴桥师范教员	图画手工10课时	专任	
魏振戎	男	河北大城县	齐鲁大学医科	理化10课时	专任	35
宋汝为	男	山西汾洲	北京师范大学曾任山西省立国民师范教员	国语8课时	专任	45
董象萱	男	河北新城	河北省立工业学院毕业曾任河北省第八中学教员	算学16课时	专任	45
黄知行	男	江苏省宜兴县	曾任察哈尔教员、天津市特别市党部检定党义教师	党义3课时	兼任	义务
赵启明	男	天津特别市	燕京大学肄业	史地	12	35
萧文宝	女	天津县	天津护士学校毕业	护士		全年薪金由公理会支付

资料来源：《私立究真初级中学立案用表之十》《私立究真初级中学立案用表之十一》，天津市档案馆藏，资料号：J0110—1—000004—007。

从以上各表可以看出，教会中学的教学多由外籍教师、综合大学毕业的毕业生、师范院校的毕业生担任。中西女中共有教职员27名，其中专任教师14名，兼任教员5名，拥有国外本科以上学历的9名，约占33%；本国综合大学毕业者3名，约占11%；师范院校毕业的5人，约占18%；专门学校毕业的4人，约占14%；高中毕业5人，占到18%；其他1人，占3%。从学历上看，教会中学的教师整体素质高，大多数教师拥有本科以上的学历，有的甚至是硕士、博士，不少教师具有教授学科的专业背景。从专业水平上看，不少教师都经过师范专业训练，懂得教育学和心理学知识，并且有教授该课程的经验。一般而言，外籍教师担任英语教学，很好地保证了英语教学质量，能够发挥出教会中学的特色。总之，教会中学雄厚的师资力量，吸引了更多中产阶级子女和富家子弟入学。

3. 教会大学的师资情况

1933 年天津工商大学得到了中国政府的办学许可，但是整个学校的教师队伍仍以外国人居多。"师资由三部分人构成：耶稣会传教士、外籍工商企业人员、中国教师。耶稣会教士一般都能讲一门以上基础课和专业课，为专职教师；专业课多由工商企业从事实务的外籍工程师、会计师、律师等兼任；中文和部分专业课由本国教师担任。最初主要用法语授课，1927 年后逐渐改用英语，英美籍教师有所增加。1933 年立案后，华人专任和兼职教师人数超过外籍教师，并聘请校外专家来讲课，南开大学经济研究所的何廉、方显庭、吴大业、丁桔等教授都曾来校做过学术报告。"①

在教师待遇方面，传教士由教会供食宿，不给薪金。兼职教师按授课时数付酬。据津沽大学的校友余永清回忆："校长、院长、教务长、训导主任都是神甫，教师也有一些是神甫。大学和附中总共有 20 余位中外神父，学校为他们建起了一座带有花园的二层楼房，房内装修讲究，大家称之为'神甫楼'。职员中除了少量修士、修女外，其余职员和技工、勤杂工也大多是天主教教徒。"②

（五）毕业生去向

教会办学的初衷是培养更多的中国传教士，用宗教来征服中国，但是，随着西方列强对华政策转向"以华治华"，教会意识到必须发展中等、高等教育，以此来培养"以华治华"的领军人物。"教育是未来中国的一种力量……教会积极办教育……培养在政府里做官。做传授西学的教师，当医生，当商人，或在中国大企业里当督办"③。教会学校的教育

---

① 中国人民政治协商会议天津市委员会文史资料委员会编：《天津文史资料选辑》第 57 辑，天津人民出版社 1992 年版，第 33 页。

② 中国人民政治协商会议天津市委员会文史资料委员会编：《天津文史资料选辑》第 4 辑，天津人民出版社 1996 年版，第 132 页。

③ 顾长声：《从马礼逊到司徒雷登》，上海书店出版社 2005 年版，第 310 页。

目标成为"培养未来领袖和司令官"。教会学校希望培养的毕业生可以到中国各个行业当领袖人物,教育目标也趋向世俗化,他们希望经过中等和高等教育的毕业生进入社会的主流,能影响和号召中国尽快实现中华归主。同时,客观上也为中国新兴的行业输入了人才。下面是关于私立中西女中 1925 年至 1929 年度毕业生情况统计,详见表 1—21。法汉中学 1937 年毕业生情况统计,详见表 1—22。

表 1—21　　　1925—1929 年私立中西女中部分毕业生情况统计表

姓名	籍贯	入学时间	毕业时间	毕业去向
卞学君	河北	1920.10	1925.6	升入南开大学
严幼勋	江苏	1919.9	1925.6	入沪江大学
关素珍	辽宁	1919.9	1925.6	留美
宋宝弟	河北	1922.9	1926.6	入燕京大学
陈文平	河北	1922.9	1926.6	留校职员
郑汝铨	江苏	1924.9	1927.6	入沪江大学
周绣	河北	1923.9	1927.6	任本校教职员一年后留美
任宗英	江苏	1924.9	1927.6	燕京大学一年后留美
叶恭绍	福建	1924.9	1927.6	入南开大学
吴鼎	日本	1924.9	1927.6	留美
孙增敏	浙江	1924.9	1927.6	入燕京大学
郑珣	福建	1923.9	1927.6	入燕京大学
关颂珊	广东	1923.9	1927.6	入燕京大学
李碧复	福建	1924.9	1927.6	入燕京大学
刘洁兰	河北	1925.9	1927.6	入燕京大学
司徒美媛	广东	1925.9	1928.6	入金陵大学
刘子毅	河北	1925.9	1928.6	留校
余知䉤	江苏	1925.9	1928.6	入金陵大学
吴佩秋	安徽	1925.9	1928.6	入燕京大学
黄琼琼	广东	1925.9	1928.6	入金陵大学
杨雪琴	河北	1925.9	1928.6	留校

资料来源:《本校立案各项表册之私立中西学校立案用表之十三》,天津市档案馆藏,资料号:J110—01—000010—015。

表 1—22　　　　　1937 年法汉中学部分初高中毕业生情况统计表

姓名	籍贯	入校年月	毕业年月	毕业去向
韩金科	天津	1928.9	1934.6	在利威洋行服务
梁秉章	广东	1928.9	1934.6	升入震旦大学
于世奎	天津	1928.9	1934.6	在晟昌洋行服务
白子馨	河北	1928.9	1934.6	荐在美丽摄影
赵文俊	天津	1928.9	1934.6	预入大学
曾宏彦	江苏	1930.9	1934.6	升入震旦高中
李士伟	天津	1930.9	1934.6	升入本校高中
吴必信	江苏	1930.9	1934.6	升入本校高中
马树林	天津	1930.9	1934.6	升入本校高中
曹用珍	河北	1930.9	1934.6	升入本校高中

资料来源：《法汉中学立案用表》，天津市档案馆藏，资料号：J110—01—000046—03。

天津工商大学首届学生有 48 人，仅 11 人毕业，首届毕业生"多被聘用到与帝国主义国家有联系的企事业机关任事或到国外留学"[1]。

教会学校的毕业生去向大致有三：第一，继续升学。教会中学的初中毕业生大多继续升入高中；高中毕业生继续升学到大学，如法汉中学毕业证含金量较高，震旦大学常为其学校的毕业生敞开大门，甚至不用经过考试，而且，该校的毕业生精通法语，可以直接留学法国，备受优待。第二，留学。教会中学的初高中毕业生及教会大学的毕业生，有一部分会选择出国留学。第三，毕业后进入企事业工作或留校任教。这些学生不论是升学还是工作，他们选择面比较宽，在各行各业发挥自己的专长。尽管教会中学是为了培养各个行业的领袖，以期达到"中华归主"的愿望，但是从某个角度看，它又推进了中国社会近代化的发展。

（六）常规管理

1. 教会小学的常规管理

教会小学制定了一系列学生管理的规章，对学生入学要求、日常着装和操行、升级和留级、毕业规定、学费数额等方面都有严格的规定。

---

① 王喜辰编：《河北大学校史稿》上编，1985 年 10 月打印本，第 424 页。

如殷森德夫妇的学馆就制定了《天津圣道学堂条规》12 条，主要内容有："生徒每月发结月费，所有衣履、饮食、笔、墨、纸、砚等全行该生自备。"

私立若瑟小学的常规管理十分严格。对学生的日常行为操行规定："学生不守校规，屡教不改者或行为有妨学校名誉者即令退学，学生因记过或有传染病非短期时间内可以痊愈者，均得令停。学生入学需穿本校所规定之制服，寒暑交换均由本校预定日期以使一律。学生须佩戴本校之校章以资保证。"① 学校还制定了升、留级制度，规定"学生于学年考试成绩及格者方准升级，学生于学年考试成绩平均分数不及格者留级，主要功课国语、算术、自然、社会、体育三科不及格者留级。课业时间占授课时间三分之一以上者留级"②。关于学生修业的规定是："初级小学四年毕业，高级小学两年毕业，修业期满经考试成绩合格者发给毕业证书，不及格者发给修业证书或留级补录。"③ "若学生要退学或者转学须有家长或者保证人来校说明或来函声明，经本校许可方可准退学，规定申请退学或被斥退者所缴学费概不退还。"④ 关于学费，规定："学生纳费每年分为两期均于每学期开始时交齐。初级每学期学费 3 元，高级每学期学费六元。家况赤贫无力缴纳学费有证明函件并经调查确实者，将免纳学费之一部或全部。"⑤ 在奖惩上的规定："学生如有操行体美用功，成绩良好者或予以名誉褒奖或发给奖品以资鼓励。学生如违反校规酌量情节轻重施以扣分、记过、停学或开除等项目之惩罚。"⑥

私立若瑟小学的常规管理制度化、规范化，条理分明，以发展儿童身心、培养国民道德为宗旨，按照学校的初级部和高级部的编制，制定相关的管理规章，这样既可以保证正常的教学秩序，同时也有利于学生养成良好的习惯，体现了严谨治校的精神。

---

① 《天津市私立若瑟小学概况调查表》，天津市档案馆藏，资料号：401206800—J0002—3—006705—051。

② 同上。

③ 同上。

④ 同上。

⑤ 同上。

⑥ 同上。

2. 教会中学的常规管理

天津的教会中学，大多校风严谨，校纪严明。许多教会中学的校规完善，涉及校园管理的方方面面，比如普通规则、教室规则、自修室规则、宿舍规则、体育规则、图书室规则、饭厅规则、医治规则、请假规则、布告规则、学生团体组织规则等。每一项规则又明细很多条内容对学生进行规范，如中西女子中学的普通规则中规定，如果出现以下四种情况："1、品行不良　2、逃课三周　3、妨害学校名誉　4、妨害学校安全秩序者，学生将被学校劝退。"① 在请假方面也是严格规范学生行为，如："1、有事必须向教务处请假，否则按照旷课处理　2、因病缺课须经本校校医发凭证　3、因事因病留家者，家长需用盖章信证明情由，否则以旷课论处　4、缺课不得超过授课的四分之一　5、住校生遇事出去向校长或教务长请假，限时回校。"② 圣功女子中学的训导也十分严厉，"修女经常站在校门口，对学生进行全面的检查：衣着是否符合学校规定，头发是否过长，或卷发，如有不合格者立即纠正，发过长，则持剪剪短之。还有上课的时候，修女会在教室门外看教室内的学生是否认真听课，如有不认真的，课后到训导处加以训导，绝不允许自由泛滥"③。学生必须 8 点到校，否则不能进教室听课，待到下课后再进教室听课。学生不能随意出校门，出去必须向训导处申请，杜绝放任自流的情况发生，因而，圣功女中被戏称为"模范监狱"。

严格的校纪形成了优良的校风，学生在各项活动中都自觉遵守学校的规章制度，感受到其权威力量，当它得到学校师生的认可时，就会形成一种凝聚力，成为学校精神文化的一部分，这种归宿感，使得学生与教会中学之间的认同感进一步加强。

3. 教会大学的常规管理

天津工商大学对学生实行严格管理，仅学生的《管理规则》就多达

① 《本校章程之天津私立中西女子中学现行学则》，天津市档案馆藏，资料号：J110—1—000010—011。

② 同上。

③ 中国人民政治协商会议天津市委员会学习和文史资料委员会编：《天津文史资料选辑》第 1 辑，天津人民出版社 2005 年版，第 107 页。

100 余条①，概括起来有三方面：第一，入学要求和日常行为规范。入学时学生一般都要出具保证书。入学后，又制定约束和规范学生行为的准则，如缺课及晚到考查规则、学生请假规则、教室和宿舍规则、图书阅览规则、电话室规则、接待室规则、集会规则、考试规则等，培养学生自觉遵守学校各项规章制度。第二，奖学金制度和助学金制度，吸引了大批优秀青年踊跃报考本校。第三，惩戒与奖励勤学相结合，既保障教学秩序和质量，又激励了学生的学习热情。

在工商学院时期，学校不断调整对学生的管理规定。在前期建立的学生管理规章制度基础上，对教学秩序又制定了一些规章，规定严禁学生如下的行为："（1）扰乱学校秩序；（2）不服从；（3）不正当行为玷污学校或学生个人名誉；（4）旷课迟到。如有学生犯其中任何一项，当酌情处理，轻则斥责、重则革退。"② 按照校章，对学生的管理主要由教职员负责，比如露天课堂点名，平时每周监考，教员都切实负起责任，以保证各种规章不致成一纸空文，培养学生良好的习惯与勤学诚实的学风。

二　教会学校教学管理

由于教会学校直接引用西方的教育模式，其教学管理方式自然不同于中国传统学堂。教会学校重视宗教课程，但是在立案后，党义取代了宗教课。在教学方面，重视英语、自然科学、体育、音乐等科目的教学，而这一切都是为了培养宗教人才，实现中华归主。

（一）课程设置

1. 教会小学的课程设置

早期教会小学的教学内容以宗教为主，兼设算术、地理、自然和以讲授"四书五经"为主的语文等课程，如 1888 年，殷森德夫妇创办女子小学堂，"总以新旧约圣经为主，中国经书、诗文次之"③，学生首先要

---

① 天津工商学院委员会编：《私立天津工商学院一览》，天津工商学院委员会 1935 年出版，第 6、7、23 页。

② 阎玉田：《踞栎津之阳——天津工商大学》，人民出版社 2010 年版，第 68 页。

③ 张大民主编：《天津近代教育史》，天津人民出版社 1993 年版，第 141 页。

"受洗奉教",而所读之功课则"以新旧约圣经为主",学生"平日居心作为,固宜恪守圣经真训",而中国经书、诗文不过是点缀和招牌而已。1899 年,私立究真小学和仰山小学分男女二部,学生仅二三十人,讲授文化课和宗教启蒙课①;圣若瑟女校在院长玛丽·里兰的负责下,主要教授外语,分为法文班与英文班,还开设教学法、油画与器乐等课程。立案后,按照政府的要求,党义课取代了宗教课。教会小学教授的科目主要有公民、历史、地理、国语、卫生、算术,开设英语的学校不多,只有圣功女子小学有英语课,且每学期只有 10 课时,该校开设课程及教学时数详见表 1—23。

表 1—23　　　　　　　　**私立圣功女子小学课程表**

学年	学科	课程内容	每周授课时数	学科	课程内容	每周授课时数
第一学年	党义	三民主义大义	2	历史		
	国语	语句法	7	地理		
	习字	描红、仿影	3	艺术	各种折纸法	2
	算术	单数的加减乘除	5	体操	游戏体操	4
	珠算			乐歌		3
	自然	日用常识	3	英文		
第二学年	党义	民族主义	2	历史		
	国语	语句法	7	地理		
	习字	仿影、临影	3	艺术	剪纸	2
	算术	加减乘除法	5	体操	游戏体操	4
	珠算			乐歌		3
	自然	日用常识	2	英文		
第三学年	党义	民生主义、民主主义	2	历史		
	国语	语句法、作法	8	地理		
	习字	仿影、临帖	4	艺术	编织、刺绣	3
	算术	加减乘除法	6	体操	普通徒手体操及舞蹈	4
	珠算			乐歌	普通唱歌	3
	自然	日用常识	3	英文		

---

① 张绍祖编著:《津门校史百汇》,天津人民出版社 1994 年版,第 69 页。

学年	学科	课程内容	每周授课时数	学科	课程内容	每周授课时数
第四学年	党义	三民主义与国民革命、党的历史、党的政纲、建国的三个时期	2	历史		
	国语	语句法、作法	8	地理		
	习字	大小楷、临摹、临影	4	艺术	结纽及十字之做法	3
	算术	整数、小数、复数、整除、面积、容量计算	6	体操	普通徒手体操及舞蹈	4
	珠算			乐歌	普通唱歌	3
	自然	动植物及简易物理	3	英文		
第五学年	党义	民族主义、民主主义	2	历史	本国历代政治及外交状况	2
	国语	故事诗歌、语言、小说剧本、加作法	7	地理	本国地理上之状况	2
	习字	大小楷临帖	2	艺术	衣服之织法、缝法及编织物	2
	算术	整数、分数、长度的倍数、数的四则运算	6	体操	徒手操、用器操、舞蹈	2
	珠算	加减乘除法	2	乐歌	简易单音、音唱歌	1
	自然	动植物及简易物理	2	英文	浅通之歌词、语法	3
第六学年	党义	民生主义、中山先生傅客、建国大纲、建国方略、中国国民当世、中国国民党对外内的政策	2	历史	本国与世界各国政治外交	2
	国语	故事诗歌、语言、小说、剧本、加作法	7	地理	本国及世界各国地理之状况	2
	习字	大小楷临帖	2	艺术	缝法及编制物	3
	算术	百分数、利息、簿记、平面图形、钟表比例、公式、简易方程	6	体操	徒手操、用器操、舞蹈	2

续表

学年	学科	课程内容	每周授课时数	学科	课程内容	每周授课时数
第六学年	珠算	小数	2	乐歌	简易单音、音唱歌	1
	自然	自然的现象及简易之理化	2	英文	浅通之歌词种、语法	3

资料来源:《天津特别市私立圣功女子小学校立案用表之三》,天津市档案馆藏,资料号:401206800—J0110—1—0000008—003。

2. 教会中学的课程

设置主要有三大类:一类是宗教课程,这类课程的设置最能体现教会学校的教育目标;另一类是语言课程,这类课程重在学习语言,这里的语言学习包括中文和外文,主要以英语为主;还有一类是科学课程,自然学科主要包括了数学、物理、化学等课程。人文学科主要包括了地理、历史、社会学、伦理学、音体美等课程。为使学生有一技之长,有些学校还开设了一些活动课程,这些活动课对学生的影响也是深远的,可以教会学生谋生。如圣功女中开设技艺课,课程内容有西绣编物花边、手工刺绣造花、机器制绣。表1—24、表1—25、表1—26、表1—27分别列出了私立中西女子中学、法汉中学、私立究真中学、私立老西开中学的课程设置。

表1—24　　　　　　1930年私立中西女子中学课程表

学年	科目	第一学年学分	第一学年课程支配	第二学年学分	第二学年课程支配
第一学年和第二学年	党义	2	民族主义	2	民权主义
	国文	5	初级古文读本	5	初级古文读本
	国语	2	初级国语读本	2	初级国语读本
	作文	1		1	
	习字	0.5		0.5	
	英文	4	英文文法	3	Oral and Written English
	数学	5	混合数学	5	混合数学
	历史	3	Geek History Stories	3	初级本国历史
	地理	2	本国地理	3	New Geography
	理科	3	卫生学		

学年	科目	第一学年学分	第一学年课程支配	第二学年学分	第二学年课程支配
第一学年和 第二学年	修身	2	学生个人问题大纲	2	选授伟人言行
	唱歌	0.5		0.5	
	手工	1		1	
	画图	1		1	
	体操	1		1	

学年	科目	第三学年学分	第三学年课程支配	第四学年学分	第四学年课程支配
第三学年 第四学年	党义	2	民生主义	2	建国大纲
	国文	3	高级古文读本	3	高级古文读本
	国语	2	初级国语读本	2	白话范文
	作文	1			
	习字	0.5			
	英文	4	Oral and Written English	4	Composition and Rhetoric
	数学	5	布利氏算学		
	历史	3	初级本国史	3	World History
	理科	4	普通学科	5	植物学
	公民	3	公民		
	社会学			3	Introduction to Sociology
	美术	2	学修		
	唱歌	0.5		0.5	
	手工	1		1	
	体操	1		1	
	钢琴			1	

学年	科目	第五学年学分	第五学年课程支配	第六学年学分	第六学年课程支配
第五学年和 第六学年	党义	3	建国方略	3	中国国民党宣言
	国文	3	高级古文读本	3	高级古文读本
	国语	2	白话范文		
	作文	1			
	习字	0.5			
	英文	3	Literature and Life	3	Literature and Life
	数学			2	教学选授无课本

续表

学年	科目	第五学年学分	第五学年课程支配	第六学年学分	第六学年课程支配
第五学年和第六学年	历史	3	World History	3	中国文化史
	理科	5	物理或化学	5	物理或化学
	心理学			3	The Science of Human Nature
	人生哲学			3	选授
	唱歌	0.5		0.5	
	文学史	3	选授讲义	3	ABC
	体操	1		1	
	钢琴	1	实习	1	实习
	音乐	2	音乐历史	2	音乐历史

资料来源:《本校立案用表概况之私立中西女子中学校立案用表之三》,天津市档案馆藏,资料号:J110—01—000010—015。

表 1—25　　　　　　　　**1930 年法汉中学课程表**

学年	科目	第一学年学分	第一学年课程支配	第二学年学分	第二学年课程支配
一、二学年	公民	2	公民训练、党义	2	公民训练、党义
	体育	3	体操运动、国术	3	体操运动、国术
	卫生	1	人体解剖、生理保健	1	疾病常识
	国文	6	阅读	6	习作
	法文	10	读音	9	田径
	算术	4	算术	5	平面几何、代数式
	自然	4	植物学	4	动物学
	历史	2	本国史	2	本国史
	地理	2	本国地理	2	本国地理

学年	科目	第三学年学分	第三学年课程支配	第四学年学分	第四学年课程支配
三、四学年	公民	1	公民训练、党义	2	公民训练、党义
	体育	3	体操运动、国术	2	体操运动、国术
	卫生	1	公共卫生		
	国文	6	习作	5	阅读
	法文	10	提纲	10	文法
	算术	5	平面几何、代数	4	三角几何

续表

学年	科目	第三学年学分	第三学年课程支配	第四学年学分	第四学年课程支配
三、四学年	化学			2	化学
	物理	3	物理学		
	历史	2	历史学		
	地理	2	地理学		
	本国地理			2	本国地理
	本国历史			4	上古中古史

学年	科目	第五学年学分	第五学年课程支配	第六学年学分	第六学年课程支配
五、六学年	公民	2	公民训练、党义	2	公民训练、党义
	体育	2	体操运动、国术	2	体操运动、国术
	国文	5	习作	5	习作
	法文	9	高级文法	6	高级文法
	算术	3	三角几何、代数	4.	三角几何、代数
	化学	7	化学		
	物理			6	物理学
	本国历史	2	近代现代史		
	本国地理			2	自然地理
	外国地理	2	世界区分		
	外国历史			2	外国史
	伦理			2	伦理学
	画图	2	用量器	2	制图
	生物			1	生物原理

资料来源：《天津市法汉中学校立案用表》，天津市档案馆藏，资料号：J110—01—0000046—003。

表 1—26   1930 年私立究真中学课程表

学年	科目	每周授课时数	学分	课程内容
第一学年	算术	5	10	数学及一次方程
	英文	6	12	浅近英语
	国文	8	16	记事文和应用文
	地理	2	4	本国地方志

续表

学年	科目	每周授课时数	学分	课程内容
第一学年	历史	2	4	太古至周朝文化的发起者、秦代至明代中叶文化推进
	党义	1	2	三民主义
	理科	2	4	生理和卫生
	画图	1	2	水彩静物描写及临摹范本
	音乐	1	2	音名、音阶、乐谱、音符、休止符和节拍
	体操	1	2	柔软体操和各种室外运动
学年	科目	每周授课时数	学分	课程内容
第二学年	算术	5	10	几何及二次方程
	英文	6	12	文法、会话
	国文	8	16	记叙文和论说
	地理	2	4	山水、气候、社会、宗教、教育、外交、交通等
	历史	2	4	明代中叶至现今中国文化与世界文化的融合
	党义	1	2	民权主义、建国大纲
	理科	2	4	普通动植物
	画图	1	2	水彩静物描写及临摹范本
	音乐	1	2	音名、音阶、乐谱、音符、休止符和节拍
	体操	1	2	柔软体操和各种室外运动
学年	科目	每周授课时数	学分	课程内容
第三学年	算术	5	10	联立二次方程及三角几何
	英文	6	12	文法浅近故事及名人小传
	国文	8	16	应用文及美文
	地理	2	4	亚欧非各洲及大洋洲之叙述
	历史	2	4	中国近代史及现代世界史
	党义	1	2	民生主义和建国大纲
	理科	2	4	浅近理化
	画图	1	2	水彩静物描写及临摹范本
	音乐	1	2	音名、音阶、乐谱、音符、休止符和节拍
	体操	1	2	柔软体操和各种室外运动

资料来源：《私立究真中学校立案用表之三》，1930 年，天津市档案馆藏，资料号：J0110—01—000004—007。

表 1—27　　　　　　　　**1931 年私立老西开初级中学课程表**

学年	科目	每周授课时数	学分	课程内容
第一学年	党义	1	2	孙中山先生的革命史略、民权初步、三民主义
	国文	6	12	语体文及文言文，并采其分配为语七文三，以记叙文、抒情文为主
	英文	5	10	拼音、读本、文法
	算学	5	10	算术、珠算、四则代数
	历史	2	4	上古史、中古史
	地理	2	4	本国地理
	自然	3	6	动物植物
	图画	2	2	铅笔写生
	工艺	3	2	基本练习普通工具，使用法兰易木工
	音乐	1	2	基本练习音乐
	体育	3	4	步伐矫正体操、自然体操
	生理卫生	1	2	健康身体及增进健康的必要条件
第二学年	党义	1	2	三民主义、五权宪法
	国文	6	12	语文各半，以说明文、抒情文为主
	英文	5	10	读本文法、翻译会话
	算学	5	10	代数、几何
	历史	2	4	近世史、现代史
	地理	2	4	本国地理
	自然	4	8	化学、矿物、地质
	图画	1	2	水彩、粉彩、写生
	工艺	1	2	细木工、雕刻木工、车床木工
	音乐	1	2	二部合唱、三部合唱
	体育	2	2	器械操球戏
	生理卫生	1	2	健康家庭和健康社会
第三学年	党义	1	2	建国方略、建国大纲宣言、党史政纲
	国文	6	12	分配为语一文三，以议论文、应用文为主
	英文	6	12	读本文法、翻译会话
	算学	6	12	代数、三角几何

续表

学年	科目	每周授课时数	学分	课程内容
第三学年	历史	2	4	世界史
	地理	2	4	外国地理
	自然	4	8	物理、天文、气象
	图画	2	2	图案投影画
	工艺	2	2	钣金工
	音乐	1	1	四部合唱、乐理、声学
	体育	2	1	田径、赛球
	生理卫生			

资料来源:《天津私立老西开学校立案用表之三》,1931 年,天津市档案馆藏,资料号:J0110—1—000018—022。

立案后,教会中学的课程变化较大,宗教课程被党义课取而代之,有的学校没有党义课,但是增设公民课。自然科学课程细化,分为生物、物理、化学、植物学、动物学等课程。社会科学课程细化分为中国地理、外国地理及中国历史、外国历史。从学分上看,英语课程或法文课程的学分比重减少,增加了国文和国语课的学分。此外,不少教会中学列出了参考书目,并放置在学校图书馆,供同学们参阅。从课程设置上看,教会中学的教育目标不再单纯地培养教徒,开始向世俗化靠拢,法汉中学为提高毕业生就业率,增设了打字、商业簿记、速记等课程,但实质上教会中学的培养目标并没有变,只是为了达成宗教教育的目的,将宗教教育融入在学校的日常生活中进行。

3. 教会大学的课程设置

工商大学时期,"学校设工商两科与神学科,并以法文为主要课程"[①]。课程一律必修,无选修课。课程分为基础课程和专业课程两大类,详见表1—28。

---

① 中国人民政治协商会议天津市河西区委员会文史资料委员会编:《河西文史资料选辑》第 4 辑,天津人民出版社 2002 年版,第 159 页。

表1—28　　　　　　　　　天津工商大学部分学科和课程表

天津工商大学课程表

基础课	哲学	法文
专业课	工科	商科
	数学（包括大代数、三角、微积分、解析几何、图形几何）	会计学与商算
	物理（包括电学、热学、机械等）	
	化学	中外簿记学
	平面测量	化学
	静力学与材料学（包括建筑材料、铁筋水泥、材料实验、工程估计学、水利学等）	商业与运输
	房屋建筑（包括图解力学、工程设计）	普通商业地理
	市政学	商业产物
	铁路学	财政学（包括银行、汇兑、铜钱等）
	会计学原理	保险
	商业英文	商法、民法、工商法
	工业实习（利用暑假介绍学生到工厂实习4周）	商谈与商业公牍
		经济学原理
		商业实习（利用暑假介绍学生到银行或商店实习4周）
授课时数	一般为1—2年，每周2学时左右	一般为1—2年，每周2学时左右

资料来源：《私立工商大学一览》，1935年5月。

　　上表显示，专业课程的设置偏重基础知识和应用科学，涉及知识面较宽，以增强毕业后对实际工作适应性。

　　天津工商学院时期，学科和课程设置上渐趋稳定、合理，除党义、国文及文牍为工、商科共修外，在原来的基础上细化了工科与商科的专业系别，增加了一些课程，"如工科分为桥路、机械二系；商科分为普通商业、财政银行三系，修业期限均为 4 年"①。具体以当时的工科和商科的课程为例，见表 1—29。

表 1—29　　　　　　　　天津工商学院工科与商科课程表

工科	经纬形学	微分积分	物理学	工业化学	铁路
	图解形学	图画	测量学	营造学	公路
	力学	材料耐力	建筑材料	地质学	水力学
	热力学	河海工程	应用机械	工艺	电气工程
	铁筋工	市政工程	土石工程	线算	工程估计
	钢桥	哲学	军事训练	各种练习	
商科	簿记学	纺织学	商业学	保险学	法学
	商业算术	应用化学	化学实验	商业地理	第二外国语
	打字	会计学	经济学	关税学	商业实践
	财政学	哲学	运输学	统计学	中国国际贸易史
	银行学	公牍	军训	各种练习	论文

资料来源：中国人民政治协商会议天津市委员会文史资料委员会编：《天津文史资料选辑》第 1 辑，天津人民出版社 1999 年版，第 162 页。

从工科和商科所开设的课程来看，课程门类多样化，兼顾了工科和商科的专业特点，有利于学生掌握全面的专业性知识。

（二）教会中学学科教学

宗教课程无疑是教会中学教学的重点，但是为了吸引生源和适应社会发展对人才的需求，天津教会中学非常重视语言、科学、音体等学科的教学。

1. 宗教教学

立案之前，宗教教学是通过教授宗教课程而完成的。宗教课程内容由浅入深、循序渐进，最初先学习教义问答、圣经故事、圣经人物传、福音书等初级课程，初中阶段主要选取新约、旧约中的一些章节作为教学内容，高中阶段大多讲授耶稣的传记和纯粹的神学知识，如《诸神的

①　中国人民政治协商会议天津市河西区委员会文史资料委员会编：《河西文史资料选辑》第 4 辑，天津人民出版社 2002 年版，第 160 页。

研究》。每个学校根据自身情况安排固定的读经时间。如新学书院的中学部，在每天上午的 10 点到 10 点半例行祈祷，用英语读圣经，唱圣歌；中西女中全体学生每日清晨列队进入大讲堂，查圣经，做早礼拜。

立案后，政府禁止教会中学开设宗教课程，因此，宗教教学就渗透到文学、社会学、伦理学、教育学等科目中进行。为了加强宗教教育，有些学校还安排选修课程，组织唱诗班等宗教活动，培养学生的宗教精神，如新学书院附设的中学班，每天上午都要做半个小时的礼拜，读圣诗、唱圣歌、读圣经；圣功女中每节课的开始，都先祈祷"圣母玛利亚，我爱您！愿您像是待您的孩子那样爱护我，保护我"①；在私立汇文中学，美以美会通过组织"学校青年基督会""基督教学生团契会""培灵会""查经班"等各种教会团体，控制学生；在私立中西女子中学，以信徒可以优先出国为诱饵，让宗教教学留有重要地位。

教会中学宗教教育的特点是以人格感化为中心、以生活为教材的博爱教育，宗教教学目标是博爱自由、服务社会、人格感化、陶冶情操。抗日战争爆发后，教会中学的学生本着博爱精神，服务社会，通过各种方式积极支援抗战前线，有的举行游艺募捐会，所募捐的款都汇入前方，有的甚至是牺牲自我，表现出极大的爱国主义情怀。

2. 语言教学

语言教学主要分两类：一是国文或国语的教学，二是外文的教学。立案前，教会中学的语言教学设置了外语和儒家经典两门课程。教会中学讲授儒家经典是为了避免儒家文化与西方宗教文化的冲突，利用儒家学说为传播基督教服务，正如美国传教士林乐知所说："儒教之所重五伦，而吾教亦重五伦……儒教重五常，而吾教亦重五常……吾教与儒同重矣，耶稣心合孔孟也。"② 但在教学过程中，儒家经典的教学和外语教学并不对等，正如一位亲历者所言："在立案前所用的课本，大多数是英文的，翻开这些课本，最触目的就是抽鸦片烟，缠小足，拖辫子，留长指甲，乞丐等侮辱性的材料，而其他英文课本里，都是美丽花鸟，英雄

---

① 中国人民政治协商会议天津市委员会学习和文史资料委员会编：《天津文史资料选辑》第 1 辑，天津人民出版社 2005 年版，第 106 页。

② 顾长声：《传教士与近代中国》，上海人民出版社 1981 年版，第 188—189 页。

肖像，辉煌的战绩以及高楼大厦等等。"① 立案后，国文不再讲授四书五经，而是改成白话文，选用的教材都是中国出版的，著作者也是中国人，都是由中国老师讲授。

外语教学一直是教会中学教学的重点。天主教教会中学大部分教材是法文，如法汉中学毕业生的法语水平可以直接留学法国或升入震旦大学。基督教教会中学大多教材是英文，英文课时每周可达到 12 节，重点训练学生的听、说、读、写、译能力。除了开设专门的英文课以外，还开设自然科学课程、宗教课程、哲学，有的中学甚至是中国历史课程也用英语讲授，新书学院中学班的英文课分为五门，即文学课、作文课、翻译课、会话课、听写课。学校公文、张布告都用英文，学生写通知、假条也要用英文，在这样浓郁的英语环境中，毕业生英文水平能达到香港大学、燕京大学一二年级的水平。私立汇文中学的英文课分为阅读课和文法课，并且规定凡是英文有一科不及格者一律留级或开除。私立中西女中除了中文、史地外，其他课本一律从国外直接订购，学生要用英语回答问题。

3. 科学教学

随着洋务运动的深入，西学越来越被中国人所接受。西方传教士意识到只有将宗教和科学结合起来，才能更好地为宗教服务。狄考文认为，"科学不是成为宗教的盟友，就是成为宗教最危险的敌人"②。教会中学希望通过教授自然科学课程，彰显上帝的光芒，消除妖术、占卜等迷信，培养掌握科学的各行各业的带头人，因此，教会中学十分重视科学教育。

教会中学初中和高中阶段都开设代数、几何、三角等数学课程，如私立究真中学，第一学年教授数学及一次方程，第二学年教授几何和二次方程，第三学年教授联例二次方程和三角几何；法汉中学开设了动物学、植物学、地质学、生物学、化学、物理等课程，并在卫生学课上，详细讲解人体解剖、生理保健知识、疾病常识和公共卫生。

教会中学还普遍开设地理和历史课程，地理一般安排在了第二、三

① 中国人民政治协商会议上海市委员会文史资料工作委员会编：《文史资料选辑》第 1 辑，天津人民出版社 1978 年版，第 100 页。

② 陈学恂主编：《中国近代教育史教学参考资料》，人民教育出版社 1987 年版，第 10 页。

年，也有教会中学是第一年学习本国地理，第二年学习外国地理。常用的教材有傅兰雅的《地理须知》、江戴德的《地理志略》，还有伦敦会慕威廉牧师的《地理全志》。这套书共两卷，15 册，卷一主讲政治地理学，卷二主要是自然地理、历史地理、数学地理。

历史是人文科学教学的重要内容。1909 年，40 多名传教士在庐山召开教育会议，拟定了初中四年全部开设历史课程，前三年是中国历史，第四年是世界史。天津教会中学根据自身发展情况，自定教授内容。如私立中西女中在第一学年讲授《Geek History Story》，第二、三学年讲授《初级本国历史》，第四、五学年讲授《Word History》，第六学年讲授《中国文化史》；法汉中学则是在第一、二学年开设本国史。

另外，精神与道德哲学也被教会中学列为必修课或选修课，如私立中西女子中学将社会学、心理学、伦理学列为必修科目进行讲授，而私立汇文中学从二年级开始每学期开设这些选修课，供学生选读。

4. 音乐、体育教学

教会学校普遍重视音乐教学，音乐课的主要内容是唱圣歌。一些教会女子中学更重视音乐教学，如中西女子中学聘请非常优秀的音乐教师，开设唱歌课和钢琴课，钢琴课特别重视实践，学校的钢琴教室就有 7 间，学生学习音乐及钢琴的学费还要另付 33 元。通过学习，不少学生考入大学的钢琴专业。

体育教学在教会学校也占有重要的位置。不少教会学校购置了多种体育器材，私立究真中学有篮球、足球、网球等场地和器材；老西开中学有秋千、网球、排球、篮球、网球、单杠、双杠、转塔、转椅、压板、跳高架、双杠体育器材等。良好的体育设施和器材推动了教会学校体育的发展，如新学书院中学班足球队曾经代表中国参加远东运动会，还有一些项目多次打破纪录，获得天津市、河北省中学生运动会的团体冠军；私立汇文中学篮球队曾两次夺得中学生比赛冠军。教会学校将多种运动项目引入体育课，推广和普及了体育活动，对其他类型学校体育教学起到了积极的推动作用。

（三）考核评价

教会小学注重日常的学习积累，如在殷森德夫妇创办的学馆，"所读之书要勤于讲解，使其记诵。越日考查功课，与学生问答，令其回讲熟背，以验所学之勤惰进退"①。

教会中学有一套严格的考核评价标准。私立中西女子中学规定：每星期必须按时上课、自修、实习 2 个小时，这样就可得到 1 学分。初中毕业生应修满 180 学分，高中毕业生必修课修满 120 分，选修课修满 30 分，共 150 分。凡是功课不及格者没有学分，一年课程必须读完，读一个学期者不给学分。考试有六种类型：平时考、月考、学期考、补考、特考、入学考。平时考，教师主要查学生作业优劣与勤惰程度，以此来评定成绩。月考，顾名思义，每月一次考试并评定成绩，但是月考成绩占 1/3，平时考占 2/3，两考合计为全月的成绩。学期考，每学期期末考，其成绩占 1/3，月考成绩占 2/3，两考成绩合计为全学期的成绩。当学生某学科成绩在 60—70 分之间或是因病请假超过学校规定就需要补考，并交补考费 1 元。成绩在 60 分以下，或者未经请假就不到学校者，需要特考，经特考后，成绩为 60—70 分者，还要参加补考。普通学科有三门不及格或者主要学科有两门不及格者就要留级。学校及格分数为 70 分，第一学期学科成绩在 60 分以下者，该学生在第二学期不得继续学习，来年继续重修。若是第一学期学科成绩在 60—70 分，第二学期在 80 分者，可以免于补考，否则必须补考，不及格者重修。若是学生成绩第二学期为 60—70 分者，必须在下一年参加补考，方可继续学习。②

私立圣功女子中学从学业、操行、体育及考勤四个方面对学生进行评价，以平时积分及学期测验平均分而定。学业评价的等级是 80 分为甲等，70 分以上为乙等，60 分为丙等，及格者给学分，不及格者不给学分，三科不及格者不能升学。在操行上，对学生的衣着都有具体的要求，据圣功女中学生郑爱梅回忆："平时就要穿校服，春夏季：白衬衫（长袖），套无袖的黑连衣裙，白袜子（长筒）、白鞋（平跟）；秋冬季：藏蓝色衬衣，套无袖的黑连衣裙，黑袜子，黑鞋。"③ 操行考核只记分数，不给学分。在体育评分上，有体育教员给分，除此还要根据校医的检查

---

① 张大民主编：《天津近代教育史》，天津人民出版社 1993 年版，第 141 页。

② 《中西女子中学现行学则》，天津市档案馆藏，资料号：J0110—01—000010—011。

③ 中国人民政治协商会议天津市委员会学习和文史资料委员会编：《天津文史资料选辑》第 1 辑，天津人民出版社 2005 年版，第 106 页。

决定。关于缺席评分：学生在一学期，无故缺席三次，成绩不列入甲等；无故缺席五六次，成绩不列入乙等；缺席七次，成绩不列入丙等，另外各科缺席达 40 小时者，减平均分数一分。

综上，教会中学的考核评价一是重视平时考核，既有学期考，也有平时考、月考；二是注意对学生进行全面考核，既考核学生的学业，也考核学生操行。这样，既有利于及时发现教学中存在的问题，又有利于促进学生全面成长，对学生的发展具有积极意义。

天津工商大学（学院）对学生的学业要求十分严格，"除期中、期末和毕业大考外，平时还有星期考，每周考一门课，每天有作业，评分采20分制。对毕业论文和设计答辩较为严格，除本校教师外，还聘请校外专家参加提问和评定成绩"①。

第四节　教会教育的影响和作用

教会学校是西方列强对中国进行文化渗透的平台，是西方教会势力在天津扩张的具体体现，对天津的社会发展产生较为深远的影响，客观上促进了天津新式教育的发展，推进了天津教育近代化的进程。

一　教会教育的社会影响

第二次鸦片战争后，民族危亡，不少有识之士提出向西方学习，而此时教会教育在天津方兴未艾，它一方面对天津进行文化渗透，另一方面客观上促进了近代天津社会文化的发展。

（一）对天津进行文化渗透

天津大多数教会学校是在不平等条约的庇护下兴办和发展起来的，其宗旨是试图用宗教来征服青年人的思想，培养宗教人才，进而培养中国未来的领袖和指挥官，使其成为西方国家的代言人。早期的教会学校都是由教会管理，不受当地政府约束，这是对教育主权的践踏和侵犯，它的文化侵略性不容否认。

---

① 中国人民政治协商会议天津市委员会文史资料委员会编：《天津文史资料选辑》第 57 辑，天津人民出版社 1992 年版，第 33 页。

教会教育把传播宗教放在首位，其本意是用宗教影响中国、征服中国。教会中学的教育宗旨就是为宗教事业培养接班人。圣经课程在最初开始是必修科目，在许多教会中学里，若是圣经考试不合格者，学生不能毕业。虽然立案后，民国政府规定，教会中学宗教活动不能带有强迫性质，但是，它却渗透到学校生活的各个方面，许多伦理学、哲学等课程就是原先的宗教课。甚至有些教会中学提出留学的条件，即必须加入某个西方宗教组织。同时，教会中学希望学生通过学外语，直接了解西方宗教，利于传教事业的发展。此外，"让科学成为宗教的盟友"这个口号正说明科学也是为宗教服务。教会希望用科学和上帝控制、教育中国青年一代，达到让青年人"五体投地地拜倒在西方世界的圣坛下"①的效果，使得他们成为社会上层的统治的中坚力量。

由此可见，在教会学校大多数课程都是为宗教服务的，这个宗旨始终贯穿于教育过程中，最终目的是为了使整个中国都宗教化。

（二）培养了一批新式人才

教会学校传播西方先进科学知识，冲击了程朱理学的传统观念，不少教会学校的毕业生选择了出国留学，学习西方先进的文化知识，回国后，成为各行各业的领军人物。天津的教会学校培养的一批新式人才，例如，著名物理学家袁家骝、著名翻译家杨宪益、著名戏剧艺术家黄佐临、旅美华人体育协会主席吴必显都毕业于天津新学书院；著名医学家吴阶平、著名话剧家焦菊隐就读于汇文中学；著名红学家周汝昌、著名音乐家沈湘毕业于天津工商学院附属中学。

这些优秀的知识分子，促进了天津与西方的文化交流，在这些知识分子中，有不少从事教育工作，为天津高校的发展做出了贡献。

（三）促进了近代天津社会的发展

教会学校培养出一批掌握近代科学文化知识、适应社会发展的学生，他们对天津的社会文化发展做出了贡献。由于教会中学特别重视外语，因此毕业生的外语实力非常强，在他们毕业后，大多数学生选择留学或做翻译工作，促进了中西方文化的交流。

①　王炳照、阎国华主编：《中国教育思想通史》第五卷，湖南教育出版社1994年版，第385页。

还有的教会学校在培养师范、商业人才具有独特性，如圣功女中开设师范科，专门培养教师；不少天津教会女子中学的毕业生，直接进入中小学工作，承担起基础教育的工作；有的教会中学侧重培养商业人才，学生科目增加打字、银行学、簿记等商业内容，培养了大批商业人才。

此外，教会学较为重视培养学生的仁爱、献身等精神，不少从教会学校的学生深受这种文化氛围影响，在自己的工作岗位上默默奉献、努力开拓，以爱护、关切之情对待身边的人和事。这样十分利于社会形成良好的风气。总之，教会中学培养了不少新式知识分子，他们不再以"学而优则仕"为最终目标，他们视界开阔，学贯中西，为天津乃至中国社会发展做出了贡献。

二　推进了天津教育近代化进程

尽管教会教育是帝国主义国家对天津文化渗透的产物，但是不能否认其客观上推动了天津教育近代化的进程，主要体现在以下四个方面：

（一）冲击了封建教育的理念

教会的办学理念与中国传统的教育目的有很大区别。封建社会的教育目的是"学而优则仕"，学校教育是为统治阶级和科举考试服务的，而教会学校强调每个人都享有上帝赋予的受教育权利，"使 12 岁或 14 岁基督教的男女能受一种教育，足以使其在社会上占立足之地。……使少数有特殊功能者得接受大学教育或职业上之训练"①。可见，教会教育目的具有很强的实用性，这种教育理念对传统的封建教育理念具有很强的冲击力。此外，教会办学以西方近代资产阶级教育思想为指导，将西方先进的办学思想、办学模式在中国直接运用，突出了其教育理念的优势，使其更加适应中国社会的发展。

天津是被迫开放的商埠，很容易接收外来的信息，加上洋务运动、维新变法、清末新政改革，天津都是首当其冲，不得不向西方学习。这一系列的社会改革，促使清政府废科举、建学校，这就为天津的教会学校的发展提供了契机。天津教会学校就是在清末新政改革后迅速发展起

---

① 李楚材编：《帝国主义侵华教育史资料——教会教育》，教育科学出版社 1987 年版，第 179 页。

来的，这必然会对传统封建教育的基础造成冲击。

（二）传播西方科学文化知识

清末新政后，教会中学如雨后春笋般涌现出来，并产生了教会高等教育。随着各类教会学校的发展，其教育功能越来越凸显，教会中学也朝着世俗化的方向发展，教会中学成为传播西学的重要媒介。在天津教会中学、大学中，设置大量的自然科学课程，如物理、化学、地理等，这些正是当时社会急需的知识，在中国近代知识的转型过程中扮演着重要的角色。在接受西学的过程中，教会学校也采用了新的教学方式，如教会中学里，投入大量的实验器材，让学生亲自实验得出结论，这是传统学堂所没有的教学方法。教会学校设置诸多自然科学课程，将西方最先进的科学知识引进中国，并且十分重视科学教学与学生生活之间的关系，加速了封建旧教育的瓦解，从而加快中国教育近代化的进程。

（三）完善了中等教育的体系

中国传统学制体系只有"小学"和"大学"两级，直到1904年，清政府颁行《癸卯学制》才有了中学的建制。19世纪末，西方殖民列强为了控制天津的教育权，培植一批"以华治华"的代理人，大力兴办教会中学。1887年创办的圣路易中学堂是天津第一所中学，1895年创办的法国学堂是天津第一所招收华人子弟的教会中学。由于教会办中学的模式已经非常成熟，20世纪初，当地不少官绅在办学时纷纷学习教会中学的办学经验，掀起了兴办中学的热潮，这些中学堂和教会中学不仅完善了天津教育体系的发展，而且为天津的中等教育的发展打下了坚实的基础。

教会中学与同期的其他中学相比，具有数量和质量优势。到抗战前夕，天津共有普通中学53所，其中教会中学就有13所，占到24.5%。在质量方面，学校的规模、师资力量、教学管理都占有优势，成为推动天津中等教育近代化发展的重要力量。今天，天津不少重点中学的前身就是教会中学，有的中学的名称甚至沿用至今，如法汉中学、汇文中学。由于教会中学有固定的经费来源和优质的教育资源，这与同时期的天津公办中学相比，占有显著优势。天津教会中学在行政管理上普遍实行校董会、校务会管理制度，在教学管理上实行选课制、学分制，采用实验法、观察法等科学方法，这些先进的管理经验和模式无疑对天津的其他公立中学起到了示范作用，极大地促进了天津中等教育的发展。

当然，教会学校制度并不是完美无瑕的，它毕竟是照搬了西方教育制度，必然会出现一定的不适应性，但是它确实为完善天津的教育体系，推进天津教育制度的发展起到了重要作用。

（四）推动了女子教育的发展

教会学校开女子教育先河，使女子接受学校教育成为现实，对天津近代女子教育的发展起了催化的作用。早在 1862 年英国圣道堂传教士殷森德创办了中国女童学堂，这是天津最早开办的女子学堂，虽然办学目的是为了吸引女子入教，但客观上改变了女子不能接受学校教育的现状。教会办的女子学校主要集中在中小学，有的女子中学是直接由女子小学堂发展起来的，如圣功女中、仰山女中，中西女子中学虽晚于这两所学校，建于 1909 年，但也是天津女学的先驱，到 1924 年时学生数已达 280 人，该校师资力量十分雄厚，多数是美国教师，教学经验丰富，运用先进的管理方式治校，因此，这个学校的毕业生有的游学欧美，有的升入国内大学深造，有些进入教育界当老师，深受天津各界欢迎。

教会女校的兴办，有助于开化社会风气，进一步提高了女性的社会地位。女子通过接受教育，掌握了一技之长，毕业后可以立足于社会，成为职业女性，她们中有许多走上了教育岗位，如圣功女中师范科毕业的学生，不少进入天津中小学教书，推动着天津当地教育的发展。教会女校的兴办打破了封建教育对女性的禁锢，强有力地冲击了男尊女卑的观念，对社会的开化有着重要作用。

总之，教会教育的目的是为了实现中华归主，以办学为幌子进行传教，文化渗透的性质显而易见。但是，教会教育也输入了新的文化理念，其教义所提倡的忠诚、献身、服务精神对社会的发展有一定的积极作用；它传播了西方近代科学文化知识，采用科学的管理模式，对传统教育模式造成极大冲击，加速了封建教育的瓦解，并对天津各级教育的发展起到了示范作用，推动了天津教育的近代化。教会学校培养了不少优秀人才，他们在天津与西方文化的交流中扮演了重要角色，为天津的社会发展做出了较大贡献。

第二章

天津近代学前教育

学前教育作为教育的起始阶段，在人一生的发展中起着奠基的作用。在中国古代以家庭为单位、自给自足的小农经济社会，幼儿都在家庭中养育，因此，在客观上没有兴办学前教育的需要。直到近代，大机器生产的出现，使学前教育由家庭走向社会。1903年，中国出现了最早的公立学前教育机构——湖北武昌幼稚园。1904年"癸卯学制"将蒙养院纳入学校系统。1905年，严修创办了天津第一所正式的学前教育机构——严氏蒙养院，同时开办保姆讲习所，为天津培养出第一批学前教育师资，天津近代的学前教育由此步入了正规的发展轨道。

第一节　学前教育产生的背景

1860年以后，天津从一个传统的城市迅速崛起为北方最大的港口和工商业城市，学前教育的产生和发展，正与近代天津经济生产的发展相辅相成。

一　近代工业发展的客观要求

20世纪初期，天津民族工业兴起，需要大量的劳动力，广大妇女走出家门进入社会，投身到大机器生产的行列，但是，其学龄前子女的教育问题随之浮现出来，父母都参加社会工作，孩子无人看管，更不用说教育孩子了。于是，一些女工把孩子带到工厂，"载于摇篮之中，置之于傍，其少解劳动，六七岁之儿童，则至于旁……"①，这样既不利于女工

---

① 汪敬虞：《中国近代工业史资料》第2辑下册，科学出版社1957年版，第1388页。

劳作，更不利于孩子成长。传统的学龄前儿童家庭教育已经不适应社会发展的要求，在外部环境不断改变的情况下，学前儿童的教育逐渐摆脱家庭教育的形式，开始向社会化模式转变，建立专门的学前教育机构成为一种必然的社会要求。

二 资产阶级维新派的大力推介

资产阶级维新派提出的一系列学前教育理论，为学前教育的兴起提供了一定的理论准备。康有为在《大同书》中，针对传统家庭的陋习，提出建立人本院、育婴院、怀幼院、蒙学院、小学院、中学院、大学院的设想：妇女怀孕后进入人本院接受胎教；婴儿在3—6个月进入育婴院，接受学龄前的教育，一直到5—6岁，全部实行公养制。1896年，梁启超在《变法通议·论幼学》中指出："人生百年，立于幼学"；1902年，梁启超在《教育政策私议》一文中，借鉴日本经验提出分期教育的方案，分为幼童期、儿童期、少年期和成人期，其中5岁之前为幼童期，应接受家庭和幼稚园的教育，并对幼儿的身体、知、情、意做了严格要求，梁启超依据幼儿身心特征进行教育分期，构建了包括学前教育的学制体系，这对当时学前教育由家庭走向社会起到很大的宣传作用。正是在这些前沿思想的引领下，在"效法西洋、倡办西学"的过程中，天津的学前教育得以萌发。

三 教会幼稚园带动了天津学前教育的产生和发展

教会在天津办幼稚园，在一定程度上刺激和带动了国人对学前教育重要性的认识。1866年，美国公理会在天津创办仰山小学堂，后经发展，附设仰山幼稚园。1905年10月，美国传教士林乐知（Young John Allen，1836—1907）发表《论中国丞需设立幼稚园》一文，提出："吾党传道之士，苟知劝道华人之法，惟幼稚园之收效为最大"，所以，应该"必置他事于缓图，而以是为先务"[①]。1913年，基督教全国会议议案规定，各地教堂都要附设幼稚园，此后教会幼稚园数量大增。天津的教会幼稚园大

---

① 李楚材编：《帝国主义侵华教育史资料——教会教育》，教育科学出版社1987年版，第25页。

部分集中于租界，以招收华人幼儿为主。为了扩大教会的影响，这些幼稚园一般都拥有优美舒适的环境和良好的师资，在一定程度上带动和刺激了天津学前教育的发展。教会幼稚园开设的课程除了宗教外，还有游戏、谈话、故事、音乐、图画、手工、算术等有益于儿童身心发展的课程，而且往往采用先进的教学方法。所以，教会幼稚园的兴办，改变了中国传统学前教育的形态，同时也带来了全新的学前教育理念。

总之，在外力的强迫和异国文化的双重刺激下，民族意识不断自我觉醒，学前教育实现了由家庭实施向社会化的转变。

第二节　清末的学前教育（1860—1911）

我国传统的学龄前儿童教育是在家庭中自发进行的，主要是进行识字和日常行为规范的教育。20 世纪初，社会化的学前教育机构首先在湖北武汉出现。天津第一所学前教育机构是创办于 1905 年的严氏蒙养院。

一　学前教育机构的萌发

最初天津的学前教育只在慈善组织或机构里进行，具有一定的慈善性质，直到《癸卯学制》颁布后，天津才逐渐出现了官办、公立以及私立等多种形式的学前教育机构。

（一）慈善组织中的学前教育机构

清末，天津的一些慈善机构收养的人群中有一部分是儿童，他们也对这些儿童进行一定的教育，带有学前教育的特性，这类慈善机构主要有以下两所：

1. 津河广仁堂慈幼所

清光绪年间，河间、天津一带屡遭水旱灾害，灾民流离失所，纷纷逃到天津市内，有时沿街乞讨的难民多达数万之众，其中受害最深的当数贫苦的妇女和儿童，很多孩子或被鬻卖，或被饿死，或被遗弃，尤其是女孩，官府和市民皆为忧悯。在直隶总督李鸿章的倡议下，光绪四年（1878）创办广仁堂，地址在东门外南斜街，用以收养流落街头衣食无着的孤儿寡母。由于广仁堂收养的是天津、河间两府的子女和贫苦节妇，因此，广仁堂也叫"津河广仁堂"。

后来在地方政府的资助下，又对广仁堂进行了扩建，地址选在天津西门外太平庄，新建房舍 280 间，东为男号，西为女号，将原有的妇孺收养于太平堂中。太平堂分为六个所：慈幼所（幼童班）、蒙养所（义塾）、力田所（务农班）、工艺所（做工班）、敬节所（妇女班）和戒烟所（戒毒所）。其中的慈幼所，即是专门收养 5—8 岁儿童的教养机构。①

2. 长芦育婴堂蒙养院

长芦育婴堂创设于乾隆五十九年（1794），由长芦盐商联合开办，地址在镇海门外水阁大街，共有 102 间房屋，专门收容弃婴，由当时天津著名的社会慈善家周南樵管理该堂的一切事务。长芦育婴堂是天津历史最长、规模最大的慈善机构。

长芦育婴堂计划收养弃儿二三百名，但是由于后来人数日益增多，房屋不敷应用，于是在绅商捐助下重新修建。1907 年，长芦育婴堂迁入河北新开河，占地 70 亩，建房 355 间，秉承"教养兼施"的理念，内设蒙养院、女工厂、女子半日学校和女医堂，其中蒙养院收养 4—8 岁的幼儿，内设保育室 3 间，游戏室 3 间，游戏园 1 所。民国初年，育婴堂收养规模达到 500 人。②

（二）蒙养院

直隶学务督办严修（1860—1929），多次去日本考察教育，1902 年 9 月，他参观了神户泛爱幼稚园、爱珠幼稚园，对园内儿童"唱歌环走，步伐整齐"极感兴趣。1904 年 6 月，严修再度赴日，在东京参观了小石川幼稚园、国民教育社附设幼稚园。③ 回国后深悟发展学前教育的重要性，于 1905 年，创办了严氏蒙养院，地址设在西北角文昌宫四棵树严宅内，招收 4—6 岁儿童，主要是严氏亲友以及附近邻居的子女儿孙，人数约 30 人。严氏蒙养院开启了民办幼稚教育的先河，是天津最早的幼儿园。

1906 年，普育女学的校长温世霖（1870—1935），在西门里板桥胡同

---

① 天津解放后，广仁堂移交于天津市民政局，其宅第为福利院和第一养老院。

② 1930 年 9 月，育婴堂由天津社会局接办；抗战期间被日本帝国主义强行改作传染病医院；1950 年天津市政府接管育婴堂，后更名为市立育幼院。

③ 严修自订，高凌雯补，严仁曾增编：《严修年谱》，齐鲁书社 1990 年版，第 136 页。

火神庙募捐盖新校舍，增设蒙养院，由其夫人安桐君任院长。1911 年改名为天津公立第一蒙养院，时有职工 2 人，男童 13 人，女童 11 人。

　　1908 年，私立朝阳观蒙养院成立，设在户部街。同年，官立第五小学附设蒙养院，校址在东南城角。这两所蒙养院的师资均为严氏保姆讲习所培养的毕业生。

　　1909 年，直隶提学使卢木斋（1856—1940）创办卢氏蒙养园，地址在河北区元纬路卢氏私宅，主要招收家中和亲友的幼儿，聘任留日归国的吕碧城姊妹主持园务，转年该园由留美归国的卢木斋次女卢云卿接办，继卢云卿之后又由卢木斋之媳严智娴负责。同年，天津出现了官立第一蒙养院，又名北洋第一蒙养院，院址在窑洼。①

　　清末天津的学前教育机构，数量较少，办学形式以私立为主。

二　学前教育机构的办学概况

　　清末，天津学前教育刚刚起步，办学尚处于探索阶段，因此，这一时期，学前教育机构的规模较小，教学内容也比较简单。

　　（一）经费来源

　　清末学前教育机构经费的筹措，根据机构的性质不同主要有政府拨款、绅商捐资、租金、创办人承担以及学生自费几种形式，有的学前教育机构经费来源兼有多种形式。根据《广仁善堂纪实编》记载，广仁堂在清末到民国初年接受的官方捐款有：督院月捐 20 两，岁捐 500 两，藩司岁捐 500 两，海关道岁捐 500 两，天津道岁捐 240 两，运司月捐 200 两，天津府和天津县均岁捐 100 两，每年共有 4580 两。后经李鸿章奏请，朝廷每年拨漕米 300 石。② 同时，广仁堂采用了传统的投资形式，购买地产和房产，以获得利润和租金。在现今天津儿童福利院发现有三块石碑，其中一块石碑上铭刻着李鸿章、周馥、盛宣怀、经守业等清朝官员的名字，由于此处原是李鸿章倡导、天津官员士绅出资兴建的广仁堂，据推

---

　　①　天津市地方志编修委员会：《天津通志·基础教育志》，天津社会科学院出版社 2000 年版，第 158 页。

　　②　任云兰：《近代城市慈善组织运作机制探析——以天津市慈善组织为例》，《天津大学学报》（社会科学版）2009 年第 5 期，第 477 页。

测这可能就是当时记载此事的功德碑。

官办性质的蒙养院由政府拨款，省财政厅拨款至劝学所，再由劝学所发至各院。私立蒙养院经费以创办人承担为主，经费以社会筹集为辅。如长芦育婴堂的经费均来自长芦盐商的捐助；严修把自己的私人宅舍做严氏蒙养院的校舍，每个幼儿每月大约交纳一元的学费，严氏子弟也照常交费，其他的各项费用都由严修自己筹集。宜兴埠徐肃静创办温氏私立女学及幼稚园，一切经费均"斥私产变价充之"①。

综上，这一时期学前教育经费来自多种渠道，比较符合客观实际的要求，在一定程度上保障了蒙养院的运行。

（二）师资的聘任与培养

清末，蒙养院的教师称为"保姆"，其来源主要有两种途径：

1. 聘任日本教习

天津学前教育兴办之初，师资严重缺乏，聘任日本教习不仅在一定程度上解决了师资不足的问题，更主要的是他们带来了全新的教学方式和方法。第一位受聘的日本教师是大野铃子，在严氏保姆讲习所和严氏蒙养院任教，她培养了严氏保姆讲习所的第一批学员，这是天津第一批幼教师资；她还兼任严氏蒙养院的管理人员，指导保姆讲习所学员在蒙养院的实习工作，学员毕业后大多留在蒙养院工作。大野铃子回国后，保姆讲习所停办，但其幼儿教育的理念和方法得到了继承和发扬。

2. 保姆讲习所培训幼教师资

1905 年，严修创办严氏保姆讲习所，这是中国最早培养幼儿教师的学校。

保姆讲习所是在严氏女塾基础上发展起来的，除了女塾原有的学生以外，又招收了一部分新生。学生入学时都具备了一定的文化知识基础，根据知识程度分成两个组，由大野铃子任教。严氏保姆讲习所的课程分为两个方面：一是文化课，由张伯苓、尹劭询、时子周教师讲授英文、算术、生理、化学等；二是能力（或才艺）课，仍然由大野铃子教授保育法、音乐、弹琴、体操、游戏、手工等，尤以弹琴为主。大野铃子不

---

① 天津市北辰区地方志编修委员会：《北辰区志》，天津社会科学院出版社 1998 年版，第992 页。

会中文，由日语较好的学生严智蠲（严修长女）当翻译。

严氏保姆讲习所学制 3 年，学员半天学习文化课，半天在蒙养院实习。考试合格后，准许毕业，颁发文凭，并举行毕业典礼。据严修的孙女严仁清回忆，保姆讲习所首批学员有 20 余人，除了严家子弟，还有支持新式教育的严家世交韩、林、华等诸家子弟，包括张祝春（张伯苓之妹，马千里的夫人）、刘清扬、严智蠲、严智娴（严修之女）、严淑仪、严淑瑜（严修堂妹）、严智园（严修侄女）、刘霭如（严修侄媳）、韩升华（傅佩春夫人）、韩咏华（梅贻琦夫人）、王敏、徐本敬、李应兰、林澄、王素愿、安同君、华纵宪、华纵拂、郭静容、刘汝明等人。这些学员毕业后除一部分由于管理自家事务未参加工作以外，其余的分别在严氏蒙养院、天津河北蒙养院、京师第一蒙养院、私立朝阳观蒙养院、严氏女学、官立第二小学以及官立第五小学任教。[①]

1908 年，大野铃子离开中国，传习所停办。不久严修又开办了一个师范班，学员半天上文化课，半天在蒙养院实习，文化课还是由张伯苓及南开学堂的教师担任。这个班开设时间很短，学员也只有七八人。严氏保姆讲习所开办了三年，共培养出 20 余名幼儿教师，在当时幼稚园师资奇缺的情况下，这些教师的培养，对京、津乃至中国北方幼教事业的发展都起到了促进作用。

（三）教学内容

广仁堂慈幼所和长芦育婴堂蒙养院，在养护儿童的同时，也对其进行一定的教育。比如，慈幼所的孩子每天都要按计划学习识字。但是，受到"女子无才便是德"的传统观念的影响，只有年满 9 岁的男孩才能转入蒙养所继续学习，女孩则被送入广仁堂的女工厂学习手艺。长芦育婴堂秉承"教养兼施"的理念，附设蒙养院，其宗旨是"保育幼儿身体及启发幼儿知识"[②]，学生分两个班，皆为 4—8 岁儿童。

广仁堂慈幼所和育婴堂蒙养院的建筑，渗透着儒家传统伦理道德思想，比如，广仁堂慈幼所 20 间房屋的名称分别以存、孤、养、幼、载、

---

① 天津市红桥区地方志编修委员会：《红桥区志》，天津古籍出版社 2000 年版，第 116 页。
② 天津市地方志编修委员会：《天津通志·旧志点校卷》（下），南开大学出版社 2001 年版，第 318 页。

在、礼、经、诚、求和保、赤、抚、字、加、勤、黎、元、爱、育命名，体现了对儒家文化的尊崇。蒙养所也设置了仁、义、礼、智、信各塾和五子祠，其用意显而易见，旨在激励孩子们像窦燕山的五个儿子一样认真学习儒家经典，严守儒家道德规范，以显誉天下。

严氏蒙养院采用日本模式，设置了以游戏、歌谣、谈话、手技为主的保育科目：（1）歌唱，老师一边弹琴，一边教儿童唱歌，或者儿童随琴声做游戏。歌曲有许多是严修的长子严智崇翻译日文而来的，其内容涉及科普知识（比如植物、动物、自然现象）及礼貌、道德等多个方面。据韩咏华回忆，歌曲有《辛勤的蜜蜂》《蝴蝶》《黄菊》《金鱼》《地球》《送春归》《七巧》《采桑曲》《万里长城》《扬子江》《黄河》《枫桥夜泊》《交友》《小小和小佬》《从军》《春游》《农田》《正月真正好》等①，从中可见，教育内容十分丰富，兼顾知识性与趣味性。（2）讲故事，由教师讲，孩子分别扮演故事中的角色。故事主要有寓言故事、《龟兔赛跑》《西游记》片段及日本故事《桃太郎》等，浅显易懂，启发儿童的智力。（3）游戏，一般是集体游戏并带有表演性质，比如"猫捉老鼠""老鹰捉小鸡"，也有竞赛性质的游戏，比如"拔河""听琴抢圈""套圈"等，有的游戏一直流传至今，像"猫捉老鼠""老鹰捉小鸡"等。除了室外游戏，在室内主要是安排一些堆积木、手工之类的活动。桌子上摆放成盒的积木，分成简单与复杂的几种，可以摆成不同类型的物体，还有不同长短的竹棍等，以培养儿童对几何图形的认知。（4）手工，主要有编纸工、折纸、剪纸、黏土工（用白泥）、穿麦莛、画图画等。此外，还设有自然，教孩子辨别常见动物、昆虫、鸟类，常见植物、水果，常见矿物和铁、木工具，一年四季的气候。除标本、图片外，有时还带孩子进行实际观察，讲解社会常识、社会服务（如邮递员）与人们的日常关系。②

（四）教学设备

蒙养院的教学设备大致分成两类：教室设备和游戏物具。以严氏蒙

---

① 罗客海：《卢乐山口述历史　我与幼儿教育》，北京师范大学出版社 2012 年版，第 319—331 页。

② 天津市红桥区地方志编修委员会：《红桥区志》，天津古籍出版社 2000 年版，第 117 页。严仁清：《回忆祖父严修在天津创办的幼儿教育》，《幼教通讯》1983 年第 9 期，第 9 页。

养院为例，一是教室设备，其中包括钢琴、风琴、儿童桌椅及教具等，但是这些设备都不是本国制造，而是购自日本。二是游戏物具，即玩具，严氏蒙养院的玩具很简单，比如涂色的藤圈、拔河用的布绳、分组游戏用的红白色布带子、自制投篮用的红白线球，以及玩猫捉老鼠游戏用的串铃铛等等。此外，还有一些户外锻炼用的器械，比如秋千等。

三 清末学前教育的特点

清末，天津的学前教育经历了从无到有、从养到教的一系列转变。学前教育机构从慈善组织里的慈幼所、育婴堂向专门的学前机构蒙养院过渡；教育理念实现了从重视养到教养合一的转变；教学内容逐渐摆脱以传统儒家经典为主的局限，开始渗透更多的近代元素，其特点归纳如下：

（一）学前教育机构具有慈善性质

清末天津的慈幼所和蒙养所，并不是专门为学龄前儿童特别设立的，而是出于管理的需要，把收养的妇女和儿童进行分类，将儿童划归到了慈幼所和蒙养所，这些儿童中包括一部分学龄前幼儿。因此，这类机构本身具有慈善性质，属于慈善组织的范畴，不属于正式的社会教育机构，富有阶层绝不会将自己的孩子送去和贫民的子女一起学习，同时由于资金不足、设备不完善、师资匮乏等原因，许多幼儿得不到应有的教育。

（二）公私立结合，以私立为主

清末天津学前教育出现了官办、私立办学模式，以私立为主。原因有三：一是学前教育刚刚起步，还未形成建立社会性学前教育机构的一种共识；二是"癸卯学制"并未将蒙养院纳入学制系统中，只是附属机构，附设于育婴堂、敬节堂里，所以，难以引起政府的高度重视；三是天津有许多热心教育事业的实业家、商人，如实业家卢木斋耗尽全部资产创立了"木斋教育基金"；隆顺榕卞家，三代帮学；"教育世家"温世霖等等，正是这些教育家、实业家们的兴学助教，才推动了天津学前教育的发展，使更多的学龄前儿童接受到正规教育。

私人办园的规模较小，一般只招收自家子弟或亲戚邻里家的孩子，严氏蒙养院、卢氏蒙养园均是这种情况，这样虽然能够使每一位孩子都受到教师的关注，有利于孩子的成长，但这也仅仅是家庭教育的扩大化，没有面向全社会提供更多的学前教育机会，受益的人群很少，还有更多贫苦家庭的学龄前儿童没有受教育的机会。同时私人办园的经费来源单一，多是主办者自己出资或捐资办学，一旦出现资金周转不开或者破产等情况，就只能关闭了。

（三）直接或间接地受日本影响

清末，天津新式学堂大多参照西方国家的成规，"大学堂多依美制，中学堂多仿英国，小学堂和蒙养院多效日本"①。《奏定学堂章程》中对蒙养院的保育教导要旨、科目以及设备等的规定，几乎是 1899 年日本《幼稚园保育及设备规程》的翻版，如日本规定的四项课程——游戏、唱歌、会话、手技，在《蒙养院章程及家庭教育法》中几乎得到了全部体现。天津的教育行政体制也有仿效日本的地方，天津劝学所的设立即是"仿警察分区办法，采日本地方教育行政及行政管理法，订定章程，颇著成效"②。

严氏保姆讲习所和严氏蒙养院都深受日本影响，在师资上直接聘请日本教习任教；蒙养院的设备、玩具多从日本进口或者是大同小异；教材也是从日本翻译而来，这些情况与清末全国教育均受日本影响有直接关系，因此，这一时期的幼儿教育被称为"日本式的幼儿教育"。

第三节　北洋政府时期的学前教育（1912—1926）

民国初期，袁世凯凭借掌控北洋重兵，攫取了中华民国大总统的职位，开启了北洋军阀集团的统治。天津是北洋军阀的发源地，时常出现军阀混战的局面。在北洋政府的独裁统治下，社会极不稳定，"直皖之战，中央不发饷械，而将直省政费教育费作为军费，以故学校欠薪，省署裁员。然省署一月之公费，不足供军队一营人之饷款，军费实较收费浩繁，战事告终，则财政厅已窘迫万分矣"③。天津当

---

① 罗澍伟：《近代天津城市史》，中国社会科学出版社 1993 年版，第 480 页。
② 天津市地方志编修委员会：《天津通志·基础教育志》，天津社会科学院出版社 2000 年版，第 278 页。
③ 《津埠教育经费之困难》，《益世报》1922 年 9 月 17 日。

时隶属于直隶省，由于战事连发，教育经费经常被挪作军费，导致教育投资亏空，学校经常停发教师薪金，引发了多次教师索薪事件，学校难以维持。

政局动荡对天津学前教育产生很大影响。但是在北洋政府颁布学前教育文件后，天津许多乡绅积极响应，早在 1912 年 6 月 5 日，就有筹划创办幼稚园的消息见诸报端[1]，同时，教会学前教育开始"潜"入，成为天津学前教育机构的重要组成部分。

一　学前教育机构的发展

据 1924 年南京第一女子师范学校附设幼师科的一项调查显示，在全国 190 所幼稚园中，教会幼稚园竟达到 156 所，占总数的 80% 以上。[2] 1925 年立案注册后，外国人创办幼稚园数量逐渐减少，天津的情况同样如此。在这一时期，天津普通性质的学前教育机构勉强维持发展，只新增加了 3 所幼稚园，且大多为小学附设的幼稚园，而教会幼稚园或幼稚班如雨后春笋般涌现，带动了学前教育的发展。[3]

（一）教会学前教育机构

为了扩大影响，教会积极兴办学校，包括幼稚园，以此来缓和中国民众对教会的反抗情绪。天津的教会学前教育机构大部分集中在英法租界，附设在女学、小学或中学里，以招收华人幼儿为主。北洋政府时期，天津教会幼稚园（班）的创办情况详见表 2—1。

表 2—1　　　　　北洋政府时期天津教会幼稚园（班）一览表

校名	创办时间	所属教会	地址	备注
圣功女校附设幼稚班	1914 年	天主教会	法租界义庆里	

---

[1]　《幼稚园将开》，《大公报》1912 年 6 月 5 日。

[2]　孙培青：《中国教育史》，华东师范大学出版社 2009 年版，第 442 页。

[3]　在本研究中，普通性质的学前教育机构界定为本国人创办的学前教育机构，与之相区分的为教会学前教育机构。

续表

校名	创办时间	所属教会	地址	备注
圣约瑟学校附设幼稚园	1914 年	圣芳济圣母会	大法国路	该校分法文班和英文班,各自包括幼稚园
私立若瑟小学校附设幼稚园	1915 年	天主教西开教堂	宝鸡道文善里 2 号	校长苏荫田
私立贞淑小学附设幼稚园	1916 年	天主教会	望海楼教堂	由狄教士创办,有幼儿 50 名
中西女学附设幼稚园	1919 年	美以美会	南门外南关下头	由中西女学校长满教士于 1919 年募款所建
天津美国学堂附设幼稚园	1922 年			采用美国学制,有幼稚园和 8 个年级,招 5—13 岁儿童,毕业后可免试进入美国任何高中
私立慈惠中学附设幼稚园	1924 年		英租界十号路（今和平区保定道)	校长余宗毅,该校先有小学部,后添加幼稚园
培才小学附设幼稚园	1926 年	基督教会	法租界德大夫路（今河北路)	现为和平区第十一幼儿园
私立究真中学附设幼稚班	1926 年	美国公理会	河北公园（今中山公园）后昆纬路北段西侧	1926 年由原私立究真小学改建为中学,附设幼稚班
正德小学附设幼稚班	1927 年	基督教会		

资料来源:1. 天津市河北区地方志修编委员会:《河北区志》,天津社会科学院出版社 2003 年版,第 722、723 页。

2. 张绍祖编著:《津门校史百汇》,天津人民出版社 1994 年版,第 29、54、60、64、69、146 页。

3. 天津市和平区地方志编纂委员会:《和平区志》,上海中华书局 2004 年版,第 842、1123 页。

这一时期,新增教会幼稚园 10 所,在数量上超过国人创办的普通幼稚园。1913 年,基督教全国会议规定各地教堂都要附设幼稚园,天津基督教会在中西女学、培才小学、正德小学与究真中学里都附设了幼稚园。同时，天主教会也积极创办幼稚园，雷鸣远（天津天主教区的副主教）在 1912 年来到天津，组织成立公教进行会，在该会的章程中提到："教育包括幼稚园、小学、中学、大学、师范。"① 在此章程的指导下，天主教的各教派积极兴办了圣功女校、圣约瑟女校、私立贞淑小学、若瑟小学等，并在学校里附设幼稚园。

（二）普通学前教育机构

这一时期，清末创办的蒙养院有的在原基础上继续发展，1924 年，卢木斋在原来卢氏蒙养园的基础上，又办起了木斋幼稚园；有的划归到其他学校作为附属蒙养园，如北洋第一蒙养院，于 1914 年划归直隶女子师范学校（天津美术学院前身）附属蒙养园，作为该校的教学实习基地；有的则停办，如严氏蒙养院于 1925 年停办，主要原因是严修"晚年身体不好，长期受神经纤维瘤的折磨，非常痛苦，手术治疗后体力更弱，没有精力过问学校事务；加之本市陆续曾办一些女子学校及幼稚园……严氏家学已完成了它的历史使命"②；有的则改建为公立幼稚园，如私立朝阳观蒙养院，于1933 年改为天津市立师范学校附属幼稚园，这是当时唯一的市立幼稚园。

这一时期，私立幼稚园新增 3 所，一是由卞月庭、解忧青等捐资，1912 年 9 月设立的天津私立蒙养园。开办初期，由卞肇新夫人、严修长女严智蠲任园长，卞煜光外孙女韩咏华在该园任教，招收 5—8 岁儿童。天津建市后，改为天津特别市私立蒙养园，聘请毕业于北平公理会贝满公学校附属幼稚师范科的严仁清为园长，该园在 1912 年到 1929 年，共培养毕业生十七届，174 人。③ 二是由校董肖同茂、李洪、韩起发等人募款建立的三义庄小学④，1920 年成立女校，附设幼稚班。三是 1922 年创办天津县私立第十八小学，附设幼稚班，校址在贺家口小桥大街 30 号，校

---

① 张大民主编：《天津近代教育史》，天津人民出版社 1993 年版，第 151 页。

② 严仁清：《回忆祖父严修在天津创办的幼儿教育》，《幼教通讯》1983 年第 9 期，第 9 页。

③ 《私立蒙养园呈请立案》，1930 年，天津市档案馆藏，资料号：J0110—1—000180。

④ 据市档案馆"1941 年统计表"内载，于 1917 年创办；据档案馆"1949—1950 年私立小学概况及沿革"内记载，始建 1912 年。参见《天津市河西区教育志》，天津市证照厂 1992 年，第 39 页。

长赵凤书。

二　学前教育机构的办学概况

1919 年，五四新文化运动爆发以后，西方各种学说传入中国，对于中国文化、教育影响很大，尤其是学前教育受益良多，最具意义和价值的就是"发现了儿童"。先进的学前教育思想以及教学设备，在学前教育中得到了充分体现，并且在民国时期，学期教育机构有了法律的保障。

（一）教育法规

清朝末年，学前教育机构的发展主要依靠私人或者教会学校办学，没有明确的教育法规对其进行规范。1912 年~1913 年，"壬子癸丑学制"正式将学前教育机构命名为"蒙养园"，规定招收 6 岁以前的学龄儿童，1922 年，"壬戌学制"将"蒙养园"改为"幼稚园"。1920 年颁发的《教育部公布国民学校令实行细则》中，对蒙养园及类于国民学校之各种学校进行了详细的规范：

第六章第七十二条、第七十三条对蒙养园的教育目的进行了规定：保育满 3 周岁入学的幼儿，并促进幼儿身心健康发展，以辅助家庭教育。第七十四条对蒙养园课程等进行了规定：游戏、唱歌、谈话、手艺。第七十七条对蒙养园教师的资格进行了规定：女子须有国民学校正教员或助教员之资格，或经过检定合格。第七十八条对园长及教师的待遇进行了规定：俸额及其他给与诸费，县知事依照国民学校教员之规定，参酌地方情形定之。第七十九条及八十条对蒙养园人数进行了规定：保姆一人保育幼儿在 30 人以下，幼儿园总体人数在百人以下，有特殊情况可以增加到 160 人。第八十一条对蒙养园教学设备进行了规定：应具有游戏园、保育室、游戏室等，恩物、绘画、游戏用具、乐器、黑板、桌椅、钟表、寒暑表、暖房器等。[1] 1921 年 7 月 21 日，直隶教育厅接到教育部训令，要求推广蒙养园，并且因地制宜，制定了以下两条规定：第一，女子师范学校应附设保姆科，以培养蒙养园师资。第二，除女子师范学校及女子师范讲习所应附设蒙养园外，每县至少须设一所蒙养园。[2] 在此

---

① 教育杂志社编：《教育法令选》，商务印书馆 1925 年版，第 95 页。
② 《教部训令推广蒙养园》，《益世报》1921 年 7 月 21 日。

法案的推动下，许多幼儿教育机构得以创立，这是天津以官方文件推动幼儿教育之始。

（二）经费来源

由于连年战乱，教育经费紧缺，因此，接受市款补助的市立幼稚园步履蹒跚，如官立第一蒙养园（北洋第一蒙养园），于1915年被划归到直隶女师学校，作为附属幼稚园。私立幼稚园主要靠社会捐款，辅以学生学费，有的依靠本园的教育基金，如卢氏幼稚园，其办学经费皆由木斋教育基金支付。天津市私立幼稚园经费来源渠道较多，如私立蒙养园，在1930年的立案调查记录表中有以下记录，该园1912年9月设立，其资产来源有三个渠道，分别为："绅商捐款464元，学费200元，租金66元。"① 教会幼稚园的经费均由教会组织筹集，如中西女学附设幼稚园，经费即为学生学费、美以美会津贴以及董事捐助，"学校是美国立的，一点没有用中国钱，一切都得听美国差会的"②。

（三）课程与教学

1920年，在卢氏幼稚园中，室内布局比较合理，其活动室比较大，老师和小朋友坐在一起、站在一起，和小学教师的位置不同，这样的空间布局可以有效地开展幼儿教育。在活动室中，一边是几张长方桌，四周放上小椅子，另一边预留出足够的空间，用白漆在地上画个大圆圈，大圆圈成为维持秩序、指引活动方向的教具。集体活动时孩子们或沿着大圆圈在小椅子上坐好，或围站在圆圈上做各种活动，这种布局即是效仿蒙台梭利幼儿园，并且在活动室内增加了一些大型积木，还有一小部分福禄贝尔和蒙台梭利教具，可以在地上搭摆建筑物，但是此时卢氏幼稚园只是对西方幼儿教育的初步引进，并没有按照福氏和蒙氏的教法教学。在教室外增加了沙土箱、秋千、滑梯和摇椅、压板等，游戏有"老鹰抓小鸡""丢手绢"以及捉迷藏等，孩子们的自由活动多了一些。毕业时小朋友每人到中间讲个故事，故事讲完后就可顺利毕业。③ 据卢乐山回

---

① 《私立蒙养园呈请立案》，1930年，天津市档案馆藏，资料号：J0110—1—000180。

② 天津宗教志编辑室：《天津宗教资料选辑》（第十辑），天津人民出版社2003年版，第34页。

③ 罗容海：《卢乐山口述历史　我与幼儿教育》，北京师范大学出版社2012年版，第49—50页。

忆，20 世纪 20 年代在卢氏和严氏蒙养园的课程中，歌曲非常丰富，有讲述德育的歌曲《孝敬父母》，有教导日常行为习惯的歌曲《整齐洁净》《认识"左"和"右"》，有常识性的歌曲《动物》，还有如《逗笑》《朋友》《快乐》等歌曲，不仅如此，还有英文歌和入园离园时的歌曲①，直到许多年后，当时的孩子们回忆起来还记忆犹新，足见当时天津私立幼稚园教学内容丰富、有趣。虽然此时天津市私立学前教学机构较少，但是理念比较先进，大量引进了西方幼儿教育的思想，尤其是受到蒙台梭利和福禄贝尔教育思想的影响较大。

三　北洋政府时期学前教育的特点

北洋政府时期，虽然外部的社会环境限制了学前教育的发展，但是，由于当时天津租界很多，凭借这一优势，天津学前教育还是取得了一定的进步，其特点归纳如下：

（一）教会学前教育异军突起

这一阶段，教会学前教育机构的数量要多于普通学前教育机构。虽然教会幼稚园在课程的设置上显得更科学、合理，但其真正目的是传教，开办学前教育机构是传教的一种方式，宗教活动和宗教课程贯穿了幼稚园日常生活，比如，在幼儿一天的日常生活中，在上茶点前，要求幼儿闭着眼睛唱一支祷告的歌曲。上学、放学话别，要说一声"上帝祝福"②，带有浓厚的宗教色彩。

（二）私人办学促进学前教育的发展

在北洋政府时期，虽然学前教育机构大多是由教会创办，但是由于许多天津本地教育工作者重视幼儿教育，所以私立幼儿教育机构也有了一定的发展。据卢乐山回忆，其祖父卢木斋，外祖父严修都十分重视幼儿教育，在祖辈的"教育梦"和家庭浓重的教育氛围影响下，其母亲曾担任蒙养院教师，并开办过幼稚园。其姑母和两位表姐，都曾学习幼儿

---

① 罗容海：《卢乐山口述历史　我与幼儿教育》，北京师范大学出版社 2012 年版，第 332—340 页。

② 何晓夏、史静寰：《教会学校与中国教育近代化》，广东教育出版社 1996 年版，第 90 页。

教育，并从事幼儿教育工作。并且卢乐山最后在长辈的影响下走上与母亲、姑母、表姐同样的路，成了一名终身的幼儿教育工作者。[①] 可以说，天津学前教育的发展离不开这些热心办学的开明士绅和企业家。

（三）教育教学日趋科学化

这一阶段，幼稚园借鉴西方的幼儿教育思想，一切事宜都以幼儿为核心展开，遵循幼儿身心发展的规律和特点，在课程设置上，根据幼儿年幼的特点，设置了诸多趣味浓厚的课程，如故事课、游戏课、音乐课、常识课等；在教学方法上，以游戏为依托，给予幼儿自由探索的空间，注重其自主操作能力；在教学资源上，引进各种"恩物"以及蒙台梭利教具，锻炼儿童的感知觉，发展儿童的智力以及创造力；在教学过程中，让幼儿自由活动，发展儿童的自然天性，教师只是起到指导和辅助的作用。

（四）由效仿日本转向效仿欧美

清朝末年，天津学前教育机构大多效仿日本，民国成立以后，特别是 1922 年新学制颁布后，又开始效仿欧美。随着蒙台梭利和福禄贝尔幼儿教育思想的广泛传播，天津幼儿教育发生了明显的转变，无论是幼稚园中的教具，还是游戏室的整体布局，都以欧美为参照。许多留学欧美的幼稚园教员在此过程中起到了很大的作用，如陈林淑云，美国芝加哥万国幼稚园专大的毕业生，曾在美国幼稚园任教，1927 年 2 月回到天津市私立培才小学校任幼稚园主任[②]，对整个学校幼儿教育理念的转变起到了关键的作用。在北洋政府时期，天津学前教育开始转型，由效仿日本转向效仿欧美。

第四节　国民政府时期的学前教育（1927—1949）

1927 年 4 月，南京国民政府成立，1928 年天津从县制升格为特别市。

---

① 罗容海：《卢乐山口述历史　我与幼儿教育》，北京师范大学出版社 2012 年版，第 51 页。

② 《私立培才小学校校董会呈请备案》，1931 年，天津市档案馆藏，资料号：401206800—J0110—1—000199。

这一时期，政权统一，社会环境较为稳定，为天津学前教育发展提供了较好的条件。但是，"七七事变"后天津沦陷长达 8 年之久。抗战胜利后，原以为可以重整旗鼓，却被国民党挑起的内战所葬送。总体来讲，这个时期天津学前教育呈现脉动式发展，直到新中国成立后才步入正轨。

一　学前教育机构的发展

1928 年 8 月，天津特别市教育局成立。1929 年，市教育局相继颁布了两次行政计划，涉及学校行政、社会教育行政、督学指导行政及其他行政等方面。第一次是 7 月 6 日发布的 7、8、9 三个月计划，指出"筹设幼稚园，本市幼稚教育，感觉供不应求，拟于适宜小学校内添设幼稚园数处，以应现时需要"。第二次是 11 月 27 日发布的 10、11、12 三个月计划，筹备建立市立幼稚园，"添设市立幼稚园或在市立小学内增设幼稚班，以资推广"①。在政策的推动下，天津幼稚园的数量不断增加。

（一）市立和私人办幼稚园

1931 年，天津市教育局对全市教育做了一次调查，并编印成册，题为"天津市十九年度教育统计表"，其中包括"天津市十九年度市私立幼稚幼园组数统计表""市立幼稚园保育人员统计表""私立幼稚园保育人数统计表"等。

如表 2—2 所示，市立幼稚园的数量明显增加，除市立第五小学幼稚班以外，其他 3 所包括市立第一幼稚园、市立第十一小学幼稚班、市立第三十小学幼稚班，都是这一时期新增的。私立幼稚园新添了私立三圣庵蒙养院、私立树德小学幼稚班和私立新民小学幼稚班。从保育人员的数量来看，市立幼稚园幼儿的数量明显比私立幼稚园的多，这表明在政府的大力支持下，更多的学龄前儿童享受到了学前教育。

此后，天津又陆续创办了一些新的幼稚园。如 1933 年创办了市师附属幼稚园，原为私立朝阳观蒙养院，校长刘宝常，有 69 名幼儿，男 39 人，女 30 人；1938 年，市立第五十一小学附设幼稚班，校址在杭州路 13 号，校长郑朝熙，有幼儿 72 名，男 39 人，女 33 人。

---

① 《市教局最近三个月行政计划》，《益世报》1929 年 11 月 27 日。

表 2—2 　　　1931 年天津市市立私立幼稚园及保育人员数量统计表

性质	校名	幼稚园或班组数	保育人员数		
			男	女	计
市立	市立第一幼稚园	2	24	22	46
	市立第五小学幼稚班	1	18	22	40
	市立第十一小学幼稚班	1	21	9	30
	市立第三十小学幼稚班	1	25	7	32
	总计	5	88	60	148
私立	私立蒙养院	2	8	12	20
	私立三圣庵蒙养院	1	3	6	9
	私立培才幼稚园	2	15	42	57
	私立普育小学幼稚班	1	9	11	20
	私立树德小学幼稚班	1	8	7	15
	私立究真小学幼稚班	1	6	9	15
	私立新民小学幼稚班	2	49	9	58
	总计	10	98	96	194

资料来源:《天津市十九年度教育统计表》,天津市教育局编印。

　　私立幼稚园（班）一般都附设在私立小学校内。1931 年,熊希龄在英租界围墙道门前创办昭慧幼稚园,熊先生在北平和天津两地各设了一所幼稚园。1932 年,山东旅津同乡会创办山东公学,校址位于苏州道 24 号,校长徐皆平,时有幼儿 40 名,男 31 人,女 9 人。1934 年,张冰洁（原中西女学幼稚部主任）在英租界广东路创办冰轮幼稚园。1936 年,私立培育小学幼稚班,园址设在今河北路青年会内（今新华南路小学）,负责教师沈克敏、杨蕴卿,时有幼儿 30 人。1941 年,私立竞存女子小学校改名为私立竞存小学,内设幼稚班,时有幼儿 20 人,负责教师余文慈。

　　到 1949 年前,天津的学期教育机构还有:私立培植小学幼稚班,校址在三民道 11 号,校长王云章,有幼儿 64 名,男 38 人,女 26 人;私立中合小学幼稚班,校址在南京路 66 号,校长朱振铭,有幼儿 33 名,男 20 人,女 13 人;私立木齐小学幼稚班,校址在河北元纬路,校长虞毅仁,有幼儿 45 名,男 26 人,女 19 人;私立福婴幼稚园,校址在金汤卫福寿里,校长许正寰,有幼儿 18 名,男 12 人,女 6 人;四友小学幼稚班

（今和平区第八幼儿园），负责教师方熟琴，有幼儿 40 名；燕达小学幼稚班（今昆明路小学），有幼儿 20 人；幼光幼儿园（今成都道幼儿园），负责教师马桂英，有幼儿 40 人；日新幼儿园（今新华路营口道交界处），负责教师郑照良，有幼儿 100 人[①]。

（二）公司、企业、厂办幼稚园

这一时期，还出现了公司、企业、厂办幼教机构。1934 年，中纺公司第一厂（原裕丰纱厂）创办幼稚园，设 5 个班，百余名幼儿。1939 年，东亚毛纺织公司经理宋棐卿创办东亚子弟小学，附设幼稚班。1947 年，中纺建设公司天津分公司又组建棉纺二厂、三厂、四厂以及中纺公司直属幼儿园。中纺公司第一厂幼稚园，于 1949 年 10 月改为天津国棉一厂子弟幼儿园，有 22 个班，720 名幼儿。据统计：1948 年该公司第四厂员工子弟小学第一届幼稚生有 12 人，年龄 5—7 岁；第三厂员工子弟小学第一届幼稚生有 10 人，年龄 7—8 岁；第一厂员工子弟小学第二届幼稚生有 14 人，年龄 5—7 岁；中国纺织建设公司天津分公司幼稚园第一届幼稚生有 36 人，年龄 6—8 岁。[②]

公司、企业办幼稚园，解决了部分职工子女的学龄前教育问题，也说明学龄前幼儿教育不再是富家子弟的特权，其招生范围正在逐渐扩大，使更多幼儿接受到正规的学前教育。

（三）私立救济育幼机构

虽然幼稚园（班）的设立解决了部分学龄前儿童受教育问题，但是，天津仍然有一部分幼儿、孤儿群体，需要社会的关爱和救济。据统计，到 1949 年 10 月之前，天津私立救济育幼机构有 14 所，它们是：世界红十字会天津分会私立恤养院育幼所、天津慈幼院育颖托儿所及附设幼稚

---

① 《为寄送公私立幼稚园概况调查表与天津市教育局来往函（附概况调查表）》，天津市档案馆藏，资料号：401206800—J0110—3—002580—001。天津市河西区地方志编纂委员会编：《天津市河西区教育志》，天津市证照厂 1992 年版，第 43 页。天津教育总览编辑委员会编：《天津教育总览》，天津社会科学院出版社 1994 年版，第 90 页。天津市和平区地方志编纂委员会编：《和平区志》，上海中华书局 2004 年版，第 828、830 页。《天津市幼稚教育调查（十五）冰轮幼稚园》，《益世报》1934 年 11 月 29 日。

② 《为转发毕业证事与中纺公司天津分公司往来函（附中纺天津分公司各子弟校幼儿园等毕业成绩表）》，天津市档案馆藏，资料号：401206800—J0110—3—000547—003。天津市和平区地方志编纂委员会编：《和平区志》，上海中华书局 2004 年版，第 828 页。

园（幼儿 15 人）、天津同善普济托儿所、天津私立教保托儿所、天津私立宏恩托儿所（收托儿 27 人）、慈惠孤儿院（收孤儿 17 人）、同芳托儿慈幼院（最小 5 个月，最大 5 岁，共 21 人）、天津天主教仁慈堂（孤儿88 人）、天津长芦育婴堂（孤儿 63 人）、天津私立广仁堂、儿童福利院、天津市妇女之家、天津西开天主教医院、天津市西开天主教音幼院（孤儿 99 人，1—9 岁居多）。① 这些机构都以收容贫苦幼婴为旨，不收取任何费用，纯系社会服务，解决了相当一部分贫寒学童的养育问题。

二　学前教育机构的办学概况

清末、民初，学前教育模仿国外模式，在民主与科学思潮的激荡之下，一批教育工作者开始进行反思与批判，开展学前教育理论研究与实验探索，寻求学前教育中国化。国民政府时期，学前教育中国化的探索不断加深，天津学前教育的管理和教学日渐完善。

（一）组织管理机构

公立幼稚园一般实行园长委任制，幼稚园事宜由校长召开园务会议，召集大家通办，以市立师范学校附属幼稚园为例，该园的一切事务由园务会议决定，下设事务、教导两课，事务课分卫生股、会计股、文书股、注册股；教导课分监护股、训导股、教学股、设计股。其组织系统图如图 2—1 所示。②

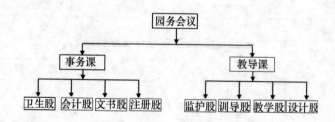

图 2—1　公立幼稚园组织系统图

---

① 《各私立救济育幼机构配售面粉》，天津市档案馆藏，资料号：J—0025—2—003010—010。

② 《本园组织系统表天津市立师范附属幼稚园》，天津市档案馆藏，资料号：401206800—J0110—3—000118—020。

私立幼稚园的管理主要校董制和委员制。

1. 校董制

依据教育部《私立学校规程》及天津特别市教育局《私立学校立案补充规程》的要求，私立幼稚园必须成立校董会，将幼稚园情况备案，呈送教育局立案。天津特别市私立蒙养园对校董会的职权做出如下规定："（1）任免校长；（2）经费之筹划；（3）预算及决算之审核；（4）财产之保管及监察；（5）学校进行计划之审核；（6）其关于财务各事项。"①一般而言，每年春季召开校董会，如遇发生重大事件，召开临时董事会解决。校董事会成员多为教育界有名望之人或捐助资金者。1933年天津特别市私立蒙养园校董名单见表2—3。

表2—3　　　　　　　　1933年天津特别市私立蒙养园校董名单

姓名	籍贯	职业
黎绍芬	湖北黄陂	天津特别市教育局
李琴香	天津	前江西教育厅长
孙子文	天津	前直隶教育厅长
严慈约	天津	前河北教育厅长
陈芝琴	天津	商人
娄鲁青	浙江绍兴	开滦矿务局
陈星彩	天津	天津特别市教育局
卢定生	湖北	卢氏小学校校长
严智蠲	天津	天津女青年会
卞淑成	天津	商人
陈永杰夫人	天津	培才小学校附属幼稚园主任
赵幼梅	天津	开滦矿务局
李雁林	天津	商人

资料来源：《天津特别市私立蒙养园校董会立案用表》，天津市档案馆藏，资料号：401206800—J0110—1—000180—006。

---

① 《为学校及董事会成立立案事致天津特别市教育局呈（附简章立案表）》，天津市档案馆藏，资料号：401206800—J0110—1—000180—001。

从表2—3中可见，在13名校董会成员中，有教育界德高望重或富有学识及经验者，如李琴香、黎绍芬等各省教育厅长及教育局人士；有社会各界热心赞助本园校务之进行或捐助资金者，如陈芝琴等绅商。校董公推董事长一人，主持一切会务，如改选时，选举通过可以获得连任。

2. 委员制

天津的幼教机构设执行委员、监督委员和常务委员，办理分任会务，各职任委员均由大会公推。天津幼儿保育会职员履历详见表2—4。

表2—4　　　　　　　　天津幼儿保育会职员履历表一览表

姓名	年岁	籍贯	职务
李实忱	64	天津市	常务委员
张之杰	48	天津市	常务委员
韩筱波	58	天津市	常务委员
高朴齐	58	天津市	常务委员
蓝仲眉	53	天津市	常务委员
徐皆平	60	天津市	监察委员
邓澄波	56	天津市	监察委员
陈筱庄	54	天津市	监察委员
王晓岩	57	天津市	执行委员
邓菊如	52	天津市	执行委员
萧绍堂	59	天津市	执行委员
冯孝先	51	天津市	执行委员
高朴齐	58	天津市	执行委员
张之杰	48	天津市	执行委员
李实忱	64	天津市	执行委员
韩筱波	58	天津市	执行委员
蓝仲眉	53	天津市	执行委员
王文典	52	浙江隋安	执行委员
孙俊卿	50	天津市	执行委员

资料来源：《天津幼儿保育会职员履历表一览表》，天津市档案馆藏，资料号：401206800—J0110—1—000255—110。

表2—4显示，天津幼儿保育会设执行委员11人，常务委员5人，监察委员3人。按照该会简章规定，日常事务由常务委员负责处理；同时保育会下设总务、教育、劝导三股，由常务委员指聘该会会员（会员无定额，凡热心教育及与本会宗旨相同者均得为会员）负责分股办理。各职任委员任期均以两年为限，期满得连选连任。委员会每年召开两次大会，一般安排在学期开始前。每月开会一次常委会，遇必要召开临时会议。

（二）经费来源

天津建市后，设立了市教育经费保管委员会，以便为各学校发展提供稳定的资金支持。这一阶段，幼稚园经费来源主要有五个渠道：(1) 市政府拨款，对象是市立性质的幼稚园。(2) 董事会捐助及学生学费，以捐款为主，遇不足时由学费补助，适用于私立性质的幼稚园（班）。(3) 租金，一些幼稚园拥有房产、地产等，其租金也是经费来源的一部分，如天津特别市私立蒙养园，每年的收入约730元，其中包括房租66元（鞋铺、理发厅每一间月租为1元2角，全年共28元8角，此外尚有铺房2间住房3间）、学费约200元（每名幼儿年纳10元）、校董及绅商捐款464元。① 房租收入占到9%，也是一笔不小的数目。(4) 市政府救助款，私立学校如在筹集经费时遇到困难，可申领市政府的救助款。(5) 主办企业承担经费，主要指的是公司、企业、厂创办的幼稚园。

（三）师资培养

国民政府时期的幼稚园教师被称为教员，教员的培养主要通过以下两个途径：

1. 师范学校附设幼稚师范科或幼师班

天津建市后，教育局为了解决师资不足的问题，于1929年筹建市立师范学校，1930年8月正式开学，校址设在河东特二区三马路西头海河沿（原奥租界，今河北区海河东路天津市第二十六中学），这是天津最早的市立师范学校，其中幼稚师范科培养幼教教员，属于独立的幼稚师资培训机构，市师附属幼稚园就是由市师幼稚师范班首届毕业的前三名留校生筹办。1930年，河北省立第一女子师范学校和河北省立女子师范学

① 《天津特别市私立蒙养园校董会立案用表》，天津市档案馆藏，资料号：401206800—J0110—1—000180—006。

院合并，设师范、中学、小学、幼稚园四部，其中由师范部负责培养幼儿教师。一些毕业生也成为培养幼儿教师的教师，比如河北女师学院幼稚师范班毕业的韩淑雅（女，23岁，山东人），于1933年担任天津幼儿保育会保姆班教员。①

2. 保姆班

为了培养幼教师资，1932年11月，天津幼儿保育会成立保姆班。保姆班分为两班，第一班学生29人，年龄在18—28岁之间；第二班19人，年龄在18—26岁之间。两个班的学生大部分都是天津籍，部分学生来自北平、沧县、广东、江苏、湖南、福建等地，总共48人。② 保姆班的课程设置及教职员见表2—5和表2—6。

表2—5　　　　　　　天津幼儿保育会保姆班第一班功课一览表

	上午8：30—9：20	9：30—10：20	10：30—11：10	11：20—12：00
月	保育倪	心理倪	游戏倪	手工缪
火	国文赵	卫生倪	唱歌倪	游戏倪
水	国文赵	保育倪	唱歌倪	自然倪
木	儿童文学倪	心理倪	手工缪	手工缪
金	算学倪	保育倪	图画倪	图画倪
土	训话臧	家政赵	实习缪	练琴张

表2—6　　　　　　天津幼儿保育会附设保姆班教职员履历一览表

职别	姓名	性别	年岁	籍贯	学历
教务主任	臧守义	男	58	天津市	日本师范毕业
保姆班教员	倪贵贞	女	23	天津市	河北省一女师学堂肄业，师范部毕业

① 《为更换教员备案事致天津幼儿保育会指令（附原呈）》，天津市档案馆藏，资料号：401206800—J0110—1—000255—006。

② 《天津幼儿保育会附设保姆班第一班、第二班学生姓名一览表》，天津市档案馆藏，资料号：401206800—J0110—1—000255—108。

续表

职别	姓名	性别	年岁	籍贯	学历
保姆班教员	赵秀瑜	女	34	天津市	京师蒙养院保姆班毕业
	张玉斌	男	39	天津市	日本音乐专科毕业
	缪鸿良	女	50	天津市	严氏女学保姆班毕业
会计员	贾锡纯	男	58	河间县	
事务员	韩玉书	男	41	天津市	

　　资料来源：1.《天津幼儿保育会保姆班第一班功课一览表》，天津市档案馆藏，资料号：401206800—J0110—1—000255—106。

　　2.《天津幼儿保育会附设保姆班教职员履历一览表》，天津市档案馆藏，资料号：401206800—J0110—1—000255—112。

　　从上表可见，保姆班的教学内容相当丰富，包括国文、保育、心理、游戏、手工、卫生、唱歌、自然、儿童文学、算学、图画、训话、家政、实习以及练琴，总共 15 项，任课教师有师范毕业生，也有留日学生。从保姆班的设置课程以及所聘师资来看，此阶段幼教师资的培养质量有了很大的提高，这批学生毕业后大多从事幼教工作，成为天津幼稚园重要的师资力量。

　　另外，聘用外省教师也是扩充本地幼教师资的一种途径，如天津幼儿保育会的幼稚班教员赵秀瑜，她虽然是天津籍，但毕业于京师蒙养院保姆班。[①]

　　（四）课程设置

　　1932 年 10 月，教育部公布《幼稚园课程标准》，并于 1936 年 7 月做了进一步修订。天津市各幼稚园所设课程均参照教育部标准，而且教材也得到统一。

　　1. 课程安排

　　以市立第一幼稚园一年级和天津特别市私立幼稚园的课程为例，见表 2—7、表 2—8。

---

　　① 《天津幼儿保育会附设幼稚园教员履历表一览表》，天津市档案馆藏，资料号：401206800—J0110—1—000255—109。

表 2—7　　　　　　　　市立第一幼稚园一年级课程表

日别	上午				下午			
一	纪念周	社会	音乐、游戏	故事	静息	自然	工作	游戏
二	自由活动	识字	音乐、游戏	餐点	静息	工作	故事	游戏
三	自由活动	计算	音乐、游戏	自然	静息	儿歌	工作	游戏
四	自由活动	识字	音乐、游戏	餐点	静息	工作	故事	游戏
五	自由活动	自然	音乐、游戏	儿歌	静息	社会	工作	游戏
六	自由活动	计算	音乐、游戏	儿歌	静息	工作	社会	游戏

资料来源：《津市幼稚教育调查——市立第一幼稚园》，《益世报》1934 年 11 月 13 日。

表 2—8　　　　　　　　天津特别市私立幼稚园课程表

学科必修或选修支配学年		音乐	故事和儿歌	游戏	社会和自然	工作	静息	餐点
	每周授课时数	三小时	三小时	三小时半	三小时	三小时半	一小时	一小时
	每周实验时数							
	学分							
第一学年	课程内容	口唱和乐器表演各种能力；声音清晰，能独唱简单歌词及明了意义	各种故事和习练说话，歌谣谜语欣赏吟唱等表情	计数、故事、表情、节奏、舞蹈、感觉模拟、应用各种用具和我国旧有的游戏	人和社会自然的关系、衣食住行等，生活和习见动植物及卫生礼貌	沙箱装排、图物装置、书图剪贴、泥土、缝纫、木工、织工、园艺等工作	端坐合目或隐几静卧或就桌面安睡	每日进食山芋、饼干、牛奶等食物，时间须短，宜清洁

资料来源：《私立蒙养园校董会用表之三》，天津市档案馆藏，资料号：401206800—J0110—1—000180—006。

从表2—7和表2—8可以看出，公立和私立幼稚园的课程设置大体相同，都能根据幼儿的身心发展特点安排教学内容，注重培养幼儿的道德情感以及各项技能技巧，如"音乐"和"儿歌"两科，从单纯的会唱，发展到注重幼儿的"乐器表演感情各种能力"及"习练说话和歌谣谜语欣赏吟唱等"；"游戏"融入"工作"，设置"计数、故事、表情、节奏舞蹈、感觉模拟应用各种用具"等环节，以游戏的方式培养幼儿智力和感知能力等；通过安排各项实际工作，"沙箱装排、图物装置、书图剪贴、泥土缝纫、木工织工、园艺"，锻炼幼儿的动手操作能力，"社会"和"自然"使幼儿了解周围环境，提高适应社会的能力。

2. 教材

幼稚园的教材由天津市教育局"幼稚园小学具体课程编订委员会"负责编写，关于幼稚园的管理方面的教材，有《幼稚园管理》等；关于如何做好一名幼稚教师的教材，有《怎样做幼稚教师》《沟通教学法》等；关于幼儿教育研究的教材，有《幼稚园教育概论》《幼稚园课程研究》《幼稚园课程编制》《幼稚园教育》《幼稚园教材研究》等；关于幼儿教育的教材，有《幼稚园新歌》《幼稚园音乐游戏》《小小丛书》《儿童故事书》等。也有的幼稚园根据本园儿童特点自编教材及读物，如冰轮幼稚园"编辑部依照儿童自然之生活，编成最时代化、极合儿童心理的，各种戏剧、歌舞、童谣、故典等教材，以便教授儿童，此类编辑，须经本园教务处讨论通过后，方可采用"[1]。

3. 课程

（1）游戏

直隶女师附属幼稚园常做的游戏种类有：①计数游戏，如拍皮球、五只可爱小鸟、十个小物人等；②表情游戏，如牛吃稻草、皮球圆、娃娃球等；③舞蹈游戏，如问安舞、皮匠舞、扫帚舞、钻石舞等；④感觉游戏，如闭目摸物、听音找人等；⑤模拟游戏，如模仿操、模拟各种动物动作等。[2] 培才幼稚园年纪小的孩子主要以游戏为主，其每天的课程如表2—9所示。

---

① 《津市幼稚教育调查（十五）冰轮幼稚园》，《益世报》1934年11月29日。
② 《津市幼稚教育调查（十一）女师幼稚园（下）》，《益世报》1934年11月21日。

表 2—9　　　　　　　　　　培才幼稚园一年幼稚生日课表

9：00—9：20	9：20—9：25	9：25—9：35	9：35—10：00	10：02—10：25	10：25—10：40	10：40—11：00	11：00—11：30
自己工作朝会 清洁检查	清洁用具	休息（盥漱）	户外运动	静息	认字（每星期六茶点）	音乐手工	合群游戏 安静游戏

资料来源：《津市幼稚教育调查——培才幼稚园》，《益世报》1934 年 11 月 8 日。

　　各幼稚园根据儿童的年龄特点，选择适合儿童程度且有趣的游戏，在游戏中，儿童的各项能力（表达、言语、模仿能力等）得到充分的发挥。

　　（2）语言、计算

　　幼稚园高年级的孩子，要学习语言和计算等方面的知识，培才幼稚园二年级的课程详见表 2—10。

表 2—10　　　　　　　　　　培才幼稚园二年幼稚生日课表

日别	上午		下午	
星期一	幼稚读本	算术	常识	音乐
星期二	算术	幼稚读本	习字	美术
星期三	幼稚读本	算术	常识	音乐
星期四	算术	幼稚读本	谈话故事	游戏
星期五	幼稚读本	算术	习字	音乐
星期六	劳作	幼稚读本		

资料来源：《津市幼稚教育调查——培才幼稚园》，《益世报》1934 年 11 月 8 日。

　　（3）手工、绘画

　　为了培养儿童的动手操作能力，锻炼工作技能和感觉能力，发展智力、创造力及欣赏能力，幼儿园开设手工、绘画等课程，以直隶女师附属幼稚园为例，其安排的课程内容如下所述：

　　①沙箱的装排——幼儿最初对于沙箱不过玩弄沙子、挖、挑

等，后来在内开河堆山，集合许多幼儿，共同在沙箱里面作业，就他们的经验做出家庭、田园、学校等的雏形，利用纸工黏土作的桥、船、人、鸟等类，也加入沙箱中，以松树枝插到里面，作栽植树木，是最有兴趣最有价值的设计。②图画——自由单色画，或彩色画，或轮廓涂鸦画。③纸工——用剪刀剪成各种花形，或折成各种物件，或用废纸撕成各种图形，粘在纸上刨。④泥工——黏土的性质，非常的柔软，最能随合幼儿的意思，最初幼儿不过玩弄、捻滚等，后来可以做出盘子、圆球、糕饼、糖葫芦等，渐渐可以与家庭用具及自然界有所联合，晒干后可以漆上各种美丽颜色，可以养成幼儿审美的观念。⑤木工——木工所用的东西，有大小木板、铜丁、锤子、锯刨等。最初幼儿不过试用器具，做不出什么东西来，可是幼儿用锯或刨锯木头，非常感兴趣，便可就此加以指导，以发展其思想和动作，但对于他的工作不可企图结果，是要帮助幼儿计划地完成。⑥缝纫——幼儿最喜整理偶人房，因为要满足偶人需要，要给偶人做小衣服、小被、枕头等工作。⑦编织——利用粗大梭织偶人用的小带类。⑧种植——种瓜、菜、豆，及普通耐久的花草等。⑨喂养——喂养普通小动物。

（五）教学方法

教学方法主要采用游戏操作法。游戏操作是以游戏的方式引导幼儿参与活动，进行操作学习。比如，直隶女师附属幼稚园，强调幼儿的自由活动，"幼儿因年龄的不同，经验的不同，及各人需要的不同，任其自由活动，先生从旁指导……要使他自己觉得生活的需要，然后由教者加以辅导，使幼儿渐渐养成应付社会的能力"，幼儿喜好模仿，"应利用这种模仿性，施行教育上的方法，养成幼儿有自尊的精神，要常常给他高尚的游戏，如学伟人、学军人、学温和、学礼貌、学义勇、学宽厚等"……"使其在自由活动时，不知不觉增长新的智识"……使幼儿"各随性之所好，在室内作各种的游戏或工作，以发达自动能力，但要注意使之各不相妨碍为要"①。这种教学方法不同于"骑兵式"的操练——即让幼儿听教师的指令，一步一步摆弄学具或玩具，全班齐步走，没有一点自由探索的空间。游戏操作是一种在玩中的学习，幼儿拥有自由探索的空间，而且在活动过程中也能体会到一种愉悦感。

　　寻求适合幼儿发展的教学方法是这一时期学期教育进步的突出表现。福禄贝尔教学法，提倡把游戏作为幼儿教育的基础，促进儿童活动、认识、艺术等能力的发展；蒙台梭利教学法，让儿童自由活动，在教学过程中，运用蒙台梭利教具对儿童进行感官练习。天津幼稚园在借鉴这些国外教学法的同时，结合本地的情况，灵活地加以运用。儿童教育专家陈鹤琴曾提出系统教学法，也叫"整个教学法"，即把儿童应该学的知识有系统地、整个地教给儿童。这种教学法是把各科功课打成一片，所有的故事或所用材料等，都以儿童的生活和儿童的心理为根据。这种教学法在南京鼓楼幼稚园首试，天津有的幼稚园也采用此种教学法，如市师附属幼稚园，在教学方面，设置中心问题，一个问题的教学时间是一周到两周，如中心问题是"放风筝"，那么，"在放风筝的一周里，要给予儿童一切关于风筝的事件，唱歌时唱放风筝的歌儿，游戏时放风筝，讲关于风筝的故事，讲关于风筝的常识，自由画时，也是画这个题目"②。虽然，这种教学方法较难组织，但是对于儿童来讲，受益颇丰，值得借鉴。

　　（六）教学设备

　　这一时期，幼稚园极为注意校舍的布局以及教学设施的配置，几乎每个幼稚园都设有游戏室、工作室、户外运动场，校舍宽敞明亮，教室的四壁布置有美丽的图画，让儿童时时刻刻都在感知、感觉。如中西女学附属幼稚园，建筑"宽敞光亮，极为适用……可以说是很好的建筑了……一大间凸字形的游戏室，门开在左边，中间是作游戏的场子，右边有桌和小椅……南面窗子透进极为充足的光线……四周墙挂着各种美丽的画片。前面就是运动场，设有秋千、摇船压板、滑梯"③。

①　《津市幼稚教育调查（十）女师幼稚园（中）》，《益世报》1934 年 11 月 20 日。
②　《津市幼稚教育调查（九）市师附属幼稚园》，《益世报》1934 年 11 月 17 日。
③　《津市幼稚教育调查（十二）中西幼稚园》，《益世报》1934 年 11 月 22 日。

幼稚园教学设施也比较齐全，以直隶女师附属幼稚园为例，游戏室、作业室、室外游戏设备等配置齐全：

（一）游戏室的设备：1. 墙壁——游戏室墙壁上，应悬置富有兴趣的画片，并时常更换，以引起幼儿的注意和欣赏。2. 壁橱——靠墙应设置壁橱数个，以便置放幼儿游戏的用具。3. 沙箱内储沙土——以便幼儿的玩弄。4. 偶人旁——内置"小宝宝"的睡床、被褥、衣服等，以供幼儿练习整理床被和给玩偶变换衣服的动作。5. 海尔氏大积木——幼儿喜搬运东西，使以海尔氏大积木，建筑商店、房屋、庭园等，可借以练习共同协力，分工合作的良好习惯。6. 钢琴——以便召集幼儿合唱、表演及音律运动之用。7. 整容镜——游戏时使幼儿对照，以矫正其不良的姿势。8. 三轮车——以备幼儿自由活动和骑车赛跑之用。9. 其他玩具——如洋娃娃、大小皮球、铃、豆囊、小钟、喇叭、铜鼓、铜锣、打琴、口琴、小笛、木鱼、手磬、毽子、乒乓球、绳子等。总理遗像及党国旗——以便作纪念时使幼儿学习敬礼。（二）作业室的设备：1. 小桌及小椅——以便幼儿作业及坐息之用。2. 墙壁及壁橱——以备布置儿童手工成绩之用。3. 手工厨——厨内分作许多小格，以便幼儿放置其手工图画用具。4. 作业室——以便幼儿作业疲劳后，娱乐静息之用。5. 恩物橱——内置福禄贝尔恩物及蒙台梭利教具，以备教导幼儿之用。6. 木工用具——如斧刨、锯、锤、钉、木板等，以备儿童工作之用。（三）室外游戏用具——如摇椅、摇船、浪船、秋千、滑梯、土车等。小动物园——饲养小鸡、小鸽、小兔、小鸭等。小植物园——栽培各种菜蔬及花草等物。①

幼稚园的教学设备简单便利，易于普及。天津特别市私立蒙养园校具、仪器设备、标本等如表2—11、表2—12所示。

---

① 《津市幼稚教育调查（九）女师学院幼稚园部》，《益世报》1934年11月19日。

表 2—11 私立蒙养园校具及关于运动卫生各种设备表

类别	校具	校具	校具	校具	校具	运动	校具	校具
品名	学生桌	学生椅	讲桌黑板	钢琴风琴	书架公事桌	各项器械	各项什物	各项杂品
数量	四十三张	六十八张	两套	两架	四件	六件	八十六件	五十八件
价值	129.00 元	142.50 元	12.00 元	332.00 元	22.25 元	27.00 元	152.00 元	67.00 元

资料来源：《天津特别市私立蒙养园校董会立案用表之九》，天津市档案馆藏，资料号：401206800—J0110—1—000180—006。

表 2—12 私立蒙养园仪器表

品名	积木	排板	排环	排箸	木马	牧场模型	泥不倒翁	七寸光角人	六面画	小提筒	小火车	土车	小铁锹	小铁钯	串彩板	建筑积木	石板	手工盒	刺床	织针
数量	一百五十盒	一百五十盒	一盒	一盒	一个	一盒	一个	二个	一盒	十个	一具	一辆	十把	二把	二个	二套	六十块	一百个	二十五个	二十五个
价值	三十七元五角	三十七元五角	三元	二元	四元	五角二分	二角	二角四分	一元二角	二元	二元	八角	一元三角	四角	一元	二十元	十二元	二十元	二元五角	二元五角

资料来源：《天津特别市私立蒙养园校董会立案用表之七》，天津市档案馆藏，资料号：401206800—J0110—1—000180—006。

从上表可以看出，蒙养园的教学设备相当齐全，丰富多彩，除了引进的蒙台梭利教具及"恩物"外，还自制了许多教学设备，如排板、排环小火车、串彩板等。从数量和价值看，天津特别市私立蒙养园有校具及运动卫生设备共 269 件，价值 883.75 元；仪器 546 件，价值 150.6 元；标本 32 件，价值 17 元；图书 298 本，价值 6.55 元，所有这些设备总共 1145 件，总价值 1057.90 元。

为了增进实物与知识之间的联系，一些幼稚园还购买或自己制作各式动物标本，详见表 2—13。

表2—13 天津特别市私立蒙养园标本目录表

品名	狐狸	鸭	雏鸡	蛇	蝙蝠	龟	天牛	田螺	蝌蚪	鱼	虾	蟹
实物或挂图	实物	同前	同前	同前	同前	同前	同前	同前	同前	同前	同前	同前
数量	一	一	十	二	一	二	二	五		三	三	二
制造者	郑万青	自购	自购	自购	自购	自购	自购	自购	自购	自购	自购	自购
价值	十元	二元	五角	二元	六角	四角	五角	二角	一角	三角	二角	二角

资料来源:《天津特别市私立蒙养园校董会立案用表之八》,天津市档案馆藏,资料号:401206800—J0110—1—000180—006。

三 国民政府时期学前教育的特点

在此时期的20余年里,天津的学前教育历经坎坷,几经反复,艰难地向前发展。在探索本土化、科学化的道路上有了质的提高,呈现出以下特点:

(一)受教育对象不断扩大

清末民初,严氏蒙养院、卢氏蒙养园等,招收的对象为本家族、亲友或邻居的子弟,受益面很小。教会幼稚园环境优美,学费昂贵,只有富裕家庭的子女才有条件入园,当时的富贵子弟把幼稚园当成"乐园",每天有保姆接送,贫困家庭的孩子根本没有机会接受正规的学前教育。天津建市后,在政策上支持学前教育的发展,增加了市立幼稚园,并规定在小学增设幼稚园或幼稚班,同时,还为下层阶级的孤儿、幼儿建立了诸多的托儿所、孤儿院、福利院等,收养这些孩子,并对其进行教育。在此时期学前教育对象不断扩大,已从少数富贵子弟延伸到了下层贫苦子弟,使更多的孩子有接受学前教育的机会。

(二)出现了专门的幼稚师范教育机构

自清末保姆讲习所停办以后,天津长期没有培养幼教师资的专门机构。天津建市后,极为重视师范教育,成立了天津最早的市立师范学校,并附设幼稚师范科,自此,天津出现了培养幼教师资的专门培训机构。幼稚师范学校的建立,提升了幼儿教师的专业素养;为学前教育质量的提高提供了师资保证。

(三)教育经费有所保障

天津建市后,成立了天津市教育经费保管委员会,并制定《天津市教款保管委员会规程》，明确规定委员会的职责是负责保管教育专款，保证无论在何种情况下，教育经费均不被挪用，对于教育经费的使用支取或临时需款，需要办理相关的手续，即市教育局需提前做出预算，报市政府核准后，将预算案函交送委员会，按照预算，由市教育局逐月具领转发①，这使天津市各学校（包括幼稚园）在岁出预算方面实现了统一，保障了学前教育经费的稳定。国民政府时期市立幼稚园数量的增加即可以证明此点。

（四）幼稚园组织机构渐趋完善

天津建市后一个重要的举措就是对私立幼稚园进行调整，无论是中国人还是外国人开办幼稚园，都要到教育主管机构申请，审核合格后才允许办园。根据南京政府 1929 年 8 月公布的《私立学校规程》和 1933 年 10 月公布的《修正私立学校规程》，天津市颁布了《天津特别市教育局私立学校立案补充规程》，其中规定私立幼稚园实行校董制或委员制，园内事宜由校董成员或委员商议决定。以上几种管理体制基本类似，学校经费由校董或创办人负责；教育教学工作，则由全体人员共同管理，这样避免了一人独掌大权的弊端，体现了学校管理渐趋完善。

（五）教学管理日趋规范化

考虑到幼儿食量过小，应该少食多餐，因此，幼稚园规定进食间隔的时间很短，"每隔五时，即给以幼儿少量饼干之类充饥"。为了保障幼儿心理健康，"每隔一定时间令全体儿童端正垂头静坐，或就桌而睡，稍事休息，此时开和悦的留声机，或奏小儿睡曲，令其精神安定"②。从空间布局来讲，大到校舍，小到教室，都应该保持清洁卫生。此阶段，大多数幼稚园都设有清洁室，内置面盆、毛巾、抹布、肥皂、整容镜、簸箕、扫帚、鸡毛掸子、废纸篓等物件，用来练习幼儿做清洁的行为；并且对幼儿实行清洁检查，如培才幼稚园，在墙上贴一张表格，用来记明各生清洁的情形，上面标着"看我多清洁"③。每周逐日进行，用三种不同颜色的小星星表示等级，金星表示甲等，银星表示乙等，黑星表示丙

---

① 赵宝琪、张凤民：《天津教育史》上卷，天津人民出版社 2002 年版，第 287 页。

② 《津市幼稚教育调查（十一）女师幼稚园》，《益世报》1934 年 11 月 21 日。

③ 《津市幼稚教育调查（三）培才幼稚园》，《益世报》1934 年 11 月 9 日。

等，缺席的空着。这样的举措，能够使幼儿养成良好的卫生习惯；同时，从中也体现了当时幼稚园教学管理的规范化。

　　总之，这一时期天津学前教育取得了一定进步。但是，"培才的幼稚生在快放学之前，就有许多男女仆人在园内等候接他们回家去了，有的小朋友的母亲，竟从来到走陪小孩在园中一上午，或是闲谈着，或是打毛织物等着"①。可见，这些孩子的家庭大多比较富裕，幼稚园学生还是以富有阶层居多。

---

① 《津市幼稚教育调查（四）培才幼稚园》，《益世报》1934 年 11 月 10 日。

第三章

天津近代义务教育

中华民族五千年悠久的历史孕育出灿烂的文化，但是翻检整个中国古代教育史，却找不到"义务教育""强迫教育"的词汇。伴随着 1840年鸦片战争的隆隆炮声，国门洞开，在"西学"一浪高过一浪的大潮中，"义务教育"开始见诸报端和书籍，西方义务教育制度悄然进入国人视线，逐渐意识到要"富国强民"必须"开民智"，而"开民智"离不开普及义务教育。天津近代义务教育的发展过程跌宕起伏，曲折前行，在提高民众文化水平和向高一级学校输送毕业生两方面做出了重要贡献，积累了丰富经验。

第一节　义务教育兴起的背景

天津的义务教育是内忧外患的产物，它的产生与"救亡图存"紧密相连，是兴"新学"、育"新民"的必然要求。

一　"天赋人权"、自由平等思想的传入

西方列强用坚船利炮撬开了中国的大门，在加重国人苦难的同时，也带来了新的思想和文化。传教士成为西方科学文化的主要载体，教堂和教会学校成为国人接触西方文化的重要媒介。第二次鸦片战争后，天津的教会教育发展较快，他们在传播西方宗教及科学文化知识的同时，也宣传"天赋人权"、人人平等的观念。美国公理会传教士谢卫楼（Davelle Sheffield，1841—1913）抨击中国男女不平等道："占一半人口的妇女

教育普遍被忽视……如果出生在贫穷家庭，她们的地位与奴隶相差无几。"① 《万国公报》刊文介绍国外义务教育："小院，凡省城乡镇，无处不设，无论男女，例必入学。通国男女皆可诵读挥写，研究各种学问，为人所必修。"② 这些新的思想都对封建旧制度提出了挑战，为实施义务教育制造了大量的舆论，奠定了思想基础。

二 传教士和士大夫对西方义务教育制度的推介

经过多次战败之后，人们开始思考原因，多数人认为中国败在技艺，而不在政体、伦理，而英国传教士李提摩太却认为另有原因："考西国读书，于可以为官外，兼为有益于各业而设，每十人中能作字者有七八人，中国仅一二人。"③ 美国传教士郭斐蔚也认为："中国男女读书识字者，十仅一二；能读成粗得用者，百不得一二；纯粹以精诚大器获大用者，千万中不得一二。此岂人才之咎哉！抑亦不善育者之过耳！"④ 在他们看来，教育普及，国家就会富强；文盲多，国家就会贫弱。传教士的这些见解，打开了知识分子们的思路。为了救亡图存，保国保种，他们走出国门，赴欧美、日本参观、考察、游历，把资本主义国家的义务教育制度介绍到中国，加深朝野对义务教育重要性的认识。1890—1894 年，薛福成游历西欧，在《出使英法义比四国日记》中介绍了西洋各国义务教育情况，还分析了德国兵强的原因在于："近数十年，学校之盛，以德国尤著。德国之兵多出于学校，所以战无不胜。推之于士农工贾，何独不然？"结合中国连连战败的现实，他发表评论："观大局之兴衰，必究其所已至此之本源。学校之盛有如今日，此西洋各国所以勃兴之本源。"⑤ 晚清大臣载泽考察日本后，在日记中写道："其富强之效，虽得力于改良法律。精练

---

① 朱有瓛主编：《中国近代学制史料》第四辑，华东师范大学出版社 1993 年版，第 114 页。

② 李楚才编：《帝国主义侵华教育史——教会教育》，教育科学出版社 1987 年版，第 407 页。

③ 李提摩太：《新政策》，《万国公报》1896 年 4 月。

④ 李楚才编：《帝国主义侵华教育史——教会教育》，教育科学出版社 1987 年版，第 416 页。

⑤ 钟叔河主编：《走向世界丛书·薛福成：出使英法义比四国日记》，岳麓书社 1985 年版，第 290、291 页。

海陆军，奖励农工商各业，而其根本，则尤在教育普及。"① 说明清政府高层官员对义务教育的认识已经有了明显提高。同时，资产阶级维新派代表人物梁启超也在《变法通议》中提出普及小学义务教育的主张。一时间，朝野上下纷纷认可资本主义国家的义务教育制度，并视其为一种救国的选择，培植了义务教育在中国生根发芽的土壤。

三　推行洋务运动的需要

19 世纪 60 年代，清王朝发起了以"自强、求富"为目的的洋务运动，涉及政治、经济、军事、教育等方面。1870 年，洋务重臣李鸿章任直隶总督兼北洋大臣，他依仗天津优越的地理位置，大举兴办洋务，使天津成为北方洋务运动的中心。洋务派在天津建立了许多军事和民用企业，这些企业需要大批具有一定科学文化知识的劳动者。

为了培养洋务人才，李鸿章在天津建立了北洋电报学堂、北洋水师学堂、天津武备学堂等一批洋务学堂，而以读经讲经为主的传统私塾不能为洋务学堂输送数量充足、质量合格的学生，这在很大程度上阻碍了洋务运动的发展。对此，张之洞认为"小学不兴，不但普通实业中学堂永无合格学生，而国民教育终无普及之一日"②。因而，创办新式小学就成为当务之急。

第二节　义务教育的历史演进

20 世纪初，"义务教育""强迫教育"开始出现在清政府的官方文件中，也开启了天津义务教育的历史。此后近半个世纪，天津义务教育在改朝换代、政治纠纷、军阀混战、日寇入侵和国内战争等动荡时局中曲折前行。天津近代义务教育的推行时断时续，时高时低，时而如涓涓细流，时而又似巨浪排空，形成酝酿、兴起、繁荣发展和徘徊前行四个既相互承接又不断革新的阶段。

---

① 熊贤君：《中国近代义务教育研究》，华中师范大学出版社 2006 年版，第 88 页。
② 《张文襄公全集》卷一〇六，中国书店 1990 年版，第 861 页。

一　义务教育的酝酿阶段（1900—1911）

甲午战争的失败，加速了帝国主义对中国的瓜分。维新派发起了变法维新的政治运动，把教育作为国家富强的根本。

（一）"义务教育"纳入立法

光绪三十年（1904），清政府颁布《奏定学堂章程》，其中《奏定初等小学章程》中明确规定："外国通例，初等小学堂，全国人民均应入学，名为强迫教育；除废疾、有事故外，不入学者罪其家长。"① 法律既定，许多省份闻风响应，直隶总督袁世凯也要求府、厅、州、县遍设蒙养院和小学堂。

光绪三十二年（1906），学部又颁行《强迫教育章程》，规定："（1）广设劝学所；（2）各省城须设蒙学 100 处；（3）各县须设蒙学 40 处；（4）各村须设蒙学 1 处；（5）幼童至 7 岁须令入学；（6）凡有绅董热心提倡多设学堂者，分别给奖；（7）幼童及岁不入学堂者，罪其父母；（8）以学堂之多寡定劝学员之功过；（9）各府县州长官徒以敷衍了事者查实议处；（10）各学堂设定后每二年由提学使考验一次。"② 这是中国近代第一个强迫教育章程。但这个章程只是"咨行"并非强制实施。

1911 年 1 月 26 日，学部奏拟《改定筹备教育事宜折》，指出"窃维宪政之行，以教育为始基，然非机关完备，筹划周详，则无以收普及之效"③。同年 7 月 15 日—8 月 12 日，中央教育会 138 名成员聚集北京，先后例会 18 次，议决 12 案，其中《试办义务教育章程案》获准通过。从 1904 年到 1911 年的七年间，清廷在内外交困中艰难推进义务教育，并取得了一定的成绩，1904 年，全国义务教育阶段的学生数约为 8 万人，1909 年，增加到 148 万人。④

---

① 陈元晖主编：《中国近代教育史资料汇编·学制演变》，上海教育出版社 2007 年版，第 300 页。

② 陈元晖主编：《中国近代教育史资料汇编·普通教育》，上海教育出版社 2006 年版，第 38 页。

③ 陈学恂主编：《中国近代教育大事记》，上海教育出版社 1981 年版，第 211 页。

④ 熊贤君：《中国近代义务教育研究》，华中师范大学出版社 2006 年版，第 127 页。

（二）天津义务教育阶段学校的发展

天津新式小学肇端于严修创办的两个私塾。"这两个私塾里的功课，除了私塾所应有的读经讲经外，还有如理科、史地、算数、外国语等新式的学科，不过设备组织都非常简单。"① 1900 年，林墨青（1862—1933）、王竹林、李子霍仿照"严氏家塾"创办了两所半新式的义塾，课程同"严氏家塾差不多"。当时社会各界对这四个私塾非常关注，给严氏的两所私塾起名"西一""西二"，把林墨青等人所立的两所义塾叫作"东一""东二"。② 1902 年，为了避免分散办学，将"西一、西二、东一、东二"合并，成立"天津民立第一两等小学堂"，校址设在汇文书院，这是天津乃至整个直隶最早的新式小学堂。同年底，卞宝廉、卞世清、张炳之邀请林墨青创办"天津民立第二两等小学堂"，校址在东马路育婴堂。这两所小学堂是天津新式小学堂之始。之后在严修、林墨青、陈宝泉等人的积极倡导下，各类民办私立小学堂纷纷成立，至 1911 年，天津县范围内的民立、私立两等、初等小学堂的数量达到 60 余所。

1903 年夏，应袁世凯之邀，严修在林墨青协助下创办天津官立两等小学堂，而后又建立了督署两等小学堂、官立模范两等小学堂、官立模范单级小学堂、直隶第一初级师范附属小学堂等。到 1911 年，天津县的官立小学堂达 20 多所，此外还设立许多官立初等简易学堂。

二　义务教育的兴起阶段（1912—1923）

1912 年 1 月 19 日，中华民国南京临时政府教育部颁布了《教育部普通教育暂行办法通令》及《普通教育暂行课程之标准》等一系列法令。1912 年 9 月 10 日全国临时教育会议颁布了《学校系统令》，规定"初等小学四年为义务教育。毕业后得入高等小学或实业学校"③。这是民国政府推行义务教育之始。1914 年 12 月，教育部《整理教育方案草案》"确

---

① 于炳群：《天津的中国人小学》，天津图书馆近代地方文献阅览室藏。

② 同上。

③ 中国第二历史档案馆编：《教育部公布学校系统令，中华民国史档案资料汇编》（第三辑教育），江苏古籍出版社 1991 年版，第 59 页。

定初等小学四年为义务教育"①。1915 年 1 月 1 日，袁世凯政府颁布《教育宗旨令》，2 月，又颁布了《特定教育纲要》，"总纲"的第一条便是"施行义务教育"②，将初等小学分为国民学校和预备学校两种，要求前者"以符义务教育之义"。1915 年 7 月颁布的《国民学校令》规定，"国民学校施以国家根本教育"③，是政府推行义务教育的主要组织形式，儿童 6—13 岁为就学年龄，凡"学龄儿童之父母或其监护人，自儿童就学之始期至终期，有使之就学之义务"④，确立"以县为主"的义务教育管理模式，将县划分若干义务教育学区，把义务教育的责任放在地方。这一时期天津义务教育的发展主要体现在私塾改良、创办初等小学两方面。

（一）私塾改良

"富强之基础首在普及教育，而教育之普及端赖改良私塾。"⑤ 晚清时期，为了普及教育，天津劝学所对县内私塾进行年度考察和改良，至 1912 年 1 月，天津县劝学所已经对 48 所改良私塾进行了认定。民国时期，在教育部推行义务教育的各项法令的推动下，私塾改良运动进一步深入，主要措施有：

1. 改革传统的课程

1912 年 4 月 14 日和 6 月 23 日，天津劝学所两次召开私塾研究会，根据教育部对小学和私塾的改良要求，明确改良私塾的宗旨是"发展共和知识，培养优美高尚之国民"，私塾的课程以修身、国文、算数为主，减少读经课，"若四书骤行裁去，孔学生不免有退学之意，遂议决渐渐裁剪"⑥。经过改良，私塾传统的教育内容和方式逐步转变，据《大公报》载："河北关上祁家胡同第一改良私塾教员李彦亭，招生六十余名，分三级教授，各门学科按时分配……将室内外一切用具亦皆完备，俨有单级

---

① 朱有瓛等主编：《中国近代学制史料》第 3 辑（上册），华东师范大学出版社 1990 年版，第 3 页。

② 中国第二历史档案馆编：《教育部公布学校系统令，中华民国史档案资料汇编》（第三辑教育），江苏古籍出版社 1991 年版，第 35 页。

③ 宋恩荣、章咸编：《中华民国教育法规选编》（修订版），南京江苏教育出版社 2005 年版，第 209 页。

④ 同上。

⑤ 《报告改良私塾之批示》，《益世报》1916 年 8 月 29 日。

⑥ 《私塾研究》，《大公报》1912 年 4 月 16 日。

小学校之规模。"①

2. 设立代用小学（也称代用国民学校）

鉴于经费紧张，权宜之计便是设立代用小学，计划开办 100 处。12 月 18 日，县公署令劝学所择地"遴拔私塾十九处改为代用小学校，每月按学校组织之开支多少支配津贴，期间之布置宜与正式学校相同"②，至 1916 年 3 月，19 处代用小学已全部办成。

3. 鉴定塾师

1915 年 12 月，天津县长下令鉴定塾师，"以免误人子弟，以谋教育之普及"。到 20 年代初，对塾师不合格的私塾一律取缔。1921 年 10 月，天津县发布布告，"窃维义务教育为现今当务之急"，义务教育难以推行，查其原因"恒以私塾教员教以腐旧为最大障碍"，他们不教授科学知识，反而诽薄科学为无用，"学童幼稚，甘受其愚，实为进行上之一大阻力"，因此，劝学所拟请钧署出示晓谕，拟定一个私塾改良标准（主要是塾师的资格），责成境内各私塾一律按此标准进行改良，"如有课业大规模合格者，当即认作私立国民学校；不合格者，嗣后务须切实改良，经改良于科学文理均能合格，即认为私立国民学校，以示鼓励；如科学隔阂、文理欠通，唯有严加取缔"③。

经过十几年的努力，劝学所先后对数百名塾师进行改造，使传统的私塾在教学内容和方法上逐渐接近国民学校的要求，优化了塾师队伍，有利于天津义务教育的推进。

（二）创办初等小学

在改良私塾的同时，天津县也非常重视发展初等小学。1912 年 10 月 16 日，劝学所教育研究会联合各小学，组织小学教育研究会，对 9 月份提供的关于"学制、学科、教授、管理等议案进行讨论"④。1913 年，直隶教育会副会长郭步瀛在教育会的演说中提出四项建议，其中第一项便是注重初等小学教育，他说"初等小学为一切学校之根本，有初等小学

---

① 《教育得法》，《大公报》1913 年 3 月 30 日。

② 《县长兴办代用小学》，《益世报》1915 年 12 月 19 日。

③ 《天津县取缔私塾布告》，《益世报》1921 年 10 月 31 日。

④ 《组织研究会》，《大公报》1912 年 9 月 20 日。

然后有高等小学、中学、大学，初等小学之良否与其他一切学校均极有
关系，语云少成若天性，又云先入为主即是此意，故东西两洋教育家莫
不特重初等小学教育"①。1916 年 11 月 1—3 日，县长姒继先召集城乡各
学校校长、校董及村正副开教育行政会，大会议案第一条便是"提倡私
立学校，决定由县公署令知各村村正副查照"②。虽然政府对初等小学教
育有所关注，但只是停留在演说、提倡的层面上，虽然不具有强制性，
但是仍然激起了天津社会各界的办学热情。

　　这一时期，一些地方士绅和团体纷纷解囊办学。1913 年 2 月 1 日，
邑绅卞会昌之母在弥留之际捐出"五千元筹设小学校，以教津埠之贫寒
子弟"③，3 月 22 日"卞氏私立初等小学校在府学明伦堂开学"④。1913
年 11 月，南马路改良第六小学小校长沈凌霄，联合同志组织速成夜班，
专收贫苦子弟，教以"读书、识字、算数，期欲速成藉谋生活"⑤。1920
年 10 月天津学生联合会鉴于今年"灾情重大，失学儿童日见其多，设法
设立贫民教育"，办法为："（一）在各校设贫民教育学校专授国语；
（二）每班暂定 50 人，每二月毕业一次；（三）每月出旬刊三本，所得款
项以提供学校经费之支配。"⑥ 中等以上各校学生也利用假期积极帮助失
学儿童，"兹闻南开、成美、官立中学三校已将夏令儿童学校筹备完毕，
开始招生，不日即可开课"⑦。天津学生同志会仅 1921 年一年内便设立 5
所儿童义务学校，1922 年 6 月 11 日又开始筹办第六儿童义务学社。天津
唯一会也组织了 3 所国民义务学校。

　　（三）本阶段义务教育的特点

　　1. 地方政府大力倡导义务教育

　　这一时期，天津还没有地方性的义务教育法案和文件，但地方政府
和官员已经认识到义务教育的重要性，如县长下令鉴定塾师；县长姒继

---

①　《直隶省教育会副会长郭步瀛在教育会之演说》，《大公报》1913 年 7 月 20 日。

②　《教育行政会之案略》，《益世报》1916 年 11 月 27 日。

③　《捐资兴学》，《大公报》1913 年 2 月 18 日。

④　《小学开校》，《大公报》1913 年 3 月 25 日。

⑤　《义务教育》，《大公报》1913 年 11 月 13 日。

⑥　《教育贫民子弟计划》，《益世报》1920 年 10 月 25 日。

⑦　《夏令儿童校开始招生》，《益世报》1921 年 6 月 18 日。

先召集城乡各学校校长、校董及村正副开教育行政会，有意识地进行义教的宣传和提倡工作，激起了社会各界的办学热情；劝学所组建私塾研究会，确立私塾的办学宗旨，改革私塾的课程、教学方法和组织形式，积极推进私塾改良；劝学所组织小学教育研究会，讨论学制、学科、教授和管理等议案，注重发展初等小学教育。这些都对天津义务教育的发展起到了重要的推动作用。

2. 开明士绅和群众团体热心办学、慷慨解囊

这一阶段，不光是一些士绅热心办学，一些地方团体也加入进来，积极兴办儿童义务学校和国民义务学校，形成一股推进义务教育的洪流。

3. 军阀混战给普及义务教育造成负面影响

天津处在京畿要塞，军阀盘踞，1912 年的"壬子兵变"造成社会混乱，多所小学被迫延期开学；1922 年的"直奉战争"，也给小学生上学带来极大不便，"各生家长纷纷向学校请求放假"①。

三　义务教育的繁荣发展阶段（1924—1937）

1920 年，教育部颁令各省教育厅分期筹办义务教育，限期"至民国十七年一律办理完竣"，但是直隶省连年灾患，所以未能按教育部要求如期办理，教育部亦考虑到直隶省的特殊情况，批准其"筹办期限展缓二年"②。

（一）制定筹办义务教育规划

1922 年，直隶教育厅对各县学龄儿童就学情况进行了调查，发现就学人数最多的县也不足 20%。为了减少失学人数，教育厅采取"暂时救济之法"，"就现有各学校，利用其空余时间（每日下午散课后，至夜间就寝以前，皆可利用），及其一切设备（讲室、桌椅、黑板等），另招失学儿童，分班教授……如此办法与创新一校，其简约当不止倍也"。③

1924 年 6 月 18 日，天津县知事齐耀珹和教育局长华泽沅向直隶省长及教育厅长呈文，请示筹办义务教育和平民教育，并提交《义务教育计

---

① 《小学校学生休学》，《益世报》1922 年 5 月 6 日。
② 《施行义务教育展缓二年》，《益世报》1924 年 11 月 24 日。
③ 《教育厅令办义务教育》，《益世报》1924 年 1 月 23 日。

划书》其主要内容是："甲、促进私塾改良，俾全县私塾化为初级小学校；乙、就已有学校增加班级；丙、推行讲演，俾人人知受学与设学校为急务；丁、请各区绅董提倡辅助强迫入学；戊、筹备师资。"① 7月5日，直隶省教育厅对天津县做出指令："据拟义务教育暨平民教育两项计划署均远大，而辅助进行机关与经费之计划书亦甚周详，应予备案。"② 天津县义务教育计划得到了省厅的认可。

6月24日，教育局召开义务平民教育董、干事总会成立大会，到会董事43人。董事会宗旨是辅助县教育行政机关筹划义务平民教育，干事会宗旨是辅助教育行政机关执行董事会移交的关于义务平民教育的事项。为了宣传义务教育，6月28、29两日下午4点钟，天津社会各界聚集在城东南隅教育局举行市民大游行，参加游行的团体共有343个，合计46436人③，参加游行的人手拿带有宣传字样的旗帜，游行中，他们还不断向路边的市民发放劝人上学的小传单。社会各界也对此次游行给予大力支持，县长齐耀珹首当其冲。为了及时公布天津县推行义务平民教育的实况，1924年7月，天津县出版月刊《天津县筹办义务平民教育纪实》，全面、充分地体现了天津社会各界推行义务教育的强烈愿望。

（二）改良私塾，化塾为校

1924年，天津县开始大力推行义务教育，认为"改良私塾为推行义务教育最简捷之办法"④，6月，天津县长齐耀珹发布《义务教育计划书》，制订了改良私塾的具体方案：

> 一　换凭照查全县私塾数目约达千处以上，其塾师曾经考试录取领有前劝学所设塾凭照者约十分之八九。唯此凭照并无限期改良之规定，故一般腐旧塾师莫不恃此为设塾获符。致使教育行

---

① 齐耀珹：《呈为承办义务教育平民教育情形请》，《天津县筹办义务平民教育纪实（命令公文）》，1924年1月。

② 齐耀珹：《直隶教育厅指令第二九七零号》，《天津县筹办义务平民教育纪实（命令公文）》，1924年1月。

③ 《游行大会两日记》，《大公报》1924年6月30日。

④ 齐耀珹：《筹备义务教育关于分区设学筹备学款校址决议案》，《天津县筹办义务平民教育纪实》，1924年1月。

政机关欲取缔之而不能，督促其改良而不应。令行教育局将前劝学所所发之社塾凭照一律撤销，换给有期限之新凭照。新凭照条件如下：

1. 此凭照有效期为一年。

2. 各塾于有效期内能自行改进，与初级小学校有相当之组织而教育优良者，由该塾师报由教育局查明，合格者认定为私立初级小学校，其塾师受小学教员同等待遇。

3. 有效期满无改良希望者，应即撤销凭照并停止其设塾。

二 设所传习

1. 全县拟同时设立 12 处。

2. 3 个月为一期，先办二期。

3. 每班 50 人，每 3 个月四区同时毕业共 12 班，毕业学员共 600 人，查全县塾师 1000 余人，6 个月可以办理完毕。

4. 传习科目但求实用不取高深，以使文理通顺之塾师能设校教学，科目有：新学制初级小学之组织法、初级小学各科教学法（附复试教授法）、体操、算数、实地教学之联系等。

三 督促改良教育局督促各区已受传习之塾师组成初级小学校，每 3 个月具报一次，并以此作为各区教育委员推行义务教育成绩之一种。

四 补试塾师查现在各区除士绅之家特聘之家庭教师外，其余未经考试未领凭照，私自设塾者尚不乏人。即令教育局一面晓谕各塾切实清除，补试考试合格者一律发新凭照使听候。入所传习不合格者，宜严禁其设塾。①

私塾改学校，需经过一系列审核，并非塾师参加培训后就能改为初等小学。据 1924 年 11 月 28 日《益世报》载：简易师范传习所（即之前的塾师传习所）学员何兰亭、刘祥麟拟改设小学校，呈报教育局予以立案，教育局长委派视学员康庸民前往两处视察，发现何氏私塾"设备系

---

① 齐耀珹：《义务教育之计划书》，《天津县筹办义务平民教育纪实（组织）》，1924 年 1 月。

旧观，无学校之形式，当即详加指导，并令俟筹备妥当，再为呈请立案"[1]；刘氏私塾"见其设备大致尚可，惟学生过少，似难维持，当即令实行改革，俟招足生额，再行呈请立案"[2]。

随着参加培训的塾师数量的增加，申请改设小学校的私塾也越来越多，而其中不合格的也不在少数。1925 年，天津县教育局拟定《私立初级小学最低标准》，明确符合下列条件方准予改为初级小学：

一、教员资格。甲、简易师范以上之师范教育处所毕业者；乙、高小以上学校毕业，曾受师范教育，有与甲项相等之资格者；丙、曾充初小以上学校之正教员一年以上者。

二、校舍及操场。甲、校舍最少须有教室，教室最小以能容全班学生之桌凳，彼此不相妨碍，且教室中间不得有隔断；乙、操场须洁净平坦，最小须有能容该校最大学级之学生做各种运动者。

三、教具。教学用具最少须有大黑板，讲桌教鞭，大珠算盘，教科书，教授书及其他必需用品。

四、校具。至少须有学生桌凳，教员用桌凳，计时钟，教铃，及其他必需用品，学生桌凳须高低适度。

五、教学科目。教学科目至少需有常识科、国语科、算数科等。[3]

经过整改，天津县私塾的数量大幅度减少，到 1930 年，天津私塾有 393 处，学生 8956 人。[4]

1928 年，天津被立为特别市，天津特别市教育局成立。1929 年初，市内各学校的管理权交归市教育局，此时天津市仍有私塾代用学校 18 处。[5] 市教育局决定取缔私塾之代用学校，要求按照《私立学校立案条例》对这些学校重新立案。同年，天津市教育局加大了普及义务教育的

---

① 《调查私塾改学校报告》，《益世报》1924 年 11 月 28 日。
② 同上。
③ 《私立初小标准之规定》，《益世报》1925 年 1 月 7 日。
④ 《津县教育最近调查》，《益世报》1930 年 5 月 16 日。
⑤ 《天津市教育概况》，《益世报》1929 年 6 月 12 日。

力度，相隔数月就颁布一次教育局行政计划，其中义务教育的实施又被放在首位。从这些计划中可以看出，教育局对私塾的管理更加严格，如1929年第四季度的行政计划和1930年度工作计划中都提出分期取缔私塾，以达到化塾为校的目的。1931—1935年，教育局每年的工作计划都有取缔私塾，到1935年，天津市未改良的私塾仅有209处。[①]

（三）扩大小学规模

1929年6月，天津市共有官、公、民、私、代等各类小学148处，356个班，初高两级小学生总数13172人[②]，其中，官立及公立改归市立的小学共有41所，而当时天津市的学龄儿童在10万以上，难以满足这样庞大的群体就学，为此，市教育局提出了三项措施：

1. 新增公立、私立小学

经过半年的努力，市立学校在校生数有了明显的增加，但由于失学儿童数量太多，所增学额远不能满足社会的需求，很多学校甚至出现人满为患的状况。教育局拟继续选择适当地点添设市立学校，并鼓励私人办学，督促私立学校立案。

1930年初，市教育局根据经费预算，计划寒假后在西沽村等地增设7所市立小学，共计34学级，每级50人，可以增加学生1700人。[③] 1935年，再设一所小学——市立第四十一小学，该校四级编制可容纳200人。

同期，私立小学增长的速度要高于市立小学，由于数量太多，笔者此处仅列举几所：私立南开亲民小学（1926）、私立廷绪小学校（1926）、私立美育小学（1927）、私立南开学校小学部（1928）、私立强中小学（1929）、私立育民小学（1929）、私立文化小学（1930）、私立河北小学（1931）、私立福婴小学（1933）、私立育德小学（1934）[④]……

1929年以来，教育局有计划、有步骤地推进，使天津义务教育进入了一个快速发展的时期，表3—1是天津建市以后小学教育的发展情况。

---

① 吴寄萍：《私塾改良》，上海中华书局1939年版。
② 《天津市教育概况》，《益世报》1929年6月12日。
③ 《实施义务教育计划草案》，《益世报》1930年2月3日。
④ 张绍祖编著：《津门校史百汇》，天津人民出版社1994年版。

表 3—1　　　　　　　　　**1928—1933 年天津市小学教育统计表**

项目 年份	校数			班数			学生人数		
	市	私	合计	市	私	合计	市	私	合计
1928									16863
1929									18423
1930	37	68	105	252	302	554	13010	12080	25090
1931	39	92	131	266	439	705	14189	13703	27892
1932	40	102	142	266	380	646	15258	15583	30841
1933	41	96	137	279	383	662	16501	15808	32309

注：上表统计不含短期小学。

资料来源：1.《十七年度河北省各县普通教育概览》，《益世报》1930 年 2 月 4 日。

2. 天津市教育局编印《天津市十九年度教育统计图表》《天津市二十年度教育统计图表》《天津市二十一年度教育统计图表》《天津市二十二年度教育统计图表》。

2. 开办短期义务小学

为了推进义务教育，1933 年 7 月 2 日，天津市教育局邀请各区区长及自治监理处长共同商议，决定在"全市暂设短期义务小学校 32 处，尽在本月内筹备完毕，8 月间准可同时开学"[①]。短期小学采用半日制，"短期小学以使一般失学儿童以最短期间补足义务教育为宗旨；择房数五六间，能容学生 50 人之地，招收 10—16 岁身心健全未得入正式小学者为学员；每校教员兼校长一人，掌管全校一切事务并担任一班教学，教员兼事务员一人，帮助校长办理学校事务并担任一班教学；以国语和算术为基本科目，国语内容包括公民、党义、自然、社会、卫生等，算数包括笔算和珠算；不收学费，所用课本由学校发给；修业年限为二年，期满发给毕业证书，有考升高级小学之资格"[②]。

虽然商定 8 月份开班，也有具体的筹办标准，但是由于经费没有着落，迟迟不能开学。11 月，经市政府批准，每年从天津市教育经费中给短期义务小学增拨专款两万元，于是有 30 所短期义务小学确定了校址，

[①]《教育局筹设短期义校》，《益世报》1933 年 7 月 3 日。
[②] 天津市教育局：《天津市立短期小学校设学要览》，1933 年。

聘定教员，于 11 月 9 日开课。这 30 所学校名单如下：小王庄短期小学校、杨桥大街短期小学校、河北新大路短期小学校、姚家台短期小学校、复兴庄短期小学校、南门东短期小学校、双忠庙短期小学校、河北小刘庄短期小学、校三圣庵短期女子小学校、大药王庙短期小学校、大王庄短期女子小学校、姚家台短期小学校、鼓楼西短期小学校、南关下头短期女子小学校、辛庄短期小学校、复兴庄短期女子小学校、金家窑短期小学校、沈庄子短期小学校、西头老老店短期小学校、大王庄短期小学校、南大道短期小学校、锦衣卫桥短期小学校、西北城角短期小学校、南关大街短期小学校、小树林短期小学校、三条石短期小学校、朝阳管短期小学校、佟楼短期小学校、郑家庄短期小学校、大胡同东短期小学校。①

到 1933 年底，正式开课的市立短期小学已达 45 所，共 92 个学级，在校生达 2708 人。②

由于市区范围不断扩大，失学儿童数量也在不断增加，1935 年，教育局决定在发展二年制短期小学的同时，暑假后增设一年期短期小学 100 处，采用二部制，重点设在新市区。为了便于管理和筹设新的短期小学，1935 年 11 月 25 日，教育局成立义务教育委员会。至 1936 年 5 月，各区成立一年期短期小学 102 所，均已招足学额，开班授课，共可收容学生 10200 人。③

3. 市立学校增加班级

由于经费不足，很难在短时间内创立大量学校，于是，教育局提出在已有的学校中增加初级班，"以少数之经费，成就多数之儿童"，下令清查各小学校经费，"如有盈余便用以增加该校之班次"④。1929 年第三季度的《市教育局行政计划》第一条指出"市立各小学现经修建房舍充实设备，拟暑假后增加小学 34 班次"⑤。到 1929 年 12 月，"市立小学共计增加 43 学级，每班 50 人，共增加学生 2150 人，加上暑假之前补充的

---

① 《经费有着本市义务学校顿呈活跃气象》，《益世报》1933 年 11 月 8 日。

② 天津市教育局：《天津市二十二年度教育统计表》，1933 年。

③ 《津百零二所短期小学现已全数成立》，《益世报》1936 年 5 月 12 日。

④ 《县筹办义务、平民教育纪实（组织）》，《齐县长计划书》，1924 年 1 月。

⑤ 《市教育局行政计划（民国十八年第三年季度）》，《益世报》1929 年 7 月 7 日。

1826 人，市立小学共增加 3976 人，相当于 13 所每班 50 人的六级完全小学"①。1935 年教育局又决定在新旧市区的 34 所学校内增设小学 174 班（低年级采用二部编制），可容纳学生 8000 余人。②

4. 扩大班容量

因为长期受到时局混乱和经济萧条的影响，现有班级学生多不满额，有的一个班甚至只有 20 多人，造成教育资源浪费，因此，教育局要求"市立学校暑假前补充各级学生人数 1826 人，加上原有的 6305 人，预计暑假后市立小学人数达到 8131 人"③。

（四）本阶段义务教育的特点

这一时期，天津义务教育有了突飞猛进的发展，学龄儿童就学率从原来的不到 10%，增加到 1935 年初的 40% 左右④，义务教育发展呈现以下特点：

第一，政府主导，加强制度保障。1924 年以后天津县政府出台了义务教育的指导性文件，对不同类型的义务教育学校提出了不同要求，制定了公、私立小学的办学标准和依据。1928 年天津特别市成立，市教育局非常重视义务教育工作，制定了《义务教育实施计划草案》和大量年度工作计划，使天津的义务教育驶入有序发展的轨道，义务教育的发展从此有具体的保障和依据。

第二，多渠道筹措义务教育经费，加大经费支持。中央拨款、地方自筹和社会各界捐助，为义务教育的发展提供了有力的经费支持。1932年，天津短期义务教育不收取学生任何费用，使更多的失学儿童有机会接受一定的教育，从而使义务教育发生了质的变化。

第三，有计划、有组织、多途径地实施义务教育。政府努力为国民提供更多的就学机会，利用改私塾为代用学校、市立小学、私立小学、短期小学及本章没有涉及的平民学校等多种途径，扩大了义务教育规模。

第四，重视义务教育师资培训。1924 年，天津县县长齐耀珹发布的

---

① 《实施义务教育计划草案》，《益世报》1930 年 2 月 3 日。
② 《发展津市教育新计划——经费概算拟定》，《益世报》1935 年 3 月 10 日。
③ 《实施义务教育计划草案》，《益世报》1930 年 2 月 3 日。
④ 《津市教育局本年度新教育计划》，《益世报》1935 年 3 月 4 日。

《义务教育计划书》，计划在全县设立 12 处传习所，在 6 个月内对全县 1000 多所塾师进行为期 3 个月的培训，"科目有：新学制初级小学之组织法、初级小学各科教学法（附复试教授法）、体操、算数、实地教学之联系等"，经过培训的塾师方可在初级小学任教。

四　义务教育的徘徊前行阶段（1938—1949）

1937 年 7 月 7 日，抗日战争全面爆发，7 月 30 日天津沦陷，为避免遭到更严重的破坏，南开大学、北洋大学集体内迁，小学校无处躲避，几乎全部停课，义务教育十几年发展的成果所剩无几。

1939 年，基于"战时须作平时看"的教育总方针，天津市立、私立小学纷纷开课，但到校的师生数量较前明显减少。由于短期小学分散在各个地方，教育局就成立了"短期小学校教学研究会"，主要工作是并校、删正课本、重订课程时间表、统计用书、汇造表册。据统计，沦陷前，天津共有 217 所短期小学校，沦陷后到教育局报到的教员仅有 156 人，教育局决定，"将原来的 217 所短校裁并为 100 校"①。在数量上便折损一半以上，义务教育所遭受的破坏可想而知。

由于战争的破坏，复课学校的大部分校舍需要修葺，教学用具缺口也较大，然而，教育局方面又没有足够的资金，即便有一部分资金，所需物品也无处购买。更为严重的是，短期小学校课本不能及时供应，因此，校方和学生经常感到恐慌。

1938 年，国民政府公布《县各级组织纲要》，要求每乡设中心学校，每保设国民学校，受教育者包括儿童、成人、妇女，把民众教育和义务教育打成一片。许多地区乡长、保长、中心国民学校校长、保国民学校校长，都由一人兼任。事实上，这些集数职于一身的校长，"多数是地方上的地主恶霸，不但缺乏常识，根本就不懂教育"②，"原任校长、教职员纷纷离职而去，原来的小学教育也无法正常维持，有些学校甚至只挂校

---

① 段凤藻：《津市短期小学校教学研究会工作概况》，《新民教育》1939 年第 2 期。
② 中国人民政协委员会文史资料研究委员会编：《文史资料选辑》第 17 辑，中华书局 1961 年版，第 151 页。

牌而没有学生，成为空头学校"①。这一时期天津小学教育具体情况见表3—2。

表3—2　　　　　　　**1938—1947 年天津市小学概况**

年份	学校	教职员数	班级	学生数
1938	160	1267	754	39361
1939	160	1322	784	41934
1940	162	1382	816	45601
1941	167	1583	875	50044
1942	175	1688	959	53796
1943	186	1821	1069	57521
1944	190	2022	1124	60212
1945	194	1788	1170	57527
1946	275	2981	2088	96929
1947	341	3485	2093	113595

注：上表数据为市立、私立、短期小学校数据总和。

资料来源：1. 1946 年天津市政府编《天津市政府统计及市况辑要》。

　　　　　2.《天津市政府统计月报》1948 年上半年第 3 卷第 6 期。

表3—2 数据显示，1938—1941 年，天津小学数量相对稳定，1942 年以后，开始出现增长，但增长速度缓慢。

第三节　义务教育的经费

经费是推行义务教育的物质保障。为使义务教育得以顺利推行，市教育主管部门始终坚持广辟财路，开源节流，积累了极为丰富的经验。

一　义务教育经费的来源

经费不足始终是困扰天津近代义务教育发展的一个大问题。概括起

---

① 中国人民政协委员会文史资料研究委员会编：《文史资料选辑》第 17 辑，中华书局 1961 年版，第 151 页。

来，天津近代义务教育经费来自这样几个渠道：

（一）中央拨款

民国初期，国家将推行义务教育的责任下放到各县，经费由各县自筹。1925 年 10 月，全国教育联合会议决的《施行义务教育应规定筹款办法案》对此批评道："义务教育所需经费，向无详细之规定，教育部以空言责之各省，各省以空言责之各县，各县之能自谋者，仅零细杂捐而已，且不易邀财政官吏之核准。"① 直到 1935 年教育部颁布《二十四年度中央义务教育经费支配办法大纲》，才明确了义务教育经费的来源是"中央义务教育经费，以国库支出义务教育经费、边疆教育经费及庚款机关拨充之经费充之"。

中央拨付义务教育经费主要有两种形式：一是经天津教育局直接将划拨到义务教育阶段学校；二是对天津市义务教育所增加的班级、创立的短期小学校进行补助。1929 年天津市教育经费来源详见表 3—3。

表 3—3　　　　　　　1929 年天津市教育经费来源统计表

种类	钱数（元）	百分比
中央拨款	720000.00	93.2
地方自筹	49928.00	6.5
教育专款息金	2729.89	0.3
合计	772657.89	100.0

资料来源：李建勋：《天津市小学教育之研究》，北平师大研究所 1934 年版。

由上表可见，1929 年中央拨款占经费总数的 93.2%，地方自筹占 6.5%，第三项教育专款息金由中央拨款所来，实际上市政府所负担的经费仅占 6.5%，数量相当于教育局一年的行政费。由此可见，市立小学经费、私立小学辅助费、市立师范学校经费绝大多数靠中央拨款。

1930 年《天津市实施义务教育计划草案》提到，"教育部计划规定义教经费，由中央担任 45%，省担任 10%，地方担任 45%。在特别市内，则

① 熊贤君：《中国近代义务教育研究》，华中师范大学出版社 2006 年版，第 341 页。

省及地方之担负均由市库支出"①。但在实际执行中，中央拨款并没有达到这个比例，如 1935 年天津的义务教育经费预算为 227320 元，天津市自筹 14 万元，剩余的呈请教育部拨款支援，② 中央的回复是，"原定补助三万，但是分配给各地的义教经费尚有剩余，于是对天津市增拨五千"③。

天津从 1924 年开始大规模推行义务教育，到 1933 年义务教育发展速度达到巅峰，期间，承担义务教育的各类小学扩容、新增，无疑需要大量的资金，中央拨款为此提供了较大的支持。

（二）地方自筹经费

国民政府教育部规定，义务教育经费以地方自筹为主，中央给予略微补助。1930 年《天津市实施义务教育计划草案》明确，义务教育经费的地方自筹部分来源于田赋税、土地税、契税、房捐、屠宰税、营业税、遗产税等，但是上述税种如何收缴，收缴后如何分配均，关系到全市的财务，因而也没有具体的实施办法。天津自筹的义务教育经费主要以三种形式给付：

1. 学田学产

自宋代起学田收入就被作为地方教育经费。清末直至民国时期，学田日渐沦落，经常被侵占。据天津县志记载，天津县共有学田 100 处，总计占有土地 290 顷 14 亩，1934 年全年从"庄头""包租人"手中所收的租金总共 4265 元。这些租金虽然没有指定为义务教育专款，但是由教育局统一支配，是义教经费的重要来源。

2. 政府补助

20 世纪 30 年代，教育局大量增加学级，创办短期小学校，原有教育经费难以满足义务教育迅速发展的需要。在这种情况下，天津市政府也向义务教育伸出援助之手。1933 年秋，天津市教育局计划在全市设立短期小学 45 所，每年需要经费 4 万元，市政府允诺"每年拨发两万，剩余两万从教育局其他教育费中节俭拨给"④。1935 年夏，天津市计划暑期后

---

① 《实施义务教育计划草案》，《益世报》1930 年 2 月 3 日。
② 《津市教育局推行义教实施计划公布》，《益世报》1935 年 6 月 18 日。
③ 《津市义教专款》，《益世报》1935 年 9 月 3 日。
④ 《救济失学儿童本市市立短期义务小学》，《益世报》1934 年 1 月 25 日。

增设 320 学级，预算需 22 万元之多。天津市政府以推行义教为复兴民族之基本工作，随即决定补助 14 万元。①

（三）私人义捐

近代以来，天津一些热心教育的社会人士捐资兴学，为天津教育事业的发展做出了突出贡献，如教育家、富商卢木斋在自家大宅里开办木斋小学，经费皆由木斋教育基金支付，而教育基金来源于他所办实业的股票红息、房产和地产的租金；天津达仁女学校董乐氏四兄弟，先后捐款 47242.10 元，校长马千里在校服务的 5 年半不支薪水，如果按官立小学校长每月 50 元计算，相当于捐出 3300 元。诸如此类的事例举不胜举，近代天津义务教育的推行离不开这些热心人士的鼎力持助。

二　义务教育经费的短缺

虽然多渠道筹措义务教育经费，但天灾人祸和外忧内乱相继不绝，整个国家民穷财尽，政府财力十分有限，再加上经费时常遭到截留或挪用，真正用于义务教育的所剩无几。

民国初期，天津的一些小学频发停课事件，绝大多数与经费问题有关。1912 年 2 月，"河北督署两等小学堂刻因经费竭蹶，业经停课，遗该堂地址，闻直隶督练公所测地分局昨已迁入，以资办公"②。"海下羊码头民立六十一小学校，因经费短缺，无法维持，函请县公署予以补助。"③另外，民立六十二小学、民产六十三小学、范家庄民立小学堂等学校均因经费短缺不能维持。

20 世纪 20 年代初期，拖欠小学教育经费的情况愈加严重。1920 年，天津县劝学所发放的小学经费从 9 月份开始拖欠，两个月的拖欠已经使小学校的运转出现困难，更不幸的是，恰逢直隶遭遇旱灾，米珠薪桂，物价日昂，有消息说"教育经费自十月起要停止发放八个月，也有人说按之前的五成发放。一般教职员均群起恐慌，忧形于色"④。旱灾导致直

① 《津市教育局推行义教实施计划公布》，《益世报》1935 年 6 月 18 日。

② 《小学停课》，《大公报》1912 年 2 月 23 日。

③ 《小学请款》，《大公报》1913 年 8 月 19 日。

④ 《小学校经费之恐慌》，《益世报》1920 年 11 月 2 日。

隶省各县的税款征收出现困难，1921 年，原有积蓄已消耗殆尽，学款又没有着落，省立第一女师 1 月初便匆匆放假，到四五月份才开学。[1] 1922 年暑假过后，天津县各小学勉强开学，因为"教育经费数月未发，只能靠校长东扯西拉，暂维现状，局势岌岌可危"[2]。经费不足也直接影响到教职员薪水的发放，从 1923 年 3 月起，连续 4 个月拖欠小学教员工资。为此，7 月 14 日，天津各小学教职员在药王庙小学校开会，会议通过两项讨薪办法："1. 举代表见劝学所长；2. 举 16 校教员为代表，谒见县长，陈述苦衷，吁请竭力设法维持。"[3] 7 月 18 日，县公署通知各学校领取部分薪水。随后的几个月，天津市小学教员又选举代表，赶赴省财政厅，进行两次索薪行动。

由于受战乱的影响，政府财政一时也无力解决教育经费问题，到 1926 年，教育经费已经积欠一年多，各学校因此无法开学。为维持现状，天津县教育局于 1926 年 5 月决定"暑假开学后收取学生维持费四五元"[4]。另外决定暑假后加增小学学费，"高级生每人原定半季学费五元，现改为每人每月一元五角，初级生原定半季学费四元，现改为每月一元二角"[5]。

那么教育经费在市政府所有支出中又占有多大比例呢？表 3—4 是 1928 和 1929 两年天津市政府财政支出情况。

表 3—4　　　　　　　　1928、1929 年天津财政支出统计表

年份 支出 部分	1928 年		1929 年	
	钱数（元）	百分比	钱数（元）	百分比
党政费	174061.00	5.04	196995.00	4.54
市政府	172862.00	5.00	170537.59	3.93

[1] 《直隶省学款恐慌》，《大公报》1921 年 1 月 13 日。
[2] 《津埠教育经费之困难》，《益世报》1922 年 9 月 17 日。
[3] 《小学教职员索薪办法》，《益世报》1923 年 7 月 15 日。
[4] 《各小学实行增加学费》，《益世报》1926 年 5 月 6 日。
[5] 《各小学学费增加数目》，《益世报》1926 年 7 月 1 日。

续表

支出部分 \ 年份	1928 年		1929 年	
	钱数（元）	百分比	钱数（元）	百分比
公安局	1927122.39	55.75	1805142.62	41.56
财政局	152144.56	4.40	182977.56	4.21
土地局	67093.60	1.94	89179.20	2.05
社会局	100752.60	2.91	203651.53	4.69
工务局	286616.14	8.29	540330.47	12.44
卫生局	127905.95	3.70	113009.50	2.60
教育局	261288.81	7.56	821409.13	18.91
港务局	80631.39	2.33	42280.94	0.97
公用局	106237.32	3.07	178200.60	4.10
共计	3456715.76	100.00	4343714.14	100.00

资料来源：天津市财政局：《天津市政府十七年度岁出统计表》《天津市政府十八年度岁出统计表》。

表中数据显示，两年天津市的财政支出中，公安局分别占 55.75% 和 41.56%，都居于首位，教育局仅占 7.56% 和 18.91%，居第三位、第二位。公安局开销虽然逐年减少，但仍然占第一位，教育经费虽然逐年增加，但是还不及公安局年开销的一半。到 1931 年，公安费占 40% 仍居第一位，教育费仅占 16% 居第二位[①]，教育经费虽然位居第二，但是在比例上却比 1929 年减少了。而在同时期的美国，有的城市教育支出在财政支出中的比例高达 48.6%，公安费基本在 10% 以下，最多的城市也不超过 20%[②]，这说明教育越是发达，国民素质越高，社会秩序就相对稳定，自然不需要太多警察维护治安，也就不需要太多治安费。减少公安费对于增加教育费来说，无所谓谁因谁果，而是互为因果的。

---

① 天津市财政局编：《天津市二十年财政年刊》，1931 年。

② 李建勋：《天津市小学教育之研究》，北平师大研究所 1934 年版，第 38 页。

以上所述及的教育经费，虽然包括义务教育和其他各级各类教育经费，但总的教育经费尚且如此之少，义务教育更是少之又少了。

三　义务教育经费短缺的原因

民国时期天津教育经费短缺的主要原因，除了经济落后、天灾人祸外，主要的是军费开支的挤占。

1921 年，全国教育联合会在致电直隶省议会中提到："南北争持军书旁午饷项浩繁，教育经费遂受极大影响，教职员虽以公义攸关尽力维持，而积欠薪俸至于数月，停止职务者已踵相接矣……"① 20 年代初，以索薪为出发点，全国范围内掀起一场"教育独立运动"。全国教育独立运动会明确指出："教育经费，东西各国无不占国家预算之大部，我国岁入除军费政费之外，教育费用，所值几何。近年来并此区区之数亦尽饱入武人政客之私囊。最痛心者，即此种人民膏血之涓滴，以期苟延精神生活之残喘者，反转而以养兵，养兵以祸国，祸国以殃民，是不仅吾人精神生活因此破产。"② 1925 年初，为了能让数月未领到薪水的小学教员能勉强过年，"天津市财政局筹措小学经费准备发放，不料某军听到此消息，去财政部将钱全数提去"③，而这种劫难在天津教育界已不是第一次。

南京国民政府建立后的头几年，军阀之间的混战以及对中央红军的围追堵截，使得军费开支居高不下。舒新城提供的一组数字很能说明问题：1919 年全国总支出为 640713293 元，海陆军费共计 269099583 元，占总支出的 42%，教育经费共计 5028836 元，还不及总数的 1%。④

第四节　义务教育的师资

民国时期小学校教育的培养目标，在于谋求儿童身心健康的增进、生活知能的扩充，及高尚品格的形成。而与儿童关系最为密切，担负培

---

① 《维持教育现状之呼吁》，《大公报》1921 年 1 月 24 日。
② 《全国教育独立运动会宣言》，《新教育》年份不详，1922 年，第 4 卷第 5 期。
③ 《小学经费又被军人提去》，《益世报》1925 年 1 月 13 日。
④ 吕达、刘立德编：《舒心城教育论著选》（下），人民教育出版社 2004 年版，第 704 页。

养和教育责任的就是教师。因此，欲使义务教育收到良好的效果，必须有一支数量充足、质量上乘的教师队伍。这是自始至终困扰教育家、义务教育推行者的问题。

一　师资问题的严重困扰

义务教育制度源自西方，但要在中国传统教育的土地上生根发芽，必然出现水土不服的现象，首当其冲的便是师资问题。

（一）教师数量严重不足

中华民国成立后，政府开始大力推行义务教育，然而师资缺口较大。袁希涛根据 1915 年、1916 年统计的学校生师比，推算出民初所需义务教育师资数量大致在 100 万。[①] 师范生来源于高小毕业生，据《第一次中国教育年鉴》统计，当时全国每年有高小毕业生数 8.7 万余人。如果这 8.7 万余高小毕业生全部就读师范学校，那么填补 100 万的师资缺口仍需 12 年之久。但是，乐观估计，这些毕业生最多有一半就读师范学校，而且将来全部充当义务教育师资，那么也需要 25 年才能完成培养 100 万教师的宏伟目标。

天津的情况与全国大致相同。1930 年，天津有学龄儿童 108938 人，共有市立、私立小学教师 1083 人，在校生 18423 人。[②] 按照袁希涛的计算方法，平均一个教员教 40 个学生，天津市共需小学教员 2724 人。考虑到有的班级学生人数不满，所以难免出现部分学校不足 40 个学生便有一名教员的情况，而且，城市条件比较好的小学所拥有的师资较多，这样一来，天津市共需小学教员总数在 3000 名左右。除去原有的 1083 人，还需要新入职教员 1900 人左右。当时天津还没有市立师范学校，而直隶省省立师范学校每年毕业 619 人，平均分配到 119 个县，每个县还不到 6 人[③]，尽管天津市内有三所省、市立师范学校，但即便毕业生全数留津任教，也不足以填补师资空缺。由此可见，师资紧缺是天津推行义务教育的一块巨大的绊脚石。

---

① 袁希涛：《义务教育之商榷》，上海商务印书馆 1921 年版，第 98 页。
② 天津教育委员会编：《天津市十九年度教育统计表》，天津市教育局 1930 年版。
③ 天津教育委员会编：《河北省教育概况》，河北省教育厅 1935 年版，第 21 页。

（二）教师整体质量不高

除了师资数量严重不足，义务教育阶段教师的质量也令人担忧。国立北平师范大学教授李建勋，带领北师大和北大学生对天津市小学教育状况做了一次调查，其中包括对市立小学校教师学历的统计，详见表3—5。

表3—5　　　　1932—1933年天津市市立小学教师学历统计表

学历 ＼ 占比	总数（人）	百分比
高等师范学校毕业	1	0.27
师范学校毕业（完全师范）	159	42.74
旧制中学毕业又师范讲习科毕业	14	3.76
前期师范毕业	14	3.76
师范讲习科毕业	91	24.46
专门以上学校修业（非教育科）	5	1.34
高级中学毕业	6	1.61
旧制中学毕业	42	11.29
职业学校毕业	10	2.69
艺术音乐体育各项传习所毕业	22	5.92
高小毕业	3	0.81
其他（陆军士兵职业传习所等）	3	0.81
不明	2	0.54

资料来源：李建勋：《天津市小学教育之研究》，北平师大研究所1934年版，第102页。

拥有高等师范学校、师范学校、旧制中学又师范讲习科和前期师范四种学历的被视为合格教师。调查数据显示，学历不合格的总人数为184人，约占全体教师的49.5%，而合格者仅有50.5%。

民国时期，社会上流传着"家有二斗粮，不当孩子王"的说法，主要是针对小学教师而言的，很多人为生活所迫而从事教师职业，并非热爱教育才投身教育事业，他们大多数每天重复着简单的程序，做一辈子教书匠。

二　师资的任用与培养

义务教育师资在数量和质量上都与实际要求有较大差距，这促使天津教育行政主管部门非常重视师资的聘任与培养。

（一）教师的聘任

民初，新学堂的教师采用聘任制，官立学校既实行委任制也采用聘任制。到 20 世纪 20 年代，教师的聘任办法有所改革，对教师的资格有了一定要求，除普遍采用的聘任制外，有的学校也采用考试择优聘用的办法。20 年代以后，天津教育当局开始注重教育资格检定管理，将检定分为有考试和无考试只验明各种规定证件两种。1921 年，天津县成立"检定小学教员会"，负责小学教员的检定工作。

1931 年，教育局规定塾师经过培训具备下列资格者可以直接上任："曾在师范学校或师范讲习所毕业者；曾在中等以上学校毕业者；曾受小学教员检定合格者。而曾在中等以上学校修业两年以上者，以及曾在高小毕业，有同等学力对于教育素有研究者则须接受考试，考试内容有党义、国文、算数、常识、教育和口试，各科考试成绩在 60 分以上者方可认为合格。"[1]

1932 年，市教育局颁布《天津市市立小学聘任教员规程》，规定小学教职员的任用应由校长择合于该规程所列资格之一者，将其履历、毕业证书、修业证书、服务证明书或著作等呈给教育局进行验证，核准后聘为小学教员。小学教师分级任教员、科任教员两种。具有下列资格之一者得聘任为级任教员：师范大学教育科或高等师范优级师范本科毕业者、师范本科高中师范科毕业者、大学本科或高等专门学校毕业曾任小学教员一年以上者、大学或高等专门学校修业二年以上曾任小学教员满二年者、高级中学或旧制中学毕业曾任小学教员二年以上者、前期师范或师范讲习科毕业曾任小学教员二年以上者、任小学教员三年以上曾受小学教员检定合格或于教育学术上有相当贡献者；具有下列资格之一者得聘任为科任教员：大学本科及专门学校毕业者、艺术音乐体育各项专科毕业者、大学或专门学校修业二年以

---

[1]　《市局将检定塾师》，《益世报》1931 年 8 月 23 日。

上对于小学某某科有专长者、旧制中学高级中学毕业学有专长者、前期师范或师范讲习科毕业学有专长者、受小学教员检定合格得有小学专科教员许可状者。

从聘任条件看，级任教员的要求倾向于专业训练，未经专业训练者，允许其以经验代替；科任教员则仅要求其熟悉所教学科的内容。教育行政机关不能直接任用教师，虽然需要上报、审批，但是选任实权由校长一人掌握，这就使得教师与行政当局关系疏离，与校长同进退，有时校长一人离职，便牵动整个学校教师的去留，有的教师甚至认为是某一校长的临时雇员，并非是社会教学团体的一分子。[①] 由于缺乏对校长的监督，难免会发生取亲摒贤之事。

（二）师资培养

民国时期，天津义务教育师资的培养主要有以下几种方式：

1. 塾师传习所、简易师范传习所

1914年2月，天津县行政公署发布告示称"改良私塾其要在先取塾师之可造就者，使其入传习所授以新知识、新教法，主要学科必须按章教授，改良方有实际"[②]。

1915年11月27日，天津劝学所于城隍庙小学校及西马路宣讲所甄别塾师，参考者684人，试题为"董仲舒正谊明道论"[③]。此次考试正取阎鸿钧、关达孝等100名，中取庞宾等150名，次取韩镜荣等240名，备取王文会等77名。[④] 遵照教育部令，成绩优秀者入传习所学习，"天津县在中央、东西南北四乡设立五处传习所，传习科目一般分为笔算、体操、教授法三科，传习时间为晚间三小时"[⑤]。

1916年2月又设立四处塾师传习所，分别是："第一区设于劝学所，第二区设于咸水沽民立二十一学堂，第三区设于北仓民立第十学校，第四区设在杨柳青第一公立学堂。"[⑥]

---

① 马志亮：《小学师资之我观》，《新民教育》1939年第5期。
② 《县告示两则》，《大公报》1915年2月19日。
③ 《甄别塾师志详》，《大公报》1915年11月30日。
④ 《检定塾师之揭晓》，《大公报》1916年1月8日，第9、10、11期。
⑤ 《传习所之内容》，《大公报》1915年12月9日。
⑥ 《将开传习所》，《大公报》1916年2月14日。

为了检查学习的效果，劝学所对传习期满的塾师还要进行考试，1916 年 6 月 26 日，第一区塾师传习所学员毕业考试，考试时间及科目见表 3—6。

表 3—6　　　　　　　　　　塾师传习所考试科目及内容

时间及科目	试题
26 日单级教授	单级学校断无编制单级学级之理，其复式学级教员一人照顾势难周到，现今不得不采用儿童助手，任用儿童助手方法有二，各有利弊，究以何者为宜试详言之
27 日管理法	谋教育之普及，以先研究教授训练收美满效果者为管理，而管理之义有二，能区别二义范围内之事项，请详述
28 日算数	《科外教授施行法》每册大洋四角，《儿童训练法》每册大洋七角，此两种书籍共买九十册，用洋五十三元七角，问各买若干册

资料来源：《学员毕业合志》，《大公报》1916 年 7 月 1 日。

1916 年 8 月和 1917 年 4 月，天津县劝学所又相继举办了第二期、第三期塾师传习。

1924 年，天津县开始加大改良塾师的力度，6 月 18 日县教育局[1]拟在"四大学区每区设立三处私塾教员单级传习所，以备暑假后改办义务教育"[2]。但是县长齐耀珹认为，"塾师传习所"这个名字与推行义务教育的用意不相符合，便于 6 月底改名为"简易师范传习所"，期望各塾师能"略受师范教育，方可不悖于教育原理，以免贻误活泼儿童"[3]。传习所 7 月 26 日开学，三个月为一期，每班 50 人，一期学员共 600 人，传习科目及每周课时见表 3—7。

---

[1]　1922 年 9 月全国学制会议议决改劝学所为教育局，天津县教育局于 1923 年 7 月成立。

[2]　《私塾传习所不日成立》，《益世报》1924 年 6 月 19 日。

[3]　《义务教育之积极进行》，《益世报》1924 年 7 月 1 日。

表 3—7　　　　　　　　　　　天津县简易师范传习所课程表

周 时	星期一	星期二	星期三	星期四	星期五	星期六	星期日
第一时	新学制小学组织法	初级小学各科教学法	新学制小学组织法	初级小学各科教学法	新学制小学组织法	初级小学各科教学法	休息
第二时	初级小学各科教学法	算数	初级小学各科教学法	算数	初级小学各科教学法	算数	
第三时	算数	体操	算数	体操	算数	体操	

资料来源:《天津县简易师范传习所教务实施标准》,1924 年。

由于省立师范学校毕业生数量远远不能满足义务教育的需求,而筹办市立师范学校又需大量经费,于是,县教育局"在现有的师范传习所中增加班数,每班 60 人,以二年半为毕业期限,若学生入学时程度较高,可适当缩短期限,这样一来可以节省金钱和时间,以期速成"[①]。

2. 师范学校

民国时期,天津义务教育师资的培养主要由国立国术体育师范专科学校、直隶省第一师范学校、北洋女师范学校和天津市市立师范学校承担,这些学校先后为天津市市立和私立小学培养了大量的教师,它们的办学情况将在本书第七章详述。

3. 短期小学师资训练班

为加快推进义务教育的步伐,天津设立了很多一、二年制的短期小学,一时间短期小学师资需求迅速扩大。1935 年 6 月,教育部颁布《实施义务教育暂行办法施行细则》,提出"招考文清理通,常识丰富,有志为短期小学教员人员,考试及格予以证明书,准其充任一年制短期小学教员"[②]。6 月 20 日,教育部又颁发了《实施义务教育暂行办法大纲施行细则》,规定"各省市应在省立或县立初高级中学及师范学校内广设短期小学师资训练班,招收相当于初级中学毕业程度之学生,予以短期师范训练,其课程以研究小学教材、教学方法为中心,期满合格予以证明书,

---

① 《义务教育之计划》,《天津县筹办义务平民教育纪实》1924 年第 1 期。
· ② 中国第二历史档案馆编:《中华民国史档案资料汇编第五辑第一编教育》,江苏古籍出版社 1994 年版,第 627 页。

准其充任小学教员"①。

1935 年，天津市教育局拟订《推行义务教育计划》，其中第三条提出"本市二十四年度应设之学校，短期小学共需教员 90 人，拟举办短期小学师资训练班，招收具有小学教员之学力者，予以相当之训练，择优录用，其招收训练等办法另定之"②。

通过实施上述三种措施，小学师资水平有大幅提升，据《二十八年度天津特别市教育统计》显示，1939 年，市立小学教员仅中等师范学校毕业的已占到 55.6%，加上大学和高等师范学校的毕业生，合格人数占到总数的 61%③，比 1933 年 50.5%的合格率，有很大提升，私立小学小教员的学历合格率更是达到 65%④。

三 教师的待遇

自民初以来，教育当局就比较关注义务教育师资待遇，注意改善他们的物质待遇，使他们能专心执教。

（一）教师的薪酬

1917 年，天津县高等小学兼国民学校教员平均月俸为 29.47 元，国民学校教员的平均月俸为 20.38 元。1921 年，天津第一模范小学教师最高每月 42 元，大多数为 37 元，校长月薪 90 元。⑤

相比中学和其他学校，天津市小学校教师待遇较低，据 1928 年河北省教育厅调查显示，初级小学教员最高每月 48 元，平均月薪只有 25 元⑥，而且没有制定俸给标准。1929 年 7 月，天津市教育局制定了《修正天津市教育局市立小学校长教员俸给暂行标准》（以下简称《暂行标准》），其中第二条乙项规定了小学校长、专任教员的月俸分级，从此，

---

① 中国第二历史档案馆编：《中华民国史档案资料汇编第五辑第一编教育》，江苏古籍出版社 1994 年版，第 626、627 页。

② 同上书，第 673 页。

③ 天津市教育委员会编：《中华民国二十八年天津特别市教育统计》，天津特别市教育局 1940 年版。

④ 同上。

⑤ 郭凤岐、李福生主编：《天津通志·基础教育志》，天津社会科学院出版社 2000 年版，第 265 页。

⑥ 卜西君、齐泮林编：《河北省各县普通教育概览》，河北省教育厅 1928 年版。

小学教员的月俸有了标准，具体见表3—8。

表3—8　　　　　　天津市小学校长、专任教员月俸分级表　　　　单位：元

俸薪项目 ＼ 级别	1	2	3	4	5	6	7	8	9	10	11	12	13	14	15
完全小学校长每月薪额	105	100	95	90	85	80	75	70	65	60	55	50	45	40	35
初级小学校长每月薪额	100	95	90	85	80	75	70	65	60	55	50	45	40	35	30
专任教员每月薪额	95	90	85	80	75	70	65	60	55	50	40	35	30	25	
说明	进级标准为：凡校长、教员实力尽职，在一校服务继续满足二年者，其俸给可进一级；又凡校长、教员有充分研究，著有有价值之作品，或有特殊成绩，经教育局考查有据者，其俸给进级可提前年														

资料来源：郭凤岐、李福生：《天津通志·基础教育志》，天津社会科学院出版社2000年版，第265页。

《暂行标准》第三条就级任教员的学历、经验与薪金的关系做了如下规定：

甲、凡师范大学之教育学院，或教育科，或高等师范本科，优级师范本科毕业者，月薪以第八级为最低额。

乙、凡专门学校以上毕业，（师范科除外）曾任小学教员一年以上，或受本市小学教员检定合格，得有许可状者，月薪以第十一级为最低额。

丙、旧制完全师范，后期师范，高中师范科，专门以上学校毕业者，月薪以第十二级为最低额。

丁、凡高级中学或旧制中学毕业曾任小学教员二年以上者，初中毕业复入师范讲习科、简易科或传习所一年以上毕业者，曾受本市小学教员检定合格得有许可状者；艺术音乐体育各项专科毕业者；大学或专门学校修业二年以上，曾任小学教员满足二年或对于小学某某科目学有专长者，月薪以第十三级为最低额。

戊、前期师范或幼稚师范毕业者；师范讲习科，简易科、传习所，二年以上毕业，曾充小学教员二年以上者；旧制中学高级中学毕业，学有专长者，月薪以第十四级为最低额。

己、师范讲习科、简易科、传习所二年以上毕业者；任小学教员三年以上，经本市检定合格，或于教育学术有相当贡献者；曾受本市小学教员检定合格得有小学专科教员许可状者，月薪以第十五级为最低额。[①]

1932—1933年，国立北平师范大学天津教育调查委员会责成李建勋，对市立小学进行了一次全面调查，其中级任教师学历和月薪情况的调查结果详见表3—9。

表3—9　　　　天津市小学级任教员学历与月薪情况表

学历 人数 月薪	高等师范学校毕业	初级完全师范学校毕业	旧制中学又师范传习所毕业	专门以上学校修业	前期师范毕业	师范传习所毕业	高级中学毕业	旧制中学毕业	职业学校毕业	高小毕业	总计	百分比
25—29						1				1	2	0.78
30—34						2		2	1		5	1.95
35—39								2			2	0.78
40—44		4		1	4	14	1	3	1		28	10.9
45—49		32	3			23	1	10			69	26.9
50—54		45			2	6					53	20.7
55—59	1	10	1			6		1			19	7.42
60—64		33	8	1	1	21		7	2		73	28.53
65—79		3	1								4	1.56
80—		1									1	0.39
总计	1	128	13	2	11	66	2	25	7	1	256	100

---

① 《修正天津市教育局市立小学校长教员俸给暂行标准》，1929年。

续表

学历／人数／月薪	高等师范学校毕业	初级完全师范学校毕业	旧制中学又师范传习所毕业	专门以上学校修业	前期师范毕业	师范传习所毕业	高级中学毕业	旧制中学毕业	职业学校毕业	高小毕业	总计	百分比
百分比	0.39	50	5.07	0.78	4.31	25.8	0.78	9.76	2.74	0.39	100	
平均数	55	53.1	61.6	50.0	46.9	49.4	42.5	47.8	51.3	25	52.1	

资料来源：《国立北平师范大学研究所教育专刊》，1934 年。

李建勋：《天津市小学教育之研究》，北平师大研究所 1934 年版。

从表中可以看出，虽然教员的工资会受到年功加薪的影响，但是月薪与学历成正比例，学历越高月薪越高。

小学科任教师的月薪标准与级任教师的基本一致。只对兼任科任教员①的月俸标准另有规定，要求兼任教员每周授课总时间不得超过 1320 分钟，即 22 小时，每 60 分钟薪酬等级见表 3—10。

表 3—10　　　　　　　　　小学兼任科任教师薪酬等级表

等级	一	二	三	四	五	六
资格	第三条甲项资格	第三条乙项资格	第三条丙项资格	第三条丁项资格	第三条戊项资格	第三项己项资格
每 60 分钟薪酬	2.6 元	2.4 元	2.2 元	2 元	1.8 元	1.6 元

资料来源：《修正天津市教育局市立小学校长教员俸给暂行标准》，1929 年。

20 世纪 30 年代，天津小学校教员的月薪逐年提高。据统计，1931 年天津市市立小学教员月薪最高者达 90 元，20 元以下的全为无固定月俸的兼任教员，共 62 人，且仅占市立小学所有教师的 16.2%，大部分教员的

_____

① 兼任科任教员，是指按照授课时数计算薪金的教师，此类教师有的仅在一校任课，但是以在外兼课者为多，而且兼课的学校并不仅仅局限于市立小学。

月俸在 36—60 元之间；私立小学教员月薪最高者为 85 元，16 元以下仅
63 人，占全数教师的 13.1%，大多数教员月薪在 16—40 元之间。[1] 到
1939 年，虽然受到抗战影响，教育经费严重不足，小学教员待遇仍然有
所提高，该年市立小学最高工资达到每月 100 元，25 元以下者仅有 24
人，大多数教员工资在 40—80 元之间；私立小学教员的月薪最高达到
140 元，大部分人的工资集中在 16—50 元。[2] 相比较来看，私立小学教员
工资较市立小学教员的工资低。

天津市教育局制定的《暂行标准》，符合本地经济、社会发展的实际
水平，月俸等级的划分也合情合理，成为当时许多城市制定教员薪酬标
准的模板，"北平市教育局 1929 年 11 月公布的《教员俸给暂行标准》就
是以此为仿照制定的"[3]。

（二）教师优待办法

天津建市后，随着小学教师俸给标准的确定，教育局为了增加教员
的待遇，实行年功加薪、慰劳金和恤金养老金等优待办法。

1. 年功加薪

《暂行标准》第四条、第五条规定："级任和专任科任教员每二年进
一级，每进一级月薪加五元；有充分研究，著有有价值之作品，或有特
殊成绩，经教育局考察有据者，其俸给进级可提前一年。兼任科任教员
每二年进一级，每进一级每小时增薪二角。"据统计，1932 年市立小学的
372 名教员，有 294 人获年功加薪，9 人无此项优待，另外 69 人情况不
明，即便将这 69 人全都看成无年功加薪者，那么这一优待办法惠及面也
达到 79.03%[4]，除了新入职教师不能享受此待遇，可见，惠及面还是相
当广的。

2. 慰劳金

慰劳金即奖金。《暂行标准》规定："凡在一校任职满五年者，年终
给慰劳金半月薪，十年者给一月薪，十五年者给一个半月薪，二十年者

① 天津市教育局编：《天津市二十年度教育统计表》，天津市教育局 1931 年版。
② 天津市教育局编：《中华民国二十八年度天津特别市教育统计》，天津特别市教育局
1939 年版。
③ 李建勋：《天津市小学教育之研究》，北平师大研究所 1934 年版，第 141 页。
④ 同上书，第 135 页。

给两个月薪，以此类推。"有的学校自定慰劳金发放办法，如省立一师附小慰劳金为在校服务一年者，慰劳金 10 元。

3. 恤金及养老金

凡教职员病故者，依照学校恤金条例办理，款项来自于教育专款结余，恤金为该教员半年薪俸。而养老金由于款项问题，不能得到长久稳定的保障，没有实行。

天津市教育局所规定的小学教员优待办法，除了养老金，另外两项均已逐一实行，这对稳定教师队伍起到一定作用。但是这几项优待办法所需要的资金总数在逐年增加，鉴于当时情况，如果没有相当数目的资金筹备，恐怕在以后的实行中会因资金问题受阻，导致教员情绪波动而影响教学。

（三）教师的生活负担

自古以来，我国实行宗法制的家庭制度，大户人家动辄几十、上百人在一起生活，普通人家往往三代甚至四代同住。民国以后，人口日增，家庭成员的数量也随之增加。据调查，天津市市立小学教员家庭人口平均为 10 人左右，其中最多的一位教师家庭人数竟高达 70 人。[①] 在生利者少、分利者多的大家庭中，往往能力越大者责任越重，收入越多者负担越大，大多数小学教师无疑成为家庭的顶梁柱。资料显示，1932 年市立小学教师负责供养的人数最少为 1 人，最多为 45 人，平均每人供养 6.74 人。[②] 如此多的家庭人口，直接造成小学教师沉重的家庭经济负担，在参与调查的 372 名市立小学教师中，仅有 6 人没有家庭经济负担，有负担的，最少为每月 5 元，最多者竟达到 200 元，平均每位教师月负担 46.47 元。[③] 除了支付家庭生活的费用，教员每月也需生活开支，由于不是从事类似苦力的工作，教员在衣着和活动上相对讲究。《新民教育》1939 年第7 期刊登痴子的文章这样描述短期小学教员，"本来是穷，外面却不敢露出狼狈样来，无论取借典当，在夏天总得有个大褂（讲究的就来个绸子的），到冬天总得有个棉袍和袍罩（讲究的还要来个大衣），明知一个大

---

① 李建勋：《天津市小学教育之研究》，北平师大研究所 1934 年版，第 159 页。
② 同上书，第 160 页。
③ 同上书，第 157 页。

衣一个月薪水还不够，还强巴结着购置"①。当时短期小学教员月薪是 35 元，市立小学级任教师每月平均也不过 52 元，虽然多于短期小教师收入，但是除去个人的开销，还要肩挑一家人的生活担子，实在是捉襟见肘。天津教育调查委员会的问卷中问及教员期望之月薪，教员们期望的平均月薪为 100 元，有人甚至期望能拿到 300 元的月薪。② 民国时期小学教员薪水虽有所增长，但是从理想与现实的差距中足见当时小学教师生活水平还是比较低的。

第五节　义务教育的课程和教材

从义务教育发轫至 1949 年的近半个世纪，天津构建了改良私塾、初等小学、国民学校、半日学校、短期小学等义务教育学校体系，每一种学校都被赋予了适合其发展的课程、教材和教学法，使义务教育有序地向前推进。

一　义务教育的课程设置

中华民国成立之初，刚从封建政体中挣脱，社会经济凋敝不堪，国家没有足够能力发展初等学校，所以，教育部采取私塾改良、举办半日学校和短期小学的措施，降低义务教育年限，使其易于推广，与各种义务教育形式相适应的课程也应运而生。

（一）改良私塾的课程

改良私塾是天津推行义务教育的重要手段，其课程也有一定要求。直隶省教育厅规定："私塾所开课程必须包含小学修身，以培养儿童道德心为主旨；要有珠算、笔算，以应日需。课程开设方面不达此要求者不允许其继续开办，对其进行取缔。"③

（二）市立小学课程

民国时期义务教育年限为初等小学四年，以留意儿童身心发育，培

---

① 痴子：《救救短小教员》，《新民教育》1939 年第 7 期。
② 李建勋：《天津市小学教育之研究》，北平师大研究所 1934 年版，第 156 页。
③ 《教育厅将实行取缔私塾》，《益世报》1924 年 6 月 1 日。

养国民道德之基础，授以生活必须知识技能为宗旨。为实现这一宗旨，1912 年教育部颁布《小学校教则及课程表》，对小学的课程内容做了详细规定：

（1）修身——宜就孝悌、亲爱、信实、义勇、恭敬、勤俭、清洁诸德，择其切近易行者授之，渐及于对社会、对国家之责任，以激发进取之志气，养成爱群、爱国精神。

（2）国文——首宜正其发音，使知简单文字之读法、书法、作法，渐授以日用文章，并使练习语言。

（3）算数——首宜授十数以内之数法、书法及加减乘除，并授小数之读法、书法及其简易之加减乘除，兼授本国度量衡币制之要略。

（4）手工——宜授纸豆、纽结、黏土、麦秆等简易细工。

（5）体操——首宜授适宜之游戏，渐加普通体操。

（6）唱歌——宜授平易之单音唱歌。

（7）缝纫——首宜授运针法，继授简易之缝法、补缀法。[①]

这一课程体系涵盖德、智、体、美、劳几方面教育内容，并取消了读经科，削减了修身科中的封建因素。但 1915 年袁世凯颁布《特定教育纲要》，重新规定"小学课程，向有修身一科以教德行，但为时间所限，不能多编课目，不能收德育之效。故国民小学应于修身一科外，另设读经以补其不足"[②]。

1919 年，在新文化运动的冲击下，传统的读经课在初等小学的地位开始动摇。另外，随着男女同校，初小男女生所学课程也渐渐趋于一致，读经和缝纫课从初小课程中删除。

1932 年 10 月，教育部颁布《小学课程标准总纲》，提出了小学教育总体目标是"应根据三民主义，遵照中华民国教育宗旨及其实施方针，

---

① 熊贤君：《中国近代义务教育研究》，华中师范大学出版社 2006 年版，第 201 页。
② 中国第二历史档案馆编：《中华民国史档案资料汇编》（第三辑教育），江苏古籍出版社 1991 年版，第 40 页。

发展儿童身心、培养国民道德基础及生活所必需的基本知识及技能，以养成知礼知义、爱国爱群的国民"。课程与民国元年相比变化不大。

表 3—11 是民国以来初等小学课程的十次变革，天津市立小学课程，基本上按照该规定进行设置和变革。

表 3—11　　　　　　　　初等小学课程设置沿革概况表

文件名称	颁布时间	课程设置
普通教育暂行课程标准	1912 年	修身、国文、算数、游戏、体操、图画、手工、唱歌、裁缝
小学校令	1912 年	修身、国文、算学、手工、图画、唱歌、体操、缝纫
预备学校令	1915 年	（前期）修身、读经、国文、算学、手工、图画、唱歌、体操、缝纫
新学制课程标准纲要	1923 年	国语、算学、社会（公民、卫生、史地）、自然（自然、园艺）、工用艺术、音乐、形象艺术、体育
小学暂行条例	1928 年	三民主义、公民、国语、算数、历史、地理、卫生、自然、乐歌、体育、童子军、图画、手工
小学课程暂行条例	1929 年	党义、国语、社会、自然、算数、工作、美术、体育、音乐
小学课程标准	1932 年	公民训练、卫生、体育、国语、社会、自然、算数、劳作、美术、音乐
修正小学课程标准	1936 年	公民训练、国语、社会、自然、算数、劳作、美术、体育、音乐
小学课程修订标准	1942 年	团体训练、音乐、体育、国语、算数、常识、图画、劳作（此标准颁布时，正值天津沦陷，抗战胜利后，天津沿用此制设课）
小学课程二次修订标准	1948 年	公民训练、音乐、体育、国语、算数、社会、自然、美术、劳作

资料来源：郭凤岐、李福生编：《天津通志·基础教育志》，天津市地方志编修委员会 2000 年版。

（三）私立小学的课程设置

民国时期，天津私立小学的办学水平参差不齐，有的学校设施好，学级完善，教员水平高，甚至超过市立小学，如私立秀山第一小学校、私立南开亲民小学校等。这些学校所开设课程和市立小学相同，基本符合教育部规定，故不再赘述。有些水平低、条件差的学校，则难以执行教育部的课程标准。私立初等小学教学科目至少须有下列四科：（甲）常识科，或其他与常识科相类之科目；（乙）国语科或国文科；（丙）算数科；（丁）体操科。

（四）短期小学课程设置

1935 年 7 月 8 日，教育部公布《一年制短期小学暂行规程》，规定："短期小学每班每日授课 3 小时—4 小时；课程为国语、算数、公民训练及体育四种。每日国语至少 2 小时；算数约 0.5 小时；公民训练约 10 分钟；体育 5 分钟—15 分钟。"[①] 按照规定，短期小学所开课程不足普通小学一半，授课时间大幅减少，程度也随之降低。1937 年 6 月 18 日，教育部颁布《二年制短期小学暂行规程》，规定所授科目为：公民训练、国语、常识、算数、工作、唱歌。同时还颁布了《二年制短期小学课程标准总纲》，对二年制短期小学课程标准做了如下规定：

（1）国语——一方面应注意民族意识及国家观念之培养；另一方面须以儿童实际生活为背景，充分顾及儿童阅读的能力与兴趣。

（2）常识——一方面应注意民族的及民生的需要；另一方面需注意教材本身之普遍性与实践性，其编制应与国语教材密切联络。

（3）算数——宜采用笔算、珠算混合编制。

（4）公民训练——根据社会环境及儿童生活上之需要，拟定条目，认真实施。

（5）工作——宜与本地之生产特点有关者为主。

（6）游唱——以游戏及基本运动为主，乡间得以爬山、散步、

---

① 熊贤君：《中国近代义务教育研究》，华中师范大学出版社 2006 年版，第 208 页。

农田操作等运动代替；唱歌可利用本地流行含有教育及富有兴趣之歌曲。[①]

1933 年，天津市义务教育委员会拟定《天津市市立短期小学校设学要览》（以下简称《设学要览》），规定："短期小学开设国语和算术两门课，国语的内容包括公民党义、自然、社会、卫生等，并加授注音符号，算术课包括笔算和珠算。"[②] 根据《设学要览》的要求，张惠孔和李砚田分别编写了算术和国语两册课本，"算术课本共两册，第一册中包括加减乘除及应用习题各种算法，相当于普通小学二年之程度；国语课本全册百余生字，内容充实，同时容纳自然、公民、党义、地理、历史等各大类别，故短期小学课堂之情形，概与苏俄之加速度生产建设相仿"[③]。上课时间每周为 22 小时，其中，读书 9 小时，算术 6 小时，写字 2 小时，作文 1 小时，另外有课外作业 4 小时。

二 义务教育的教材

由于承担义务教育的各种学校的学制、所开课程、标准都不相同，因而，所使用的教材也不尽相同。

1931 年，天津市教育局就如何试行初等小学的课程标准拟定了几项办法，其中包含教材选编标准、办法，具体如下：

选编标准：1. 以课程标准所列目标、作业要项及毕业限度为标准，但遇本地不需要的材料，亦可略而不用；2. 以活用教科书为原则，其课本中之不合标准者，分别改删酌加乡土需要材料。

选编办法：1. 教材之选编由担任本科之教师分年选编之，其选编之件经大会通过后，即一面试用一面送教育局审查；2. 教材之编制宜文字简单，多用文体形式，使儿童有研究发表或制作发明之余

---

① 宋恩荣、章咸编：《中华民国教育法规选编》（修订版），江苏教育出版社 2005 年版，第 305 页。

② 天津市义务教育委员会：《天津市市立短期小学校设学要览》，1933 年。

③ 《救济失学儿童本市市立短期义务小学》，《益世报》1934 年 1 月 25 日。

地；3. 教材分量即以规定教学时数为准；4. 各科取材要注意互相联络，期使各科打成一片，以便施行设计教学。

各科具体选编办法：1. 国语的选编应注重文字文章；2. 算术课的取材应实质形式并重，实质方面宜就儿童所应有的常识和经验分类选择编为问题，作教学算法的出发点；3. 工艺的制作宜重使用手工及特产工艺，要就学校情况选定种类及制作品的名称、件数，分配于各年之各星期，关于调查研究的事项及某项的改良设计亦均列入固定教材之内；4. 美术的教材要就日常习见的物品中富有审美价值者，按儿童的程度与需要，分配于各学年之各星期；5. 体育教材要注意能发展个性，而且全体能同时动作，不偏于一二人之活动，尤应多采本国本地固有的游戏和运动，除雪、整理操场、修路等服务社会活动，亦可临时采用作为体育教材；6. 音乐教材要多方搜集乐器，参观音乐会等，乐谱歌曲的演习即照课程标准所定各年程度及做法选定曲谱若干个，分年分期应用之。①

民国时期，为适应本校条件和当地特点，天津小学大多以中华书局出版的初等小学教科书为蓝本，适当增加具有地方和校本特色的内容，比如小学算术教科书中，增加地亩丈量部分，注重商业计算中的单位准换，国语课增加了亡国史的内容等。

三　活动作业新教材

在教育部课程标准以外，天津市还注重初等小学的活动课程。天津市小学教育研究会通过市立第一小学校的提案：汇集各校自编新读物合订成册，作为活动作业新教材。现选取活动教材中部分内容列举如下（见图3—1）：

这篇低年级读物，取自上海市立飞虹小学低年级课本。与单纯的文字介绍相比，手工插画更直观地向低年级学生讲述"蚕宝宝"的成长过程，便于学生理解。

---

① 天津市教育委员会编：《督查会刊》，天津市教育局1931年版。

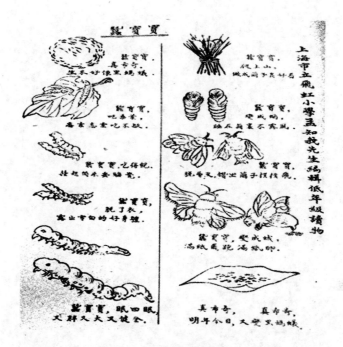

图3—1　活动教材部分内容

图片来源：天津市教育局编：《天津市小学校教学研究汇编》，1931年。

图3—2是陈鹤琴先生的谜语新编法，正确连接数字后形成的图形和谜底相对应，图文并茂，既能提高学生兴趣，又能更快地帮助他们学习数字。经过近一个世纪的考验，这一方法，在现今的小学低年级教学中仍在应用。

四　乡土教材

遵照教育部颁布的小学课程标准常识科乡土生活一栏要求，1935年，王志廉等人编写了《天津市小学校乡土教材》（以下简称《乡土教材》），该教材通过天津市教育局审查，在各初级小学中充当常识科补充材料使用。《乡土教材》共有60课，根据天津市地理历史情况排列，每课后都附有问题及课后作业，以使儿童能自行研究、实地观察，另外还附有教师教学参考资料。现选取几课以便了解：

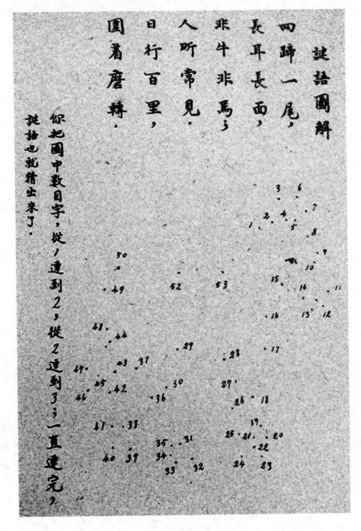

图 3—2 谜语新编法

图片来源：天津市教育局编：《天津市小学校教学研究汇编》，1931 年。

第一课 我爱我乡

我们的家乡——天津，在河北省中部，大沽口的西北，水路交通非常便利，说以商旅辐辏，工厂林立，加以气候温和，出产丰富，古迹名胜，亦复不少。我们的家乡是伟大的；我们的家乡是有悠久历史的；我们的家乡是和我们有密切关系的：自从我们的祖先一直传到我们的本身，生于此，长于此，衣于此，食于此，快快乐乐于此，那么我们应该怎样的爱护她呢。

问题：1. 我们的家乡在哪里？2. 我们的家乡和我们有何关系？3. 为什么我们要爱护我们的家乡？①

第五课　天津的城垣哪去了

天津的城垣，是在明朝永乐二年建筑的。东西略长，南北较短，周围共约九里余。分四门：东门叫镇海，南门叫归极，北门叫带河，西门叫卫安，可惜庚子义和拳之役，为八国联军所拆毁。现在的围城四马路，就是它们的遗址。

作业：1. 搜集天津城垣的照片。2. 观察天津城垣的遗址。

问题：1. 天津的城垣建于何时？2. 周围共有多少里长，共分几个城门？3. 在何时拆除的，因为什么缘故呢？②

第四十二课　　热心兴学的严范孙

严先生名修字范孙，原籍浙江，后移居天津。他在少年时代就很聪颖，天性至孝。后来虽然显贵，但是对于功利很是淡薄，唯独对于国民教育，却非常热心。天津所以兴学最早教育最发达，他的功劳最大。现在私立南开学校和私立第一小学校还是他当年首先创办的呢。像他这样的热心教育为社会谋福利，为国家培人才的精神，真是我们的好榜样。

问题：1. 严先生的性格怎样？2. 他对于地方上有何建树？3. 我们应该仿效他的什么精神。③

《乡土教材》包含了天津市地理位置、历史沿革、著名建筑、交通状况、社会生活、文化活动、名人逸事等方方面面的知识，并在课文后提出各种问题，布置一些实际操作的作业，大大开阔了小学生的眼界，培养小学生的观察能力、思维能力和实际操作能力，成为天津义务教育教材的一大亮点。

---

① 王志廉编：《天津市小学校乡土教材》，天津市立第九小学出版部 1935 年版，第 1 页。
② 同上书，第 5 页。
③ 同上书，第 52、53 页。

第 四 章

天津近代普通中学教育

普通中学教育无论在人的发展过程中还是学校制度中，都处于承上启下的地位。早在西周时期，我国就有"小学""大学"之称以及相应程度的教育，在古代学校体系中一直占有重要地位，但是中学教育却一直是个空白。1895 年，天津出现了我国第一所公办普通中学——天津中西学堂二等学堂，对天津乃至全国的普通中学教育都产生较大影响。探寻天津普通中学产生的原因，把握天津近代普通中学发展的阶段和特点，有助于更好地认识近代天津普通中学教育发展的规律，对当今普通中学教育改革提供有益借鉴。

第一节 普通中学教育兴起的原因

天津近代普通中学教育的兴起，有其特定的历史原因，归纳起来有以下几个方面：

一 民族意识的觉醒

1860 年，天津被迫开埠，沦为九国租借地，成为帝国主义对华进行经济和文化侵略的重要据点。面对日益加剧的民族危机和不断加深的阶级矛盾，为了巩固摇摇欲坠的封建统治，清政府启动了"自强""求富"的洋务运动。洋务派看中天津独特的地理位置和政治环境，在此建立了一批近代军工企业和民用企业，这些近代企业需要大量的有一定文化知识的劳动力，于是，洋务派创办了多所传授"西文""西艺"的新式学堂，而这些学堂需要有一定知识基础的生源，因此，建立中等程度学堂就显得十分必要。同时，面对救亡图存，资产阶级维新派也极力地希望通过学习西方的先进教育，挽救民族危亡，提出学习日本学制，发展新式的中学教育。

二　经济发展的客观要求

19 世纪 60 年代以后，天津凭借着"拱卫京畿"的重要门户成为通商口岸，西方主要资本主义国家相继在此建立租界，洋务派也在天津大办洋务事业，一时间资金、人才、技术等大量汇集于此，涌现了一大批近代工矿企业，迫切地需要掌握与之相关的科学文化知识的高质量的人才，一方面是经济发展需要有知识、懂技术的人才，而另一方面传统教育缺乏培养近代化人才的体系，传统的小学和大学的学制难以科学有效地培养初步掌握生产和科学技术的人，这种矛盾随着天津经济的发展日益凸显。

三　天津教会中学的兴办

19 世纪 60 年代，基督教开始在天津创办教会小学。初期，不收取任何费用且提供食宿，吸引了不少贫困家庭的孩子就读。到 19 世纪 90 年代，天津已有 14 所教会小学。教会中学是由教会小学发展而来，1887 年法国天主教创办的圣路易中学堂是天津教会中学的开端，1895 年创办的法国学堂（后改名为法汉学堂）是天津最早招收华人子弟的教会中学。

1901 年《辛丑条约》签订以后，西方列强趁机扩张在天津的势力范围，涉及工矿、交通、银行、教育等领域，教会中学迅速崛起，出现了天津中西女学堂、天津汇文学校、圣功学校等教会中学。

在内忧外患的局面下，清末政府进行"新政"改革，迫切需要一批懂得先进技术和外国语的人才，而教会学校在这方面的优势更加明显。教会中学采用全英文教学，教学内容采用西方课程，还有一些教会中学设立了商科和师范科，办学类型和质量都使得中国传统的教育望尘莫及。在教会中学的刺激下，清政府意识到创办本土普通中学堂的重要性和迫切性，一方面学习和借鉴教会中学的办学经验，例如外语教学，另一方面加大了普通中学政策的准入和引导。

四 教育政策的准入和引导

1898 年光绪帝晓谕内阁"将各省、府、州、县现有之大小书院，一律改为兼习中学西学之学校"，"各府及直隶州均改设中学堂，各州县均改设小学堂，并多设蒙养学堂。"①。早期的天津普通中学一部分由旧式书院转化而来，例如，天津县私立第二中学堂即由崇文书院转变而来。随着对新生事物接纳度的扩大，清政府默许私人兴办中学堂，天津许多私立中学堂由此产生，例如私立敬业中学堂、私立明新中学堂等。清政府不仅在中学堂的创办上支持和默许，1898 年清政府制定《京师大学堂章程》，对中学的名称也做了明文规定，由此可以看出，清政府将中学作为连接小学和大学的重要过渡阶段，对中学教育的关注度大大提高。

1904 年颁行的"癸卯学制"规定学校体系分为初等教育、中等教育和高等教育三段，中等教育中规定中学堂学段为 5 年。同年，清政府在天津设立了直隶学务处，掌管天津的初等和中等教育事宜。从天津普通中学创办到《奏定中学室章程》的颁布再到设立专门的教育行政机构，天津普通中学正在逐步驶入近代化发展轨道。

1905 年，清政府废除科举制，这为中学堂摆脱了科举考试的束缚扫清了障碍，也为普通中学提供了独立发展的空间，推动天津普通中学在数量、教学内容和学习方式上的优化。

五 教育家的实践和社会的支持

天津普通中学的产生离不开教育家的实践和社会的支持。创办中学需要大量经费，清政府的财政支持仅限于官立中学，私立中学创办之初首先要面对资金的问题。严修倾尽家产创办了私立敬业中学堂，津门士绅郑菊如将 10 余亩土地无偿贡献出来供学校使用，此后以徐世昌、卢木斋、严子均为首的一批津门绅士成为该中学堂的经费赞助人。直隶总督袁世凯不仅创办了北洋客籍学堂，从法国人手中收回了如意庵中学堂，还多次给中学捐款，如给私立敬业中学堂捐银 5000 两用作学校的建筑费，支持中学教育的发展。

---

① 陈元晖主编：《中国近代教育史料汇编·学制演变》，第 7 页。

教育家的实践还表现在对中学教育办学的积极探索上。由于传统学制没有中学建制，没有本国的经验可循，他们的实践对天津普通中学的发展显得弥足珍贵。对办什么样的中学，怎样办中学，严修和张伯苓多次赴日本考察，使得私立敬业中学堂在建立之初就有别于传统教育模式，在教育内容上实行半日经书、半日洋书；在教学方法上注重科学实验，引进仪器设备；在师生关系方面讲求师生互动，平等交流。盛宣怀作为洋务运动的代表人物，创办了中西学堂二等学堂，在课程设置、学校管理方面都进行了积极探索，吸收了西方先进经验的同时也结合了本地实际的情况，该校设立的英文课程培养了很多优秀的外语人才，成为天津普通中学的典范。

第二节　普通中学教育的发展进程

天津近代普通中学的发展经历了兴起、转型、探索、异化、恢复与重建几个阶段。每个阶段都有新的普通中学的产生，每个阶段有各自不同的发展特点。

一　普通中学教育的兴起阶段（1895—1911）

（一）普通中学的兴起

1895 年 10 月，天津海关道盛宣怀创办天津中西学堂二等学堂，这是天津也是全国最早的公立中学，校址在大营门外梁家园博文院旧址，学生入学年龄为 13—15 岁，学制 4 年。总办蔡强绍基。各个年级的课程不尽相同，但均设英文、数学两科，目的是培养洋务新式人才。为激励学生学习，学堂每月向学生提供数量不等的贴膳银和膏火银。学校经费充裕，教学条件优良，教学质量有所保障。1900 年，该学堂被德军强占成为军营，1910 年改建为德华中学。

1901 年，绅士高凌雯等人创办普通学堂，1903 年由天津知府凌福彭接办，改名为天津府官立中学堂，校址设在铃铛阁，即西北城角稽古书院旧址。开学之初招收学生 55 人，之后规模不断扩大，1911 年达到 322人，由原来的 1 个班扩充为 4 个班。该校设有住宿，学生可以选择住校，但要承担住宿费用，且缴纳学费每月 2 元。1904 年，胡家祺任该校监督，

1905 年，学校更名为"天津府中学堂"，1913 年改名"直隶省立天津中学校"。

私立敬业中学堂的前身是严修创办的严馆和王益孙创办的王馆。1904 年，严修和张伯苓赴日考察教育，认识到要救中国必须从教育着手，要办新式教育必须建立包括小学、中学、大学等在内的一整套教育体系。而此时，严馆、王馆的规模已经无法容纳更多的学生，教学设备和教学方法都已落后，于是，将原来的严馆和王馆合并，定名为敬业中学堂，校址位于西北角文昌宫四棵树严修家宅偏院，初招收学生 73 名，学制 4 年，学生学费每月 3 元。[①] 一年后，按照政府的规定，学校名称必须标明资金来源和性质，遂又更名为"私立第一中学堂"。1906 年，由于学生人数不断增加导致校舍不足，邑绅郑菊如捐助城南"南开洼"的 10 余亩土地建设新学堂，1907 年新校落成，改名为南开中学堂。

1905 年，长芦盐运使陆嘉穀创办长芦官立中学堂，初创时共有学生 50 人，基本都是盐商子弟，学校提供住宿，免收学费和伙食费，教员 4 人，天津知府汪开祉任监督。

1905 年，袁世凯授意创办北洋客籍学堂和如意庵官立中学堂。北洋客籍学堂主要招收官吏子弟，由于清朝实行异地做官，官吏全部为外省籍贯，故称为客籍学堂。该校有学生 130 余人，教师 12 人，学生全部自费，学费、食宿费每人每月 8 元。[②] 1911 年，直隶提字使傅增湘将长芦官立中学堂和北洋客籍学堂一起并入私立第一中学室（南开中学堂前身）。

随着科举制度的废除，人们接受新式教育的需求越来越旺盛，仅 1906 年，就有 4 所私立中学相继成立，分别是立明新中学堂、中州学堂、天津县私立第二中学堂和天津县私立第三中学堂。

这一时期，天津的普通中学教育萌生并粗具规模，不仅在数量上从无到有，而且在课程设置、教学方法等方面积累了一定经验，为日后天津中学教育的发展奠定了坚实的基础。这一时期普通中学创办情况详见表 4—1。

---

① 天津南开校史研究中心编：《天津南开中学史》，人民出版社 2015 年版，第 35 页。
② 张绍祖编著：《津门校史百汇》，天津人民出版社 1994 年版，第 48 页。

表 4—1   1895—1906 年天津普通中学统计表

学校名称	创办时间	创办人	学校地址
天津中西学堂二等学堂	1895 年	盛宣怀	大营门外梁家园
普通学堂	1901 年	高凌雯	西北角稽古书院旧址
私立敬业中学堂	1904 年	严修、张伯苓	初设西北角文昌宫西严宅，后迁至南开
长芦官立中学堂	1905 年	陆嘉毅	初设北门内运署西，后迁至黄纬路
北洋客籍学堂	1905 年	袁世凯	河北督署西
如意庵官立中学堂	1905 年	袁世凯	城西如意庵
私立明新中学堂	1906 年		西北角药王庙
中州学堂	1906 年		河北大经路中州会馆
天津县私立第二中学堂	1906 年		杨柳青文昌阁内
天津县私立第三中学堂	1906 年		北仓

（二）本阶段天津普通中学的特点

1. 萌生早，发展快

1860 年天津开埠以后，近代军事工业和民用工业如雨后春笋般建立起来，各种新观念、新思想集结于此，特别是戊戌变法之后，天津掀起了废庙兴学的热潮，官方大办学校，民间私立办学之风日盛，出现了严修、林墨青、李金藻等教育领袖。天津第一所普通中学堂出现在 1895 年，这在全国最早的公立中学，从 1895 年到 1911 年，天津先后创办了 10 所普通中学，并得到袁世凯、徐世昌等高官及各类士绅的大力支持，学校获得了长足的发展。

2. 办学主体公私并存

这一阶段出现的 10 所普通中学，在办学主体上既有公立的，也有私立的，公私并存，公立占到六成，私立占四成。公立中学受政府财政支持，私立中学的办学经费由个人或团体资助，但在教育宗旨和教学内容方面两者一致。值得注意的是，无论是公立中学还是私立中学都收取学费，一般 2 元到 3 元。作为一种新生事物，人们对普通中学堂的认可度较低，很多人不愿让孩子去读书，大多数学堂班级不足，规模较小。

3. 先进性与封建性共存

普通中学是清政府在教育上自救的产物，无论是在课程设置、教学方法还是管理机构的设置上，都与之前的旧式学校有很大区别，它给中国的旧教育注入了一股清新的空气。但其教育宗旨依旧是"中体西用"，封建性质没有改变，突出地体现在课程中修身和读经的比例很大，如天津府官立中学堂每周共 36 课时，其中，读经要占到 9 课时；中西学堂二等学堂的入学条件是熟读《四书》，这些都体现出浓重的封建色彩，表现为先进性与封建性并存。

二　普通中学教育的转型阶段（1912—1921）

1912 年 1 月 1 日，以孙中山为首的资产阶级推翻了清王朝，建立了中华民国临时政府，之后不久便颁布了资产阶级性质的"壬子癸丑"学制，明确中学以完成普通教育、培养健全国民为宗旨，男女享有平等的受教育权。因此，这一阶段普通中学教育的性质发生了根本的转变，经历了由封建的旧教育到资产阶级新教育的转型。

（一）普通中学的转型

1912 年 10 月，颜斌、刘汝贤等人创办天津私立觉民中学，初期专门招收辛亥革命烈士的子弟，后期不断放宽入学的标准。初建时设初中一个班，高中一个班，学制 4 年，于 1918 年在河北省教育厅立案。学校设施较好，建有教学楼、宿舍、食堂和图书馆。校规严格，以"勤俭"为校训，在校学生革命热情高涨。1937 年学校被日寇占据，被迫停办。

1913 年，刘壬三创办私立旧制中学，学校最初在芦台镇北街民房里授课，后来改校址迁至芦台镇大营聂公祠祭地，建设教室 6 间，礼堂、科学室、宿舍 34 间，图书室 1 处。[①] 后改名宁河县立中学。

扶轮中学建于 1918 年，当时是为解决铁路职工子弟失学而创办的，该校设施完备，教学楼、宿舍楼、理化实验室、音乐室、礼堂、餐厅一应俱全。1922 年更名为"交通部扶轮第一中学校。"

1918 年 8 月，蔡元培、王宠惠、李大钊等 20 余人发起创办孔德中学，校址设在英租界红灯路。创力者议定毕业生有三种出路：（1）派赴

---

① 天津地方志委员会编：《天津通鉴》（上），中国青年出版社 2005 年版，第 132 页。

法国留学；（2）送入国立北京大学预科肄业；（3）介绍至中法合办各大机关办事。因此，报名应试的人特别多。①

这一时期，原有的一些中学顺应时代的潮流，改变尊孔复古的教育模式，转型为具有资产阶级思想、以培养健全国民为宗旨的中学，步入了近代化教育的轨道。特别是私立南开中学继承创办之初的优良传统，发展为天津著名的中学。这一时期新建的中学详见表4—2。

表 4—2　　　　　　　　1912—1921 年天津普通中学一览表

学校名称	创办时间	创办人	学校地址
天津私立觉民中学	1912 年	颜斌、刘汝贤、王崇义	昆纬路东四经路至东六经路之间的海军昭忠祠旧址
天津私立旧制中学	1913 年	刘壬三	芦台镇大营聂公祠祭地
天津扶轮中学	1914 年	交通部同仁教育委员会	河北区五马路北头
孔德中学	1918 年	蔡元培、王宠惠等	英租界红灯路
大营门中学	1919 年	李金藻	德租界威廉路（今解放南路）
严氏女学中学班	1919 年	严修	西北角文昌宫西严宅内

（二）本阶段天津普通中学的特点

1. 数量增长趋缓

这一阶段，天津新建中学仅为 4 所，发展速度明显放缓，数量不及上一阶段的一半，一些学校以特殊的人群为招收对象，如扶轮中学招收对象面向铁路子弟；私立觉民中学招收对象面向英烈子弟。这一时期天津普通中学遵循了新的学制系统，在思想观念上进行突破。

2. 私立中学独领风骚

这一阶段，私立中学的数量多于公立中学，新增的 4 所普通中学其中 3 所是私立中学，只有扶轮中学是公办的，再加之前所办的私立中学，私立中学在数量上占绝对优势。从质量上看，私立中学的发展也好于公立中学。资产阶级政府颁布的学制和法规，需要与之相匹配的设施设备，私立中学的经费比较充足、及时，如私立旧制中学的董事有校长刘壬三、

---

① 《孔德中学招天详志》，《益世报》1918 年 8 月 12 日。

白宝山、苏锡麟等人，他们为私立旧制中学的基础设施建设出资出力，大大推动了私立旧制中学的发展。

3. 办学集中体现资产阶级教育宗旨

辛亥革命后，民主共和的思想深入人心，普通中学在课程上废除了读经讲经课，设立修身课，注重中国传统文、史、哲的教授以及音乐、体育、美术等课程，女子中学开始出现，提倡男女平等的教育观，注重健全人格的国民素质的培养，集中体现了资产阶级的教育宗旨。

二　普通中学教育的探索阶段（1922—1936）

这一时期，教育部先后颁行了"壬戌学制"到"戊辰学制"，对天津各普通中学产生重大影响。

（一）普通中学的探索

1922 年 11 月 1 日，北洋政府颁布《学校系统改革案》，即"壬戌学制"，又称"六三三学制"，中等教育阶段的改革是新学制的核心，主要变化是将原来中学 4 年的修业年限，延长至 6 年，分初、高中两级，并实行选科制和分科制，以适应不同发展水平学生的需要。

"新学制"颁行后，一方面，原有的普通中学在新的要求下积极探索，做出调整；另一方面积极探索兴办新的中学。

五四运动以后，男女受教育平等的观念越来越被社会认可，"1922 年冬，北京天津各校学生数十人联名呈函张伯苓校长，请求设立女子中学。1923 年春，天津诸女校学生王文田、华冰如、林懋志、王毅衡、王守媛等鉴于男女教育之不平等，又请求张校长设立女校。经多方协商，由严范孙、老校友言仲远捐款 1000 元为始建费，租赁校舍于南开六德里"。学生来源主要是小学毕业后的女生，1926 年南开女中新校舍顺利建成，学制由 4 年改为 6 年。南开女子中学与南开中学在办学目标、教学内容、教育方法上都遵循了南开学校私人的办学体系，可以说，南开女中的创办，既是摆脱封建思想、贯彻新学制的体现，又是南开学校日益走向成熟的体现。

为了使租界内华人子女得到更多的就学机会，1927 年，英租界华人纳税会董事长庄乐峰，筹集了 34000 两白银，在戈登道（今湖北路）37 号租房数间，创办一所复式教学的初级小学，校名定为"天津公学"，首批招收 46 名学生，校长是王龙光。1928 年，学校迁至红墙道（今新华路），但由于学生不断增多，只能另寻校址。1929 年，选定围墙道（今南京路）的一片荒地作为新的校址，它是一所为居住在英租界纳税华人的子弟服务的精英式学校，其后规模和设施不断改善，1933 年，中学部取名私立耀华中学校。在以后的时期，耀华中学校显示出其独有的优势和校风，成为天津著名的中学之一。

这一阶段，新办的普通中学还有私立河东中学、天津国民生计学校、直隶省立第一女子中学校、私立旅津广东学校初中部。另外，1927 年严修在创办了崇化学会后计划再创办一所中学，但因为经费不足没有实现，但它却为私立崇化中学的创办奠定了基础。

1927 年，北伐战争的胜利终结了多年军阀割据的局面，南京国民政府成立，政局的统一和社会生活的稳定，有助于教育事业的发展。1928 年的第一次教育会议在"壬戌学制"基础上进行调整修改，颁布了《整理中华民国学校系统案》，即"戊辰学制"。"戊辰学制"在很多方面与"壬戌学制"差异不大，变化最大的是中学教育部分，规定中学不再施行分科制，这对天津普通中学有指引性的作用。随后又相继出台了《中学暂行课程标准》《中学法》《中学规程》，为天津普通中学的发展提供了依据和标准，在此之后又创办了一批普通中学。

1930 年私立树人初级中学创办，校长由新学书院毕业的刘崇壹担任，潘彼得担任教导主任，张子藩为训育主任，成立之初学制为 4 年，后为三二制，学校基础设施较好，图书馆、操场、办公室等一应俱全。

1932 年，爱国教育家卢木斋创办私立木斋中学，为建立这所学校，他将自己家产全部都献出来，以优厚的待遇为条件，聘请优秀教师，学校各项设施完备，学风严谨，校训为"诚、朴、勤、勇"，并且秉承让学生自我管理和教育，这种精神一直延续至今。

1932 年，私立特一中学创办，因为校址设在特一区苏州道，故以此为校名，校长是程抱信。该校"第一学期招学生仅 12 名，第二学期增至 24 名，1933 年中学生增加到 51 名"①。1935 年在教育部和天津市教育局正式立案。1945 年天津沦陷后受到破坏，抗战胜利后该校有所发展，学

---

① 天津地方志委员会编：《中国天津通鉴》（上），中国青年出版社 2005 年版，第 225 页。

生和教职员数量增多，校址迁至大沽路。

天津私立中山中学是 1932 年为了纪念孙中山先生而创办的，教育目的是提倡三民主义，培养健全人格。初创时期仅有初中部，三个班级，男女兼收，后发展成完全中学规模不断扩大，1936 年成立男女生一二三年级各一班，后将河北马路元辑路口三益里五号房屋一所，作为女生分校，租期为 5 年，房舍宽大，分东西前后四院，共有楼房 10 间，平房 40 间，操场 1 所，经修缮后，计有教室 4 间，教员预备室 1 间，学生阅读报纸室 2 间，游戏室 2 间，仪器室 1 间，成绩品陈列室 1 间，教职员暨学生宿舍 8 间，其余房舍做办公室、饭厅等用处。

私立达志中学是 1933 年创办的，校长是陈存诚，校董事长为张淑瑜。1936 年在天津市教育局立案获批，该校原仅有初中，后增设高中，高中每年级各一班。1943 年取消女中。1948 年建成了新的校区，图书馆、校舍、办公室等硬件设施良好。

1934 年普育初级女子中学成立，这所学校是由著名教育家温世霖创办的普育女子学堂发展而来的，该校建立过程非常曲折，当时社会思想守旧，认为女子不应入学读书，袁世凯两次勒令停办，温母徐肃静坚持。1946 年进一步扩大规模，增加了高中部，同时改名为私立普育女子中学。

除新建的各中学外，原先建立的各中学由于有了安稳社会环境，一方面不断扩大学校规模和基础设施建设，另一方面也在办学思想和教学内容方法上不断积累经验。例如南开系列学校就是由南开大学、南开女子中学、南开男子中学等学校组建而成，形成了颇具规模和特色的学校。经过 10 多年的不懈努力，南开中学的办学理念和经验得到了社会各界的认可，发展较快。探索阶段兴办普通中学校详见表 4—3。

表 4—3　　　　　1922—1936 年天津兴办的普通中学一览表

学校名称	创办时间	创办人	学校地址
天津私立南开女子中学	1923 年	张伯苓、言仲远	南开六德里
天津私立河东中学校	1923 年	不详	特别二区二马路 8 号（今河北区民主道）
天津国民生计学校	1924 年	张国体	八里台

续表

学校名称	创办时间	创办人	学校地址
直隶省立第一女子中学校	1924 年	张瑾	特别一区大营门外 （今河西区解放南路）
私立旅津广东学校初中部	1926 年	陈祝龄、麦次尹	法租界 26 号路，后迁至英 租界广东路（今唐山道） 崇仁里
私立耀华中学（天津公学）	1927 年	庄乐峰等	戈登道（今湖北路）37 号
天津私立震中中学校	1929 年		河北大经路（今中山路）
天津私立大同中学	1929 年	郝耀元	第十区上海道
天津私立河北中学校	1927 年	康辅德	河北三马路天津特别 市政府旁法院对过
天津旅津安徽公学	1930 年	张公衡、裴伯恺等	河北安徽会馆
天津私立树人初级中学	1930 年		英租界 10 号路（今保定道）
天津私立木斋中学	1932 年	卢木斋	意租界小马路
天津私立特一中学	1932 年	纽元件	特一区苏州道
天津私立九一八中学	1932 年	张毅忱	第三区黄纬路
天津私立慈惠中学	1932 年		第十区宝之道
天津私立震中中学	1932 年		天经路中州会馆
天津私立中山中学校	1927 年	高峥嵘	初设法租界 20 号， 后迁至河北宇纬路云贵会馆
天津私立达志中学	1933 年	张淑瑜	第十区马场道 151 号
天津普育女子初级中学	1934 年	温祖荫	城内二道街荣家胡同

资料来源：张绍祖编著：《津门校史百汇》，天津人民出版社 1994 年版，第 223—233 页。

（二）本阶段天津普通中学的特点

这一时期，国内政治环境相对稳定，国民政府在教育上先后出台了"壬戌学制"和"戊辰学制"，天津普通中学教育影响较大其普通中学形成以下特点：

1. 女子中学获得较大发展

早在 1919 年，严修考虑到天津尚没有女子中学，于是在自家创办了严氏女学中学班。随着"壬子癸丑"学制颁布和五四运动的不断深入，天津的普通女子中学在新思想传播中进行探索，例如，南开中学原来未设女中，女子读中学也是少有的事情，但随着男女受教育平等、平民教育的精神不断传播，同时在北洋女师范学堂、中西女学堂等学校女学生的联名请办下，成功建校。

1921 年直隶省教育厅发布训令："据第六次全国教育会联合会呈送，议决促进男女同学，以推广女子教育案。查现时女学未甚发达，实由女子中学太少，应由本部通行各省，速设女子中学并于相当学校附设女子中学部，以资推广。"① 这一法令推动了天津女子中学的发展。

2. 普通中学在教育局备案

这一时期，普通中学无论是已有的还是新创办的都须到天津特别市教育局进行立案批准，接受教育局的监督，例如，1935 年特别市教育局颁发第四四二号文件，就私立特一中学学校校董等案查本年 1 月至 6 月核准立案进行回复："呈单均悉。所请发给已准立案之各私立学校及校董会给记十六颗，应予刊发。仰即分别转给具领，并将启用日期，检同印模，呈报备查。"②

3. 党化教育充斥

国民政府以"厉行党化教育，培植革命青年"为目的，在中学设教导处和育处以监督学生的思想，在初中段，将童子军教育列为必修课，高中设有军训，如省一中将全校的学生分为一团，团长由校长担任，教导主任和训育主任为副团长，经常考查学生日常行为和言语，进行奖惩和三民主义的教育；又如私立中山中学"训政伊始，即扩充学额，努力党化教育，一切课程均依据国民政府大学院所颁行之中学课程。施行兼重武术兵式体操，以期党化普及思想"③。普通中学在课程和毕业会考增加了党义，无不体现党化教育，带有浓厚的政治色彩。

---

① 《教育部令设女子中学》，《益世报》1921 年 7 月 18 日。
② 天津市教育局公报处编：《天津市政府训令》，《天津市教育局教育公报》1935 年第 154 期。
③ 《为高峥嵘创办中山中学事致天津特别市教育局训令（文件级）》，天津市档案馆藏，资料号：401206800—J0110—1—000006—001。

四　普通中学教育的异化阶段（1937—1945）

（一）普通中学遭到严重破坏

"七七事变"不久，天津沦陷，饱受了日军战火的摧残。侵华日军对天津进行了猛烈轰炸，南开中学的贵重仪器、教职工宿舍、教学楼等几乎全部被毁。民德中学被炸为瓦砾，"177 间建筑全部被炸毁，损失图书、仪器、家具等 79872 件，合计价值为 2364506 元"①。"其他学校和社教机关受损的图书仪器设备等共 391309 件，合计经济损失达 27289176 元。"②

在日本占领天津的 8 年中，学生流失的现象非常严重，以河北省省立天津中学为例，"1941 年入学的第十六班入学时 50 人，初中毕业只有 16 人，流失2/3强"③。

（二）日伪的奴化教育

1937 年 8 月 1 日，天津成立伪天津治安维持会，强迫中学生带着印有"第几次治安强化运动"字样的黄色绸条去上学。④ 1938 年，天津特别市公署发布"饬令"，要求在中学增设日语课程，派日语教师讲授，同时在市立师范学校设立日语专修科目，培养日语教师。随后又颁布了《修改课本、地图、办法反共校训》，强制各个中学实行。1939 年，日本在天津建立了以丸山英一为校长的日本中学，学校实行奴化教育。1942 年天津伪教育局组织中学举行以反共为主题的演讲。1943 年 6 月 25 日，伪天津市公署发布训令，要求"高中以上学校入学试验外国语一门，应以日语为必试科目"⑤。除此之外，学生还要参加没有任何酬劳的"勤劳奉仕"活动，在学科教学中增加"新民"的内容，例如，语文课要体现"共存共荣"，体育课有"新民操"，音乐课有以"新民"为主题的歌曲。

---

① 《为高峥嵘创办中山中学事致天津特别市教育局训令（文件级）》，天津市档案馆藏，资料号：401206800—J0110—1—000006—001。

② 《1946 年天津市教育局"抗战期间各学校损失统计"，所列价值系 1937 年时价》，1946 年，天津市档案馆藏。

③ 天津市第三中学校史资料编辑委员会编著：《官立中学堂—天津市第三中学校史（1901—2001）》，2002 年，第 94 页。

④ 李腾汉：《日寇的奴化教育》，《今晚报》1985 年 8 月 24 日第 3 版。

⑤ 中共天津市委党史研究室：《天津市公安档案馆编·日本帝国主义在天津的殖民统治》，天津人民出版社 1998 年版，第 486 页。

此外还篡改中国的地图，制定"反共灭党，努力文化，拥护政府，复兴东亚"① 的校训等等。

上述一系列做法是为了奴化中学生，培养亲日学生，正如 1941 年日本军部对华思想方针指出的那样，"应开展思想攻势，对反对派势力开展积极的斗争，有效地对敌方进行渗透，瓦解敌之军、政、民抗日意志，以促进事变的解决"②。

（三）新创办的中学

这一阶段天津，普通中学教育受到很大破坏，但也兴办了一些新的学校。

1937 年，河北省立天津中学教员夏琴西、杨敬一等创办私立渤海中学，这是一所涵盖初中和高中的完全中学，董事会会员有邓庆澜、杨敬一等，邓庆澜担任董事长。"1948 年，有 12 个班，417 名学生，30 名教职员。"③

1937 年，私立天申中学成立，分男中部和女中部，男中部校址在六区李善人公园旁，女中部在一区赤峰道 73 号，建校初校长是崔汉声。1947 年更名为私立中正中学，私立浙江中学与之合并，规模进一步扩大。

1937 年，日伪将私立民德中学炸毁，董事张序庭等人将原民德中学失学的学生集中起来，创办了私立进修中学，校址在英租界海大道。

1938 年，私立浙江中学成立，初仅为初级中学，1941 年增加高级中学，该校老师很多是原来南开中学的教师，到 1946 年，"女中 5 个班，207 人；男中 8 个班，332 人，全校共 13 个班，539 名学生，35 名教职员"④。

1939 年，邓庆澜创办私立通澜中学并担任董事长，齐通侯为校长。这是一所初级中学，"初为 4 个班级，197 名学生，1948 年，有 5 个班，305 名学生，17 名教职员"⑤。

---

① 周俊旗主编：《民国天津社会史》，天津社会科学院出版社 2004 年版，第 245 页。
② 军事科学院军事历史研究部编：《中国抗日战争史》（中卷），解放军出版社 1994 年版，第 552 页。
③ 天津地方志委员会编：《中国天津通鉴》（上），中国青年出版社 2005 年版，第 261 页。
④ 同上。
⑤ 同上书，第 265 页。

1939 年，张淑纯创办私立含光女子中学，含光的意思就是光明远大，象征着妇女的前途。同年，天津市立女中成立，校长是何肇葆。

1941 年，天津一些关心教育的爱国人士集资创办私立慈泽中学。

1945 年 4 月，傅秉鉴、金玉斋等人筹建山西旅津初级中学。

天津特别市第二、第三中学是日伪政府在私立汇文中学和新华中学停办的旧址上创办的，是日本奴化教育的产物。

为什么抗日战争时期新建的普通中学的数量反而多于其他时期？这是因为日伪对天津原有的普通中学进行了占领和破坏，造成很多学生失学、教师失业，大多数新建中学是爱国人士在国难临头之时为将教育事业延续下去而创办的，为解决学生失学和教师失业而集资创办，虽然有的学校规模较小，却显现了天津各界人士不屈不挠的爱国精神和抗战决心。

这一阶段新办普通中学校详见表 4—4。

表 4—4　　　　　　　1937—1945 年天津兴办的普通中学一览表

学校名称	创办时间	创办人	学校地址
天津私立中正中学	1937 年	孟遂安	男中部：厦门路；女中部：赤峰路
天津私立渤海中学	1937 年	杨敬一、夏琴西	河东大马路 8 号
天津私立进修中学	1937 年	华克信等	英租界海大道
天津市立女子第二中学	1937 年	不详	不详
天津私立浙江中学	1938 年	王文典	河北路 267 号
天津私立通澜中学	1939 年	邓庆澜	不详
天津私立含光女子中学	1939 年	张淑纯	特二区三马路西口
天津市立女中	1939 年	不详	特二区三马路西口
日本中学校	1939 年		不详
天津私立慈泽中学	1941 年	贾长仁	特一区花园路
天津特别市第二中学	1941 年	日伪政府	马场道陶园
天津特别市第三中学	1941 年	日伪政府	马场道陶园
天津私立养正中学（初中部）	1941 年	不详	法租界内
天津私立山西旅津初级中学	1945 年	傅秉鉴　金玉斋	郭店街山西会馆（今估衣街）

（四）本阶段的特点

1. 普通中学深受奴化教育

1937 年，日本占领天津后便对各中学实施奴化教育，学生要学习日语，学校被日本安排的间谍教师所监视，国民政府的三民主义教育宗旨完全被破坏，学生要进行毫无报酬的勤劳奉仕劳动等，天津各普通中学各项教学活动都被奴代所笼罩，学生深受奴化教育，普通中学教育无法按照国民政府规定的教育目标发展。

2. 新办学校数量增加

日本占领天津后有民德中学、南开中学、南开女中等，许多中学校遭受破坏，学生无法接受教育，面对国破家亡的局面，激起了一些爱国教育家和教师们"天下兴亡，匹夫有责"的办学责任感。在艰难的情况下创办了一些学校，例如，私立渤海中学就是由一些教员集资创办，私立进修中学是民德中学的继续，私立慈泽中学、含光中学、通澜中学均是由一些秉承教育救国人士创办。这一时期中学的创办显示出天津各中学面对外敌强大的生命力，同时也是对日伪的奴化教育的有力反击。值得注意的是，虽然这一阶段天津普通中学在数量上有所增加，但受日伪控制实则是一种倒退。

3. 反奴化斗争高涨

日伪统治时期的天津，普通中学的广大师生暗中地进行着反抗奴化教育的活动，他们秉承不做亡国奴的思想，对日语课敷衍抵制，对日伪组织的勤劳奉仕劳动消极懈怠。天津普通中学一些校长组织起来反抗日伪的教育政策，坚持三民主义的教育思想。耀华中学、志达中学、广东中学等师生参加抗日奸杀团，誓死杀奸，报仇雪恨。这些都凸显了天津广大师生反奴化斗争的强烈的爱国之情。

五　普通中学教育的恢复与重建阶段（1946—1949）

1945 年抗战胜利，极大地鼓舞了天津各界人士，天津教育事业百废待兴，普通中学更是如此，天津市教育局对当时各中学概况做了详尽的统计。据统计时有市立中学 3 所，学生 2805 人，教职员 134 人，教室 64 间，图书 20825 本，仪器 4544 件，教具 1194 个。与之对比的私立中学 21 所，学生 10830 人，教职员 577 人，教室 244 间，图书 129012 本，仪器

24048 件，教具 6420 个。① 天津普通中学校师资和设备较战前锐减，亟待恢复和重建。

（一）普通中学的恢复与重建

抗战胜利后，被毁的各中学马上着手恢复重建，以南开中学为例，1945 年 10 月喻传鉴召集南开教师商讨复校事宜，拟定先恢复南开中学部，招收两个初中班和一个高中班。天津教育局批准暂时使用有一处主楼，两处偏楼和一个操场的"中日学院"为临时校舍，之后南开女中也着手进行恢复和重建的事宜。

除了学校的重建，这一阶段还新办了一些中学：

私立庐山中学的创办人是宋雁题，每年只招收一个班级，初次招生18 人。1947 年组成以郑延玺为董事长的校董事会，每年招收学生二三十人。1946 年由几位知识分子创办了私立正风中学，办学初学校有 50 多名学生，师资非常薄弱仅有 5 人，后来逐步壮大。

私立培英中学于 1947 年创办，校长是张伯英，1947 年 12 月天津市教育局准许董事会立案，学校初中有 5 个班，高中 1 个班，学生 898 人。该校的校风简朴勤俭，学生每天上课和自习，住宿生晚饭过后需要进行两个小时的自习。

私立建华中学创办于 1947 年，校长是曹葆清，董事长为段茂瀚，教师、操场、仪器室、教职员宿舍等校舍齐全，1948 年向天津市教育局教育部备案。"初次招生 191 名，开办初中、高中各 2 个班"，"1949 年 10月，有 6 个班，159 名学生，21 名教职员"②。1947 年，王任远、刘泽民等人筹备建立私立力行中学，校舍为工字形，"全校共有 377 人，有教员19 人，职员 12 人"③。1947 年，李琴湘筹划私立崇化中学，将天津文庙作为校舍，郭霭春出任校长。介寿中学是利用蒋介石寿辰时所募捐的资金创办的，学校成立初校址设在河北月纬路，1949 年迁到河北昆纬路。

天津市立中学的前身是日伪政府创办的天津市特别市第二、第三中学。抗日战争胜利后，汇文中学和新华中学收回校址，天津市特别市第

---

① 《天津市教育局施政报告》，《益世报》1946 年 6 月 26 日。
② 天津地方志委员会编：《中国天津通鉴》（上），中国青年出版社 2005 年版，第 294 页。
③ 同上。

二、第三中学改为一中、二中，该校以英租界的英国兵营为校址，之后两所学校合并建成了天津市立中学。普通中学校详见表4—5。

表4—5　　　　　1946—1947年天津兴办的普通中学一览表

学校名称	创办时间	创办人	学校地址
天津私立庐山中学	1946年	宋雁题	河北区四马路口李公祠堂
天津私立正风中学	1946年		六区谦德庄
天津私立培英中学	1947年	张伯英	一区新兴路13号
天津私立建华中学	1947年	曹葆清	十区南宁路25号
天津私立力行中学	1947年	王任远、刘泽民	一区万全路1号
天津私立崇化中学	1947年	李琴湘	东门内文学东箭道1号
天津介寿中学	1947年		河北月纬路
天津市立中学	1947年	天津日伪政府	英租界英国兵营

抗日战争胜利，天津各中学教师、学生纷纷返校，期待着恢复正常教学秩序。9月25日，国民党政府教育部颁布《甄审收复区中等以上学校学生办法》和《收复区中等学校教职员甄审办法》①，认为沦陷区"大中学校学生是伪学生，教师是伪教师，决定对师生进行甄审，不合格者，教师不得聘用，学生不承认其学籍"②。有学生认为汉奸土匪当道却置之不理，日夜盼望祖国解放的学生却成了"伪学生"，这引起了天津广大师生的不满，他们认为是一种侮辱，12月31日，包括天津各中学在内的5000多名学生到天津市教育局请愿，要求取消甄审，获得胜利。

（二）本阶段的特点

1. 曲折发展

普通中学的恢复与重建并不是一帆风顺的，如当局对天津师生甄审；南开中学校长张伯苓计划将没收了的日伪财产作为南开重建与恢复的资金，但由国民党接管委员会的破坏而破产。原天津特别市第二、第三中

---

① 来新夏、郭凤岐主编：《天津的城市发展》，天津古籍出版社2004年版，第185页。

② 同上书，第116页。

学没有校址，经过广大师生的顽强斗争，争取了英租界英国兵营为校址。当然这一阶段创办了私立正风中学、私立培英中学等一些新的中学，原有学校也恢复了正常发展。

2. 调整恢复较快

抗战胜利后，广大的师生积极投身到学校恢复和重建工作中。1946年，天津特别市教育局发布教字第三十三号训令，要求私立学校办理立案及备案，恢复正常的教学秩序。南开中学在短短几个月的时间内就修缮完被日寇破坏的建筑，于 1946 年 9 月重新开学。河北省省立天津中学校立即恢复招生，1946—1948 年的这三年间毕业生就达到了 620 人。[1] 除此之外，抗战后建立了私立庐山中学、私立正风中学等 8 所普通中学，同样体现了这一阶段调整恢复较快的特点。

3. 受战争洗礼，追求和平民主

经过抗战八年的洗礼，天津各中学师生渴求和平和安定的校园生活，但是国民党却加紧了反共的步伐，先是对学生进行甄审，继而又抓捕进步师生，制造恐怖氛围，破坏正常的教学秩序。天津中学生组织反甄审的活动并且获得了成功，此后，天津学联召开了巩固和平大会，抗议屠杀学生，保障学校正常的教学秩序。

第三节　普通中学的行政管理

普通中学要顺利运行离不开行政管理。近代天津普通中学的行政管理既包括各级教育行政部门对普通中学的管理，又包括学校内部管理机构的行政管理。

一　教育行政管理机构

在近代，掌管天津普通中学的行政管理机构主要有以下几个：

（一）直隶学校司

1902 年，袁世凯在保定府设立直隶学校司，作为"通省学务总汇之

---

① 天津市第三中学校史资料编辑委员会编著：《官立中学堂—天津市第三中学校史（1901—2001）》，2002 年，第 123 页。

所"①，学校司成立后，制定了《直隶中学堂暂行章程》，对直隶全省包括天津的中学教育事项进行了规范，使天津中学堂教育发展有章可循。

1904 年，袁世凯聘请严修担任学校司督办，他认为"学校为当务之急，非热心教育者，不能珍奇全省之精神。查有五品卿衔翰林院编修严修，品端学粹，望孚士林，以之接班学校司事宜，必有起色，由臣随时督同经理，逐渐扩充"②。严修上任后，遂赴日本考察各类教育及行政管理，包括考察日本中学的创办方法、课程设置、教科书编撰等。

1904 年 7 月，直隶学校司改为直隶学务处，"专司通省学校事务"，并于 1905 年 2 月迁到天津。直隶学务处设专门教育处、普通教育处、编译处，后将这三处更名为局，天津普通中学的行政事务就归普通教育局管理。

(二) 劝学所

严修在任直隶学务处督办期间，首创劝学所，并在直隶推广。1904 年 12 月，天津县劝学所成立，负责天津县初等及中等教育事务。天津劝学所设学董 6 人，其中执掌总务的 2 人，分掌事务的为 4 人。③ 学董由热爱教育事业、品行端正的人士担任，平时主要负责监督学务、视察天津各县的学堂办理状况，指导规劝，督促天津教育事业的有序进行。学董下设有劝学员，由学董选择本地品行端正且热心学务的人员担任，劝学员主要的职责有劝学、兴学、开风气等。

劝学所对天津普通中学的管理发挥着重要作用，如 1918 年天津劝学所所长华芷龄根据各区户口和经济情况，为拟定贫苦学生筹谋生计，帮助贫苦学生入学受教。

1906 年 12 月，天津教育会成立，会址设在天津东南角草厂庵老贡院内。"它具有协商和监督的功能，既协商有关天津教育的重要事项，又监督学堂的设施。"④ 教育会设会长和副会长，正会长由胡家祺担任，副会长由徐毓生担任。天津教育会是天津教育行政机构的重要组成部分，对

---

① 廖一中、罗真容整理：《袁世凯奏议》(中)，天津古籍出版社 1987 年版，第 598 页。

② 同上书，第 921 页。

③ 天津地方志委员会编：《中国天津通鉴》(上)，中国青年出版社 2005 年版，第 135 页。

④ 同上书，第 179 页。

天津普通中学教育的发展起到了推动作用。

（三）天津特别市教育局

1928 年，天津成为特别市，设特别教育局，掌管天津各类教育包括普通中学教育的各项事宜。1931 年，天津特别市教育局颁布《修订特别市教育局暂行条例》，规范教育局的各项职能。天津特别市教育局对普通中学的管理主要有立案批准、学校更名、设施建设等方面。

天津特别市教育局对普通中学校名进行备案管理，20 世纪 30 年代，天津私立树人中学、私立河东中学等学校，陆续在天津特别市教育局进行立案批准，受教育局的监督。1936 年特别市教育局第 110 号文件"查本局前为明了各学校校址俾便稽核起见，会经令饬各市立学校刊刻地名木戳加盖于公文署衔左方，以便识别，通令遵照办理在案。兹查市属各私立学校为数至多，虽名称各异，而其所在地地名，仍难识别，于行政管理上，殊有不便，为此通令各该校"[1]。

天津特别市教育局除了负责普通中学的立案、校名备案等事宜，同时监督普及中学设备安装，"为呈覆天津市立校业经一律装设无线电收音机，其私立中等学校未能一律安装，私立中等学校，仍应分期装置。仰遵前颁分期装设无线电收音机预定表，克日呈部核办"[2]。

同时，天津特别市教育局规定初级中学及高级中学学生依课程进度，各分为一年级，二年级及三年级。每学级学生以 50 人为度，但至少须有 25 人。

不论是公立中学还是私立中学，在市教育局的管理下走向规范化、制度化，天津特别市教育局对天津普通中学教育的发展起到重要的推动作用。

二 学校行政管理机构

（一）公立中学管理机构

早期的中学规模小，教师多是兼职的，既教课也做一些管理工作，

---

[1] 天津市教育局公报处编：《天津市教育局例行指令》，《天津市教育局教育公报》1935 年第 159 期。

[2] 天津市教育局公报处编：《天津市政府训令》，《天津市教育局教育公报》1935 年第 155 期。

学校管理机构单一、无章可循，尚未形成管理机构体系。

随着教育近代化的发展，普通中学管理日趋规范、完善。以省立天津中学为例，学校实行校长负责制，设有教务部、训育部、事务部、卫生室四个管理机构。教务部是学校教学管理的主要机构，制定教学规章制度，下设教务股、注册股、体育股和图书股。教务股负责学校教学事务；注册股负责学生学籍的管理；体育股负责体育相关的事宜；图书股负责图书事宜，相当于图书馆。训育部主要负责监督学生的考勤、作风、住宿管理等，下设辅导股、总务股、斋务股。事务部主要管理卫生、炊事、取暖等事宜，下设文牍股、会计股、庶务股。① 每个部分都有一个主任，教务主任主要负责教学和安排教师上课、考核成绩等工作；训育主

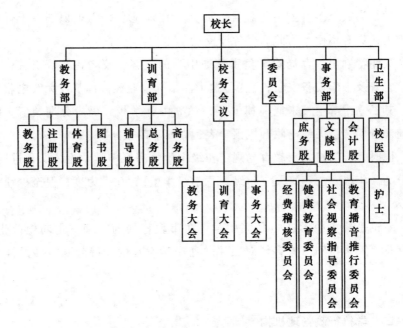

图4—1　1936年省立天津中学校管理系统图

资料来源：根据天津市第三中学校史资料编辑委员会编著《官立中学堂——天津市第三中学校史（1901—2001）整理。

_____

① 天津市第三中学校史资料编辑委员会编著：《官立中学堂—天津市第三中学校史（1901—2001）》，2002年，第80页。

任主要负责学生的操行、对学生进行奖惩等；事务主任主要是负责学校的预算、开支、卫生等事项。另外，学校还设有校务会议和各种委员会，校务大会下设教务大会、训育大会和事务大会。学校的各种委员会有经费稽核委员会、健康教育委员会、社会视察指导委员会、教育播音推行委员会等。可以说，普通中学的行政管理是事有专人，人有专责，学校行政管理已趋向成熟。1936年省立天津中学校管理机构详见图4—1。

（二）私立中学管理机构

私立中学的最高管理机构是校董会。校董是私立中学的主要资助者，有权对私立中学进行管理。1928年，教育部颁布《私立学校校董会条例》，规范了私立中学校董会制度。1929年，教育部公布《私立学校规程》，这是教育部首次对包括私立中学在内的各级各类私立学校施以全面监督管理的规程。1933年的《修正私立学校规程》规定，董事会名额不得超过15人，推举1人为董事长，3—5人为常务董事，校董中至少须有1/4的人由曾经研究教育或办理教育者充任，在特殊情况下聘请外国人做校董，其名额不得超过校董总数的1/3；现任主管教育行政机关及其直接上级教育行政机关人员，不得兼任校董。

校董会主要职责是筹集经费、预决算审核、监督和任免校长等。私立中学校董会成员往往是政教名流、富商和士绅，以下是私立特一初级中学校校董名单：

表4—6　　　　　天津市私立特一初级中学校校董一览表

姓名	籍贯	职业
邹传善	江西	前全国事务署督办
程克	河南	前内务总长
全绍清	河北	前教育次长
周振声	河北	天津市政府秘书
张冠儒	山东	总务局秘书
刘宝题	河南	前革命军第九军军长
卢苏	浙江	前天津市特别区主任
娄裕涛	浙江	总务局秘书

罗隆基	江西	天津市益世报主笔
姓名	籍贯	职业
邓炳勋	天津	河北教育厅秘书处主任
谭福	江西	前天津市政府秘书
胡经甫	广东	燕京大学生物系主任

资料来源：《天津市私立特一初级中学校董会》，天津市档案馆藏，资料号：401206800—J0110—1—000050—001。

从上表可以看出，私立中学的校董很多都是政界、学界有影响、有财力的人士，而且不局限于天津当地。他们来自江西、河南、河北、浙江、广东等地，由校董对私立中学的直接管理者进行管理、监督，大大降低了教育行政的管理成本。

私立中学实行校董会领导下的校务委员会共同参与的校长负责制。学校设有教务部、训育部、事务部等管理机构。董事会任命一名校长负责学校的各项事务，校长任命训育主任、教务主任、庶务主任、体育主任各一名，教务主任下设文牍，庶务主任下设会计。

第四节　普通中学的办学概况

一　经费来源与支出

经费是办学的物质条件，经费充足，学校发展后劲足；经费匮乏甚至中断，学校发展就会举步维艰。可以说，必要的经费保障是普通中学得以生存和发展的基础。

（一）经费来源

公立中学经费的主要来源是政府拨款和学费。清末新政时期，书院改中学堂之风盛行，直隶教育经费由当时下属的 7 个县的田房契税所得。袁世凯通过三个途径筹措教育经费：一是增加印花税、烟酒税，垄断食盐价格；二是发行政府公债，创办洋务企业所得；三是鼓励个人集资办学。若经费不足以地租和学校经费存款所得利息补充。1903 年天津官立

中学堂每月经费 1200 两，每人每月学费 3 元（学费各时期略有变动）①，
1907 年学校全年经费 2 万元。由于北洋军阀时期连年战乱，教育经费大
受影响，义卖、募捐、银行利息和个人捐款等也是这一时期公立中学经
费的来源方式。公立学校的教育经费经常被缩减、推迟供给，天津普通
中学可用于扩大学校规模和提升学校教学设施等支出也相应大为缩减。
随着经济发展和社会环境的稳定，政府经费的数量也在不断增长，以省
立天津中学为例，1928 年由政府承担的教育经费 4 万多元，1931 年政府
承担的教育经费达到了 8 万余元。② 天津政府以地方卷烟特别税所得作为
教育经费，并且天津教育局为了保障教育经费顺利划拨到各个学校，成
立了天津市教育经费保管委员会，专门保管政府教育经费，做到专款专
用，保障了教育经费能够如期划拨给学校。

　　私立中学经费的主要来源是学费、杂项收入以及董事会的捐助。私
立敬业中学堂获得严修、徐世昌的常年赞助，每月学校经费 100 两，学费
3 元。1905 年袁世凯参观敬业中学堂捐助 5000 两。1906 年，天津士绅捐
城西南 10 多亩地用于建设中学堂，同年，为建设南开中学，王益孙、严
修、徐世昌都分别进行了 1 万两、5000 两、1000 两的捐银。③ 客籍中学
堂和长芦中学堂并入南开中学，之前政府拨的 8000 两教育经费也一并归
入南开中学。

　　为解决南开中学办学经费，严修、张伯苓四处游说，甚至向当时
的大军阀、官僚和政客募钱，据统计，南开中学的捐助前后有 150 多
万大洋。由于经费拮据，教学设备和图书增加数量较少，可用于供给
教师薪金待遇的经费有限，例如，这一阶段南开中学教师的月薪远远
低于教育部规定的水平，很多教师因为不满薪金待遇而引起了一场教
师离职潮。

　　私立震中中学每年预算 8000 余元，其中每月房租收入 150 元，校董
捐助 6000 元，每月银行利息收入 50 元、学费收入每学期 2000 元，其余

---

① 天津市第三中学校史资料编辑委员会编著：《官立中学堂—天津市第三中学校史
（1901—2001）》，2002 年，第 11 页。

② 同上书，第 41 页。

③ 天津南开校史研究中心编：《天津南开中学史》，人民出版社 2015 年版，第 37 页。

各处捐助约 2000 元。[①]

私立耀华中学建校用的 400 万两建筑费由天津各界爱国人士捐款而得。私立特一初级中学、普育女子初级中学等学校的经费，除了学费和杂费外，最重要的是各级董事的财力支持。私立中学的校董有着共同的特点：一是地位显赫；二是思想先进；三是财力强大。他们把捐资助学视为国家和社会发展的百年大计，所以，他们往往为私立中学慷慨解囊。

（二）经费支出

普通中学的小学经费，主要用于这样几项支出：

1. 建校舍、租场地，特别是学校的基建、不动产建设，是一笔较大的开支

例如，1906 年，天津士绅郑菊如捐出城南"南开洼"的 10 余亩土地建设新学堂；私立敬业学堂迁入南开洼新址后建立了东楼、北楼和平房等建筑。虽然建设费开支较大，但不是经常性的开支。

2. 为吸引学生求学，免除学费，免费提供食宿，还补贴一定的膏火银两

例如，1895 年天津北洋学堂二等学堂每月为每位学生提供二两的贴膳银，一两到二两五钱的膏火银来激励学生学习。

3. 购置图书仪器设备

1930 年天津私立河东中学部类图书 206 册，共计 1074 元。科学类 200 册，共计 946 元。艺术类 154 册，共计 552 元。名著类 110 册，共计 94 元。[②] 1929 年天津私立河北中学校的图书设置及支出如图 4—2 所示。

校具是经费支出的一个方面，也是保障中学教学顺利开展的基础，表 4—7 是 1932 年私立特一初级中学校的校具表及支出。

---

① 《天津私立震中初中学校》，天津市档案馆藏，资料号：401206800—J0110—000002—006。

② 《天津私立河东中学》，天津市档案馆藏，资料号：401206800—J0110—1—000009—013。

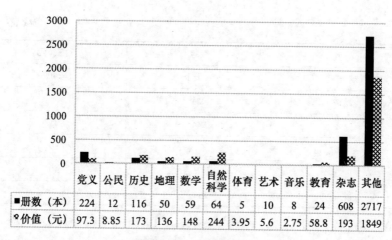

	党义	公民	历史	地理	数学	自然科学	体育	艺术	音乐	教育	杂志	其他
■册数（本）	224	12	116	50	59	64	5	10	8	24	608	2717
⊠价值（元）	97.3	8.85	173	136	148	244	3.95	5.6	2.75	58.8	193	1849

■册数（本）　⊠价值（元）

图4—2　私立河北中学校图书设置与支出

资料来源：本校图书分类统计表，天津私立河北中学校，天津市档案馆藏，资料号：401206800—J0110—1—000001—039。

表4—7　　　　　　　　**1932年天津私立特一初级中学校具表**

品名	数量	价格（元）
地球仪	一个	12
地理挂图	十张	25
动物挂图	十二张	9
书桌	六十个	300
椅子	六十个	180
炉子	八套	80
书架	六个	130
板擦	两打	3
厨房用具	不详	150
办公用具	不详	220
电表	一个	20
自行车	两辆	70
历史挂图	十二张	9
植物挂图	十二张	9

续表

品名	数量	价格（元）
带板椅子	六十个	240
饭桌	六个	36
钟表	二个	25
黑板	五块	30
电灯	十五盏	40
雨伞	两把	2

资料来源：《天津市私立特一初级中学校董会》，天津市档案馆藏，资料号：401206800—J0110—1—000050—001。

从上表可以看出，书桌、椅子、炉子、办公用具数量多，支出比重较大，地球仪、挂图、电灯、雨伞等用具数量少，支出比重较小。从该表也可以看出，当时的普通中学购买的教学校具是一所中学得以开展的最基础的条件，普通中学的校具的数量和质量以及开支仍需要加大和改善。

此外，仪器设备的开支也是经费开支的一个方面，1930 年天津私立河东中学的仪器设备开支详见表4—8。

表4—8　　　　　　　　1930 年天津私立河东中学仪器表

品名	数量	价格（元）
滑车	全套	5000
试验水平器	全套	5000
电报器	全套	3000
抽气器	全套	3000
三角镜	全套	1500
测光度器	全套	1800
压力器	全套	1600
轻养试验器	全套	1500
水之分析器	全套	1500
折光镜	一套	1000

续表

品名	数量	价格（元）
凸凹镜	二件	1000
试热器	全套	800
寒暑表	二件	400
电瓶	一套	500
仪器模型	全套	500
烧瓶	一套	480
三角板	一块	80
双口瓶	一套	30
冰槽	全套	300
试管	一只	800
指南针	全套	800
漏斗瓶	一套	50
吸铁石	一套	400
毛细管	九只	350
铁架	四个	500
不倒翁	一个	200
七色板	一套	1500
比重管	一只	500
螺旋	全套	500
镀金器	全套	400

资料来源：《天津私立河东中学》，天津市档案馆藏，资料号：401206800—J0110—1—000009—013。

从上表可以清楚地看出，天津普通中学开始注重科学教育，在经费支出上，科学仪器设备价格不菲，像滑车、试验水平器、电报器、测光度器等都在千元以上，且需要成套购买，占到了仪器支出的75%以上。像烧瓶、试管、铁架、寒暑表、三角板等仪器通常数量在一两个，但由于需要进口，每一个价格都不菲。

4. 聘请优秀教职员工，发放俸给

北洋客籍学堂、天津县私立第一中学堂、天津普通学堂、天津府官立中学堂还不惜重金聘请了外国教习。

总之，发放教职员薪酬，购置教具和仪器设备，是普通中学经费支出较多的项目。

二　课程设置

天津普通中学的课程设置既遵循国家的统一要求，又表现出一定的灵活性。

北洋学堂二等学堂的主要课程有英文、数学、历史、地理和中文。"第一年，为英文初学言、英文功课书、英文拼法、朗诵书课、数学；第二年，为英文文法、英文拼法、朗读书课、英文尺牍、翻译英文、数学并量法启蒙；第三年，英文讲解文法、各国史鉴、地舆学、英文官商尺牍、翻译英文、代数学；第四年，各国史鉴、坡鲁伯斯第一年、格物书、英文尺牍、翻译英语、平面量地法。"①

在普通中学发展初期，课程设置带有明显的封建色彩。普通学堂成立初期上午教授《英文法程》《英文初阶》等英文课程，下午教授《通鉴辑览》《东亚三国地志》等中文课程，上下午各 3 个小时。改为官立中学堂后，课程有读经、国文、修身、历史、英语、地理、物理、博物、算学、法制、理财、化学、体操、图画等课程，其中读经一周 9 课时，主要内容是《春秋》《周礼》《左传》，国文以《御选古文渊鉴》为教学内容。修身课择讲五种遗规，包括养正遗规、训俗遗规、教子遗规、从政遗规和官法戒录，带有浓厚的封建气息。

私立敬业中学堂的课程涉及中学和西学两个方面，中学的课程有读经、国文和历史等，西学的课程有英文、物理、化学等。每节课为 50 分钟，数学、英语、化学等科目要求教师用英文进行教授。

20 世纪 20 年代以后，天津普通中学的课程设置发生了明显变化。一是传统的读经课被修身课所取代；二是课程设置符合数、理、化、史、地、生、音、体、美、英语、国文的西方近代课程体系；三是中学高年级增加簿记、商学等一些实用性课程，便于学生就业。以南开中学 1922 年的课程为例：一年级周课时为 32 小时，修身为 1 小时，体操 1 小时，课程为算学、英文、国文、体操、手工图画、地理、博物。二年级周课

---

① 《盛宣怀拟设天津中西学堂禀》（附章程），《皇朝经世文新编》第六册，第 26—36 页。

时为 29 小时，修身为 1 小时，体操 1 小时，课程为算学、英文、国文、本国历史、世界地理、手工。三年级周课时为 28 小时，修身、体操各 1 小时，课程为算学、英文、国文、化学（文科）、物理（文科）、立体几何（理科）、物理（理科）、世界史。四年级周课时为 26 小时，修身、体操各 1 小时，课程为英文、国文、化学、三角、法制、经济、国文、簿记、商学。[1]

官立中学堂按照教育部规定设置修身、数学、历史、博物、化学、法制、国文、外国语、图画、手工、乐歌、经济、体操等课程，"1921 年 9 月，一二年级的国文课改为语体文"[2]，该校根据自身特点增加了兵操和柔软体操的课程。私立觉民中学的课程包括数学、物理、化学、国文、体操、英语等。

20 世纪 30 年代以后，普通中学的修身改为党义，党化教育占据重要地位。如 1932 年私立树人初级中学，第一学年开设党义（民生主义），每周 1 课时。国文（初中国文读本），每周 6 课时。作文，每周 1 课时。英文（模范读本），每周 5 课时。数学（混合数学），每周 5 课时。历史（初中本国历史），每周 5 课时。地理（初中本国地理），每周 2 课时。体育每周 2 课时。理科（普通科学），每周 2 课时。习字，每周 2 课时。图画，每周 1 课时。唱歌，每周 1 课时。第二学年开设党义（民权主义），每周 1 课时。英文（童话集），每周 5 课时。历史（本国历史），地理（本国地理），其他课程不变。第三学年开设党义（民族主义），每周 1 课时。英文（英国文学），历史（世界史），地理（外国地理）其他课程不变。[3] 又如南开中学 1932 年设立课程有党义、英语、算学、体育、社会观察、练习自治、自然观察等。省立天津中学的课程为党义、国文、外国语、物理、化学、生物、体育等，初中实行童子军，高中实行军训。

---

① 天津南开校史研究中心编：《天津南开中学史》，人民出版社 2015 年版，第 86 页。

② 天津市第三中学校史资料编辑委员会编著：《官立中学堂—天津市第三中学校史（1901—2001）》，2002 年，第 15 页。

③ 《天津市私立树人中学校立案用表》，天津市档案馆藏，资料号：401206800—J0110—1—000036—001。

三 考核与评价

(一) 考试测验

普通中学的考试有入学考试、平时考试、学期考试和毕业考试四种类型，考试内容依据学校开设的课程而定。普通中学入学考试的条件是年龄在 14 岁到 18 岁、高等小学毕业获得证书者或高小程度相当者，主要测试为国文、英文、算术三科，合格者即被录取，非高小毕业者需要加试历史和地理两门。1910 年，天津德华普通中学校招生，入学考试的条件为年龄在 14 岁到 20 岁之间，高等小学卒业或者能认 300 个汉字的学生。[①] 平时考试一般根据教师的讲授内容和学生的掌握程度进行随堂考试，比较灵活。学期考试和学年考试是检测一学期和一学年的学习情况，总成绩按平时成绩和最终考试成绩固定比例确定，不同中学规定不同。普通学堂要求学生"毕业考试成绩需要达到 60 分才能升学，平时缺课达到三分之一以上，不能参加学期考试"[②]。

1923 年，省立天津中学的考试和测验更加规范化，分为日常考察、临时试验、学期考试、毕业考试四种类型。日常考察包括口头问答、实验实习、作文、测验、劳动作业等。临时试验包括在教学中不提前通知学生的随机时间里进行的试验，每月至少进行一次。并且将日常考察、临时试验和学期考试以 2：1：2 的比例进行成绩计算。[③]

进入 20 世纪 30 年代以后，天津普通中学的考试日益趋向制度化，无论是入学考试还是毕业考试都明确规定考试科目，有固定考试时间、地点。例如，天津私立震中每年暑假招考一次，凡学生履行入学考试合格后缴纳各项费用保证书、志愿书及上课证，凡性急过劣者，操行学业不堪者或未固定学期考试者得令其退学。1933 年天津私立大同中学招生条件为品行端正、身体健全、口齿清利并有相当之资格及学力，年龄在 13 岁至 18 岁之间，新生入学须经测验，初中一年测验英文（模范课本第一

---

① 张绍祖编著：《津门校史百汇》，天津人民出版社 1994 年版，第 56 页。

② 天津市第三中学校史资料编辑委员会编著： 《官立中学堂—天津市第三中学校史 (1901—2001)》，2002 年。

③ 张绍祖编著：《津门校史百汇》，天津人民出版社 1994 年版，第 78 页。

册）、算术（命分比例）、国文（短篇记事文语体文）。初中二年测验英文（模范课本第二册）、数学（命分比例简易代数）、国文（短篇文艺文语体文言均可）。初中三年测验英文（模范课本第三册）、数学（代数几何）、国文（理论文语体文言均可）。[①] 1930 年天津私立中山中学初中毕业考试日程安排详见表4—9。

表4—9　　　　　　　　　　初中三年级毕业考试日程表

时间	八时至九时五十分	十时至十一时五十分	一时三十分至三时二十分	地点
六月十三日	几何	党义		三年级课堂
六月十四日	理科	代数		三年级课堂
六月十六日	英文		历史	三年级课堂
六月十七日	国文		地理	三年级课堂
六月十八日	英文	歌唱		三年级课堂

资料来源：《为毕业考试派员监考不能照准事致天津私立中山中学校指令（附中山学校呈）》，天津市档案馆藏，资料号：401206800—J0110—1—000006—022。

上表显示考试科目较多，每门课的考试时间为 1 小时 50 分钟，考试合格者可以获得相应的证书。

天津私立大同中学注重平时成绩和操行，每学期进行 3 次平时试验，平时操行、学业成绩分甲乙丙丁四等，各级学生修业期满成绩及格，品行端正者本校给予毕业证书。

图4—3 是 1944 年私立大同中学颁发的毕业证书。

（二）会考制度

20 世纪 20 年代正值天津中学教育转型，教育部颁布的《中学生毕业会考规程》对中学生有了会考的要求。实行会考不仅学生更加重视考试和测验，也使天津普通中学的教学质量得以保证。

天津各中学纷纷贯彻教育部关于会考的要求，例如南开中学每学期有三次考试，每次考试并不提前告知，每学期举行会考一次或两次，并

---

① 《本校校董会章程立案表　校董会立案表，天津市私立大同初级中学校》，天津市档案馆藏，资料号：401206800—J0110—1—000033—019。

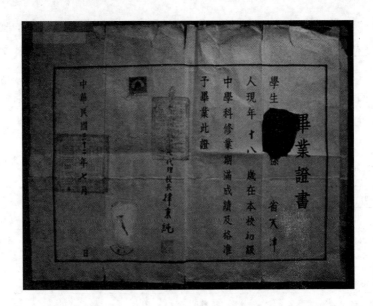

图4—3　1944年私立大同中学学生毕业证书①

且将会考成绩按比例纳入学期成绩，学生的学期总成绩是平时测验成绩和学期考试成绩的平均分。② 自1933年起，每年的6月份天津各初高中进行统一毕业会考，并且规定会考成绩三科不及格、"初中国文、数学、劳作、英语中两科不及格，高中国文、英语、数学、物理、化学中两科不及格的学生留级"③。表4—10是对1936年天津市各中学初中毕业会考成绩的统计。

表4—10　　　　　1936年6月天津普通中学毕业会考成绩统计表

校名	完全及格	一科不及格	二科不及格	与考人数	未与考人数	报考人数
南开女初中	51	11	3	65	0	65
中山中学	12	6	3	22	1	23

---

① http://www.997788.com/pr/detail_584_26953564_0.html. 2016年3月2日。
② 天津南开校史研究中心编：《天津南开中学史》，人民出版社2015年版，第89页。
③ 天津市第三中学校史资料编辑委员会编著：《官立中学堂—天津市第三中学校史（1901—2001）》，2002年。

续表

校名	完全及格	一科不及格	二科不及格	与考人数	未与考人数	报考人数
广东中学	42	13	2	59	1	60
南开男初中	20	3	8	31	0	31
觉民中学	78	32	15	129	3	132
志达中学	4	1	0	5	0	5
民德中学	28	13	5	46	0	46
普育中学	13	8	5	46	0	46
耀华中学	37	4	0	42	0	42
三八女中	3	1	1	5	2	7
特一中学	6	2	2	10	0	10
木斋中学	10	6	0	16	2	18
河东中学	8	9	3	22	0	22
震中中学	20	5	2	27	0	27

资料来源:《津市会考各校及格统计》,《益世报》1936 年 7 月 23 日。

从上表可以看出,天津各中学的学生普遍参加会考,各学校及格的比例不同,较好的如南开女初中在 78% 左右,较差的如私立河东中学在 36% 左右。一科和两科不及格的人数较少,报名却未参考人数属于个别现象。参加会考的实际人数较多,说明当时各中学对会考的认可、接纳程度较高。会考成为天津各中学进行考试测验的重要方式,有助于提高中学的教学质量。

四 教师聘任与待遇

(一) 教师聘任

天津普通中学发轫之初,有些中学是由书院直接转变来的,有些是私人出资创办的,符合要求的师资匮乏,往往教师兼职管理工作,学校创办者又兼有日常的教学工作。例如,私立敬业中学堂创办之初,严修、张伯苓等人曾亲自授课;私立普育女子学堂是教育家温世霖创办,其子归国后充当掌管学校事务;长芦官立中学堂在创办之初仅有教员 4 人;官立中学堂创办之初,共有教员 20 名,大学毕业有 4 人,分别是北京大

学 2 人，北洋大学 2 人。外国人 3 人（美籍 2 人、日籍 1 人）[①]，其余为
贡生、举人、五品军功等。虽然各中学缺少师资，但仍秉承宁缺毋滥的
原则，提高教师的聘任水准，甚至聘请洋教习。例如，北洋客籍学堂聘
请法国人舒义，天津府官立中学堂聘请美国人崔伯，天津县私立第一中
学堂聘请英国人 1 名，天津普通学堂聘请美国人 1 名。

随着教育的发展，普通中学教师的数量和质量都得到相应提升。
1921 年省立天津中学教师数量从 20 名增加到 40 名，其中毕业于国外大
学的"教员占总人数的 5%，师范大学为 7.5%，国内大学为 20%，专科
类为 40%，其他为 27.5%"[②]。

在师资的聘任上，天津各中学一向遵循高素质、高要求的宗旨。以
省立天津官立中学为例，1929 年该校撤掉不合格教员，聘请德国福郎府
大学经济科毕业的李邦翰等人来校任教，到"1936 年教员人数增加到 52
人，其中毕业于国外大学的教员占总人数的 5.8%，师范大学为 5.8%，
国内大学为 32.7%，专科类为 38%，其他为 17.7%"[③]。天津私立河东中
学的师资配置详见表 4—11。

表 4—11　　　　　　　　1930 年私立河东中学教员履历表

姓名	性别	年龄	专任或兼任	所任学科	学历	月薪（元）
李泽周	男	39	专任	数学	北平高等师范毕业	72
赵贵三	男	41	专任	英语	法政学堂毕业	56
温鹏年	男	36	专任	博物	北平师范大学毕业	28
张穆熙	男	51	专任	国文	前清贡生	60
王士奎	男	54	专任	国文	前清贡生	40
郭云峰	男	36	专任	历史地理	直隶高等师范史地科毕业	60
徐凤铭	男	42	兼任	化学	河北工业学院化学科毕业	24
李宝铨	男	34	兼任	艺术	北京国立美术学校图案科毕业	20

---

①　天津市第三中学校史资料编辑委员会编著：《官立中学堂—天津市第三中学校史
（1901—2001）》，2002 年，第 16 页。

②　同上书，第 37 页。

③　同上书，第 57 页。

姓名	性别	年龄	专任或兼任	所任学科	学历	月薪（元）
张崇恩	男	42	专任	英文	天津北洋大学校法律科毕业	65
侯学成	男	44	专任	英文	美国哥伦比亚大学硕士	24
董柏宇	男	31	兼任	党义	直隶第一师范毕业	15

　　资料来源：天津私立河东中学，天津市档案馆藏，资料号：401206800—J0110—1—000009—013。

　　由上表可以看出，该校教师有海外留学归来的硕士，也有师范院校及其他高等学校毕业生，学历水平较高；教师均为男性；平均年龄为30多岁，以中青年为主，年龄结构合理。

　　天津普通中学延聘教职员以学期为限，限期内均须履行校章，非有特别事故不得中途终止或变更。下学期不能继续担任教师的，需在本学期末通知学校，学校辞退教师也需如此，但均以正式函件为准。图4—4是天津私立浙江中学给祝同康颁发的聘任证书，可以看出教师聘任并非终身制，而是以学期为限，合格者继续延聘，不合格者学校不再聘请。

　　（二）教师待遇

　　1911年1月，学部奏检定初级师范中学教员及优待教员提出章程折（并单）中学教员免除徭役，"在一学堂任教五年以上且却有成绩者，由学堂加给最多可达年薪30%的津贴；任教十五年以上者，因年老或生病告退及病故时，由学堂支给一年的薪金；根据年龄长短，可免除教员一至四名子孙或胞弟胞侄的学费"[①]。这是在国家层面上认定的教师在当时社会的地位和待遇。

　　民国时期，天津普通中学教师的收入主要有月俸和奖励。1914年省立天津中学专任教师规定课时为20小时，每月120元左右薪金，兼任教师通常按每课时2元左右计算[②]，但一人不能担任两所学校的主要职务，不能取两校之俸给。同一所学校内，不同学科、专兼职教师的薪俸相差较大，如

---

　　① 李桂林、戚名琇、钱曼倩编：《中国近代教育史资料汇编·普通教育》，上海教育出版社2007年版，第304页。

　　② 张绍祖编著：《津门校史百汇》，天津人民出版社1994年版，第83页。

1930 年天津市私立树人中学教师之间薪金的差距，详见表 4—12。1921 年直隶省教育厅还规定了教员的奖励办法，规定任职满 5 年的教员多加 3 个月薪金，任职满 10 年的教员多加半年的薪金，任职满 20 年的教员多加一年的薪金；此外还规定教员的子弟上学免交学费。随后直隶省教育厅对教员的薪俸进行了改良，规定新入职的教员最低薪水若干元，第二年加给薪水若干元，依此递推，到若干元止。而同时期天津小学教师"教员的俸给有限定，共分为十个等级，正教员月俸 12 元最多不超过 20 元，助教月俸八元或六元"①。与小学教员的工资待遇相比，中学教员的待遇较为优厚。

图 4—4　私立浙江中学教师任教聘书②

---

① 刘路江：《论小学教育》，《东方杂志》1915 年第 1 期。

② 《天津市私立浙江中学校立案用表》，天津市档案馆藏，资料号：401206800—J0110—1—000006—001。

天津各中学老师待遇不一，到 20 世纪 30 年代，这种状况日益凸显。通过对表 4—11、表 4—12 对比发现，私立树人中学专职教师月平均薪金为 92.8 元，私立河东中学专职教师月平均薪金为 50.6 元，表 4—13 是两所学校各类专任教师薪金对照表，差距同样较大。造成教师工资差别的主要原因是学校的经费，学校经费充足，相应的设施设备、教师待遇等相对优越。

表 4—12　　　　　　　　　天津市私立树人中学校教师表

姓名	性别	年龄	籍贯	所任学科	兼或专任	月薪（元）
刘崇戈	男	38	天津市	党义	兼任	义务职
潘彼得	男	30	天津市	商科	兼任	120
薛卓镕	男	25	江苏无锡	数学	专任	90
齐锡侯	男	40	天津市	科学	专任	90
田鹰	男	29	河北安新	国文	专任	110
冯东白	男	29	广东中山	国文	专任	100
张庄坤	男	27	福建厦门	英文学	专任	100
王殿文	男	28	辽宁铁岭	史地	专任	100
郑锡寿	男	33	天津市	体育唱歌	专任	60

资料来源：《天津市私立树人中学校立案用表》，天津市档案馆藏，资料号：401206800—J0110—1—000036—001。

表 4—13　　私立树人中学校与私立河东中学各类专任教师薪资对比表

私立树人中学月薪（元）		私立河东中学月薪（元）	
国文教师平均月薪	105	国文教师平均月薪	50
数学教师平均工资	90	数学教师平均工资	72
英文教师平均工资	100	英文教师平均工资	48.3
史地教师平均工资	100	史地教师平均工资	60

资料来源：根据《天津市私立树人中学校立案用表》《天津私立河东中学》整理。

总体而言，普通中学教师的薪金待遇是比较优厚的。1933 年"天津中学校长的平均工资为 69.2 元，中学教员的平均工资为 53.1 元"①。当时的天津普通自来水公司普通工人工资为 23.51 元②，教师的薪金是当时公司普通工人的 2—3 倍，可见当时普通中学教师的经济地位和待遇还是较高的。

与同期其他地区相比，北京中学教员的月薪一百几十元，福建、海南等的教员薪金和北京差不多，比天津教员薪金待遇好，河北其他地区、河南、云南等中学教员薪金比天津略低，中学教员月薪在 30 元左右。这一时期保姆月薪为 3 元到 6 元，黄包车车夫月薪为 16 元到 20 元，厨师月薪在 8 元到 12 元。③ 可见当时天津中学教员的工资待遇处于中上等水平。

五　学生课外生活

天津普通中学的课外生活丰富多彩，主要以社团活动和实践活动为主，丰富了中学生的课余生活，促进了学生的健康成长。

（一）社团活动

天津普通中学学生除了在学校学习必修课程外，还参加学生们丰富多彩的社团活动。清末规定官办学校学生不能集会结社，所以官立中学的社团较少，而私立中学则没有这样限制。如 1905 年私立敬业学堂成立自治励学会，这是一种学生社团，出版《自治励学报》的刊物，丰富学生生活。1909 年张彭春在校成立了小团体读圣经会，成立初只有七八个人一起进行做礼拜、祷告、读书等活动，后发展为青年会。④

省立天津中学堂与南开中学、新学中学进行辩论赛，取得第一名；此外还成立音乐团、新剧团、国学研究会、武术会、幻术会、义勇军等社团。新剧团在五四运动时期排演的《爱国潮》深受社会欢迎。组织起来的音乐团可以演奏几十首曲目，同时也为公益代筹捐款。

1912 年，南开中学成立三育竞进会，1914 年成立敬业乐群会，主要是讨论时事政治，举行各种联欢活动，播放幻灯片和电影，丰富学生的

---

① 《天津市社会局统计汇刊》杂类。
② 同上。
③ 严奇岩：《民国时期教师生活待遇研究的回顾与反思》，《南通大学学报》（教育科学版）2006 年第 6 期。
④ 天津南开校史研究中心编著：《天津南开中学史》，人民出版社 2015 年版，第 51 页。

校园生活。南开中学为了丰富学生的学校生活，扩大学生的视野，邀胡适、陈独秀、李石和美国驻华大使舒尔曼博士到学校演讲，演讲的内容各式各样，激发了学生思维活跃，热爱学校课外生活。

1929 年天津各中学成立学生自治会，有些中学有话剧社、旧剧社演出各种节目。也有专门针对学术的社团比如英语练习会、数学研究会、国文研究会等，使学生在学校课余时间巩固所学知识，营造良好的学习氛围。

（二）实践活动

天津普通中学的课外活动并不局限于校内的社团，中学生还走到校外，走向社会，这种实践活动增加了中学生与社会的交往能力，拓宽了中学生的视野。

天津私立第一中学堂和广大师生联合出演话剧《用非所学》，在天津多地进行演出。这场话剧不仅为话剧这一新剧形式立足于天津奠定了基础，还培养了一批杰出的话剧人才。

官立中学学生还通过体育活动等文体方式度过学校课余生活，普通学堂成立之初，学校便成立了足球队，又多次举办运动会，后考虑操场较小发展起篮球运动，并且举办了学校之间的联谊赛，丰富学生的学校生活。并且于 1921 年 9 月组织全校教职员率领学生 70 余人到西山旅行，游览名胜古迹和山川。①

天津扶轮中学校注重学生的课外体育锻炼，1928 年，校篮球队获得了华北地区篮球赛中学组冠军。② 这些活动极大地丰富了学生的课余生活。

省立天津官立中学还组织学生进行春假旅行，游览香山、玉泉山、颐和园等地。一些中学带领学生到农事试验场参加植树活动，进行社会观察，走进了法院、监狱和实弹射击场，使学生与社会亲身接触，丰富学生的课外生活。

中学生丰富多彩的社团活动和社会实践活动，体现了培养健全人格的国民教育宗旨，也反映了天津近代普通中学教育贴近社会、符合学生身心发展的规律。

---

① 《省立中学之旅行团》，《益世报》1921 年 9 月 10 日。

② 天津地方志委员会编：《中国天津通鉴》（上），中国青年出版社 2005 年版，第 177 页。

第 五 章

天津近代高等教育

　　高等教育是教育事业的重要组成部分。天津近代高等教育肇端于洋务运动时期，曾诞生了中国第一所新式大学——北洋大学堂。天津近代高等教育随着清末和民国一系列社会变革而不断发展，表现出明显的阶段性特征和区域性特征。对天津近代高等教育进行历史分期研究，有助于探寻高等教育发展的规律，对当今的高等教育发展有一定的启发和借鉴意义。

第一节　高等教育兴起的历史背景

　　天津"当海河之冲，为畿辅之门"，有着特殊的地理位置和政治环境，清末，随着西方列强的入侵，开启了其近代化进程。天津的高等教育正是在新旧交替、中西交融的大环境中诞生的，其兴起、发展既受外部政治经济文化环境的影响，也有其内部推力的作用。

一　高等教育兴起的外部环境
（一）政治、经济、文化环境的孕育
　　清末，西方帝国主义列强的坚船利炮轰开了中国闭关自守的大门，使这个东方大国逐渐从一个独立自主的封建国家沦为半殖民地半封建社会。19世纪末，中日甲午战争的战败，使中国的民族危机进一步加深。为了救亡图存，清王朝和资产阶级维新派相继发起了洋务运动和维新变法运动，希望通过学习西方，挽救民族危亡。戊戌变法失败后，又爆发义和团运动，紧接着帝国主义列强掀起了瓜分中国的狂潮，中国面临内忧外患的危机。

社会性质的变化，必然引起教育的变革。长期以来，封建统治者推行文化专制主义，传统教育日趋腐败，教育沦为钳制人们思想、维护封建统治的工具；"官学教育有名无实"培养目标单一，教育内容不切实际，禁锢思想，扼杀个性，而社会剧变呼唤具有新知识、新思想、新道德的人才。上述的种种都表明了中国传统的教育与近代社会要求之间存在严重对立和深刻分歧。教育改革迫在眉睫，发展新式高等教育成为必然。

（二）政治家和教育家的推动

清末，天津作为直隶总督的轮住地，有着特殊的政治地位。洋务派代表人物李鸿章、盛宣怀在此兴办一批近代工业企业，先后建立7所洋务学堂，这些洋务学堂在介绍西学、培养早期科技人才等方面起到了积极的作用。1895年，天津海关道盛宣怀创办天津西学学堂，后改名为北洋大学堂，开中国近代新式大学之先河，各地竞相模仿。之后，直隶总督王文韶、北洋大臣袁世凯在天津创办多所新式学堂，把兴办学堂、发展教育作为在天津推行"新政"的重要内容，建立起一系列高等教育机构并多方筹措办学经费，重视人才的培养，推动了天津高等教育的发展。

除了政治家的推动，天津一批教育家，具有先进的办学理念，并且能提供财力支持，是促进天津高等教育发展的另一支重要力量。南开大学是天津最早的私立大学，著名教育家张伯苓于1919年筹募经费创办，虽然历经磨难，但仍发展成为驰名中外的高等学府。此外，严复、严修等其他教育家也为天津高等教育的发展积极奔走，奉献力量，如严复创办了俄文馆，后并入北洋大学堂的俄文专科班；严修是南开大学的创办人之一，曾与张伯苓一起赴美考察教育，四处筹集经费等。可见，近代天津高等教育的发展也有赖于区域教育家们为教育事业奉献的热情和责任感。

二　高等教育兴起的内部推力

教育自身发展的需要是天津高等教育兴起的内部动力，我国高等教育早期办学实践的经验为其提供了借鉴，清末一系列的教育改革引领了其发展方向。

（一）近代教育发展的需要

1860 年，天津被迫开埠，成为资本主义列强侵略的又一个重要据点，也促使这座城市广泛吸收西方资本主义先进思想，引进先进的科学技术，逐步发展成为我国北方的经济、文化中心。天津作为开展洋务运动、推行"新政"的重要阵地，新的生产力与生产关系的出现迫切要求改革封建旧教育，建立适应社会发展的新的近代教育体系，而近代高等教育就是新的教育体系的重要组成部分，这是天津近代高等教育产生与发展的内在动力。

（二）我国高等教育早期实践的经验

我国高等教育的早期实践为天津高等教育的产生提供了重要经验。中国近代高等教育发轫于洋务运动时期，从 19 世纪 60 年代到 90 年代，一批洋务学堂在全国各地兴办起来，这些学堂主要分为外语学堂、军事学堂和科技学堂，其中外语学堂培养翻译人才，军事学堂培养兵工、驾驶、管轮、鱼雷、陆军人才，科技学堂培养机械、电报、矿务、铁路人才。这些学堂具有专科学校的性质，是中国近代高等教育的雏形。[①] 中日甲午战争的惨败，给洋务派以巨大的打击，资产阶级维新派更是将矛头直指洋务运动的指导思想——"中体西用"思想，指出体用不可分割，主张全面学习西方办学模式，实行"西学体用"，兴办新式大学，培养合乎时代发展需要的科技人才。[②] 正当维新派忙于理论准备之时，清政府的一些官员开始积极筹办新式学堂，天津海关道盛宣怀创办了天津西学学堂，中国近代第一所新式大学。盛宣怀创办西学学堂的思想，源于他的洋务实践活动。在办理洋务过程中他深感"自强之道，以作育人才为本。求才之道，尤宜以设立学堂为先"，"况树人如树木，学堂迟设一年，则人才迟起一年"[③]。可见，洋务教育和维新教育的探索是近代天津高等教育兴起的重要条件。

（三）清末教育改革的引领

清末教育改革和一系列高等教育政策法规的出台，为天津高等教育

---

①　潘懋元主编：《中国高等教育百年》，广东高等教育出版社 2003 年版，第 198 页。

②　金以林：《近代中国大学研究 1895—1949》，中央文献出版社 2000 年版，第 8—9 页。

③　陈元晖主编：《中国近代教育史资料汇编——教育思想》，上海教育出版社 2006 年版，第 126 页。

的发生发展铺平了道路。1902 年，清政府制定《钦定学堂章程》，规定高等教育段设高等学堂和大学预备科、大学堂、大学院三级，另设高等实业学堂和附属师范馆，基本确定了近代高等教育制度三级结构。1904 年，清政府颁行《奏定学堂章程》，规定高等教育段设高等学堂及大学预科、分科大学和通儒院三级，另设高等实业学堂和优级师范学堂。1905 年，清政府下令废止科举考试，中国教育从此摆脱了科举制度的束缚，向近代化大步迈进，中国高等教育由此发生历史性的转折，培养目标和课程结构发生重大变化，新式学堂数量和学生数量激增。清末高等教育政策为天津近代高等教育进一步发展提供了助力，指明了前进的方向。

第二节　高等教育的萌芽(1880—1894)

19 世纪 80 年代以后，直隶总督兼北洋大臣李鸿章在天津兴办了一批洋务学堂，这些洋务学堂具有高等专科学校的性质，是近代天津第一批高等教育机构，天津近代高等教育由此萌芽。

一　天津的洋务学堂

洋务学堂是洋务运动期间洋务派创办的各类新式学堂，这类学堂以"中体西用"思想为指导，传播"西艺"，培养洋务人才，虽然具有浓厚的封建性质，但却是天津最早的高等教育机构。

（一）天津电报学堂

1880 年 10 月，李鸿章创办天津电报学堂，教授"电学与发报技术"，训练管报生。1895 年，该校有学生 50 名，分 4 个班，学生年龄在 16—22 岁之间，入学时英语和数学基础好的学生学习 4 年或 5 年可以毕业。学生不仅要学习与电报、电磁、电力相关的专业知识，也要学习中文、英文、数学、制图等基础知识。从 1880 年到 1895 年，共有约 300 名学生毕业，所有毕业生都被拨往各地电报分局工作，不胜任工作的毕业生被送回学堂补习，该学堂为我国早期电讯事业做出了巨大的贡献。1901 年该学堂停办。

（二）天津水师学堂

1880 年 7 月，李鸿章奏准设立天津水师学堂，这是天津最早的海军学校，校址位于城东贾家沽机械局一带。1881 年 7 月落成，开始招收学生。吴仲翔任学堂总办，严复任总教习。该学堂分驾驶、管轮两科，修学年限为 5 年。驾驶科学生专习管驾轮船；管轮学生专学管理轮机。该学堂注重理论联系实际，在堂应授功课完毕后，均上船练习。① 另外，学堂还建有一座观星台，供学习天文课的师生登高测望，这是天津第一座天文台。郑汝成、沈寿堃、王劭廉、黎元洪、张伯苓、温世霖等均毕业于该校。1900 年八国联军入侵，机械局一带成为战场，该学堂毁于敌人的炮火。

（三）天津武备学堂

1885 年，李鸿章创办天津武备学堂，这是中国第一所新式陆军学堂，杨宗濂任学堂第一任总办。该学堂一律仿效德国陆军学校，教师也由德国军官充当。学生是由各处营弁挑选而来，有 100 多人，"多系骁健精敏之材"。他们在校学习一年之后，派回各营由各统领量才使用。第一批毕业后，再挑选第二批进校，这样连续不断。该学堂专为造就将才而设，规定忠君尊孔，禁止先进思想。该学堂毕业生多入湘淮军旧营。北洋军阀的重要人物如段祺瑞、冯国璋、曹锟、吴佩孚、王士珍等均出于此校。1887 年该学堂增设铁路工程科，招收学生 40 人。1900 年 6 月，八国联军进攻该学堂，学堂学生进行顽强抵抗，最后全部牺牲，学堂被敌军占领。

（四）北洋医学堂

北洋医学堂的前身是 1881 年李鸿章在北洋施医局创办的医学馆，又称总督医院，这是我国西医教育的开始。该馆聘英国伦敦传教会医生马根济为医官，教习由驻天津的英美海军外科医生担任，临床教学在总督医院进行。李鸿章以省军防经费支拨该校的全部费用。1888 年，马根济医生去世后，总督医院被伦敦传教会收买。1893 年，李鸿章委派法国军医梅尼在原"医学馆"基础上创建北洋医学堂，专门培养军医人才，地点设在法租界海大道。由第一届优秀毕业生林联辉任校长，教学人员包括中外医生。该校课程按照西方医学校的标准设置。1990 年该学堂归海军部直辖，更名为"北洋海军军医学堂"。1912 年成为全国第一所国立医

---

① 陈学恂主编：《中国近代教育史教学参考资料》上册，人民教育出版社 1993 年版，第 86 页。

学堂，附属的北洋医院是今日天津总医院的前身。20 世纪 20 年代该校因经费不足停办。

此外，李鸿章在天津还创办了水雷学堂和管轮学堂。天津的洋务学堂详见表 5—1。

表 5—1　　　　　　　　　　　天津洋务学堂一览表

学堂名称	创办时间	创办人	学堂类别	学科设置
天津电报学堂	1880 年	李鸿章	技术	电报科
天津水师学堂	1880 年	李鸿章	军事	驾驶科、管轮科
天津水雷学堂	1882 年	李鸿章	军事	——
天津管轮学堂	1883 年	李鸿章	技术	——
天津武备学堂	1885 年	李鸿章	军事	学科、术科、经史
北洋医学堂	1893 年	李鸿章	技术	医科

天津的洋务学堂规模较小，各自独立，不成系统，且具有浓厚的封建性，但与封建社会的学校有着很大的不同：第一，更新了培养目标和人才观念，培养了中国第一批新型人才；第二，开启了学校教授近代资本主义科学技术的先河；第三，采用了近代西方学校的一些具体做法，如规定学习年限、分科教学、注重实践等。① 由于上述特点，这些洋务学堂成为近代第一批新式专科学校，天津近代高等教育由此发轫。后来的维新派和资产阶级革命派的教育改革主张和实践，都是在他们的基础上进一步发展的结果。

二　洋务学堂的办学概况

洋务学堂与传统的高等教育相比，在培养目标、机构管理、课程设置和师资聘任等方面都有自己的特色。

（一）培养目标

洋务学堂的培养目标与洋务事业息息相关，洋务派认为中国要抵御外侮，"自强"和"求富"二者相互依存。军事学堂是为了培养军事人

----

① 霍益萍：《中国近代的高等教育》，华东师范大学出版社 1999 年版，第 18—22 页。

才，包括能征善战的将才和军事技术人才；技术学堂是一方面满足当时国防的需要，另一方面为了满足社会工商业发展的需要。例如天津武备学堂"专为造就将才而设"；天津电报学堂的办学目的是"教育中国学生以电学和磁学的理论以及在中国电报网的各电报站工作的电报技术"①。

（二）学校管理

在洋务学堂中，分别设有总办、总教习和教习，总办相当于校长，总理学堂一切事务；总教习主管教学工作；教习是指各科教师。天津水师学堂的总办为吴仲翔，其长期充任福建船政提调，"条理精密，任事勤能，熟谙制造及驾驶学堂事宜"②；总教习为严复，他早年在福州船政学堂学习驾驶，并在船舰上实习和工作，后来又留学英国两年，回国后充任福州船政学堂后学堂教习一年。学堂教习既有中国人，也有外国人。

（三）经费来源

天津的洋务学堂均由李鸿章奏请清政府准办，所以，这些学堂的经费均由清政府提供。北洋医学堂、天津水师学堂和天津武备学堂的费用均由李鸿章从省军防经费中支拨；天津电报学堂是电报局的一部分，起初用军费建设，建成后，由皇家电报局接办，是在李鸿章支持下由盛宣怀主持的一个官僚商办公司，资金是通过出售股份给商人或其他人士筹集。③

（四）师资聘任

洋务学堂的教学内容一般为自然科学知识、新兴的军事技术和实用技术，而当时国内能胜任的教习为数不多，因此多聘请外国教习。如天津电报学堂聘请丹麦教习璞尔生，天津武备学堂聘任德国军官充任教习，北洋医学堂聘任英国医生马根济和英美海军中的外科医生担任教习等。除此之外，各学堂中另有部分中文教习，负责教授经史汉文。洋务学堂实行教师聘任制，要签订合同，对洋教习的待遇、职责、聘期、权利等均有明确规定，对洋教习实行严格管理。

---

① 陈学恂主编：《中国近代教育史教学参考资料》上册，人民教育出版社 1993 年版，第 104 页。

② 朱有瓛主编：《中国近代学制史料》第 1 辑（上册），华东师范大学出版社 1987 年版，第 504 页。

③ 同上书，第 103 页。

（五）课程设置

天津各洋务学堂的课程设置偏重于军事、科学知识和技术训练，但仍要求学生读四书五经、中国史事、兵事。课程设置主要有以下三个特点：第一，课程设置专业化。例如天津电报学堂开设的课程主要有：电报实习、基础电信问题、仪器规章、国际电报规约、电磁学、电测试、各种电报制度与仪器、铁路电报设备、陆上电线与水下电线的建筑、电报线路测量、材料学、电报地理学、数学、制图、电力照明、英文和中文①，专业课所用的教科书是丹麦人璞尔生所著的《电报学》以及他为该校编写的其他书籍。② 天津水师学堂开设英国文字、地舆图说、算学至开平立诸方、几何原本前六卷、代数至对数表法、平弧三角法、驾驶诸法、测量天象、推算经纬度诸法、重学、化学、格致等课程。③ 天津武备学堂分为学科、术科及经史三科，学科研究西洋行军新法，具体学习天文、地舆、格致、测绘、算化诸学、炮台营，新法等。④ 第二，课程设置体现"中体西用"的原则。例如天津武备学堂要求学生，"仍兼习经史，以充根底"⑤。第三，注重实践。天津电报学堂专门设立了电报实习这门课程；北洋医学堂规定："学生堂课固宜讲求，而临症尤最为切要。学习半年后，于医学门径略能领会。每至施医之时，按日轮班，随同医官就近住医院诊视，以广学识。"⑥ 天津水师学堂规定："凡学生在堂肄业四年，由北洋大臣大考，择其中式者，派上练船。在船练习一年，凡大炮、洋枪、刀剑、操法、药弹利弊、上桅接绳、用帆诸法，一切船上应习诸艺，诸能通晓。"⑦

（六）学生管理与出路

洋务学堂都制定了严格的招生制度，一般要求学生有一定的知识基

---

① 陈学恂主编：《中国近代教育史教学参考资料》上册，人民教育出版社1993年版，第104页。

② 张绍祖编著：《津门校史百汇》，天津人民出版社1994年版，第16页。

③ 张大民主编：《天津近代教育史》，天津人民出版社1993年版，第29页。

④ 同上书，第37页

⑤ 李国钧、王炳照总主编，金林祥主编：《中国教育制度通史》第六卷，山东教育出版社2000年版，第118页。

⑥ 同上书，第124页。

⑦ 中国史学会主编：《洋务运动》第3卷，上海人民出版社1961年版，第247页。

础，并能通过入学考试，如天津水师学堂要求报名学生年龄在 13—17 岁，已经读书数年，读过两三经，能做小讲半篇或全篇；报名后，由天津道或海关道面试，取文理通顺的人。[①]

洋务学堂都制定了奖惩分明的考试制度，如天津水师学堂规定，学生入学一年后秋考，如果考试不合格，即行剔退，第二年秋考不合格，允许学习 6 个月，参加次年春考，秋季大考后对名列前茅的学生赏给功牌、衣物等以资奖励，表现优秀者，还可以获得上船实习的机会。

洋务学堂注重学生日常行为规范的约束。例如北洋医学堂规定春秋 7 点起床，夏季 6 点起床，冬季 8 点起床，起床后必须梳洗穿戴整齐，按时到教室学习，不得迟到；上课对号入座，端坐静听；若请病假，须报监督；借图书、器械必须珍惜爱护，如有破损必须修好或赔偿；等等。天津武备学堂严格学生考勤，如果学生托病或借故不上课，则记过一次。

洋务学堂给学生提供优厚的待遇，如天津电报学堂供给学生衣履费、膏火银、奖赏银；北洋医学堂规定，一班和二班学生每月除供给饭食外，分别给赡养银 10 两和 4 两。

洋务学堂毕业生分配基本着学以致用的原则，如天津电报学堂毕业生都将派往各地电报分局工作；天津武备学堂毕业生成绩优异者，发给执照，咨送回营，由统领量才授事；天津水师学堂学生毕业后，授水师官职；北洋医学堂毕业生，除少数留校任教外，大多被派往陆军岗位和海军军舰工作。

三　萌芽时期高等教育的特点

（一）新旧教育交融

19 世纪末正值时代剧变，中国各种社会变化都被打上新旧交融的时代烙印，天津的高等教育也不例外，主要表现在：（1）办学目标新旧交融，洋务学堂表面上标榜培养新式人才，但是深层的原因是为挽救封建统治的危机；（2）课程设置新旧交融，洋务学堂虽然都偏重于专业知识的学习，开设了大量有关近代科学文化知识和技能的课程，但始终没有

---

① 李国钧、王炳照总主编，金林祥主编：《中国教育制度通史》第六卷，山东教育出版社 2000 年版，第 117 页。

放弃对传统经史的学习和要求；（3）评价机制新旧交融，洋务学堂的优秀毕业生一方面学以致用，走上洋务事业的技术或管理岗位，但同时也享有清政府给予的"功名"奖励。

（二）深受西方影响

天津近代高等教育并非在传统高等教育的基础上发展而来，而是在与外国的军事、经济、思想、文化碰撞后才产生的。洋务运动的目的就是通过学习西方而实现"自强""求富"，洋务学堂虽以"中体西用"为指导方针，但是各学堂开设的课程、传授的知识多偏向西方的军事技术和科学技术，很多学校都聘请了洋教习，学堂从建立到发展深受西方影响。

第三节　高等教育的奠基(1895—1911)

从《辛丑条约》签订到辛亥革命爆发的 10 年间，是天津近代历史上第一个兴办教育的高潮。究其原因，一方面是由于天津民族资本主义经济的初步兴起，迫切需要各类新式人才；另一方面天津作为清政府推行"新政"的重要阵地，清政府对教育实行的一系列改革，也促进了天津教育近代化的发展。天津高等教育在这一时期获得了较快发展，可以说，近代教育史上影响较大的高等教育机构大多是在这一时期创办的，是近代天津高等教育的奠基阶段。

一　高等教育机构

（一）北洋大学堂

1892 年，天津海关道盛宣怀筹划创办新式学堂，就办学方针、招生办法、学校规模、学堂章程、课程设置、教习延聘、待遇、经费、校址等问题进行了周密的研究准备，拟成了《拟设天津中西学堂章程》。1895年，盛宣怀将此章程上报李鸿章，后又经新任直隶总督兼北洋大臣王文韶上奏光绪皇帝，经准，学堂于 1895 年 10 月 2 日正式成立，初名为"天津西学学堂"，第二年更名为北洋大学堂，校址在大营门外的梁家园，聘请美国人丁家立为总教习。

北洋大学堂自创办之日起，就有别于以往建立的各类新式学校，不拘泥于"中体西用"的思想，而是采用美国大学的模式，以"西学体用"为办学方针，全面系统地学习西学。学校的一切设置，皆以美国著名学府哈佛大学、耶鲁大学为蓝图。学校所需的图书、标本、仪器、实验器材，都尽量从美国购置。仅西方杂志一项，自创办初期，就经常保持有100 余种，且均为世界理工权威学术期刊，这在当时的中国可以说是独一无二的，时人称之为"东方的康乃尔"①。

　　北洋大学堂设头等学堂和二等学堂，头等学堂为正科，二等学堂为预科，学制均为 4 年。头等学堂于 1895 年成立时，先在天津、上海、香港等地招收相当于二等学堂四年毕业生，精选 30 名列为头等学堂末班（第四班），来年升入第三班，并取二等学堂头班 30 名毕业生补头等学堂末班。以后，接年递升。头等学堂名额为 120 名，分 4 个班，分设律例、工程、矿务、机械四学门。1899 年头等学堂第一届毕业生举行毕业典礼。由于北洋大学堂有较高的教学水平与严格的课程安排和要求，头等学堂毕业生不经考试可直接进入美国著名大学的研究院深造。

　　二等学堂于 1896 年开班，在天津、上海、香港等地先招收一批已通过小学堂第三年学课的学生列作二等学堂头班，培养一年便可升入头等学堂第四班（末班），已经通过小学堂第二年学课的学生列作二等学堂二班；已通过小学堂第一年学课的学生列作二等学堂三班，来年再继续招列作四班。每班招收学生 30 名，每年有 30 名学生毕业升入头等学堂。②二等学堂名额为 120 名，每年招收 30 名，依次递升。二等学堂的课程相当于高中，课程主要有外文、数学、地舆学、格物学、各国史鉴等。③

　　1900 年，八国联军入侵天津，北洋大学堂校舍被美军占领，后又成为德国兵营，学堂被迫停办。1902 年，清政府将天津西沽武库拨给北洋大学堂作为校舍。1903 年校舍迁入新址，得以复校，复校后将战前二等学堂的学生及已停办的水师学堂学生数十人招收入学，组成预备班，授以英语及基础课，3 年毕业后升入正科。将正科与预科的学制改为各 3 年毕业（法科正科 4 年），这一学制沿用到 1916 年。为培养外交人才，北

① 金以林主编：《近代中国大学研究 1895—1949》，中央文献出版社 2000 年版，第 10 页。
② 来新夏主编：《天津近代史》，南开大学出版社 1987 年版，第 297 页。
③ 张大民主编：《天津近代教育史》，天津人民出版社 1993 年版，第 50 页。

洋大学堂于 1906 年开办法文、俄文各一班，每班各有 10 余人；同时为培养师资，于 1907 年、1908 年开办了师范班两班，共有学生 70 人。1908 年师范科停办后，增添教习，扩建校舍，增加学额，专办大学正科，逐步发展为工科大学。

（二）北洋巡警学堂

北洋巡警学堂原是天津警务学堂，是天津最早的警察学校。1902 年，直隶总督袁世凯委派天津巡警总监赵秉钧建立，校址设在河北堤头村。1903 年底，保定警务学堂并入天津警务学堂，更名为"北洋巡警学堂"，校址迁到东门外南斜街。北洋巡警学堂由日本警官三浦喜传任总教习，中岛比多吉、德泉正藏、河崎武、小川胜猪、葛上德五郎、天野健藏等日本警官及英、德警官任教习。该学堂的主要任务是"造就通省巡警官弁"，每期招二三百人，修学年限为 1—2 年。该学堂的课程分补习科、必修科、随意科三种，补习科包括修身、伦理、生理、中外历史、中外地理、算学、国文和统计等课目；必修科主要学习与警察专业相关的法律、条约等方面的知识；随意科包括测绘、理化、日语等课目。该学堂毕业生主要分配于天津、上海、南京等地。民国成立后，其演变为警察讲习所，属于培训机构，不再属于高等教育范畴。

（三）北洋军医学堂

1902 年 11 月由袁世凯主持创办北洋军医学堂，这是天津最早的陆军军医学校校址初设在南斜街原浙江会馆。初招学生 40 名，设普通医学科和军医本科。1906 年，改属陆军部军医司，改名天津陆军军医学堂，同年 12 月迁入河北黄纬路新校址。当时有学生 150 人，分为 3 个班。"徐华靖任学堂总办，聘日本驻军医院院长正平贺次郎为总教习。日本教习有：医学士高桥刚吉，陆军一等军医我妻举助，陆军一等军医、医学士味冈平六，一等药剂士、官药学士宫川渔男。学堂还设有汉文教习、日文教习、体操教习、监督、会计、庶务等，均由中国人担任。该校为北洋陆军培养军医，1907 年 2 月，第一期学生 35 名毕业，分配于北洋各镇，全部担任官职。"①

---

① 张绍祖编著：《津门校史百汇》，天津人民出版社 1994 年版，第 26 页。

（四）北洋工艺学堂

北洋工艺学堂创办于 1903 年 2 月，校址初设于旧城东南角天津贡院东草厂庵，袁世凯委任天津知府凌福彭任总办。初招学生 30 名。日本工学士藤井恒久任教务长，赵元礼任庶务长，教员有徐田、孙凤藻等人。[①]1904 年 9 月改名为直隶高等工业学堂（也叫直隶高等工艺学堂），由工艺总局经办，天津道周学熙任监督。学校分正科和速成科，正科有应用化学、机器学科，学制 3 年；速成科有制造化学科、艺匠图绘学科，学制 2年。1908 年迁入河北元纬路新校址。1909 年时，邢端任监督，顾琅任教务长，学堂经费 41293 两，有教职员 25 人，其中教员 12 人，有学生83 人。[②]

（五）北洋女师范学堂

1906 年，总理天津女学事务的傅增湘创办北洋女师范学堂，并自任监督，租赁三马路西口民房为校址。该校的具体情况将在第七章详述。

（六）北洋法政学堂

为了造就政治通才为主旨，1906 年 6 月，直隶总督袁世凯下令创办北洋法政学堂，委任黎渊为监督，校址设在河北新开河堤头村河坝下。1907 年 8 月招生，9 月 2 日正式上课。第一期招职、绅两班，为简易速成性质，修学年限为一年半。绅班为行政科，招收地方府县保送生，职班为司法科，专收外地在职人员。第二期仿日本维新初年法律学校之制，设立专门科，学制 6 年（预备科 3 年，正科 3 年），相当于本科，招生200 名，分政治与法律两门，政治科设政治、经济专业，法律科设本国法和国际法专业。正科毕业后授予证书并给予安置。[③]

（七）直隶水产讲习所

直隶水产讲习所是河北省立水产专科学校的前身，创立于 1910 年，创办人孙子文，隶属于劝业道，初创时地址在河北黄纬路，设渔捞、制造二科。

---

① 天津市地方志编修委员会编著：《天津通志旧志点校版》下册，南开大学出版社 2001 年版，第 153 页。

② 朱有瓛主编：《中国近代学制史料》第 2 辑（下册），华东师范大学出版社 1987 年版，第 178 页。

③ 郭凤岐主编：《河北区志》，天津社会科学院出版社 2003 年版，第 760 页。

这一时期创办的高等学堂详见表 5—2。

表5—2　　　　　　1895—1910 年天津各类高等学堂一览表

学堂名称	创办时间	创办人	修业年限	地址
北洋大学堂	1895 年	盛宣怀	4	大营门外梁家园（今解放南洛）
天津俄文馆	1896 年	严复	4 年	贾家沽道东机器局以西北洋水师学堂内
卢汉铁路学堂	1896 年	盛宣怀	4 年	梁家园北洋西字堂内
天津育才馆	1898 年	王文韶	4 年	海大道（今大沽路）
北洋工艺学堂	1903 年	袁世凯、凌福彭	2—5 年	旧城东南城角贡院东之草厂庵
北洋女师范学堂	1906 年	傅增湘	1.5—4 年	河北督署西（今天纬路）
北洋法政学堂	1906 年	袁世凯	3—6 年	河北新开河堤村河坝下
直隶水产讲习所	1910 年	孙子文	1—3 年	河北黄纬路

综上所述，这一时期近代天津高等教育表现出了强劲的生命力，适应了当时社会发展的需求，办学层次比较齐全，学科类别多样化，为天津高等教育的后续发展奠定了扎实、深厚的基础。

二　高等教育机构的办学概况

这一时期，天津高等教育的发展不仅表现在机构数量的增加和办学规模的扩大，而且经费筹措、机构管理、师资聘任、学科与课程设置及学生管理与出路等方面也进行了进一步的探索，取得了一定的成绩。

（一）培养目标

北洋大学堂以"西学体用"为办学方针，办学目标是培养高级工程技术人才，盛宣怀特别强调新式人才必须立足于自己培养，聘用洋人只能是暂时的、短期的，这也是他奏请开设天津北洋西学学堂的目的所在。

其他的高等学堂多属于专门学堂或实业学堂，培养目标即为专门人才，以满足当时社会的需要，如《辛丑条约》规定天津 20 公里以内不准驻扎中国军队，全由巡警负责管理，以维持地方治安，这样就需要大量的警官、巡警，北洋巡警学堂的建立正是顺应了这一趋势，该学堂的主要任务就是"造就通省巡警官弁"；北洋女师范学堂建校的目的是为初等及高等小学堂培养女教员并促进女学的普及。

（二）机构管理

北洋大学堂初创时，盛宣怀任督办，伍廷芳、蔡绍基分任头等、二等学堂总办，美国人丁家立为总教习。"所有学堂一切布置及银钱各事均归总办管理。所有学堂考核功课以及华洋教习勤惰、学生去取，均归总教习管理。"① 这样在管理上便形成了以总办负责的行政管理和以总教习负责的教学管理两个平行的系列，并要求"遇有要事，总办总教习均当和衷商办"②。在人事安排上，体现了精干的原则，"向来学堂有会办、提调、监督各名目，今拟一概删除，藉省开销而社纷杂"③。

其他各类高等学堂的机构管理都类似于此。例如北洋军医学堂由徐华靖任总办，聘请日本驻军医院院长正平贺次郎为总教习，教习也大部分为日本人，汉文教习、体操教习、监督、会计、庶务等，由中国人担任。

总之，这一时期天津的高等教育机构中，实行"政教分离"的管理模式，即行政与教学分离，虽然不够细致，但是有所分工，有利于提高工作效率，促进学堂的发展。

（三）经费来源

清末天津高等教育办学机构经费筹措的方法各异，办学机构的主体不同经费来源也不同。

北洋大学堂是一所公立大学，办学经费由天津海关解部库拨付，另外募捐一部分，盛宣怀率先捐巨款，开平煤矿、电报局、招商局也进行了募捐，这些款项合计每年捐银5.2万两左右。

---

① 朱有瓛主编：《中国近代学制史料》第1辑（下册），华东师范大学出版社1986年版，第492页。

② 李国钧、王炳照总主编，金林祥主编：《中国教育制度通史》第六卷，山东教育出版社2000年版，第204页。

③ 朱有瓛主编：《中国近代学制史料》第1辑（下册），华东师范大学出版社1986年版，第492页。

　　清末其他各类高等学堂也都属于官办性质，都由直隶总督或者天津的其他官员主持创办，经费多由政府通过筹集、募捐等方式取得，一些在当地有影响的官绅、富商也为兴办学堂出面集资。

　　总之，这一时期的高等教育机构都是官办性质的，经费一般由政府承担，这也是天津的高等教育在早期阶段就获得快速发展的一个重要原因。

　　（四）师资聘任与待遇

　　这一时期，各学堂对教师实行聘任制。以北洋大学堂为例，一般 4 年为一任期，总教习、分教习均订 4 年合同，任满时根据需要和实际工作表现"再行酌定"去留。该学堂聘任美国公理会传教士、外交官、教育家丁家立为总教习，丁家立为北洋大学堂初期的各项工作做出了很大贡献，其中不仅包括学校的基本规划、学堂章程、课程设置等，在他任总教习的 11 年中，还为北洋大学堂先后编写了《北洋丛书》《英文法程》《亚洲地理》等教科书，这些书均为当时流行最广的教科书，对当时的新型高等教育影响颇深。丁家立主持北洋大学堂校务的最大特点，就是"严"字当头，聘请教师，亦是如此，他要求选择学有优长者，不徇私情，不以个人好恶为标准。因此，学堂教师大多是具有真才实学的中外硕学鸿儒，他们兢兢业业，诲人不倦，形成了严谨的教学风格，代代相传。1904 年，学校专门颁布《教习规则》，共 14 条，对教师实行严格的考核制度，《教习规则》中明文规定："教习授课，当循循善诱，务使学生领悟，不得厌烦；学生犯规，当正言告诫，不得呵斥。"对于未经请假随意旷课或有意破坏学堂规则、不能胜任教师职责者，一经查明，即予以辞退。①

　　由于经费比较充足，所以，教师的待遇比较丰厚。1898 年，北洋大学堂头等学堂每年所需经费达 4 万两左右白银，全年教师薪金共计 2.16 万两白银，占全年经费支出的一半以上。学堂为了强调"西学"，保证教学质量，所聘请外籍教师的收入比华人教师收入要高出几倍，收入和生活待遇都超过其在本国的水平。例如担任专业课的外籍教师月薪可达白银 200 两，教授外文的华人教师月薪 100 两左右，教授汉文的华人教师月

---

　　①　金以林：《近代中国大学研究 1895—1949》，中央文献出版社 2000 年版，第 14 页。

薪仅为 40 两，不过 40 两白银在当时的中国，已足够一家人一个月的开销而还能有所积蓄。[①] 除了月薪外，政府对教有所成者还予以奖励。

（五）学科和课程设置

北洋大学堂初创时，设有法律、土木工程、采矿冶金、机械工程四科，后又根据实际需要增设铁路班、法文班、俄文班等。第一年为通习科目，课程有几何学、三角勾股学、格物学、化学、万国公法、笔绘图、各国史鉴、作英文论、翻译英文等；从第二年开始，分为五门专业学进行分科学习，即工程学、电学、矿物学、机器学、律例学。[②] 由于头等学堂开班时，合格的新生较少，第二年又开办了预备科，即二等学堂，主要学习英文、各国史鉴、数学等基础知识。虽然头等、二等学堂都设有汉文教习，讲读经史之学，但章程中明文规定"汉文不能做八股试帖，专做策论，以备考试实在学问经济"[③]。这在八股之风浓郁的背景下，确实是别开生面的。

其他各类高等学堂的课程设置也偏重于专门知识的学习。例如，根据《北洋巡警学堂推广重订章程》的规定，北洋巡警学堂必修课程包括：警察律例、宪法、行政法、裁判所构成法、刑法、刑事诉讼法、民法、民事诉讼法、商法、监狱法以及国际警察法、国际公法、国际私法、外交史、条约和操法等课目[④]；北洋女师范学堂课程有修身、教育、国文、历史、地理、算学、格致、图画、家事、裁缝、手艺、音乐、体操等 13 种课目。

由此可见，各高等教育机构的课程设置，在注重基础知识和伦理道德的同时，又重视于专业知识的传授，将人才培养与社会需求相结合，是这一时期高等教育学科和课程设置的主要特点。

（六）学生管理与出路

北洋大学堂严格挑选学生，入学考试极严，做到了宁缺毋滥，选拔

①　金以林：《近代中国大学研究 1895—1949》，中央文献出版社 2000 年版，第 12、13 页。

②　李国钧，王炳照总主编、金林祥主编：《中国教育制度通史》第六卷，山东教育出版社 2000 年版，第 205 页。

③　朱有瓛主编：《中国近代学制史料》第 1 辑（下册），华东师范大学出版社 1986 年版，第 493 页。

④　张绍祖编著：《津门校史百汇》，天津人民出版社 1994 年版，第 23 页。

尖子。1895 年招收第一届新生时，报名应试者 1000 多人，最后仅录取 10 名。入学后学生的学习也不轻松，"学生学业不进，积分不及格，由总教习核定，商之总办，高班者降班，无可降者，许留一个月以观后效，又不及格者退之"①。学堂的考试制度也非常严格，升级考试时，主课有一门不及格者就得留级。为了吸引优秀生源，学校给学生们的待遇也是相当不错的。初创时，学生上学的一切费用都由国家承担，书籍、纸张、笔墨，以及食宿都由学校供给，此外，每月还发给学生膏火费白银 1—7 两不等，随年级的升高而增长。后来随着科举制度的废除，学习西学风气逐渐盛行，发给学生的膏火费也就越来越少了。

相比之下，同期其他各高等学堂的管理比较混乱，学生学习年限 1—6 年不等，多设置正科和预备科两级，学生的来源和水平也参差不齐。

北洋大学堂对头等学堂的合格毕业生"准给考单，挑选出堂，或派赴外洋，分途历练，或酌商委派洋务职事"②。其他各类高等学堂的毕业生也大多学有所用，能找到与所学专业相关的岗位。

三 奠基时期高等教育的特点

（一）起点高、发展快

近代天津的高等教育起点高、发展快，表现在以下几个方面：第一，中国第一所近代大学——北洋大学堂诞生于天津，而且管理严格，教学质量高；第二，清末天津高等学堂林立，数量较多，类型多样；第三，各类高等教育机构学科和课程设置专业化。究其原因：一是天津地理特殊，开埠较早，经济发展较快，急需培养各类专业人才；二是洋务运动和清末"新政"的重要阵地，近代高等教育发展备受重视；三是天津具有开放和包容的文化氛围，能够积极学习和吸纳西方先进的教育教学理念。

（二）高等学校办学主体为公立

这一时期的高等教育机构全部是公办性质，办学经费主要由政府承

---

① 北洋大学—天津大学校史编辑室编：《北洋大学—天津大学校史》（第一卷），天津大学出版社 1990 年版，第 25 页。

② 陈学恂主编：《中国近代教育文选》，人民教育出版社 1983 年版，第 73 页。

担，一方面，有稳定的经费来源可以保证学堂的正常运行，管理者可以把主要精力投入到人才培养中；另一方面公办学校有政府政策支持和保护，在复杂的社会环境中，更能有利于生存，这对早期的高等教育事业的发展是弥足珍贵的。

（三）高等专科教育发展尤为瞩目

这一时期，天津的综合性大学仅有北洋大学堂一所，专门性的、具有专科性质的各类高等学堂数量大、类型多，为社会输送了大量专业人才，其发展尤为瞩目。"新政"时期出现了创办各类学堂的热潮，一批新式专科性质的高等学堂在天津建立，类别涉及警察、水产、法政、师范、工业、医学等，这些学校的建立反映出当时社会对多种人才的需求，是近代天津高等教育获得初步发展的一个重要标志。

（四）实行两级制办学模式

这一时期高等教育办学模式实行两级制，即正科和预备科。许多高等教育机构在招生的时候往往遇到学生的知识基础差的困境。为了解决这个矛盾，北洋大学开始了两级制学校的尝试，设立头等学堂和二等学堂，在正科之前设置预备科，教授学生进行专业学习所需的基础知识，为进入正科学习做准备。事实证明，两级制办学模式是非常有效的，在小学堂和高等学堂之间起到了连接的作用，解决了很大一部分生源基础知识不足的问题。

第四节　高等教育的转型（1912—1927）

1910—1919 年这 10 年，中国社会经历了两次剧烈的变革，一次是推翻清政府、建立中华民国的改朝换代，一次是爆发五四新文化运动，在政治体制和思想文化上都经历了剧烈震荡，进而对教育产生了深刻影响。天津的高等教育出现了转型，从宏观层面来看，"壬子癸丑学制"和"壬戌学制"的颁布，对高等教育的发展提出了新的要求，高等教育由日本模式转向美国模式；从中观层面来看，高等教育逐渐摆脱了封建化，向科学化、民主化、规范化转变；从微观层面来看，高等教育机构性质、经费、管理、课程等都发生了不同程度的改变，公立学校在新的环境中持续发展，私立大学和教会大学开始崛起，这些都促进了天津高等教育的转型。

一　高等教育机构

1912—1913 年，"壬子癸丑学制"确立了高等教育"纵向三级、横向三块"的体系，取消了"癸卯学制"中的高等学堂，将其改为各省立中学，而将清末分科大学中临时设置的大学预科列为学校系统中必不可少的一个阶段，预科和本科之上设大学院为研究机构。除此之外，另设专门学校和高等师范学校。1922 年，"壬戌学制"颁行，高等教育阶段取消预科，分为专门学校、大学校和大学院三级。这一时期天津的高等教育机构共有以下几类：

（一）大学校

根据《大学校令》和《国立大学校条例》，规定大学校"以教授高深学术，养成硕学闳才，应国家需要为宗旨"，可设数科，或单设一科，各科分设各学系。这一时期天津有三所大学，数量上有所增加，办学主体各异，除了公立大学外，还出现了私立大学和教会大学。

1. 国立北洋大学

辛亥革命后，北洋大学堂先后更名为北洋大学校、国立北洋大学。民国初期颁布的一系列教育法令，推动了这所学校在、学科设置、管理模式等方面的改革发展。1914 年，教育部派赵天麟任北洋大学校长。民初北洋大学设法律、采矿冶金和土木工程三个学科。1917 年，法律科并入北京大学，同时北京大学的工科并入该校。1920 年后，法科停办，北洋大学开始专办工科，此时冯熙运接任校长，他压制学生运动，于是 1924 年北洋大学掀起了驱逐冯熙运风潮，迫使他离职。之后刘仙洲出任校长，他曾有过不少的美好设想，但都因经费拮据多数未能实现，仅有恢复庚子年后停办的机械科、在国内访求工矿等科的高级师资两个计划得以实现，茅以升、侯德榜、温宗尧、石志仁、李书田、雷宝华、闫子亨等先后被请到北洋执教。这一时期，北洋大学办学经费严重不足，发展比较缓慢。1912 年，有教职员 22 名，在校学生 178 名，当年本科毕业生 34 名；到 1920 年，有教职员 28 名，在校生 215 名，当年本科毕业生 48 名。①

---

① 北洋大学—天津大学校史编辑室编：《北洋大学—天津大学校史》第一卷，天津大学出版社 1990 年版，第 100 页。

2. 私立南开大学

私立南开大学是天津最早的私立大学。1917 年，南开学校创始人张伯苓、严修赴美考察教育，张伯苓在美师从杜威、凯力鲍尔、桑代克及盖利斯等人，学习现代教育和心理学，严修详尽考察了康奈尔大学、哥伦比亚大学、旧金山大学的学制、行政管理及仪器图书等情况。1918 年二人归来，即筹募经费创办南开学校大学部，经李秀山等人的竭力募捐作为开办经费。1919 年 4 月在南开中学南部空地建筑一幢大学部校舍楼，9 月大学正式成立。初设文理商三科，第一年共录取本科新生 96 人。[①]1922 年，该校得八里台地 700 余亩，建起新校舍，1923 年 6 月，举行第一届毕业典礼，9 月迁入新址，后逐年改进。1925 年 8 月，北洋政府正式审定批准南开大学的立案。

3. 天津工商大学

天津工商大学创立于 1920 年，是天津近代唯一一所教会大学。该校的创办经过以及发展在第一章有详细叙述，这里不再赘述。

（二）专门学校

按照民初的规制，专门学校"以教授高等学术，养成专门人才为宗旨"。专门学校的学习年限为预科 1 年，本科 3 年，取消预科后，改为本科 4 年。这一时期大洋的专门学校主要是由清末的各类高等学堂发展而来，具有代表性的有以下几所：

1. 天津陆军军医学校

1912 年，原北洋军医学堂改名为天津陆军军医学校，分普通医学科和军医本科，修业年限分别为 4 年和 5 年。1913 年学校更名为"直隶公立医学专门学校"，新建了教学楼和解剖楼，这一年录取了全国二十几个省的百余名学生。该校毕业生除担任军医外，也有少数到国外留学。

2. 直隶公立工业专门学校

1913 年，原直隶高等工业学堂改名为直隶公立工业专门学校。学校取消了原有的速成科，保留了正科中的机械科、应用化学科，增设预科，修业年限为正科 3 年，预科 1 年，并附设甲种染织工科。学校只收男生，修业年限为 4 年，包括预科 1 年、本科 3 年。

---

① 教育部编：《第一次中国教育年鉴》，开明书店 1934 年版，第 102 页。

3. 直隶公立法政专门学校

1911 年，原北洋法政学堂改名为北洋法政专门学校，1914 年 6 月，直隶省当局决定将保定法政专门学校、天津高等商业学校并入该校，改称直隶公立法政专门学校，设法律、政治、商业三科。1919 年，附设甲种商业讲习科。

4. 直隶省立甲种水产学校

1912 年，原直隶水产讲习所迁入河东总车站东，1914 年，奉教育部令定名为直隶省立甲种水产学校，学制定为预科 1 年，本科 3 年，归省教育厅管辖。1926 年改行四二制，前四年为初中班，后二年为高中水产班，1928 年曾一度停办。

二 高等教育机构的办学情况

这一时期，由于政局变化和新文化思想的广泛传播，我国教育整体上经历了由学习日本到学习美国的转型，天津高等教育在办学和管理上也有所调整。这一时期天津的高等教育出现私立大学崛起、公私立大学并立的局面，因此这一阶段着重分析公立大学和私立大学办学与管理的差异，国立以大学北洋大学为例，私立大学以南开大学为例。

（一）机构设置

民国初期，天津各大学的管理制度不断完善，机构设置和人员安排更加细致和规范化。1912 年，北洋大学根据教育部相关法令制定了《国立北洋大学办事总纲》，规定：设校长 1 人，由教育总长聘任，总辖学校全部事务。校长下属协助其管理学校各项事务的主任 6 名：教务主任、学监主任、庶务主任、斋务主任、图书主任、文牍主任。教务主任负责协助校长进行教学相关事宜，如课程设置、教员延聘、制定时间表、添购图书仪器、考察课堂等；学监主任负责各种测试、记录学生考勤等；庶务主任负责管理财务、设备维修、学校卫生等；斋务主任负责管理学生住宿和食堂情况；图书主任负责管理图书及维持阅览室秩序；文牍主任负责起草各种文件。学校设校务会议，这是学校管理中最具有权威性的会议，学校的重大问题，都由校务会决议，会议由在本校任教 2 年以上的中国教员组成，实行专家治校。

南开大学从创办之日起就实行董事会下的校长负责制，坚持"责任分担、校务分掌、健全制度、定时做事"① 的原则。有关教学事宜，由校长、教务长、专任教授、注册课主任、图书馆主任、体育课主任组成的"教务会议"商议决定；有关行政事宜则由秘书长、各课主任、图书馆主任及斋务指导员组成的"事务会议"研究决定。1921 年，南开大学实行"校务公开、责任分担、师生合作"的校务管理方针，进一步发挥教师和学生在学校管理中的作用。1923 年和 1924 年，南开大学又先后成立了"教授会"和"评议会"，其职责分别是组织教师活动，对学校工作提出改进意见，讨论评议学校的重大决策，实行教授治校、民主管理。

(二) 经费来源

公立大学及专门学校的经费一般由政府拨款，或以官方名义进行募捐。民国初年，军阀混战，学校经费来源有所变化，政府将每年拨给北洋大学的经费由原来的每月 4000 两改为每月 2000 两，每年 5000 两扩充经费银也一并裁去。② 此后，由于学校的发展，所拨经费不敷应用，遂上报政府，从 1914 年起每月经费都有所增加，平均每月实拨 16951 元，1917 年达到 18836 元。③ 辛亥革命后，学生由原来的官费改为自费，新招学生按本科每人每年交学费 30 元，预科生每人每年交 20 元。④

南开私立大的办学经费主要依靠学费和募捐收入。为筹措经费，严修、张伯苓等人四处奔走，各地游说，先后取得了北洋政府总统徐世昌、前总统黎元洪、冯国璋、山西富豪孔祥熙、山西督军阎锡山、江苏督军李纯、江西督军陈光远、湖北督军王占元、川粤湘赣四省经略使曹锟等军政要员的赞助。严修自己也捐款、捐地。之外，南开大学还得到一些国外机构和个人的资助，如 1923 年美国石油大王洛克菲勒向南开大学捐助建筑及设备费 12.5 万元。值得一提的是，南开大学接受私人捐款，一向有着明确的原则，即绝不能有先决条件而受制于人。由于社会动荡不安，私立南开大学办学经费始终短缺，但南开大学在极端艰难的环境中

---

① 南开大学校史编写组：《南开大学校史》，南开大学出版社 1989 年版，第 14 页。
② 天津大学校史编辑室：《北洋大学—天津大学校史》第一卷，天津大学出版社 1990 年版，第 100 页。
③ 同上。
④ 同上。

自强不息,年年都有发展和进步。

（三）师资聘任与待遇

民国初年,北洋大学师资匮乏,不得不聘请外籍教师,学校一直坚持好中选优,聘请著名专家学者来校执教。这一时期的外籍专家主要来自欧美,如法律教授爱温斯、物理教授东伯利、土木工程专家毛瑞尔、矿业专家梅尔士等;另外还有不少学识渊博的中国教师在北洋大学执教,如法律经济教授冯熙运、李成章,国文教授孙大鹏、陆继周等。① 北洋大学教风严谨,中外籍教师都很受学生爱戴。

南开大学从建校之日起,张伯苓就主张建立一支精干的教师队伍,使教师最大限度地发挥自己的能量。南开大学聘任教师的主要渠道有二:一是学有所长的留美学者或外籍教师,他们不仅有较为专深的近代科学知识,而且熟悉欧美等国的教育制度和教学方法;二是本校或国内著名大学的毕业生。但无论是延聘留学海外的学者,还是选任国内大学毕业生,南开大学都十分注重培养引进,为他们创造适宜的工作、生活环境,而不是一味地强揽现成的人才。南开大学位居天津,避开了北京纷乱的政治环境,这也是吸引知识分子的一个原因。

北洋军阀统治时期,大学教师在政治上、生活上都很不稳定,国立大学的经费时断时续,欠薪十分严重。私立南开大学则较少受政治干扰。经费再困难,学校也想方设法保证月月按时发给薪俸,绝不拖欠。对此,国内教育界多有好评。

（四）学科和课程设置

这一时期,北洋大学的课程设置主要有以下几个特点:一是注重基础,正科和预科的低年级开设的课程全是知识基础课和技术基础课,例如预科一部主要学习外国语、国语、历史、法学通论等,本科一部主要学习英文、国文、数学、物理等。二是知识面宽,如矿冶系在三、四年级会开设机械科,一方面扩展知识,另一方面为以后发展提供更多可能性。三是知识培养与技能培养并重,很多专业都是在一、二年级学习专业知识,在三、四年级安排现场实习课,如土木班教师带学生游北戴河,

① 天津大学校史编辑室:《北洋大学—天津大学校史》第一卷,天津大学出版社 1990 年版,第97—99 页。

从事测绘，采矿班同学则深入汉阳、萍澧之间，考察煤矿等。[1] 四是重视外语，正科学生要求掌握英语和第二外语，教科书除国语外全采用美国大学原文本，中外教师都用英语讲课，学生用英语考试和答题，所以北洋大学学生的英语水平很高。

为求生存，私立大学的学科和课程设置注意适应社会和经济发展需要。为资本主义工商业发展的需要，南开大学从办学初始就设置了商科，而北洋大学等公立大学中却没有设立这一科。另外，即使同样办文科、理科或者工科，私立大学也注意避免同公立大学重复，创设应用性较强、有自身特点的新专业，努力适应社会需求，形成鲜明的办学特色。

（五）学生管理与出路

北洋大学的学生管理一向以严格著称。民初，北洋大学制定《国立北洋大学校学事通则》（以下简称《通则》），规范日常校务。《通则》第二章对学生入学、休学、转学及退学做了十分详细的规定，体现了学籍管理的严格；第四章对学生的考查、平日测验、学年考试和毕业考试均做了规定，评定成绩分为甲、乙、丙、丁四等，不及格课程需在下学期补考，实习、操作、体育三项不合格者，不得升级或毕业；第六章是关于学生奖惩的规定，对学年成绩优秀者，免收一年学费，而对违反校规、对师长无礼的学生则要进行训诫或记过，体现了奖惩分明；除此之外，《通则》还对考场规则、宿舍纪律和学校仪器、图书设备的使用等进行了详细的规定。

南开大学的学生管理以道德教育为本。嫖、赌、烟、酒、早婚，在南开都属于禁戒，犯者退学，绝不宽贷。[2] 南开大学校门曾立了一面镜子，刻有镜箴："面必净，发必理，衣必整，纽必结；头容正，肩容平，胸容宽，背容直；气象：勿傲、勿暴、勿怠；颜色：宜和，宜静，宜庄。"[3] 教育部视察员对南开大学的评论是："就中国私立学校而论，该校整齐划一，可算第一。"[4] 另外，南开大学还非常重视学生的体育锻炼，

---

① 北洋大学—天津大学校史编辑室编：《北洋大学—天津大学校史》第一卷，天津大学出版社 1990 年版，第 87 页。

② 金以林：《近代中国大学研究 1895—1949》，中央文献出版社 2000 年版，第 72 页。

③ 同上。

④ 《视察员对南开之批评》，《晨报》1925 年 11 月 23 日第 6 版。

张伯苓认为体育有助于克服中国人弱、散、私等陋习。南开大学特别修建了网球场，20世纪20年代前后，曾举办过三次华北运动会。由于南开大学学科和课程内容的应用性强，能满足社会需求，学生的素质也比较高，毕业生都能有较好的出路，而且不断吸引中学毕业生报考，并得到工商实业界的支持和关注，使其自身获得不断发展的动力。

三　转型时期高等教育的特点

（一）教育模式由日本向美国转变

清末，我国盛行留学日本，学制建设和学校管理以日本为师。辛亥革命后，曾留学欧洲、深受欧美教育影响的蔡元培出任教育总长，特别是在五四运动之后，新文化思想广泛传播教育界和知识界学习欧美之风盛行，天津高等教育也转型为美国模式，主要表现在以下几个方面：一是高等教育结构分专门学校和大学两级，这是美国高等教育的传统；二是高等学校多聘任欧美国家的外籍教师，这与清末日本教员比较受欢迎是有所不同的；三是教授治校的管理方式也是受美国高校的启发。

（二）办学主体多样化

清末，天津高等学校都是公立的，民国初期，私立大学和教会大学崛起，天津高等学校办学主体开始出现多样化特点。这一时期，私立大学和教会大学之所以能崛起并蓬勃发展，除当时社会经济发展对人才的需要以及西方文化对中国的影响外，还受一些政治和社会因素的影响：第一，民初政局动荡，教育经费削减或被挪用，而私立大学和教会大学的经费主要依靠学生学费和教会拨款，招生录取标准较低，往往降格以求，因而为投考国立大学落榜的学生提供了求学的机会；第二，国立大学往往受政潮影响，校长更换频繁，学校经常呈混乱、停滞状态，而私立大学和教会大学的各项秩序比较稳定，特别是一些声誉卓著的私立大学，对师生有较大的吸引力；第三，一些有政治理想或失意政客往往借开办学校，扩大其个人影响；第四，当时社会偏重资历，进大学混张文凭，有利于个人晋升。因此，私人大学和教会大学对于富裕家庭子女有一定的吸引力。

（三）重视发展专门学校和实用学科

这一阶段，天津高等教育的一个突出特点是重视发展实用学科，大力兴办专门学校。天津的专门学校一般由清末的高等实业学堂发展而来，门类涉及法政、医学、工业、水产等，与综合性的分科大学比，这类学校修学年限较短，要求相对较低，对口性比较强，因此也受欢迎。在学科设置方面，那些与工商业发展密切相关的专业普遍受到重视，例如，北洋大学设置了工科专业，私立南开大学设置了商科，天津工商大学设置了工科和商科，其他专门学校所设置机械、化学、法律等也都与社会经济发展联系紧密的专业。

（四）内部管理趋向规范化、民主化

这一时期，各高等学校都根据国家法律制定了本校的管理条例或章程，如北洋大学制定了《国立北洋大学办事总纲》《国立北洋大学校学事通则》，使学校的管理有章可循，有规可依。在"行政与教学分离"的基础上，对学校内部机构管理做出了更加细致、科学的分工，主要体现出校长负责制、教授治校、民主管理，进一步完善高等教育管理机构，健全内部机制。

第五节　高等教育的繁荣（1928—1937）

1928—1937 年，天津政局平稳，社会安定。这一时期，国民政府相继颁行了《专科学校组织法》《专科学校规程》《修正专科学校规程》《大学组织法》《大学规程》和《大学研究所暂行组织规程》等法律法规，对大学和专科学校的办学及组织管理做了明确规定，天津的高等学校也依法进行了相应的整顿和改革，高等教育也不断调整完善，可以说，这一阶段是天津近代高等教育发展的一个繁荣时期。

一　高等教育机构

这一时期天津实施高等教育的机构共有四种：研究所、大学、独立学院和专科学校。

（一）研究所

1929 年颁布的《大学组织法》第八条明确规定："大学得设研究院。"各大学根据这一规定相继建立或完善了原有的研究机构，把人才培养和学术研究结合起来。

1928 年，北洋大学改为北洋工学院。北洋工学院最早的研究机构是建立于 1933 年的冶金工程研究所和工程材料研究所，1934 年合并成为工科研究所，李书田任研究所所长。《国立北洋工学院工科研究所暂行组织章程》规定，该研究所为学院的学术研究机关，暂设矿冶工程部，分设采矿工程、冶金和地质三门。工科研究所成立后取得了显著的成绩，发表了大量的学术论文。1935 年，北洋工学院开始招收研究生，招收各大学优秀工科毕业生，研究二年后，论文通过授予硕士学位。这标志着该校的研究、教学工作进入了一个新阶段。

南开大学同样注重教学与研究紧密结合，在这一时期相继成立了两个研究所，分别是 1932 年成立的应用化学研究所和 1934 年成立的经济研究所。经济研究所进行的《天津工业调查》《华北重要农村工业调查》《华北农业经济之分区选样调查》等课题的研究，在社会上引起了广泛重视。由于在当时化学仍属于新兴学科，因此，华北实业界十分关注应用化学研究所的发展。

（二）大学

《大学组织法》和《大学规程》规定，具备三个学院以上者，三个学院中必须含理、农、工或医学院之一，方可称为大学。当时天津符合条件的仅有私立南开大学。

20 世纪 30 年代初，私立南开大学校舍面积达 400 余亩，设秀山堂（教室、办公室）、思源堂（科学馆）、木斋图书馆、百树林（教授宿舍）、芝琴楼（女生宿舍）、男生第一、第二宿舍等建筑。昔日一片荒凉洼地已成为树木成荫、高楼耸立的校舍。复增设校园、护林、莲池及体育运动场，俨然有"现代大学的规模"。南开大学设文、理、商、经济四个学院，文学院分英文学、政治学、哲学、教育学四系；理学院分算学、物理学、化学、生物学、先期医学、电机工程、化学工程七系；商学院分会计学、银行学、普通商业三系；经济学院分农业经济、工业管理、运输学、经济史学、统计学五系。在校生达 400 多人，教职员有 100 多人。校长张伯苓，秘书长黄珏生，文学院院长陈逵，理学院院长杨绍曾，商学院兼经济学院院长何廉。

（三）独立学院

独立学院是规模较小的大学。《大学组织法》和《大学规程》规定，不满三个学院者，可称独立学院。独立学院以研究高深学术、养成专门人才为宗旨，除医学专业 5 年毕业外，其余均 4 年毕业，分国立、省立和私立三种。

1. 国立北洋工学院

1920 年以后，北洋大学专办工科。1928 年，因试行大学区制，改名为国立北平大学第二工学院，转年大学区制停止试行，又改称为国立北洋工学院。茅以升、蔡远泽、李书田等先后任院长。1928 年，学校共有正科 12 班、预科 4 班，学生共计 450 人。1929 年，改预科为附属高级中学，二年毕业，考试合格升入本科。1929 年，正科各学门均改称学系，正科成为本科。① 此时设有矿冶工程学系、土木工程学系、机械工程学系。1933 年添设电机工程系，1934 年，筹办水利工程学系。同年附属高中停办，以集中力量办好本科。1935 年，该校增设工科研究所，分冶金工程、采矿工程、应用地质三系。1937 年抗日战争爆发后，该校西迁入陕。

2. 河北省立工业学院

1928 年，原直隶公立工业专门学校改名河北省立工业专门学校，1929 年 5 月，又改为河北省立工业学院。学院分化学制造系、机电工程系、水利工程系三学系，修业 4 年，兼收女生，附设高级职业部。1934 年，该院有教员 62 名，职员 48 名，学生 241 人，分为 12 班，其中化学制造系 59 人，机电工程系 105 人，水利工程系 77 人，经费 207306 元。② 1937 年 7 月，天津沦陷后，学校被日军强行解散，改作日军伤兵医院。

3. 河北省立法商学院

1928 年，原直隶公立法政专门学校改名河北省公立法政专门学校，1929 年 4 月，根据北平大学区令改组为河北省立法商学院，院长吴家驹。学院分设法律、政治、经济、商学四系，系主任依次为杨云竹、高崇焕、杨亦周、施念远，学制 4 年，还附设高级中学班、高初两级商科职业班

---

① 教育部中国教育年鉴编审委员会编：《第一次中国教育年鉴》，开明书店 1934 年版，第 66 页。

② 教育中国教育年鉴编审委员会部编：《第一次中国教育年鉴》，开明书店 1934 年版，第 83 页。

及中等商业科。此时开始招收女生。1933 年奉令高初级商科职业班并入河北省立商业职业学校。到 1933 年底，本科历届毕业生共 1159 名。该院出版院刊《法商》半月刊。1934 年时，院长为高崇焕，有教员 33 人，职员 30 人，经费 119369 元，有学生 11 个班四学系 236 人。[①] 1935 年夏，高崇焕院长调离，杨亦周升任院长。增设商职部，赵玉堂为主任。1937 年 2 月，因该院师生积极参加抗日，学院被武力强行解散。

4. 河北省私立天津工商学院

1933 年 8 月，天津工商大学得到教育部批准立案，因所设系科未达到大学三院九系的标准，故更名"河北省私立天津工商学院"，性质依然是教会大学。这一时期，该校发展情况详见第一章。

（四）专科学校

这一时期，天津最具特色的专科学校是河北省立水产专科学校。1928 年，该校曾一度停办。1929 年 5 月，省政府决议改为河北省立水产专门学校，分预科、本科。本科设渔捞、制造两科。同年 11 月，又改为河北省立水产专科学校，并将原设渔捞、制造两科改称两组。渔捞分航海驾驶、气象海洋、渔具、渔轮四部，制造科分化学、细菌、工场三部，工场部下设有干制、盐藏、制药、罐头、贝扣、酿造、制革、制盐、食品制造诸厂及冷藏库。该校校长为曾留学日本学习水产的张元弟，渔捞组主任苏国铭，制造组主任刘纶。1931 年 8 月，取消预科，添加高中班，本科、高中的学制均为两年。1933 年取消高中班，改为高职水产科。1934 年起本科暂停招生，附设高级职业学校。据 1934 年度统计：有教员 26 人，职员 27 人，6 个班，学生 73 人，经费 64888 元。[②] 抗战期间该校停办。

这一时期，天津的政局相对稳定，高等教育经过数次调整后，进入了繁荣发展阶段，各高等院校办学规模和办学质量不断提高，天津的高等教育事业朝着更加科学化、规范化的方向发展。

---

① 教育中国教育年鉴编审委员会部编：《第一次中国教育年鉴》，开明书店 1934 年版，第 85 页。

② 教育部中国教育年鉴编审委员会编：《第一次中国教育年鉴》，开明书店 1934 年版，第 173 页。

二 高等教育机构办学概况

1928—1937 年，是天津高等教育发展比较迅速的时期，在机构管理、经费来源、师资聘任与待遇、学科设置、学生管理等方面，都有较大的发展。

（一）机构设置

这一时期，天津的高等学校都确立了以校长负责制为核心、校务会议帮助决策的如南开大学设校长 1 人，下设行政和学科两部，行政下设教务处和秘书处，各设处长 1 人，学科下设文、理、商、经济四学院。[①]河北省立工业学院设院长 1 人，下设院务会议和秘书处，院务会议下设总务会议、教务会议分管教学和行政事务。[②] 河北省立女子师范学院设院长 1 人，总理院务，学院分设学院、师范、中学、小学、幼稚园五部，各部分设主任。大政皆于院务会议解决。以下尚有学系会议、教务会议、事务会议，解决各种要政。[③]

（三）经费来源

这一时期，由于社会比较稳定，高等教育经费不足的情况有所改善。例如，北洋工学院 1932 年至 1934 年，经费分别为 188929 元、276000 元、296000 元[④]，大部分用于教职工薪俸和添置教学和科研设备；南开大学从 1928 年开始逐年增加教育经费，经费来源的渠道有所拓宽，除了接受捐助和学生缴费外，国民政府开始给予补助，加上租息和其他新项收入，入不敷出的状况基本得到改善。1926—1931 年南开大学经费的增长情况及 1931 年南开大学经费收入与支出情况，详见表 5—3、表 5—4、表 5—5。[⑤]

---

① 教育部中国教育年鉴编审委员会编：《第一次中国教育年鉴》，开明书店 1934 年版，第 173 页。

② 同上书，第 67 页。

③ 天津市地方志编修委员会编：《天津通志—旧志点校卷》（下），南开大学出版社 2001 年版，第 154 页。

④ 同上书，第 67 页。

⑤ 同上书，第 103 页。

表 5—3　　　　　　1926—1931 年南开大学历年经费比较表

时间	1926 年	1927 年	1928 年	1929 年	1930 年	1931 年
经费收入（元）	160690	107580	177049	220126	250237	355366

表 5—4　　　　　　1931 年南开大学经费收入明细

款项	国省库款	学生缴费	租息	捐助款	新项收入	合计
数额（元）	190000	41380	59351	62384	2251	355366

表 5—5　　　　　　1931 年南开大学经费支出明细

款项	俸给费	办公费	设备费	特殊用费	合计
经费支出（元）	121529	37287	115520	44138	318476

（三）师资聘任与待遇

这一时期，天津高校教师队伍建设取得了一定的进展，教师数量不断增长，教师管理也开始走向制度化。1927 年，国民政府行政委员会公布《大学教员资格条例》，对高校教师任职资格和薪俸做出明确。规定：大学教员分为教授、副教授、讲师和助教四等；任职条件为国内外大学毕业，具有学士学位并有相当成绩者；凡是教员都需要审查，并且要以专任为原则。大学教师的待遇是：教授月俸 400 元至 600 元，副教授 200 元至 400 元，讲师 160 元至 260 元，助教 100 元至 160 元。[1] 而当时天津中学教员平均工资为 53.1 元，小学教职员的平均工资为 37.06 元，民资企业工人平均工资仅为 12.13 元，[2] 可见，大学教师的工资待遇是非常高的。

（四）学科设置

随着办学规模的扩大，天津各高校在学科设置上做出了一些调整，

---

① 刘志鹏主编：《20 世纪的中国高等教育教学卷》（上册），高等教育出版社 2006 年版，第 464—465 页。

② 《天津市社会局统计汇刊》杂类。

通过增设学科或精简课程等方式实现进一步优化。如北洋工学院增设电机工程学系和水利工程学系，机械工程系分为机械工程和航天工程两组，到1935年，该学院共设有4个学系、7个工程组和1个研究所；1930年，南开大学将文、理、商三科分别改为文学院、理学院、商学院，并成立经济学院，在理学院增设电机工程系；河北省立法商学院增设政治、经济二系；河北省立女子师范学院增设家政艺术系等。

（五）学生管理

这一时期，学生管理方面最突出的特点是实行严格的学分制和学位制。学分制对每周应上课时数和期末考试成绩做了明确规定，四年制大学的总学分一般为120分。学位制是由高等院校或国家授予的表明专门人才专业知识水平的称号。1931年国民政府颁布《学位授予法》，正式推行学位教育，规定学位分为三级：学士、硕士和博士。凡曾在公立、私立大学或者独立学院修业期满考试合格，并经教育部审核确实者，由所在学校授予学士学位。[①] 学分制和学位制的实行，使天津近代高等学校的学生管理符合了国际通例，促进了专门人才的分级培养和全面提高，也有利于人才的内外交流。

三 繁荣时期高等教育的特点

（一）高等教育体系日益完善

经过50多年的发展，到抗日战争爆发前，天津建立起了包括专科、本科、研究所在内的层次完整的高等学校体系。专科学校注重培养学生的实用技能；本科学校培养学生专业知识和掌握技术的能力；研究所把培养人才和学术研究结合起来。不同层级的高等教育机构各有所长，能满足不同人群对高等教育的需求，这是天津高等教育逐步走向成熟的标志。

（二）教育经费相对稳定

南京国民政府成立以后，天津教育经费基本得到保障，经费不足的状况得到缓解。首先，各级政府非常重视教育的发展，20世纪30年代，政府拨款不仅针对公立学校，对私立大学也有所补助，政府依然是高等

---

① 梅汝莉主编：《中国教育管理史》，海潮出版社1995年版，第466页。

教育办学的最重要的主体。其次，经费管理制度进一步完善。根据 1928
年全国教育会议通过的《教育经费独立并保障》议案和《教款独立及保
障要点》，天津特别市教育局组建了教育经费保管委员会，以统筹教育经
费收支，并制定了《津市教款保委会规程》，成立教育专款委员会，使得
经费管理有了制度、机构保障，改变了以往经费混乱、收支不明的状况。
再次，为了奖助贫寒学生以及资助兴学者，天津市还成立了免费及公费
委员会，查各校有否免费生外，并成立公学及免费委员会处理之。① 最
后，各学校拓宽筹集经费的渠道，如征收学费、租息等，进一步增加了
办学经费。

（三）政府加强对高等教育的管理

到 20 世纪 30 年代，国民政府对高等教育的管理日益强化。《大学组
织法》《大学规程》《专科学校组织法》《专科学校规程》等系列法规的
颁布及高等教育各种相关制度的落实，使高等教育在政府的干预下逐步
迈向规范化。总之，政府对高等教育的影响不断加强既是高等教育规范
化发展的必然要求，也是政府应当承担的社会责任，体现出政府对高等
教育的重视。

（四）大学生成为爱国运动的重要力量

天津的高校具有爱国主义的光荣传统，大学生成为爱国运动的重要
力量。私立南开大学的学生是天津历次学生爱国运动的中坚力量，早在
"五四运动"时期，以南开大学第一期学生周恩来为代表的师生就积极参
加了伟大的反帝爱国运动；1921 年中国共产党诞生后不久，即在该校学
生中发展了共产党和社会主义青年团组织；1924 年组建了中共南开大学
支部，成为天津最早的中共基层党支部之一。1936 年，河北女师的党组
织在学校成立了抗日救亡团体——女同学会，带领同学们开展一系列抗
日救亡活动。1931 年"九一八"事变后，北洋工学院的同学成立抗日救
国会，决定即日赴南京请愿，这是当时华北学生的第一个抗日组织。中
国共产党创始人李大钊毕业于河北省立法商学院，他积极传播马列主义，
发动同学参加抗日救亡运动，李大钊在母校十八周年纪念大会的演讲中
评价道："那时中国北方政治运动首推天津，天津以法政为中心。"足见

① 《市教育局拟定廿六年度行政计划》，《益世报》1936 年 1 月 23 日。

天津的大学生在爱国运动史上曾发挥的重要作用。

第六节　高等教育的重创与重建（1938—1949）

　　1937 年"七七事变"爆发后，天津沦陷，教育事业损失惨重，高等学校陷入崩溃的境地。1945 年抗战胜利以后，高校得以喘息，但 1948 年内战爆发又使高等学校陷入新的困顿，直到 1949 年以后，天津的高等教育才真正开始恢复和重建。

一　高等教育遭受重创

　　"七七事变"后，日军占领天津，天津高等教育遭受重创，表现在以下几方面：

　　（一）大部分高等院校解散、停办

　　天津沦陷后，高等教育几乎处于崩溃状态，河北省立工业学院、河北省立法商学院、河北省立水产专科学校先后被迫解散或停办。

　　（二）部分高等院校内迁

　　为了躲避战火，国立北洋工学院西迁入陕西，与北平大学及北平师范大学合组为西安临时大学，1938 年 3 月改成西北联合大学，不久又改组为西北工学院。

　　1937 年 7 月 29 日、30 日，私立南开大学校舍遭敌机狂轰焚毁，教育部令南开大学、北京大学及清华大学合并，迁长沙，称临时大学，后复迁昆明，改称西南联大。

　　河北省立女子师范学院命运多舛，先是遭到日寇疯狂轰炸而被迫停办，后师范部及中学部学生分别收容于私立耀华中学和圣功女中，小学部商洽迁于志达小学继续上课，学院部因租借各私立大学无相应科系，遂由齐璧亭院长率领迁至西安、兰州等地，与北师大、北洋大学等成立西北联合大学。

　　（三）教会大学幸免于难

　　抗日战争爆发后，天津大部分高等学校停办或内迁，唯独教会所办的私立天津工商学院幸免于难，继续在津办学。原因是该校位于英租界马场道，躲过了日军的炮火。一些留津的知名学者，如土木工程专家高镜颖、林镜瀛、谭真，建筑学专家沈理源、闫子亨，物理学专家马沣，地理学专家侯仁之，语言学家朱星等都应聘到该校，一时间该校成为华北地区有较大影响的学校之一。①

二　高等教育的恢复与重建

1945 年 8 月，日本侵略者战败投降，国内形势稍有缓和，教育发展得以喘息，天津高等院校开始逐步恢复，重建高等教育体系。恢复与重建的方式有以下几种：

（一）恢复办学

1. 北洋大学

1946 年 1 月，经国民党政府教育部批准恢复北洋大学。茅以升、张含英相继任校长。复校后设置两院十二系。理学院设物理系、化学系、数学系、地质学系，院长陈荩民，系主任分别是：张国藩、梁传玲、李恩波、阮维周。工学院设土木工程学系、采矿工程学系、冶金工程学系、电机工程学系、航空工程学系、机械工程学系、化学工程学系、水利工程学系，院长李书田，系主任分别是：曾威、魏寿坤、魏寿坤（兼任）、刘锡瑛、李登科、李登科（兼任）、方子勤、常锡厚。② 此为北洋大学分科最为完备的时期。1952 年，北洋大学除采矿、冶金两系拨往北京矿冶学院外，其余各系与津沽大学、河北大学、河北省立工业学院及南开大学工科合并组成天津大学。

2. 河北省立工业学院

抗战胜利后，河北省立工业学院在河北元纬路复校，1946 年改名为河北省立工学院。

3. 河北省立女子师范学院

1945 年 11 月，河北省教育厅派河北省立女子师范学院前庶务主任李荫珂为接收员，先行接收校产。1946 年 6 月，齐璧亭返津继任院长，师范部、中学部于 9 月 11 日开学，幼儿园 9 月 20 日开学，附属小学 10 月 1

---

① 张绍祖编著：《津门校史百汇》，天津人民出版社 1994 年版，第 37 页。
② 教育部中国教育年鉴编审委员会编：《第二次中国教育年鉴》，商务印书馆 1948 年版，第 138 页。

日开学。学院部因招生简章需呈报教育部批准，招生较晚，于 10 月 8 日开学，设国文、教育、家政、音乐、体育等系。1949 年，该院与国立国术体育师范专科学校合并，改建为河北省立师范学院。

4. 河北省立法商学院

1947 年，河北省立法商学院前院长杨亦周、系主任施念远在广大毕业生支持下，几经周折，于同年秋在原校址复校，顾德铭为院长，招收法商两系一年级新生。1949 年时，该校有教职员 48 人，其中教员 23 人，在校学生 120 人。1952 年院校调整时，法商两系分别并入北京法政学院和天津南开大学。

5. 河北省立水产专科学校

1946 年，河北省立水产专科学校在原校址复校，张元弟继任校长。1952 年，该校撤销，部分专家教授调往青岛、上海等地，其余教职员迁至塘沽，新建塘沽水产学校。

（二）私立改为公立

1. 南开大学

1945 年，南开大学由昆明迁回天津，改为国立，除整修残存的废旧校舍之外，又由国民党天津市政府在市内甘肃路拨给一所日本学校，作为南开大学东院，招生开学，直至天津解放。

2. 津沽大学

1948 年，原河北省私立天津工商学院改名为津沽大学。1951 年由天津市人民政府接管定名为国立津沽大学，著名物理学家张国藩任校长。1952 年，该校与北洋大学、河北省立工业学院及南开大学工科等合并组成天津大学。

（三）外地迁入高校

1933 年秋，国立国术体育师范专科学校在南京成立。1937 年 7 月，日军侵华，轰炸南京，该校先后迁往长沙、昆明、四川北碚。1946 年 7 月，该校回迁南京，但原有校舍已毁于战火。教育部指定该校迁往天津，于是该校在天津北站原河北体育场复校。1946 年底开课，开辟了篮球场、排球场、器械体操区。该校校长张之江，教师除随校由四川来津人员外，先后又聘请北平师大的徐英超、苏竞存，清华大学的王英杰来校兼课。1947 年夏，该校在天津、北平、青岛、沈阳等地招生，1948 年又在天津、北平招生，此时，该校设 3 年制专科和 5 年制专科，共计学生 300 多人。1947 年和 1948 年，该校举行了全校运动会。1948 年学期末，在北宁公园举行童子军露营活动。该校内组织了"健队"和"南北"篮球队参加天津市的篮球比赛。还在中国大戏院举办了体育、武术、舞蹈表演。1948 年秋，解放军包围天津，12 月初，国民党军队占据该校。该校师生被迫临时借住河北女子师范学院内。1949 年 1 月 15 日，该校迁回原址复课，暑期与河北女子师范学院合并，成立河北师范学院。

（四）新办高校

1. 天津私立达仁学院

1939 年秋，为满足青年求学的需要，国民党天津市战区教育督导员、天津教育促进会理事长张卓然创办达仁学塾，初址在英租界海大道（今大沽路），校舍简陋。校长是南开大学未撤退的经济系教授、天津教育促进会理事袁贤能，总务主任是北洋大学未撤退的教授黄帮祯，袁、黄二人教授主要科目：经济、财政、会计等；还请了几位兼课教师担任国文、英文等学科。学校酌收学费，但日常开销主要是靠教育部补助，并向教育部备案请求经费。该校因教学质量高而深受欢迎，求学者日益增多，学院迁至徐州道清源医院，教学条件有所改善，学校改名为天津达仁经济学院，分计划财政、企业管理和经济学三个系，增聘胡鲁生、沈唏、龙吟、李宝震等经济学者为教师，聘请知名律师张士骏为名誉院长，学生达 200 多人。1949 年时，该院迁至第六区（今河西区）台北路，院长祖吴椿，有教职工 39 名，其中教师 18 名，在校学生 313 名，其中本科学生 283 名、专科学生 30 名。1951 年时，该院有二系一科，学生 190 名，教职员 26 名。1952 年，该校并入津沽大学。

2. 天津私立育德学院

天津私立育德学院创办于 1946 年，校址初在徽州道，校长夏勤，教室为租赁，教师为兼任。以讲授经济管理为主，分本科与专修科。入学不需经过考试，中学毕业生只要交纳学费就可注册为该校学生。后来校址迁至建设路。1949 年，该校有教职工 12 人，其中专职教师 2 名，学生 126 名，其中本科生 73 名，专科生 53 名。1951 年，由于该校主办人陈仙洲去台湾，学校自动解散。

这一时期，天津高等院校情况。详见表 5—6。

表5—6   重建时期天津高等院校概况

学校名称	办学性质	学校级别	学科设置	备注
国立北洋大学	国立	大学	理、工	天津大学
国立南开大学	国立	大学	文、理、商、工	南开大学
津沽大学	国立	大学	工、商	并入天津大学
河北省立法商学院	省立	独立学院	法、商	并入南开大学
河北省立女子师范学院	省立	独立学院	师范	河北省立师范学院
河北省立水产专科学校	省立	专科学校	水产	撤销
国立国术体育师范专科学校	国立	专科学校	师范	并入河北省立师范学院
天津私立达仁学院	私立	独立学院	经济	并入天津大学
天津私立育德学院	私立	独立学院	经济	解散

资料来源：1.《天津市高等教育（初中以上学校）一览表》，天津市档案馆藏，资料号：401206800—J0002—3—006555—002。

2.《为将调查高等教育状况提出书面报告事与教育局往来函（附状况一份）》，天津市档案馆藏，资料号：401206800—J0110—1—001010—008。

三　重创与重建时期高等教育的特点

1937年天津沦陷后，高等教育在办学规模、办学质量及学校管理等方面都严重出现了倒退，抗战期间，由于大部分高等学校被迫停办或内迁，天津高等教育迅速发展的局面被全面摧毁。抗战胜利后，虽然高等教育发展仍旧困顿，但由于高等教育事业之前发展的基础较好，很多院校在较短时间内就得以重建，为新中国成立后天津高等教育的发展奠定了基础。这一时期，天津高等教育发展主要有以下特点：

（一）高等教育体系遭到严重破坏

战争对教育的破坏是巨大的。抗战期间，天津高等教育体系被彻底摧毁。河北省立工业学院、河北省立法商学院、河北省立水产专科学校先后被迫解散或停办；国立北洋工学院、私立南开大学和河北省立女子师范学院内迁；仅教会所办的私立工商大学继续在津办校。抗日战争结束后，这些学校虽然逐步复校，但战乱频仍、经费不足等问题仍层出不穷，天津高等教育的发展依旧深陷困顿。

（二）南开大学改为国立

南开大学复校后改为国立。复校后的南开大学，共设四学院十六系，分别是，文学院：中国文学、外国语文、历史、哲学教育；理学院：算学、化学、理学、生物；商学院：政治、经济、银行、会计统计、商业管理；工学院：机械工程、化学工程、电机工程。1947 年有教职员 253人，其中教员 150 人，全年经费共计 363460 元。[①] 国立南开大学是当时天津学科最多最齐全的大学，学校经费不断增加，教学设备和图书数量在全国都是领先的。南开大学改为国立，不仅有利于学校自身的发展，也有利于增强天津高等教育的综合实力。

（三）高等教育在战乱中保持了自身的独立精神

即使遭受重创，天津高等教育在发展过程中依然保持了自身的独立精神，主要表现在：第一，战争可以毁掉校园，但毁不掉奋进的精神。抗战爆发后，以北洋大学、南开大学为代表的天津高校遭到敌人的猛烈攻击，校园几乎毁于战火，但这些学校的老师和学生并没有因此放弃研究和学习，他们几经波折，转战内地，坚持办校，为战后复校保留了知识和人才的火种。那些留在天津的师生，他们积极参加反帝、反内战、反独裁运动，表现出高度的自主性和革命性。第二，抗战胜利后，积极复校，天津高等教育体系在短时间内得以重建。这一方面源于政府的号召与支持，更多靠的是天津高校师生的共同努力，他们对于教育事业的执着和热情，值得我们敬佩和学习！

---

① 教育部中国教育年鉴编审委员会编：《第二次中国教育年鉴》，商务印书馆 1948 年版，第 137 页。

第 六 章

天津近代留学教育

留学教育是天津近代教育制度的重要组成部分。1876 年，李鸿章从北洋水师选派了 7 名武弁前往德国学习军事技术，由此揭开了天津近代留学教育的序幕。天津留学教育在半个多世纪的发展过程中，克服种种困难，为天津培养了许多高级人才，有不少留学生归国后服务于天津教育领域，对天津教育近代化起了重要的推动作用。

第一节　留学教育兴起的原因

中国是文明古国，有着悠久的历史和灿烂的文化，在很长时间里曾经走在世界前列。到了清末，泱泱大国昔日的辉煌不再，清政府江河日下，而在世界的另一端，西方国家迅速崛起，中国与世界的差距越来越大。

一　西方国家的崛起和两次鸦片战争的爆发

清朝末年，作为一个闭关锁国的封建农业国家，中国已经从昔日的鼎盛走向衰落。而此时，欧美资本主义国家已迅速崛起。17 世纪，英国爆发了资产阶级革命，为资本主义的发展开辟了道路，18 世纪又开启了工业革命，机器工业逐渐代替了工场手工业，生产技术装备迅速升级，生产力大大提高，海陆军也装备了新式武器，战斗力迅速提升。同样，资产阶级革命和工业革命也使法国资本主义得到了快速的发展，到鸦片战争前夕，它的工业产量已居世界第二位。美国也在独立后取得资本主义的快速发展。同时，西方国家的科学技术也大踏步地前进，物理学、化学、生物学等近代科学取得了空前的成就，人类社会的物质文明和精神文明都发生了巨大的变化。

与这些国家相比，中国依然在旧的轨道上蹒跚而行，必然导致与西方国家的差距越来越大。1840—1860 年，为拓展海外市场，西方列强先后发动了两次鸦片战争，均以中国的失败而告终，中国被迫签订了《南京条约》《北京条约》等一系列不平等条约。从此，中国紧锁的国门被撬开，逐渐沦为半殖民地半封建社会。

二　民族意识的觉醒和洋务运动的兴办

鸦片战争不仅冲击了中国的政治、经济，也使思想、文化发生了前所未有的剧变。一些有识之士从侵略者的炮火中惊醒，启动了向西方学习、探索救国救民真理的艰难历程。林则徐提出了向西方学习、抵御外侮的思想，主持编译和审定了《四洲志》，为中国打开了一扇了解世界的窗口。魏源编写《海国图志》，提出"师夷长技以制夷"的主张。在他们的影响下，19 世纪 40 年代，中国出现了一股以研究西方器物文化为特征的经世致用思潮。

第二次鸦片战争的失败，给清政府当头一棒，终于促使统治阶级觉醒，开始向西方学习。从 19 世纪 60 年代起，封建官僚集团掀起了一场以"自强""求富"为目的的洋务运动。随着外国列强对天津的侵犯，清政府逐渐认识到天津在巩固封建统治中的重要地位。1861 年，清政府在天津设立三口通商衙门，开展洋务，但经营数年，收效甚微。1870 年，李鸿章任直隶总督兼北洋大臣，他倚靠天津优越的地理位置，大举兴办洋务，使得天津的洋务运动进展明显，成为北方的"洋务"中心。督直后，他又创建了中国近代第一支海军——北洋水师。洋务派在天津兴办了一批北方最早、规模最大的军事工业和民用工业。1866 年，三口通商大臣崇厚创建了天津机器局，这是天津第一个以机器生产军械的近代化工厂，后经李鸿章多次扩建，到 1886 年机器局已经有"厂屋 62 座，工徒千余人"[①]，基本形成了一个融机器制造、基本化学、金属冶炼、铸造、热加工、船舶修造为一体的综合性军工企业。随着洋务运动由军事工业转向

---

① 赵宝琪、张凤民主编：《天津教育史》，天津人民出版社 2002 年版，第 86 页。

民用工业，运输、电信、采矿等，出现了以近代科学知识为基础、以机器生产为主要劳动手段的近代大型工矿企业，而这些企业的发展需要一批掌握一定科学文化知识的劳动者，培养洋务人才成为当务之急。

为了培养新式人才，李鸿章在天津创办了北洋电报学堂、北洋水师学堂、天津武备学堂、北洋医学堂等一批新式学堂，这些新式学堂为几千年的封建传统教育注入了新的活力，成为天津近代教育的肇端，也为留学教育的开展储备了人才。

洋务运动是一场学习西方的运动，为师法欧美提供了契机，派遣留学生是学习西方的一个直接途径。天津是洋务运动发展较快的地区之一，留学教育正是在洋务运动中开展起来的。

第二节　留学教育的历史演进

1847 年，马礼逊学校校长布朗带容闳、黄胜、黄宽 3 人赴美国留学，他们成为近代中国留学生的先驱者。官费留学教育始于洋务运动时期幼童留美。

天津作为近代经济、政治、教育发展较早、较快的地区，留学教育更值得关注。

一　留学教育的兴起阶段（1876—1900）

近代以来，曾有何启、伍廷芳等人赴欧洲留学，但这些都属于自发行为，规模较小。官派留学教育发端于洋务派派遣留学生到英、法等国学习军事技术。

在殖民侵略者坚船利炮的震慑下，洋务派深感加强海防建设的重要性，开办了福州船政学堂、北洋水师学堂等洋务学堂培养军事人才。同时，他们也认识到，要高效培养人才，须"造才异域"、选派留学生亲自到造船、驾驶技术先进的英、法等国学习。薛福成指出："北洋虽设水师学堂，所造将才须收效于一二十年之后。"[1] 李鸿章认为应派遣生员出国学习，他在《奏闽厂学生出洋学习折》中说，"……察看前、后堂学生内

---

① 丁凤麟编：《薛福成选集》，上海人民出版社 1987 年版，第 160 页。

秀杰之士，于西人造、驶诸法多能悉心研究，亟应遣令出洋学习，以期精益求精"①，并且"窃谓西洋制造之精，实源本于测算、格致之学，奇才迭出，月异日新。即如造船一事……中国仿造皆其初时旧式……官厂艺徒虽已放手自制，止能循规蹈矩，不能继长增高。即使访询新式，孜孜效法，数年而后，西人别出新奇，中国又成故步……若不前赴西厂观摩考索，终难探制作之源。至如驾驶之法……自非目接身亲，断难窥其秘钥"②。李鸿章等人力主选派学生赴英、法两国，学习制造驾驶。

1873 年底，福建船政局及所属船政学堂的大批外国技术人员和教师即将期满回国，沈葆桢建议清廷向英、法派遣留学生，虽得到同意，但并未成行。1875 年，船政局正监督法国人日意格回国购买设备，沈葆桢奏准派遣制造学堂学生 3 人、驾驶学堂学生 2 人与之同行，5 人后分别被安排在法国、英国学习，他们也成为近代中国官派留欧的首批学生。

（一）留欧教育之嚆矢

作为洋务运动开展的重要地区，天津也向欧洲派遣了多位留学生。1876 年，李鸿章挑选卞长胜、朱跃彬、王得胜等 7 名军官，赴德国武学院学习水陆军械技艺，期限为 3 年，学习战略、军火制造、制图、炮兵等。由于种种原因，这次赴德留学没有取得理想的效果。但他们是中国第一批公派留德学生，还是最早一批陆军留学生，这次失败的经历为以后留学生的派遣积累了宝贵的经验。

1886 年，李鸿章从北洋水师学堂挑选了刘冠雄等 10 名优秀学生（其中黄裳吉因在北洋供差，未能成行，实为 9 人），与 24 名福州船政学堂学生一起，分赴英、法学习制造、驾驶等技术。③ 实际上，天津水师毕业的只有陈杜衡等 5 人，剩下的几个属于福州船政学堂毕业，因在北洋任职，故以北洋的名义出国，他们的情况详见表 6—1。

---

① 陈元晖主编：《中国近代教育史资料汇编——留学教育》，上海教育出版社 2007 年版，第 238 页。

② 同上。

③ 孙培青：《中国教育史》，华东师范大学出版社 2009 年版，第 324 页。

表 6—1 北洋水师学堂学生留欧情况一览表

姓名	科目	学习情况
陈恩焘	测绘兼驾驶	先由英国海军部送上巡海练船周历东南西洋欧美亚澳各国，后入法国海军部海图衙门学习绘图
刘冠雄	枪炮阵图兼驾驶	先由英国海军部派上枪炮练船练习，后入英国兵部武力士炮厂学习大炮、洋枪、阵图和修理制造，旋调英国海军部爱伦求克等兵船学习雷学
王学廉、郑汝成、陈杜衡、沈寿堃	枪炮阵图兼驾驶	先往英国格林书院肄习算学、格物、水机等学，又上枪炮练习船实习操炮、转轮、列阵等学
伍光鉴、曹廉正、陈燕年	兵船管轮机学	先入英国海军部格林书院肄业两年，学习三角、代数、水学、动力学等，后往英国公司迈尼外耳和金士哥利士书院肄业一年

资料来源：李喜所：《近代中国的留学生》，人民出版社 1987 年版，第 91—92 页。

这次留学的组织管理比较完善，出国前严格选拔，外语必须过关，明确学习内容。这些学生大多数是 20 岁左右的青年人，具有一定的专业知识基础，在国外大都积极好学，勤奋上进，在平时还注意将理论的掌握和实地的学习相结合，所以学业成绩很好。陈恩焘的评语是"考试合格"、曹廉正"考列优等"、陈燕年"获学院奖"、郑汝成等 5 人"考试优等"①。另外，在英国"依纪理亚"兵船实习的陈恩焘，在船由地中海驶入印度海时，"测出前图未载礁石两处"，在船由新加坡驶往澳大利亚途中，遇到狂风大雹 12 次，他"自用大索缚身桅柱间，随同船主占针揆度，测海驶风，从容料量，不爽毫厘，蒇事而返"②。这批留学生于 1889 年回国。这次留学的效果大大好于此前的陆军留学。

1888 年，李鸿章从北洋武备学堂的毕业生中挑选炮兵科学生段祺瑞、商德全等 5 人前往德国学习军事③，他们先到军事学校见习，学习炮兵军官基础知识，后入著名的克鲁伯炮厂实习炮工技术和构筑炮台工程科目。留学期间，他们学习勤奋，成绩优秀，如商德全在军校考核中，经常拔

① 丁晓禾：《中国百年留学全纪录》，珠海出版社 1998 年版。
② 薛福成：《出使四国日记》，湖南人民出版社 1981 年版，第 145—146 页。
③ 李喜所、刘集林：《中国留学通史——晚清卷》，广东教育出版社 2010 年版，第 138 页。

得头筹。这批留学生于 1890 年学成回国。

1892 年，曾在北洋水师学堂就学的吴毓麟奉派留学英国学习海军①，回国后担任海军练习舰教习、北洋提督洋务委员等职。

（二）留日教育的兴起

中日甲午战争的失败，引起朝野上下极大的震动，人们探究日本强盛的原因，认为留学教育起到了很大的作用。从朝廷重臣张之洞，到维新斗士康有为，都纷纷呼吁向日本派遣留学生，而日本政府也妄图通过接收留学生来控制中国，十分支持中国派遣留日学生。

1898 年 8 月 2 日，光绪帝上谕军机大臣等："出国游学，西洋不如东洋。东洋路近费省，文字相近，易于通晓，且一切西书均经日本择要翻译。着即拟定章程，咨催各省迅即选定学生陆续咨送；各部院如有讲求时务愿往游学人员，亦一并咨送，均毋延缓。"② 在多种原因的驱使下，留学日本的风潮兴起，并很快被清政府作为一种国策确定下来。

1896 年，中国驻日公使馆理事吕贤笙在返回日本的时候，带走了唐宝锷、吕烈辉、金维新等 13 名中国学生赴日学习日语，这是近代中国负笈东瀛的第一批留学生。1898 年，应日本使臣矢野文雄"拟与中国倍敦友谊"、请派留学生赴日的函约，总理衙门遂决定选派留日生，"将臣衙门同文馆东文学生酌派数人，并咨行南北洋大臣、两广、湖广、闽浙各督抚，就现设学堂中遴选年幼颖悟粗通东文诸生……毋庸另派监督"③。这批留学生共 64 名，包括湖北 20 名、南洋 20 名、浙江 4 名，以及北洋 20 名。④ 1899 年，北洋水师等学堂派 12 人东渡日本留学。⑤

据《日华学堂沿革》载："至今年四月，由天津头等学堂、水师学堂、二等学堂，派来入本学堂专学日语者十二人。"⑥ 他们是：黎科、张

---

① 周棉：《中国留学生大辞典》，南京大学出版社 1999 年版，第 181 页。
② 朱有瓛主编：《中国近代学制史料》第 2 辑（上），华东师范大学出版社 1987 年版，第 17 页。
③ 陈元晖主编：《中国近代教育史资料汇编——留学教育》，上海教育出版社 2007 年版，第 337 页。
④ 董守义：《清代留学运动史》，辽宁人民出版社 1985 年版，第 350—351 页。
⑤ 张大民主编：《天津近代教育史》，天津人民出版社 1993 年版，第 164 页。
⑥ 陈元晖主编：《中国近代教育史资料汇编——留学教育》，上海教育出版社 2007 年版，第 348 页。

煜全、王建祖、高淑琦、金邦平、张奎、沈琨。张奎、沈琨、高淑琦均毕业于东京帝国大学工科，张奎习制造化学，沈琨、高淑琦学习机械学，金邦平毕业于早稻田大学政治经济系，学习科目为政治、法律、理财等。1900 年，在日本陆军士官学校学习的天津留学生有蒋雁行、张绍曾、陆锦、李士锐、高曾会、王廷桢等几人。[①] 1905 年，清政府首次考验游学毕业生，对 14 名留日毕业生授予出身和官职，金邦平给予进士出身，赏给翰林院检讨，张瑛绪给予进士出身，按照所习学科以主事分部学习行走，沈琨、高淑琦给予举人出身，以知县分省补用。[②]

（三）本阶段留学教育的特点

1. 留学生人数少，以公派为主

这一阶段，留学生人数比较少，只有几十人，而且多数是公费生。李鸿章在《卞长胜等赴德国学习片》中提到，"所需出洋用费，应在海防经费内核实支销"[③]。刘冠雄等 9 名留欧生的经费由南北洋各负担一部分。《日华学堂沿革》中所记载的十几名天津学生，也全部都是公费的。

2. 留学国度集中在日本和英、法、德等国，学习科目以军事为主

这一阶段，天津留学生主要分布在日本和英、法、德几个国家，大部分是学习军事技术的，他们既有学海军的，也有学陆军的，只有张奎、沈琨等几人不是习军事科的。甲午海战前，派遣军事留学重海军轻陆军，仅有的两次陆军留学生派遣全部出自天津，天津的陆军留学派遣在全国是最早的。

这些军事留学生回国后，为近代中国的海陆军建设事业做出了突出贡献。刘冠雄、陈杜衡、郑汝成等人曾在北洋舰队中担任中高级军官，成为北洋海军的新型军事人才。1909 年，清政府成立筹办海军事务处，并将南北洋舰队归并统一，成立了巡洋舰队和长江舰队，沈寿堃为长江舰队统领。辛亥革命后，刘冠雄曾经出任海军总长。段祺瑞等几人对于陆军对西方的军事科学、先进的武器装备和军工生产技术的运用贡献了

---

① 郭荣生：《日本陆军士官学校——中华民国留学生名簿》，文海出版社 1999 年版。

② 李喜所、刘集林：《中国留学通史——晚清卷》，广东教育出版社 2010 年版，第 399 页。

③ 陈元晖主编：《中国近代教育史资料汇编——留学教育》，上海教育出版社 2007 年版，第 283 页。

力量，还推动了新式军事训练方法的运用和陆军军事制度的变革。蒋雁行、张绍曾等留日学生为新军编练的深入开展做出了贡献。

3. 留学教育是洋务教育重要组成部分

本阶段的留学教育主要是围绕洋务运动进行的，是洋务教育的重要组成部分。天津派遣的留学生全部来自于北洋水师、北洋武备等几所洋务学堂，所学专业也局限在军事技术方面。这些留学生是清末天津走出封建教育、到国外学习先进技术的先行者，他们在国外学习到了一些先进的科学知识和技术。清末天津的留学教育终于迈出了第一步，为天津留学教育的发展奠定了基础。

二 留学教育的繁荣发展阶段（1901—1911）

1900 年，英、法、日等八国联军入侵中国，北京、天津相继陷落，中国面临被列强瓜分的危机。清政府被迫改弦更张，实行"新政"。1901年 1 月，慈禧太后以光绪帝的名义发布了"预约变法"的上谕，内容包括政治、经济、教育等，派留学就是其中措施之一。1901 年 9 月，光绪帝发布了《广派游学谕》："前据江南、湖北、四川等省选派学生出洋肄业，着各省督抚一律仿照办理。务择心术端正文理明通之士，遣往学习……如果学有成效，即行出具切实考语，咨送外务部覆加考验，据实奏请奖励。"① 上谕中还鼓励和支持自费留学，"如有自备旅资出洋游学者，着各该省督抚咨明该出使大臣随时照料。如果学成得有优等凭照回华，准照派出学生一体考验奖励，候旨分别赏给进士举人各项出身，以备任用而资鼓舞"②。清政府奖励留学生功名的举措在全国掀起了一股留学热潮。

1901 年，袁世凯任直隶总督兼北洋大臣，在天津实行"新政"。他把教育的发展和人才培养视为推行改革的基础，采取多种措施促进新式教育的发展，天津的留学教育也随之掀开了新的一页，进入一个繁荣发展的时期。形成这种局面的原因主要有两个：

---

① 陈元晖主编：《中国近代教育史资料汇编——留学教育》，上海教育出版社 2007 年版，第 4 页。

② 同上。

　　第一，关键人物高度重视。天津留学教育的兴起与李鸿章的提倡和践行有直接关系。后来袁世凯接任直隶总督，不但大量聘请日本人做顾问和教习，还选拔留学生到日本学习，这当中就有严修和张伯苓。后来，袁世凯委任严修出任直隶学校司（后改为学务处）督办，在他任内，学务处多次考选留学生。严修本人也曾偕张伯苓赴日考察教育。张伯苓也从私立敬业中学（南开中学前身）选派学生留学。天津留美教育的发展离不开盛宣怀和北洋大学总教习丁家立的全力支持，北洋大学学生在《送丁公家立序》中对他为直隶教育所做的贡献给予盛赞："丁公之功，不其伟矣"，"溯公之惠吾邦者厚，而飨吾侪者多也"[①]。1902年，袁世凯创设直隶学校司，下设专门教育、普通教育和编译三个处，统管全省教育，这是在全国最早设立的学校司。学校司的成立对留学起到了积极的促进作用。

　　第二，新式教育迅速发展。"新政"时期，多形式、多类型、多层次的新式学校如雨后春笋般涌现，成为全国新式教育发展较快的地区，也为留学教育的勃兴提供了后备力量，北洋大学堂的学生就是留学生的重要来源之一。女子学堂的创办也促进了女子留学的开展，如在日本学校西洋画科选科普通科学习的刘瑛和在编物科选科普通科学习的韩静如，就分别来自天津官立第三女学校和天津公立女学校。[②]

　　（一）留学日本的高潮

　　1903年，清政府发布了由张之洞拟定的《鼓励游学毕业生章程》，章程规定对于留学日本的学生，按照其所入学校的层次分别给予拔贡、举人、进士、翰林出身，对于在文部大臣指准的私立学堂毕业的，也视其所学程度给予拔贡或者举人出身。同时，清政府还放松了对自费出国留学的限制，并对自费生在办理出国手续上提供方便。以日本为师、挽救民族危亡的爱国热情也促使国人纷纷留学日本，再加上日本政府鼓励等原因，一时间东渡日本者不绝于途，全国掀起了一股留学日本的高潮，除了官费生之外，自费留学者也不在少数，留日成为这一阶段留学运动

---

　　①　北洋大学—天津大学校史编辑室编：《北洋大学—天津大学校史资料选编》（一），天津大学出版社1991年版，第41—42页。

　　②　周一川：《近代中国女性日本留学史》，社会科学文献出版社2007年版，第140页。

的主流。1901 年有 200 多人，1904 年有一二千人，1905 年、1906 年间竟有 8000 人之多。① 鉴于留日出现了过滥的情况，1906 年清政府下达了《通行各省选送游学限制办法电》，后又通令停止选派速成生，对留日资格和科目进行限制，留日生的数量开始下降。

这一阶段，直隶留学教育发展十分迅速，很快就达到了高潮，成为北方的留日大省。从 1901—1906 年，直隶留日人数逐年上升：1901 年 17 人，1902 年 25 人，1903 年 77 人，1904 年 172 人，1905 年人数不详，1906 年 454 人。② 此外，根据石井洋子统计的 1901—1919 年期间的中国女留学名单中，就读实践女学校的共计 70 名学生，直隶省女性留学生有 2 名。根据加藤直子统计的东京女高师中国女留学生名单中，共计 62 名，其中 2 名来自直隶省。虽然数量比广州、福建、江苏等省要少，但反映出直隶省已经开始出现女性留学的趋势。

适应兴学和发展武备的需要，天津也有不少人去日本留学，学习师范和军事成为两大热点。

1. 师范留学生

20 世纪初，近代教育制度开始在中国确立，缺少合格师资成为制约新教育发展的突出问题。在国内兴办师范学堂的同时，通过选派留学生造就合格师资成为权宜之计。清政府鼓励留日生学习师范，这在当时的一些奏折中体现得十分明显，"宜专派若干人入其师范学堂专学师范，以备回华充各小学中学普通教习尤为要著"③，"速派人到外国学师范教授管理各法，分别学速成科师范若干人，学完全师范科若干人"④。袁世凯对此也很重视，在他的推动下，天津开始选派学生赴日学习师范。

1903 年，袁世凯应直隶学校司督办胡景桂之请，选派学生赴日学习师范科，兼考求日本的学校规制和教育管理等。当年，直隶学校司总办

① 李喜所、刘集林：《中国留学通史——晚清卷》，广东教育出版社 2010 年版，第 235 页。

② 中国人民政协河北省委员会文史资料研究委员会编：《河北文史资料选辑》（第 25 辑），河北人民出版社 1983 年版，第 14 页。

③ 陈元晖主编：《中国近代教育史资料汇编——留学教育》，上海教育出版社 2007 年版，第 13 页。

④ 陈学恂主编：《中国近代教育史教学参考资料》（上册），人民教育出版社 1986 年版，第 533 页。

编修王景禧赴日考察时，带23名直隶学生进入日本特地为中国留学生设立的学校——宏文学院学习速成师范，为期9个月。这23名学生中就有著名教育家严修保送的陈宝泉、陈哲甫、胡玉荪、李琴湘、华芷龄、郑菊如、刘宝慈、刘芸生、刘宝和等10余名天津籍教师，均属官费生。① 学习的课程包括日语、地理、历史、教育学、理科、教育制度、体操和教育考察。

1906年，为了给敬业中学未来的发展做准备，张伯苓校长从本校高级师范班的10名毕业生中选取了陶孟和等4名成绩优秀者，送往日本留学，其中陶孟和进入日本高等师范学校学习。②

1908年，北洋大学为了造就中等师范师资，决定在师范班第二班中选出7人送往欧美留学，后在提学使署日本顾问、头等学堂教育学教习渡边龙圣的争取下，4人改赴日本留学，他们是齐国梁、李建勋、冯慈艇、刘廷俊。③ 齐国梁、李建勋入日本广岛高等师范学习。1903—1910年，进入日本陆军士官学校学习的中国留学生中，有15名来自天津。

2. 军事留学生

"新政"之前，清廷就曾向日本派出过军事留学生。实行"新政"后，清政府集中财力编练新军，为培养新型军事人才，令各省设立武备学堂，并陆续派学生到国外学习军事。日本的军事在实力明治维新中取得巨大进步，与中国军事的落后形成鲜明对照，效法日本成为必然之选。

袁世凯在天津积极设立军事学堂。1903年，他恢复了在庚子年停办的北洋武备学堂，1906年又创建了讲武堂。1902年，他派北洋武备学堂学生55名进入日本成城学习陆军，"臣部武卫右军学堂诸生，现已三届毕业之期……自应及时派往东洋肄习，庶学成返国，堪备干城御侮之资，似变法图强无有要于此者。当饬该堂总办挑选学生五十五名，派监督一

---

① 天津市教育局教育志编修办公室编：《天津教育大事记（1840—1948）》，天津市教育局1987年，第27页。

② 张大民主编：《天津近代教育史》，天津人民出版社1993年版，第170页。

③ 北洋大学—天津大学校史编辑室编：《北洋大学—天津大学校史》，天津大学出版社1990年版，第38页。

人率之，前往日本，入陆军学堂学习一切课程，庶广益致精，速收成效"①。1909年，袁世凯还从讲武堂中选派一些将校经过陆军部考核赴日本接受训练。②

1903—1910年，进入日本陆军士官学校学习的中国留学生中，有15名来自天津，第3期7人，第4期1人，第6期5人，第7、8期各1人。③

3. 其他专业留学生

除了师范和军事两大热门留学专业外，在天津留日学生中，有不少是学习其他专业的，如1904年，周学熙选派直隶高等工业学堂13名学生入日本农、工、商各专科学校学习。④ 1902年，北洋大学法律系毕业生王治昌，赴日本早稻田大学留学，获得商学士学位。⑤ 1905年，李叔同赴日本东京上野美术专门学校学习绘画和音乐⑥，他是我国最早出国学习西洋绘画、音乐、话剧，并把这些艺术传到国内来的先驱者之一。1908年，陈之骊官费进入东京美术学校西洋画科学习。⑦ 严智钟，留学日本东京帝国大学医学部。⑧

（二）留美教育蓬勃兴起

1881年留美幼童被撤回后，留美教育沉寂，在此后近20年间，清政府没有正式派遣留美学生，自费留美的人数也很少。进入20世纪后，留美教育出现回潮，究其原因除了"新政"鼓励留学的因素外，还有美国国际地位显著提升、高等教育蓬勃发展、美国政府对留学采取的积极态

---

① 北洋大学—天津大学校史编辑室编：《北洋大学—天津大学校史》，天津大学出版社1990年版，第38页。

② 郭荣生：《日本陆军士官学校——中华民国留学生名簿》，文海出版社1999年版，第93页。

③ 同上书，第8—56页。

④ 中国人民政协会议天津市委员会文史资料委员会编：《中国历史文化名城——天津》，天津人民出版社2005年版，第118页。

⑤ 周棉主编：《中国留学生大辞典》，南京大学出版社1999年版，第31页。

⑥ 天津市地方志编修委员会编：《天津通志——基础教育志》，天津社会科学院出版社2000年版，第746页。

⑦ 孙雪梅：《清末民初中国人的日本观——以直隶省为中心》，天津人民出版社2001年版，第219页。

⑧ 周棉主编：《中国留学生大辞典》，南京大学出版社1999年版，第168页。

度、留美幼童归国后的较好表现等原因。1902 年 9 月,光绪帝特谕令各省督抚筹款选派学生到欧美各国留学,"前经降旨饬令各省调派学生出洋游学以资造就,闻近来游学日本者尚不乏人,泰西各国或以道远费多,资选甚少,亟应广开风气,着各省督抚选择明通端正之学生,筹给经费,派往西洋各国讲求专门学问,务期成就真材,以备任使"①。20 世纪初的前 10 余年,晚清留美学子当在千人以上②,派遣的方式有官费、自费、教会学校资助等。天津留美教育主要是北洋大学派遣留美生和庚款留美。

1. 北洋大学派遣留美生

1895 年,天津海关道盛宣怀呈请设立"天津西学学堂",第二年,该校改名为"北洋大学堂"。盛宣怀在《拟设天津中西学堂章程禀》中提出了他的留学设想,"头等学堂常年经费……所节省之经费,除另造二等学堂及每次考试花红外,其余积存生息,以备四年后挑选学生出洋川资经费"③。这一设想得到总教习、美国人丁家立的大力支持,他认为北洋毕业生具备高深科研能力,毕业后可出国深造。为了便于日后留美深造,头等学堂课程和教材都以美国哈佛大学、耶鲁大学等高校为标准,这样,头等学堂的毕业生可以不经过考试直接升入美国著名大学的研究院。1899 年,第一届毕业生原拟全班派赴美国留学,后来因为八国联军攻占天津而未能成行。1901 年,王宠惠、陈锦涛、张煜全、王宠佑、陆耀廷、胡栋朝、吴桂龄、严锦镕 8 人被选派到美国留学,由传教士傅兰雅带领,④ 这是继留美幼童撤回后的首次官费派遣留美生,他们的情况详见表 6—2。

表 6—2　　　　　　1901 年北洋大学派遣留美学生一览表

姓名	籍贯	学校	所在地	专门	费别
陈锦涛	广东南海	耶路大学	纽海文	政法数学	北洋官费
王宠惠	广东东莞	耶路大学	纽海文	法律	北洋官费

---

① 转引自舒新城《近代中国留学史》,中华书局 1933 年版,第 35 页。
② 李喜所、刘集林:《中国留学通史——晚清卷》,广东教育出版社 2010 年版,第 310 页。
③ 阎国华、安效珍:《河北教育史》,河北教育出版社 2003 年版,第 206 页。
④ 李喜所、刘集林:《近代中国的留美教育》,天津古籍出版社 2000 年版,第 89 页。

姓名	籍贯	学校	所在地	专门	费别
张煜全	广东南海	耶路大学	纽海文	政治	北洋官费
王宪佑	广东东莞	卜技利大学	旧金山附近	矿务	北洋官费
陆耀廷	广东	卜技利大学	旧金山附近	工程	北洋官费
胡栋朝	广东	卜技利大学	旧金山附近	工程	北洋官费
吴桂龄	广东新安	斯丹佛大学	旧金山附近	电学	北洋官费
严锦镕	广东东莞	哥伦比亚大学	纽约	政法	北洋官费

资料来源：梁启超：《卜技利大学之中国留学生》，载元日军主编《中国近代教育史资料汇编——留学教育》，上海教育出版社 2007 年版，第 176 页。

　　1903 年，北洋大学专设"留美学监"一职，由丁家立担任，负责派遣的具体事宜。留学生给予公费待遇，包括路费、学费、衣装费、膳费、住宿费、医药费等，还发给比在校时更多的零用钱。

　　1906 年，第三班学生未毕业就被全部送出留学，有刘瑞恒、蔡远泽、赵天麟、钟世铭、马泰钧、朱庭祺、刘景山、秦汾、黄振声、黄振华等 34 名，其中 31 人留学美国，并且都是进入哈佛、耶鲁、布朗、康奈尔、麻省理工等著名学府，哈佛、耶鲁、布朗三大学免学费 19 名。[1] 1907 年，第四班的马寅初、冯熙运等 14 人，未毕业即送往国外深造，其中 13 人赴美。[2] 从 1901 年到 1907 年，全国官费留美学生有 100 余人，其中北洋大学就占一半以上。[3]

　　2. 庚款留美

　　1901 年，清廷与美、英、日等国签订《辛丑条约》，其中规定中国须向各国赔偿战争损失 4.5 亿两白银，分 39 年还清，年息 4 厘。美国获得其中的 3293 万余两，折合美金 2444 万多元。"新政"兴起了留日高潮，这引起美国社会各界的关注，鉴于培植亲美势力和谋求长远在华政治、经济、文化等利益，1908 年，美国国会决定将一部分赔款退还给中国，

---

　　① 北洋大学—天津大学校史编辑室编：《北洋大学—天津大学校史》（第一卷），天津大学出版社 1990 年版，第 38 页。

　　② 同上。

　　③ 张宝运、贾晓慧：《北洋大学及其留学人才论》，《高等教育研究》2005 年第 2 期。

作为选派中国学生到美国留学的费用，以此来实现留学热潮的转向。清政府认为，庚款留美既减轻了财政压力，又可以通过派遣留学生来培养实业人才，是一举两得的好事。

1909 年 7 月 10 日，外务部和学部共同会奏了《为收还美国赔款遣派学生赴美留学办法折》，规定 "初四年每年遣派学生约一百名赴美游学，自第五年起，每年至少续派五十名。以十分之八习农、工、商、矿等科，以十分之二习法政、理财、师范诸学"[1]。作为留美管理机构的游美学务处和游美肄业馆也相继设立。1909—1911 年，游美学务处共举行了三次考试，经过严格挑选，录取学生 180 名，全部送往美国深造。天津籍的学生有 4 名，他们的情况详见表 6—3。

表 6—3　　　　　　　　　前三批天津籍庚款留美生一览表

姓名	国内肄业学校	就读学校	所学专业	学位
梅贻琦	保定高等专科学校	乌斯托理工学院	电机工程	理学士
王鸿卓	家塾	理海大学、哥伦比亚大学	物理	理科硕士
张彭春	南开学校	克拉克大学、哥伦比亚大学	心理及社会学、哲学及教育	文学士、文科硕士
杨光弼		威斯康星大学	化学	理学士、理科硕士

资料来源：刘真、王焕琛：《留学教育——中国留学教育史料》（一），台湾翻译馆 1980 年版，第 100—216 页。

（三）留欧教育向前发展

洋务运动时期，清政府派出的留欧生大部分是军事的，远远谈不上对欧洲文化的全面学习和吸收。维新变法时期，留日成为主流，留学欧洲人数较少。进入 20 世纪，清政府除了鼓励留日、留美外，还提倡去欧洲留学，这一阶段的留欧人数多达千余人，取得了突破性进展，成为留日、留美以外的又一大留学潮流。[2]

---

① 陈元晖主编：《中国近代教育史资料汇编——留学教育》，上海教育出版社 2007 年版，第 180 页。

② 李喜所、刘集林：《中国留学通史——晚清卷》，广东教育出版社 2010 年版，第 276 页。

这一时期，天津的留欧教育也有很大发展。1906 年，袁世凯派武备学堂学生分赴德、奥学习陆军。[①] 他还动用天津海关的关税收入，选派 5人留比，5 人留德。[②] 同年，法国政府表示愿意每年资助 3000 法郎给北洋大学，作为该校派留学生赴法的费用，于是，北洋大学用这笔钱选派 2人往法国留学。[③] 北洋大学第三班学生除了 31 人留学美国外，还有 3 人赴法。[④] 1907 年，该校第四班有 1 名学生赴德。[⑤] 1908 年，北洋大学师范班第二班学生刘国志等 2 人赴比利时留学，陈绎赴英留学。[⑥]

还有 3 名天津学生赴俄留学。他们是：朱世昌，曾在天津俄文学堂肄业，1907 年 8 月入森堡矿务学堂，习勘苗科；唐宝书，曾在天津俄文学堂肄业三年，1907 年 8 月入森堡大学堂，习格致科；钟镐，曾在北洋巡警高等学堂毕业，拟入陆军马队学堂。[⑦]

1907 年，曾就读于天津北洋警务学堂的王国磐赴德国柏林警察学校学习[⑧]，1906 年，徐世襄进入英国伦敦大学学习法律，曾留学日本的陶孟和于 1910 年入伦敦大学攻读政治经济学。[⑨]

（四）本阶段留学教育的特点

1. 留学生人数多，公费派遣为主，自费留学初见端倪

从"新政"到清朝灭亡的 10 年间，是天津留学教育蓬勃发展的阶段，留学生数量增加很快，仅笔者粗略统计就有 200 多人，而前一个阶段只有几十人。这些人中，既有官商富裕人家的子弟，也有来自平民家庭

---

① 天津市教育局教育志编修办公室编：《天津教育大事记（1840—1948）》，天津市教育局1987 年，第 42 页。

② 王奇生：《中国留学生的历史轨迹（1872—1949）》，湖北教育出版社 1992 年版，第 56页。

③ 黄新宪：《中国留学教育的历史反思》，四川教育出版社 1991 年版，第 60 页。

④ 北洋大学—天津大学校史编辑室编：《北洋大学—天津大学校史》（第一卷），天津大学出版社 1990 年版，第 38 页。

⑤ 同上。

⑥ 同上。

⑦ 陈元晖主编：《中国近代教育史资料汇编——留学教育》，上海教育出版社 2007 年版，第 297—298 页。

⑧ 周棉主编：《中国留学生大辞典》，南京大学出版社 1999 年版，第 29 页。

⑨ 刘真、王焕琛：《留学教育——中国留学教育史料》（二），台湾翻译馆 1980 年版，第614 页。

的孩子，他们中既有公派留学生，也有自备旅资远涉重洋者，如东京高等师范学校附属中学的严智崇就是自费生①，自费留学初见端倪。

2. 留学国家多，学习专业广泛

这一阶段，留学国家较以前有所增加，不仅有日、英、法、德等国，还有美国、俄国，特别是留美学生数量激增。留学专业也改变了前一个阶段以学习军事为主的局面，除了军事外，开始广泛涉猎师范、农学、商业、医学、法律、政治、绘画、矿务、电学、物理等众多学科。以北洋大学 1906 年部分出洋学生为例，所学的专业就有理学、医学、采矿、铁路、天文、数学、法学、政治经济学等，这体现了留学生的学习方向开始由西方军事技术转向科学知识，留学教育不再仅仅致力于造就军事人才，而是要培养多方面的优秀人才，这是一个很大的进步。

3. 留学教育质量有所提高

"新政"伊始，为鼓励留学，清政府对留日学生的资格没有严格规定，学习期限也可长可短，就读高等学校的较少，质量不高。之后，政府加强限制后，情况有所好转。这一时期，天津留日学生群体中也有很多优秀者，如后来成为著名教育家的陶孟和、陈宝泉、齐国梁、李建勋、刘宝慈等。相比之下，留学欧美的人数虽然远远低于日本，质量却要高得多，不少学生不仅进入哈佛大学、耶鲁大学、康奈尔大学等著名学府，而且获得硕士、博士学位，如 1901 年北洋大学选派的 8 名留美学生中，在耶鲁大学攻读法律专业的王宠惠，由于勤奋好学和在北洋大学打下的坚实基础，在毕业考试时考了全系第一名，当时的美国报纸把这件事作为重要新闻报道，他后来成为我国著名的法学家;② 刘瑞恒入哈佛大学理学院，获得学士学位后又转攻医学，并获得医学博士学位，曾任协和医学院院长等职;马寅初先在耶鲁大学学习矿冶专业，后改学经济管理，获得硕士学位后，又入哥伦比亚大学，获得经济学博士学位，后来成为著名的人口学家、经济学家，曾任北京大学校长;赵天麟入美国芝加哥大学留学，取得法学博士学位，曾担任北洋大学校长;秦

---

① 房兆楹:《清末民初洋学学生题名录初辑》，台北"中央研究院"近代史研究所 1962 年版，第 1—21 页。

② 张宝运、贾晓慧:《北洋大学及其留学人才论》，《高等教育研究》2005 年第 2 期。

汾入哈佛大学攻读天文、数学，获得硕士学位，曾任东南大学校长等职。① 梅贻琦是庚款留美生，入乌斯托理工学院电机工程学系学习并获得学士学位，回国曾担任清华大学校长，为清华大学的发展做出了杰出的贡献。② 1906 年，学部举行第一届游学毕业生考试，录取 32 人，最优等者有 9 人，给予进士出身，其中就有陈锦涛、张煜全、胡栋朝 3 名天津留学生。③

三　留学教育的调整规范阶段（1912—1927）

中华民国成立后，随着资产阶级教育方针的确立，以向西方学习为目的的留学教育得到了重视。针对清末留学方针不明确、学用脱节等问题，北洋政府在中央和地方都设置了主管留学的机构，并制定了一系列留学政策，对留学生的名额和资格进行了规范。1914 年，教育部制定了《各省官费留学生缺额选补规程》，规定由中央给各省统一下达公费留学的名额和派遣资格，各省以此进行选拔，不允许超额，遇有缺额，由教育部招考补选。1914 年，中央分配给直隶省的公派名额是 50 人。教育部先后制定了《选派留学外国学生规程》《发给留学证书规程》《管理自费留学生规程》《管理留欧学生事务规程》《管理留美学生事务规程》《管理留日学生事务规程》等一系列政策法律，加强对留学教育的规范管理。由于军阀混战、财政困难，这些政策并没有完全得到实施，但这一阶段天津的留学教育更加规范，有明显的进步。

（一）留日生数量回落

1914—1915 年，留学日本的官费学生中，直隶省派遣较少，只有 30 人，④ 比 1906 年的 454 人数量明显下降。这一阶段，天津留日学生的情况为：

1921 年 8 月，直隶籍留日生中，天津籍的有 38 人，分布于东京帝

① 张大民主编：《天津近代教育史》，天津人民出版社 1993 年版，第 172—173 页。
② 同上书，第 173 页。
③ 陈元晖主编：《中国近代教育史资料汇编——留学教育》，上海教育出版社 2007 年版，第 65—66 页。
④ 同上书，第 719 页。

大、庆应大学、东京高工、农科大学、东京织染、东亚预备等学校中。①

在日本军校就读的天津籍留学生，陆军士官学校 1 人（部分直隶学生具体籍贯不明）;② 陆军兽医学校中有 2 人；1917 年到 1919 年，日本陆军炮工学校、陆军军医学校中 5 人。③

1914 年，北洋大学选派李成章、李静波 2 人赴日学习法律。④ 1917年，直隶省立甲种水产学校选送 10 名毕业生赴日留学，并考察日本的水产教育。⑤ 1918 年，直隶省公立法政专门学校的安体诚、于树德赴日留学。⑥ 南开学校也有一些留日的学生，据统计，1920 年，留日的南开学生有 26 人，其后三年，均为 27 人。⑦ 1925—1927 年，数量分别是 22 人、12 人、28 人。⑧ 1922 年南开学校留日学生的分布情况详见表 6—4。

表 6—4　　　　　　　1922 年南开学校留日生所入学校一览表

东北帝大	东京帝大	早稻田大学	明治大学	日本大学高等工业
1	2	3	1	1
大阪高工	东京高师	广岛高师	庆应大学	第一高等等学校
1	4	1	2	4
商科大学预科	中央大学	东亚学校	明治专门工学校	美术学校
1	1	3	1	1

资料来源：《南开同学录》，天津市档案馆藏，资料号：J0227—1—000280。

表 6—4 显示，选派的 27 人中，大多数在东北帝大、东京帝国大学等

---

① 《直隶省留日同乡会录》，《直隶省留日同乡会章程》，天津市档案馆藏，资料号：J0227—1—000735。

② 郭荣生：《日本陆军士官学校——中华民国留学生名簿》，文海出版社 1999 年版，第57—105 页。

③ 《留东陆海空军同学录》，天津市档案馆藏，资料号：J0227—1—000255。

④ 北洋大学—天津大学校史编辑室编：《北洋大学—天津大学校史》（第一卷），天津大学出版社 1990 年版，第 38 页。

⑤ 孙雪梅：《清末民初中国人的日本观——以直隶省为中心》，天津人民出版社 2001 年版，第 248 页。

⑥ 同上书，第 251 页。

⑦ 《南开同学录》，天津市档案馆藏，资料号：J0227—1—000280。

⑧ 《南开同学录》，天津市档案馆藏，资料号：J0227—1—000283。

高校接受高等教育。

中国共产党人李大钊和周恩来都曾留学日本。李大钊于 1913 年赴日本东京早稻田大学攻读政治本科。[①] 周恩来于 1917 年赴日本东京东亚高等预备学校学习，后在早稻田大学和东京帝国大学旁听。[②]

这一阶段，天津女子留学教育占有一席地位。日本私立女子美术学校有 2 名天津留学生，另一个是就读于天津官立第三女学校的刘瑛，1910 年入学，学习西洋画科；一个是就读于天津女子师范学校的张印方，1925 年入学，学习刺绣科。

（二）留美教育深入推进

民国初期，中国兴起了第一次留美热潮，除了庚款留美生、教育部官费生、省费留美生等公费生外，自费生数量迅速增加。天津的留美生群体包括南开学校的留美生、庚款留美生、北洋大学的留美生以及其他学校留美生。

1. 南开学校的留美教育

南开学校的留美教育的兴盛与张伯苓有密切关系。早期他主张师法日本教育，后来他曾经到保定直隶高等学堂和清华学堂任职，这两所学校一个是以美国大学为模式，一个是留美训练学校，期间他对美国教育有了初步认识，在赴美参观渔业博览会时，他还对美国的教育进行了考察，进一步加深了对美国教育的认识，他说："我第一次到美国去的时候，看见他们样样都好，恨不得样样都搬到中国来。"[③] 1917 年，他在美国哥伦比亚大学师范学院研修大学教育，并赴各州考察私立大学的组织实施，回国后即筹建南开大学。在张伯苓的影响下，南开学校选择赴美留学学生的数量远远多于同期的留日生。截止到 1920 年，南开留美学生达 81 人。[④] 据《南开同学录》的统计，1922 年和 1923 年，在美国留学者分别是 83 人、70 人；[⑤] 1925—1927 年，分别是 44 人、69 人和 48 人。[⑥]

---

① 周棉主编：《中国留学生大辞典》，南京大学出版社 1999 年版，第 149 页。
② 同上书，第 280—281 页。
③ 《南大周刊》1928 年 12 月 14 日。
④ 《南开的留学界》，南开校风 16 周年纪念号特刊 1920 年 10 月 17 日。
⑤ 《南开同学录》，天津市档案馆藏，资料号：J0227—1—000280。
⑥ 《南开同学录》，天津市档案馆藏，资料号：J0227—1—000283。

南开学校还成立了留美南开同学会，并制定了章程，规定了宗旨、会员、选举、会务等事项。

2. 庚款留美生的派遣

为了推进庚款留美，储备留学人才，游美学务处筹备成立游美肄业馆，进一步提出了创设正规留美预备学校的方案，得到外务部和学部的批准。该方案提出，"现经拟定办法，于该馆高等、初等两科各设四年级，并于高等科分科讲授，参照美国大学课程办理，该馆学生不仅限于游美一途"①。1911 年 2 月，游美肄业馆正式改为清华学堂（辛亥革命后改为清华学校），并于同年开学。1912—1927 年，清华学校派遣留美生共计 995 名，其中，直隶省的学生有 71 人②，部分天津籍学生的情况详见表 6—5。

表 6—5　　　　　1912—1927 年部分天津籍庚款留美学生一览表

姓名	赴美年份	就读学校	所学专业	学位
华凤翔	1920	麻省理工学院、密执安大学		硕士
杨天受		哥伦比亚大学	政治经济学	硕士
张希陆		威斯康星大学、芝加哥大学	数学	
刘晋年	1925	哈佛大学	数学	博士

资料来源：1. 张绍祖编著：《津门校史百汇》，天津人民出版社 1994 年版，第 131 页。

2. 王文俊：《学校史资料选（1919—1949）》，南开大学出版社 1989 年版，第 63 页。

3.《著名数学家、教育家——刘晋年》，《南开学报》（哲学社会科学版）2009 年第 4 期。

3. 北洋大学的留美教育

北洋大学是中国较早开展留学教育的大学，在清末向美国选派了多位留学生。1914 年以后，因为经济困难，该校停止资送留学生，学生出国只给予证明，不给任何经济补助，但北洋大学仍是大学生出国留学的

① 陈元晖主编：《中国近代教育史资料汇编——留学教育》，上海教育出版社 2007 年版，第 187 页。

② 清华大学校史研究室编：《清华大学史料选编》（第一卷），清华大学出版社 1991 年版，第 50—55 页。

重要基地，很多在校生和毕业生通过官费、自费或其他途径赴外学习，如徐世大、李书田分别于 1918 年、1921 年考取清华官费，赴美国康奈尔大学留学；邓曰谟通过该校美籍教授斯佩芮的介绍，自费到芝加哥窝克搞实验仪器研究，在埃利斯恰尔门斯钢厂学习 4 年；周志宏 1924 年到南芝加哥钢铁厂做工，两年后到卡内基工学院学习，后又进入哈佛大学深造，[1] 还有陈章、陈祖贻、汪元超、陶善均等，自费学习电机工程、采矿等专业。

4. 其他学校的留美生

有部分教会学校的毕业生赴美留学，如中西女子中学的关素珍，1925 年毕业后赴美；周绣，1927 年毕业，任本校教职员一年后赴美。[2]在 1918—1924 年及 1927 年核准的自费留美生中，高春台等 3 名天津中学校的学生赴美分习政治科、商科、机械科；直隶工业专校应用化学科的毕祖培赴美学习；直隶水产学校的王毓驹赴美习水产科；直隶公立工专毕业生朱天秉赴美习机械科；天津汇文中学的张金梁赴美学习工程。[3]

（三）留欧教育曲折发展

1914 年，第一次世界大战爆发，欧洲国家陷于战乱之中，政治失序，物价飞涨。国内经济拮据，留学经费得不到保障，1915 年，教育部拖欠各省留欧经费总计 77.7 万元[4]，留欧学生学业难以为继，生活艰难，留欧教育曲折发展。

1. 赴法勤工俭学运动

1909 年，早年留学法国的李石曾在法国创办了中国豆腐公司，从家乡招募几十人，组织他们边学习边劳动。1912 年，李石曾、吴玉章、吴稚晖等人在北京发起成立了"留法俭学会"。李石曾等人又相继在巴黎和北京等地设立了留法勤工俭学会、华法教育会及分会和众多的留法预备

---

①　张宝运、贾晓慧：《北洋大学及其留学人才论》，《高等教育研究》2005 年第 2 期。

②　《本校立案各项表册之私立中西学校立案用表之十三》，天津市档案馆藏，资料号：J110—01—000010—015。

③　刘真、王焕琛：《留学教育——中国留学教育史料》（三），台湾翻译馆 1980 年版，第 1571—1659 页。

④　李喜所、元清主编：《中国留学通史——民国卷》，广东教育出版社 2010 年版，第 99 页。

学校。天津的留法预备学校主要有天津孔德学校、天津法铁附设留法预备班，为赴法勤工俭学准备了必要的条件。在"工读主义"思潮的影响和留法前辈的促进下，1919 年 3 月到 1920 年 12 月，先后有 20 批学生赴法勤工俭学，总数有 1000 多人，直隶有 147 人。[①] 天津赴法勤工俭学的有周恩来、郭隆真、刘清扬、张若茗等人。

2. 其他留学欧洲的情况

南开学校留学欧洲学生的情况为：1920 年，在法国留学及服务者有 8 人，1921 年在欧洲留学的有 24 人，1922 年、1923 年在德、英、法留学的分别是 25 人和 24 人。[②] 1925 年，在英、法的共有 15 人，1926 年，在英、法、德、俄、比、奥六国的是 29 人，1927 年，在这六国的是 31 人。[③] 周恩来、严智开、常策欧、李福景、李绍彭、邹世俊等人发起了留欧南开同学会，以联络南开同学感情、互助及助母校为宗旨，会员包括曾在南开毕业及肄业者或曾在南开教课者。

在 1918—1924 年及 1927 年核准的自费留欧生中，天津法汉学校的曹善铭赴比利时学习机械、经利川赴德国学习医科。[④]

这一时期，还出现了留学苏联的热潮。"留苏热"主要是在政治革命的推动下出现的。1921 年中国共产党成立后，选派革命青年赴俄学习，除了国内选派的学生之外，1923 年以后，有一部分留学法国的勤工俭学生转到莫斯科东方大学学习。1924 年，国共两党合作，孙中山提出"以俄为师"，把选派青年去苏联学习视为培养革命人才的重要途径。

1926 年前后，在苏联学习的中国留学生有 1600 多名，主要学习革命理论和军事知识，这批留学生中有很多都成为了革命栋梁之才。其中就有毕业于北洋大学、被派往俄国伊尔库茨克的张太雷。

（四）本阶段留学教育的特点

1. 留学热潮多点化

这一阶段，留日生人数大大减少，很多人选择了去美国留学，留美

---

① 郑名桢：《留法勤工俭学运动》，山西高校联合出版社 1994 年版，第 37 页。

② 《南开同学录》，天津市档案馆藏，资料号：J0227—1—000280。

③ 《南开同学录》，天津市档案馆藏，资料号：J0227—1—000283。

④ 刘真、王焕琛：《留学教育——中国留学教育史料》（三），台湾翻译馆 1980 年版，第 1571—1659 页。

热潮一浪高过一浪,留学热潮开始由日本转向美国。北洋大学、南开大学为推动天津留美教育的发展做出了重要贡献。除此以外,还出现了留法勤工俭学和留苏的热潮。虽然,这几种留学热潮的动因、学生留学的目的各异,但这些留学生学成归国很多都成为国家的栋梁之才,为天津的发展贡献了自己的力量。

2. 留日教育质量明显提高

这一时期,教育部颁布了《选派留学外国学生规程》《发给留学证书规程》《管理自费留学生规程》等多部法规,提高了官费、自费留学的资格。据《直隶省留日同乡会录》记载,38 名天津留学生中,就读于庆应大学、东京帝大、京都帝大、明治大学、东京高工、广岛高等师范等高校的有 17 人,几乎占了一半,陆军士官学校等军校的有 5 人,其余分布在东亚预备学校、成城中学校、东京同文书院、东京水产讲习所、东京织染学校等。留日生参差不齐的情况得到了改善,质量明显提高。

四　留学教育的起伏波动阶段（1928—1949）

由于这一阶段受战争影响,笔者又将这一阶段天津留学教育划分为三个时期:1928—1937 年是天津留学教育起伏不定的时期;1938—1945 年是天津留学教育断裂的时期;1946—1949 年是天津留学教育回升的时期。

（一）留学教育起伏不定

1928 年底,南京国民政府教育部通令各省,要求整顿留学教育,并颁布《选派留学生暂行办法大纲》。1930 年 4 月在南京召开了第二次全国教育会议,制定通过了《改进全国教育方案》,提出首先整理并充实高等教育,在初见成效后,再向国外增派留学生等。1933 年 4 月,教育部颁布《国外留学规程》十六条,对留学资格、考选方法、留学管理及回国服务等做了详尽的规定。

从 20 世纪 20 年代开始,由"庚款"支持的留美费用逐渐入不敷出,加之 1929 年爆发世界经济危机,公派留学名额大幅缩减,1929—1937 年,平均每年公费留美仅有 35 人,1933 年以后才慢慢有所回升。

国民政府初期天津留美学生为 36 人。① 根据南开大学办公室编写的

---

① 谢长法:《中国留学教育史》,山西教育出版社 2006 年版。

《南开人物志》，收录了对南开大学有卓越贡献的人物，其中包括毕业于哈佛大学的吴大业、耶鲁大学的柳无忌、普渡大学的孟文喆、密西根大学的林同济、宾夕法尼亚大学的余新民等，他们都是在这一时期留美归来的留学生。

1928 年之后的 10 余年间，大批留学生归国，在学界形成了一股强大的势力，在一定程度上左右了学术界的走向。当年从南开中学考入清华学校、曾被学校视为骄傲的天津人唐凤图，1928 年、1930 年分别获普渡大学、康奈尔大学土木工程学士、硕士学位，归国后执教国内大学。天津人康振钰 1930 年、1931 年分获普渡大学机械工程学士、硕士学位归国，随即成为有名的实业家。以南开大学为例，1930 年全校有教师 41 人，留美归来的 31 人；1936 年的 34 名教授中，留美的 33 人，其中就有毕业于北洋大学，受聘于南开大学的徐谟，还有执教南开大学的徐敦璋。

这一时期的留日教育也是起起伏伏。参考全国的走势，1929—1930 年留日教育人数稳步上升，这与这一时期国内的政治经济环境密切相关。1931—1937 年留日人数呈下降趋势。1931 年千余名官费、自费生因学费、生活费难，纷纷归国。1931 年因反对日本制造"九一八"事变入侵东北，留日学生决议全体归国，人数超过 2300 人。1932 年因日军进攻上海，发动"一·二八"事变，留日学生集体归国。1937 年七七事变，日本全面侵华，留日学生全部归国，只留下伪满治域学生 403 人。[①]

1927 年"四一二"政变后，国民党停派留苏学生，并通令禁止国民党员继续在中大学习，与此同时，共产党则选送相当数量的党团员赴苏学习。1927 年、1928 年中国共产党先后派出两期留学生，其中，以 1927 年派出的人数最多，共 337 人。[②] 1925—1930 年间，留苏学生总计 1500 余人，其中共产党学生占 2/3 以上。1928—1937 年期间留学苏联的大多数是中共党员，他们在中国革命事业的发展历程和民族解放中发挥了重要作用，其不乏一些来自天津的优秀的留学生，如张太雷等人。

---

① 章开沅、余子侠主编：《中国人留学史》，社会科学文献出版社 2013 年版，第 217 页。

② 《联共（布）中央书记处会议第 171 号记录》（1929 年 12 月 16 日），俄罗斯现代历史文献保管与研究中心档案，全宗 17，目录 161，卷宗 15；《联共（步）、共产国际与中国苏维埃运动（1927—1931）》（第 8 卷），第 292 页。

值得注意的是，这一时期，天津人王世明，回族，1932 年被选送赴埃及资哈尔大学留学，1937 年完成专著《埃及独立史》，同年出任中国驻吉达领事馆副领事，1955 年和 1969 年两次任台湾驻联合国顾问，是民国时期唯一一位官至大使职务的留埃回族学生，这也是天津留学教育不可缺少的一部分。①

（二）留学教育的断裂

20 世纪 30 年代前半期，中国的留学界相对平静。"卢沟桥事变"后，许多的爱国学子纷纷归国投身抗日洪流。据 1938 年 5 月国民党教育部统计，此时滞留美国未归的公自费生仍达 1000 人左右。为了适应战时需要，国民党政府于 1938 年 6 月制定了《限制留学暂行办法》，规定凡往国外留学者一律暂以军、共、医各科与军事国防有关者为限，资格需为大学毕业后从事 4 年以上研究成绩突出者。1938—1941 年，每年公费、自费留学生不足百人，由于第二次世界大战和遭受日寇大规模的侵略，中国留学教育遭遇到前所未有的挫折，中国留学教育出现了第一次断裂。以下是 1937—1941 年公自费出国留学人数统计：1937 年，366 人；1938 年，92 人；1939 年，65 人；1940 年，86 人；1941 年，57 人。② 由此可见，全国包括天津市的公自费留学都陷入了断裂期。

1942 年，鉴于抗战形势的好转和出于战后需要人才的考虑，国民党政府拟订了《留学教育方案——五年留学教育计划》，设想在 1943—1947 年，每年选派公自费留学生各 1000 名。有人调查，1943—1945 年留美学生分别为 218 人、270 人、543 人，已达到并超过战前水平。

为节约外汇以应付战争需要，南京国民政府于 1938 年、1939 年相继颁布《限制留学暂行办法》和《修正限制留学暂行办法》，规定："在抗战期内公费留学生，非经特准派遣者，一律暂缓派遣；自费留学生，除得有国外奖学金或其他外汇补助费，足够留学期间全部费用无须请购外汇者外，一律暂缓出国。"③ 较抗战前的留学资格规定更为严格，因此，

---

① 马博忠、纳家瑞、李建工：《民国留埃回族学生派遣史研究历程》，宁夏人民出版社 2011 年版，第 132 页。

② 李喜所、元清主编：《中国留学通史——民国卷》，广东教育出版社 2010 年版，第 289 页。

③ 中国第二历史档案馆编：《中华民国档案资料汇编》（第五辑第二编），江苏古籍出版社 2000 年版，第 78 页。

"抗战期间，出国留学生数锐减。至 1937 年 10 月下旬，抗战前近 6000 名留日学生基本全部回国，在欧美的中国留学生也纷纷回国共赴国难。"[①]

"七七事变"后，国民政府停滞派遣留日学生，但中国人留学日本的历史并未终结，天津自备资金赴日求学女性也大有人在，在私立女子美术学校的中国留学生名单（1903—1948）中，有来自天津的孟昭美，国内就读天津南海大学文学院，1935 年入学，所学专业为一年制专修刺绣部，1936 年毕业。在东京女医学校、东京女子医学专门学校中国人留学生名簿 1908—1942 年中，有来自直隶省天津的吴萧淑、李丽莎，1937 年入学，原就读于国立第一助产学校；王淑文，1940 年入学，原就读于锦州省立女子师范学校，归国后任华北交通株式会社、天津中心妇产医院产科主任。值得注意的是，来自天津的女留学生集中在师范学校、高等蚕丝学校、女子医学专门学校等。

1937 年 12 月，以王克敏为首的傀儡政权"中华民国临时政府"在北平成立。华北的傀儡政权的日本留学也在进行中，据"华北政务委员会"教育总署档案记载，1938—1943 年，华北各省市，包括河北、北京、天津等伪政权总共派遣留日学生 943 人，其中官费 411 人，自费 532 人。伪天津市公署选派日语教员 6 名，此 6 名系留日见习。伪天津市公署选派生 5 人。[②]

1939 年 7 月，《日华学报》74 号详细记载了中国各地区的选拔招募的补助留学生的人数，北京为 30 名，天津为 15 名。

（三）留学教育回升（1945—1949）

第二次世界大战后，美国为了维护在远东的利益，1947 年，中美签订"中美文化协定"，成立美国在华教育基金会，鼓励中国学生前往留学。抗战胜利后，积压已久的留学热能一齐释放出来。当时战败国德、意、日不能去，英、法等战胜国亟待修复也不能去，唯有美国受战争影响少而成为理想的留学国度，再加上当时美蒋关系不错，美国鼓励中国留学，而中国为了战后的重建，也需派人员留学美国，以致数年间，中

---

① 茆诗珍：《近代中国女子留美史研究》，《阜阳师范学院学报》（社会科学版）2008 年第 2 期。

② 中国第二历史档案馆馆藏"伪华北教育总署档案"，全宗号 2021，案卷号 505。

国又汇成了一股强大的赴美留学洪流，在 1850—1949 年长达一个世纪的时间内，中国留美学生共 18400 人，而 1945—1949 年的 4 年间赴美者就达 5000 人，占了总数的 1/4 以上。①

1947 年 7 月 5 日，市教育局起草了《天津市三十六年度考选资送留美学生计划草案》，指出："查本市为我国北方经济中心，工商重地，亟待建设。需才孔殷。实有考选本市大学毕业之高才生，资送留美研究深造，俾得学成归国，服务地方。"② 遵照市政府令拟订具体计划：

> 一、考选资送工作，组织天津市三十六年度考选资送留美学生委员会办理之，其组织规程另订之。二、本年度考选学生十一名分科资送留美，其名额规定如下：1. 土木工程系，2. 政治系—市政学，3. 机械工程系，4. 化学系，5. 电气工程系，6. 制纸系，7. 织染系，8. 制革系，9. 教育系—中等教育，小学教育，师范教育。以上分科各一名。③

这一草案的制订推动了战后天津留学教育的回升。谢家麟就是其中一位在这一时期留学的天津人，1947 年 8 月赴美留学，1948 年获加州理工学院物理系硕士学位，1951 年获斯坦福大学博士学位，1955 年 7 月初回国，为中国的物理教育做出了重要贡献。

（四）本阶段留学教育的特点

1. 强烈的政治和革命色彩

无论是国民政府统治时期的留学政策和法规，抑或是中国共产党留苏运动，都有着浓厚的政治、革命色彩。为了适应战时需要，国民党政府于 1938 年 6 月制定了《限制留学暂行办法》，规定凡往国外留学者一律暂以军、共、医各科与军事国防有关者为限，资格需为大学毕业后从事 4 年以上研究成绩突出者。这一时期中共的留苏学员都是革命干部，

---

① 李喜所、元清主编：《中国留学通史——民国卷》，广东教育出版社 2010 年版，第 467 页。

② 《天津市三十六年度考选资送留美学生计划草案》，天津市档案馆藏，资料号：J0218—001035。

③ 同上。

时间因革命需要而定，学习内容与清末留学欧美、留日、留法勤工俭学有很大不同，学习任务很明确，就是学习西方的声光化电、机械制造、矿冶气象等。中国共产党的留苏运动，培养了大量党政军干部，为革命战争和新中国建设奠定了人才基础。

2. 留学国家逐渐增多，总体上以日本和美国为主

这一阶段初，留学生集中分布在军事技术比较发达的日本和欧洲的英、法、德几个国家，留学的国家比较少，后来逐渐增多，除了以上国家外，美国、比利时、苏联等也成为留学生的选择。从总体上来看，日本和美国是留学生的主要去处，留日生和留美生占了留学生的大多数，出现这种现象的原因是多方面的，既有中国政府的政策鼓励，也有日、美政府的吸引等因素。

第三节　归国留学生对天津教育近代化的影响

天津留学生完成学业后陆续回到祖国，在各行各业服务，其中，有很多人在教育界服务。这些接受了西方教育的新型知识分子引进国外先进的教育内容、教育思想和教育方法，矢志于发展新教育、革新旧教育的事业。他们有的主持地方教育行政，有的以全新的教育理念管理各级各类学校，有的充任各级各类学校教员，这个群体是推动天津教育近代化的一支重要力量，在天津教育由传统走向近代的过程中，发挥了不可忽视的作用。

一　主持地方教育行政，推动教育改革深入进行

留学生回国后，有的在天津、直隶的教育行政机构任职如邓庆澜、李琴湘；有的服务于学部如陈宝泉、刘宝和。这些接受了西学熏陶的留学生运用手中的行政权力，负责教育事务，推动了天津乃至全国教育改革。

（一）任职省级教育行政机关的留学生

陈宝泉于1904年从日本留学回国，入直隶学校司，任职期间，拟订劝学所、宣讲所等章程，均付诸实施。1905年，任直隶学务公所图书课副课长，主编《直隶教育杂志》，这是中国近代最早的省级教育行政机关

刊物，并与高步瀛合编《国民必读》《民教相安》，这是最早出版的民众教育读物，这些在社会上产生了广泛的影响。1905年底，陈宝泉随严修到清廷学部任职，拟订学部开部计划，主持组织图书局和编纂教科书的工作，官阶由主事升至郎中，又担任普通教育司师范科员外郎。1910年，擢升为学部实业司司长。1912年7月，陈宝泉被教育部任命北京高等师范学校的校长，并应教育总长蔡元培之约，出席"全国临时教育会议"，参与民国初年教育改革。1920年陈宝泉调任教育部普通教育司司长。1921年被举为天津县教育会会长。1931年，陈宝泉被任命为河北省教育厅厅长，对省内教育发展颇有建树。他整顿河北省高等教育，重视普及教育。1935年，国民党政府和日本签订了丧权辱国的《何梅协定》，陈宝泉愤然辞去了厅长的职务。

1905年，直隶学务处设立了省视学，任职者多为"留学师范毕业者"，留学日本的陈哲甫就曾担任过视学，对直隶新学的创办发挥了重要的作用。1914年2月，教育司司长蔡儒楷升任教育总长，普通科科长、曾留学日本的李琴湘代行司务，5月，教育司改为教育科，李琴湘任主任，1916年去职。1917年，直隶省教育厅成立，留学日本的胡玉荪曾任厅长一职。

（二）任职天津教育行政机关的留学生

1906年，天津县设立劝学所，管理天津县内的初等及中等教育事宜，劝导地方人士建立学堂、推广教育的责任。天津劝学所的总董为教育界著名人士林墨青，继他之后任职的是曾经留学日本宏文书院的华芷龄。后来，天津县教育行政由县董事会教育股股长、曾在日本学习师范的邓庆澜专管。不久，董事会取消，天津县教育局成立，华芷龄任局长，邓庆澜任视学。1928年，天津市教育局成立。到1948年，天津市教育局有留学经历的局长的任职情况详见表6—6。

表6—6　　　　　　1928—1948年天津市教育局历任局长简表

姓名	任职年月	留学经历
焦实斋	1928年8月至11月	曾在英国牛津大学做研究生
邓庆澜	1928年10月至1935年8月	留学日本学习师范

续表

姓名	任职年月	留学经历
李琴湘	1935 年 8 月至 1936 年 1 月	留学日本学习速成师范
刘冬轩	1936 年 1 月至 1936 年 8 月	
凌勉之	1936 年 8 月至 1937 年 7 月	留学日本
黄钰生	1945 年 10 月至 1946 年 4 月	留学美国,先在劳伦斯学院攻读哲学和文学,后到芝加哥大学学习教育学
郝任夫	1946 年 4 月至天津解放	

注：七七事变后何庆元出任伪市教育局的首任局长。

资料来源：1. 天津市地方志编修委员会：《天津通志——基础教育志》，天津社会科学院出版社 2000 年版，第 285、731、734、747 页。

2. 张绍祖编著：《津门校史百汇》，天津人民出版社 1994 年版，第 34 页。

3. 周棉主编：《中国留学生大辞典》，南京大学出版社 1999 年版，第 31、116、155、369 页。

在任职的 7 位局长中，其中 5 位有留学经历，这几人中，邓庆澜、李琴湘、凌勉之是出自天津的留学生。

历任局长中，邓庆澜任职时间最长，近 7 年之久，在职期间为天津教育的发展做出了很大贡献。他到任后，接手县立小学 140 多处、社会教育机关 4 处，积极进行扩充整顿。在学校教育方面，除了增加班级、提高教学质量外，还重视学校数量的扩大，设立市立小学 10 处，市立师范 1 处。在社会教育方面，整顿了原来的讲演所，还添加了通俗图书馆 7 处，民众阅书报所 10 处，市立美术馆 1 处，市立图书馆 1 处，市立民众教育馆 1 处，市立职业补习学校 1 处，民众补习学校 100 多处。在他的努力下，天津的学校教育和社会教育都呈现出崭新的面貌，教育发展与之前相比，有一日千里之势。

陈宝泉曾于 1921 年任天津教育会会长。

二　以全新的教育理念管理各级各类学校

洋务运动、"新政"改革时期，天津涌现大批新式学校，一些归国留学生在"教育救国"思想的驱使下也加入到创办新式学校的队伍中，有的还在学校中担任重要领导职务。归国留学生用从国外学习来的新理念管理学校，为社会培养了各方面的人才。

（一）中小学校

官立模范小学堂是天津创办最早的官立小学之一，刘宝慈任首任堂长。刘宝慈在日本宏文书院师范班学习，学到了不少日本小学办学的经验，他仿效日本的教育模式，勇于改革，使之展现了与传统学堂截然不同的新风貌。他潜心经营模范小学36年，使之发展成为天津的一所著名小学。

张彭春于1910年考取庚款留美资格赴美，获哥伦比亚大学教育学博士学位。1926年，他担任南开中学代理校长，致力于中等教育的研究和改革。他提出培养创造型人才，实施"开辟的经验"的教育。1932年，张彭春又提出了"力心同劳"的教育理论，他在高一班办起了"新教育试验班"，开设了木工厂、铁工厂、印刷厂进行试验，这对于封建教育思想的破除具有积极意义。还有一些由留学生归国后管理中小学校详见表6—7。

表6—7　　　　　　　　　部分留学生管理中小学校情况一览表

姓名	留学经历	从教情况
胡玉荪	留学日本宏文书院学习速成师范	1904年到1905年任天津府官立中学堂监督，该校是天津最早的官立中学
李琴湘	留学日本宏文书院学习速成师范	1919年奉派接管德国人在天津创办的德华普通中学堂，改组为大营门中学并出任校长
郑菊如	留学日本宏文书院学习速成师范	曾任天津如意庵官立两等小学堂学监，抗战胜利后在天津文庙创设崇化中学
赵天麟	美国哈佛大学法学博士	系天津私立耀华中学校第三任校长
陈宝泉、邓庆澜	均留日学习师范	1904年，两人在天津西门城隍庙内筹设单级小学一处，以邓庆澜为堂长兼教员，是为北方提倡单级教授之始

资料来源：1. 张绍祖编著：《津门校史百汇》，天津人民出版社1994年版，第41、56、73页。

2. 天津市地方志编修委员会：《天津通志——基础教育志》，天津社会科学院出版社2000年版，第730页。

3. 天津市教育局《教育志》编修办公室：《天津教育大事记（1840—1948）》，天津市地方史志编修委员会总编辑室1987年版，第34页。

（二）师范学校

为解决小学师资不足的问题，严修约陈宝泉、李琴湘等人创办师范讲习所，主要传授教育学以及教学法，有时还进行现场教学的研究讨论，对提高小学堂的教师质量和教学水平起到积极作用。1907 年，天津师范传习所成立，所长是邓庆澜，这是天津最早的教师进修学校之一。

1905 年，胡玉荪创办天河师范学堂。1907 年，学校废除了简易科，增设优级理化选科，校名也因此改为天津两级师范学堂，并附设两所小学堂，这是天津第一所建制完备规范的师范学校，该校为天津和直隶培养了众多的中小学教师。

曾留学日本、美国的齐国梁，是我国著名的师范教育家、女子师范教育的倡导者。1916 年 1 月至 1946 年 8 月先后任直隶第一女子师范学校校长、河北省立女子师范学院院长，他致力于女子师范教育长达 34 年，不仅培养了大批优秀教师，还涌现出了邓颖超、许广平等许多爱国革命活动和妇女解放运动的领袖和积极分子，并组织发起了天津女界同志会、觉悟社等进步团体。它成为革命活动的重要阵地和天津乃至全国妇女运动的核心，在我国的女子教育发展史上书写了光辉的一页。

（三）职业学校

天津近代职业教育的发展，也离不开留学生的努力。

1924 年，魏元光留美回国后，在母校直隶公立工业专门学校任化学教员，1926 年起担任校长，1929 年，该校改为河北省立工业学院，他被聘为第一任院长。因其工作成就卓著，教育部 1936 年 5 月聘请他筹建中央工业职业学校，任筹备主任。魏元光秉持"工业救国"论，把发展新工业、改良旧工业作为工业教育的总目标。他终生致力于职业教育，为国家培养了一大批中、高级工程技术人才，得到了社会的广泛赞誉。

1922 年张元第从东京农商务省水产讲习所毕业，回到母校直隶省省立甲种水产学校任制造科主任。1929 年 11 月，该校改为河北省省立水产专科学校。1930 年起，张元第开始担任校长，抗战期间该校停办，1946 年复校后仍任校长。1958 年，学校升为天津水产学院，开设了海洋捕捞、淡水养殖、水产加工三个专业，与张元第同时赴日留学的郑恩绶担任副院长。

张元第和郑恩绶为国家培养了很多水产人才，成为我国著名的水产教育家，他们和刘纶一起被称为"水产三杰"。

（四）大学

在北洋大学、南开大学发展壮大的过程中，归国留学生做出了卓越贡献。

北洋大学自 1895 年创办到 1949 年新中国成立前的 50 多年中，数易校长，他们之中本校派遣的留学生就有 5 人，具体情况详见表6—8。

表 6—8　　　　1949 年以前北洋大学掌校人中该校留学生一览表

姓名	任职时间	国内专业	留学院校及获得学位
赵天麟	1914—1920	法科	哈佛大学法学博士
冯熙运	1920—1924	法科	哈佛大学学士、芝加哥大学法学博士
蔡远泽	1930—1932	矿冶	马萨诸塞理工大学学士、哥伦比亚大学硕士
李书田	1932—1937 1944—1946	土木工程	康奈尔大学博士
钟世铭	1947—1948	法科	哈佛大学法政学硕士

资料来源：北洋大学—天津大学校史编辑室：《北洋大学—天津大学校史》（第一卷），天津大学出版社 1990 年版，第 82—83、132—140、256—258、265—269、349—351 页。

赵天麟任职时间最长，他总结了北洋大学建校以来的办学经验，概括出了"实事求是"的校训，以之教导学生，对该校的治学、育人等方面都起到了积极的作用，产生了深远的影响。

蔡远泽上任时，学校因遭火灾，面临经费、校舍、设备等重重困难，因为经费短缺，教学楼迟迟不能动工。蔡远泽来校后将校舍进行了重新规划，拟订了新的建设计划，并决定易地、按照新设计图纸建教学楼，在他任期内，用庚子赔款和捐款兴建的新教学楼（工程学馆）建成，得到了全校师生的佩服。

李书田任职 5 年，北洋大学发生了翻天覆地的变化，兴建了新图书馆、工程学馆（南大楼）、工程实验馆（北大楼），创设了电机工程系，在土木系增加水利工程组，在矿冶系分置采矿工程组和冶金工程组，在机械系添设航空工程组，还开办了工科研究所并招收研究生，使学校成为国内最早开展研究生教育的院校之一。

在北洋大学历任教务负责人中，也有天津的留学生。1906 年，北洋大学总管教学的总教习丁家立辞职，由曾留学英国的天津人王劭廉接任，改称教务提调，这是北洋治校办学之权由外国人手中归于国人的开始。他兢兢业业，治校以严著称，对校务严格管理，对中外教员均严格要求，师生都十分敬畏。王劭廉任职 8 年，对维持并开创北洋大学堂的新局面做出了重要贡献。

1917—1918 年，张伯苓专程前往美国哥伦比亚大学学习教育专业，并和随后到来的严修等人深入考察了美国多所学校，尤其是芝加哥大学、旧金山大学等高校的学制、行政、设备等情况，积累了不少办学经验。1919 年，南开大学正式成立，张伯苓任校长。他担任南开大学校长 30 年，在他的执掌下，南开大学形成了自己的办学特色，成为中国最著名的私立大学。

三 充任各级各类学校教员，大大提高了师资队伍质量

清末派遣留学生的目的之一，就是培养新式学堂的师资。除了师范留学生以外，一些非师范生加入教师行列，大量的留学生成为新教育发展的重要力量。

1907 年，直隶省回国的速成师范生就有 200 多名。[①] 随着留美、留欧教育的规模不断扩大后，一些欧美回国的留学生加入了教师行列。师范学校、职业学校和大学教师中，留学生占一定的比例。据天津市教育局统计，1930 年在市立小学校、私立小学校、市立师范学校、私立中学校任职的总共 1289 名教职员中，国外专门学校和国外大学出身的分别是 2 人和 27 人，其中教员 20 人，职员 9 人。[②] 一些在新式学校中执教的归国留学生的任教情况，详见表 6—9。

---

① 河北省地方志编纂委员会编：《河北省志—教育志》，中华书局 1995 年版，第 4 页。

② 天津市地方志编修委员会编：《天津通志——基础教育志》，天津社会科学院出版社 2000 年版，第 254、736、745 页。

表6—9　　　　　部分在天津各级各类学校任教的留学生一览表

姓名	留学经历	任教情况
陈哲甫	1903年留学日本宏文书院学习速成师范	天津汇文学校国文教员
郑菊如	1903年留学日本宏文书院学习速成师范	任教于天津耀华中学
吕碧城	留日	卢氏蒙养院及北洋女子公学教习
李叔同	1905年留学日本东京上野美术专门学校学习绘画和音乐	天津工业专门学堂图画教员
王治昌	1902年留学早稻田大学，获商学士学位。	任教于天津商校
安体诚	1918年赴日留学	任教于直隶省公立法政专门学校
刘纶	1917年赴日留学，并考察水产教育	河北省立水产专科学校制造教员、制造科主任
郑恩绶	1917年赴日留学，并考察水产教育	河北省立水产专科学校渔捞教员、渔捞科主任
王劭廉	留学英国学习军事	北洋水师学堂担任数学、英文等课程
伍光鉴	留学英国学习军事	任教于北洋水师学堂
钟世铭	1906年派送留学，入美国哈佛大学法律研究院得法政学硕士学位	直隶高等工业学堂教习、教务主任及北洋法政学堂教授
刘景山	1906年入美国费城本雪文尼亚大学学习铁路管理，获经济学硕士学位	天津高等商业学校教员
杨十三	1920年赴美国半工半读，入塞瑞术斯大学专攻造纸专业	河北省立工业学院教授、斋务课主任

资料来源：1. 天津市地方志编修委员会：《天津通志——基础教育志》，天津社会科学院出版社2000年版，第730、734、736、745页。

2. 周棉主编：《中国留学生大辞典》，南京大学出版社1999年版，第31、116、155、305页。

3. 张绍祖编著：《津门校史百汇》，天津人民出版社1994年版，第34页。

4. 北洋大学—天津大学校史编辑室：《北洋大学—天津大学校史》（第一卷），天津大学出版社1990年版，第38、45页。

5. 田正平：《留学生与中国教育近代化》，广东教育出版社1996年版，第343页。

这些有着留学背景的教师，在教育教学中传播新的教育观念，更新教学内容，编订新教材，改进教学方法，不仅有效缓解了国内毕业生不敷应用的燃眉之急，而且提高了新式学校教师队伍的整体素质。

许多具有较高学术水平的留学生归国后，跻身北洋大学和南开大学中，他们引入现代学科，推动院系建设和科学研究，对推动天津高等教育的发展做出了突出的贡献。

北洋大学仿照美国模式办学，学科设置先进，除了汉文课和部分外语课是由中国教习承担外，其余所有功课基本都是延聘外籍教习担任，教科书使用外文原版，用外语授课。随着国内有建树的科技人员增多，以及一些留学国外的校友回到母校充实教师队伍，这种局面开始有所改观。1925 年，学校的 23 名教师中，中国教师有 14 人，美国教师有 9 人；1928 年，在 28 名教师中，只有 2 名外籍人员。[①] 中国教师已经逐渐取代了外籍教师占据主导地位，20 世纪初期至 30 年代部分北洋大学留学生教师具体情况详见表 6—10。

表 6—10　　20 世纪初期至 30 年代部分北洋大学留学生教师一览表

姓名	国内专业	留学经历	任教课程
冯熙运	法科	哈佛大学学士、芝加哥大学法学博士	法律经济
李成章	法科	留日	民法、法律经济
蔡远泽	矿冶	马萨诸塞理工大学学士、哥伦比亚大学硕士	矿冶
李书田	土木工程	康奈尔大学博士	铁路学
邓曰谟	矿冶	自费到芝加哥窝克搞实验仪器研究，在埃利斯恰尔门斯钢厂学习四年	水力机及材料试验
徐世大	土木	康奈尔大学土木工学硕士	河海工程
赵天麟	法科	哈佛大学法学博士	法律、理财学
钟世铭	法科	哈佛大学法政学硕士	公共课
刘锡瑛	矿冶	麻省理工学院学士、哈佛大学电机学硕士	电机工程

资料来源：北洋大学—天津大学校史编辑室：《北洋大学—天津大学校史》（第一卷），天津大学出版社 1990 年版，第 97、144—149、448 页。

---

① 北洋大学—天津大学校史编辑室编：《北洋大学—天津大学校史》（第一卷），天津大学出版社 1990 年版，第 143、145 页。

　　这些热爱教育事业、热爱母校的归国留学生，带着在国外掌握的科学知识和技能回到北洋大学，缓解了学校师资短缺的状况，成为教学和科研的一支重要力量。

　　南开大学也有一批海外留学回来的教师，他们具有精深的近代科学知识，熟悉美国的教育制度和教学方法，成为教师队伍中的骨干力量，对南开大学诸多学科的发展起到了开创性的作用。1930 年，全校教师 41 人，留学美国的 31 人，其中博士 14 人，硕士 14 人。[①] 1932 年，全校教师 61 人，留学海外的有 40 人，其中留美学者 38 人（内有博士、硕士各 18 人），1936 年，全校 85 名教师中，留学海外的有 43 人（其中留美 39 人）。[②] 20 世纪初期至 30 年代部分南开留学生回南开大学任教的教师详见表 6—11。

表 6—11　　　　　　　20 世纪初期至 30 年代在南开大学任教的
部分南开学校留学生一览表

姓名	留学经历	任教情况
张克忠	1923 年赴美国麻省理工学院学习化学工程学，仅用 5 年就获得科学博士学位，学位论文《扩散原理》出版后轰动了美国科学界，"扩散原理"被称为"张氏定理"	创办应化研究所、化学工程系，并任化学教授
冯文潜	1917 年入美国葛林乃尔学院主修哲学，副修历史，获学士学位，又到芝加哥大学研究院学习哲学并得硕士学位；1922 年赴德国柏林大学读哲学、美学，历史学	哲学教授
刘晋年	1925 年考取清华留美公费生，入哈佛大学研究院师从著名数学家伯克霍夫学习，5 年后获哲学博士学位	算学系教授

---

　　①　南开大学校史编写组编：《南开大学校史（1919—1949）》，南开大学出版社 1989 年版，第 119 页。

　　②　梁吉生：《允公允能　日新月异——南开大学校长张伯苓》，山东教育出版社 2003 年版，第 240 页。

续表

姓名	留学经历	任教情况
张彭春	1910 年，考取庚款留美资格赴美，后分别在克拉克大学、哥伦比亚大学获得学士和硕士学位；1919 年，他再度赴美留学，在哥伦比亚大学获教育学博士学位	哲学教育教授
张希陆	美国威斯康星大学学士、芝加哥大学肄业	算学系教授
凌冰	留学美国哥伦比亚大学，1919 年获教育学博士学位	讲授哲学等课程
喻传鉴	留美	教育哲学系副教授

资料来源：1. 王文俊：《南开大学校史资料选（1919—1949）》，南开大学出版社 1989 年版，第 57—67 页。

2. 南开大学校史编写组：《南开大学校史（1919—1949）》，南开大学出版社 1989 年版，第 120 页。

3. 天津市地方志编修委员会：《天津通志——基础教育志》，天津社会科学院出版社 2000 年版，第 746 页。

1928 年，张克忠博士放弃美国优越的生活、工作条件，回到母校任教。1929 年和 1931 年，他先后创建了应用化学研究所、化学工程系，1934 年又创办了南开化学工业社。科研和生产并重、教学和科研并举，研究所研究工业生产上的技术难题，为天津和全国的化学工业做出了重要贡献，成为当时国内著名的化学研究所之一。抗战期间，张克忠在西南联大任教职，1947 年返回南开大学担任工学院院长并重建应用化学所。

刘晋年是南开大学算学系的第一个毕业生，1930 年留美归国后在南开大学执教。当时的算学系只有 4 位教师，教学任务十分繁重。他独自开设多门课程，教学认真、治学严谨、对学生的要求极为严格。抗战爆发后，刘晋年任教于西南联大，将南开算学系的优良教学传统带到了联大。

冯文潜留学多年，是一位学贯中西、博古通今的学者。1930 年他被张伯苓聘哲教系教授，他治学严谨、诲人不倦，讲授西方哲学史 20 余年，培养了一批西方哲学史的研究人才。抗战中后期，冯文潜致力于学科建设和学校建设。1942 年与黄钰生等人成立了南开大学文学院边疆人文研究室，还为文学院的重建工作奔波操劳，延揽人才、添置图书设备，倾注了大量的心血和汗水。

在天津工商大学任教教师中，大多也是留学归来的留学生，大大提高了师资队伍质量和教学质量。表6—12是天津工商大学任职教师的部分名单。

表 6—12   天津工商大学部分任职教师名单

姓名	出生年月	籍贯	学术简历	就职年月	科目	职称
高镜莹	1901	天津市	美国密歇根大学土木工程科硕士	1937.3	构造学钢筋混凝土学	教授
孝鉴	1905	天津市	燕京大学经济学文学士，伦敦大学经济学硕士	1946.9	英文	教授
孙家琦	1900	天津市	美国波尔邦大学电机工程师	1938.9	力学、应用力学、英文	教授
谭真	不详	天津市	美国波士顿麻省理工学院土木工程硕士	不详	构造设计学	教授

资料来源：根据《私立天津工商学院一览》第九编，《教职工学生统计》和《天津工商大学简史》历年"本院状况""教师"变动数字统计。

这些留学生大大扩充了私立天津工商学院的师资水平，并且在其岗位上兢兢业业，培养了很多优秀人才。

第 七 章

天津近代师范教育

师范教育作为"群学之基",对整个教育事业发展有着重要影响。作为近代教育的重要组成部分,近代天津师范教育崛起于 20 世纪初期,在清末民国时期的一系列社会变革中不断发展,历经了萌发、转型、调整完善以及重创与重建四个过程,表现出了明显的阶段特征及区域教育特色。

第一节　师范教育的萌发(1903—1908)

天津作为"京畿门户",凭借得天独厚的地理优势,在清末开启了其近代化的进程,其师范教育受当时社会政治、文化等诸多因素影响,在天津近代教育的发展进程中产生,并在政府引导以及区域教育家的努力下获得早期发展。

一　清末师范教育的萌芽

清末,在内忧外患的政治环境以及中西思想文化的激烈碰撞中,我国开启了师范教育制度化的最早尝试。1904 年 1 月,癸卯学制确立了师范教育两级独立系统,1907 年 3 月,学部奏定《女子师范学堂章程》,女子师范教育纳入师范教育制度体系中。师范教育政策法规的制定为师范教育进一步发展指明了方向。

天津师范教育产生的直接动因缘于新式学堂的纷纷建立。1902 年,天津民立第一两等小学堂以及天津民立第二两等小学堂创立,之后在严修、林墨青、陈宝泉等的积极倡导下,各类民办私立小学堂纷纷成立,而师资缺口较大，师资培养问题提上日程。

1902 年 7 月至翌年 9 月，严修赴日本神户、东京游历，期间着重参观了日本的学校与教育，包括其大学、高等专科学校、女学、特殊教育以及幼稚园教育等，认识到普及教育是国家富强之根本，而教育的普及无一能离开师资。因而，归国后严修即着手培养师资的工作。

1903 年，在严修的推动下，教师补习所与教员研究所创立，成为天津师范教育的肇端。教师补习所设有文、理、法、商等学科课程，聘请毕业于日本早稻田大学的金邦平、张伯苓等 10 余人担任教师，严修常去听课，有时还亲自审阅教材与课业。教员研究所则是于每周末集合小学教师及有志于此者研究改进课程和教学方法。"各项活动，严修每次必到，并协助由国外搜集课本备用，或帮同自行编辑出版。"①

虽然教师补习所与教员研究所属于师资培训性质，但却是天津最早的师范教育机构。

二　师范教育的早期发展

随着师范教育的萌芽，其他各级各类师范教育机构如雨后春笋般大量涌现。到 1908 年，天津已经开办了师范讲习所、师范传习所以及简易师范等多种机构，初步形成了师范教育的机构体系，构建了师范教育发展的基础框架。

（一）短期师资培训（养）机构

短期师资培训（养）机构最主要的任务就是培训或培养小学师资。这类机构主要有：

1. 师范讲习所

师范讲习所的前身是 1903 年严修创办的普通学社，学社以培养师资为目的，每周六进行教学研讨，地址初在东门内会文书院旧址，后迁至城隍庙。由于师资培养规范化、规模化的要求，1903 年，严修以民立第一小学捐资校董身份选拔该校优秀教员保送日本弘文学院师范专科留学，该院校长为嘉纳治五郎，时任东京高等师范学校校长，故宏文学院授课

---

① 中国人民政治协商会议天津市委员会文史资料研究委员会编：《文史资料选辑》（第 25 辑），天津人民出版社 1984 年版，第 14 页。

的教师多为东京高师中的著名教授，所以进修虽仅一年但收益甚广①；次年留学生归国后，严修邀请其中的陈宝泉、刘宝慈、李琴湘、胡家琪等人创办了天津第一所师范教育培养机构——师范讲习所，主要培养小学教员。

2. 师范传习所及简易师范

（1）天津师范传习所

1907 年，天津县劝学所和教育会成立后，为了补充小学师资的不足，在天津两级师范学堂内设置天津师范传习所，由邓庆澜任所长，学习期限为 10 个月至 1 年，主要利用夜间对不具备资格的现任教员进行培训，一年后经考试合格者发给证书，是天津最早的教师进修学校。②

（2）静海师范传习所

静海县内师范教育始自清光绪末年，为适应当时兴办新式学堂对师资的需要，静海县在文庙（今静海镇四街内，食品街二粮站处）中办师范传习所，这是静海师范教育的发端。当时招学员 1 个班，学期 6 个月，毕业后派往学堂任教。宣统年间继之。③

3. 附设师范班（科）

1904 年，严修家馆与王奎章家馆合并为敬业中学堂，张伯苓任校长，此即南开中学的前身。鉴于当时中学师资匮乏，敬业中学堂特设高级师范班以培养中学师资，学制为二年。当年招生 6 人，转年又增加 4 人，共计 10 人，名单如下：陶履恭、韩振华、严智惺、周旭、孟广进、武浚源、邓召棠、韩荫朴、时作新、林涵。这批学生于 1906 年毕业，毕业生中有陶履恭等 4 人由校方筹资派往日本留学，时作新等 4 人留校任教。④

1906—1907 年，北洋大学堂设师范科，培养中学师资，为保障学生质量，从保定直隶高等学堂及五城学堂拨来年龄较长、国文及西文程度

---

①　中国人民政治协商会议文史资料研究委员会编：《天津文史资料选辑》（第 38 辑），天津人民出版社 1987 年版，第 98 页。

②　天津市地方志编修委员会编：《天津通志——基础教育志》，天津社会科学院出版社 2000 年版，第 192—193 页。

③　静海县地方史志编修委员会编：《静海县志》，天津社会科学院出版社 1995 年版，第 598 页。

④　天津市地方志编修委员会办公室编：《天津通志——基础教育志》，天津社会科学院出版社 2000 年版，第 192 页。

较优学生，学习期为一年，但该师范科仅办了两年便被裁撤。

（二）两级师范学堂

1. 天河师范学堂（天津初级师范学堂）

1905 年，天津府中学堂监督胡家祺创办天河师范学堂，校址设在西北角文昌宫北洋校士馆内。初创时，设完全、简易两科，学制分别为 5 年和 1 年，是天津最早一所建制完备的师范学校。因为是为天津、河间两府培养小学师资，所以学堂初办时招收的学生均是天津、河间两府各县的贡生、廪生、增生、附生、监生。学堂成立之初在西北角文昌宫原辅仁书院旧址建立了附属小学，以供师范生实习之用，这是天津第一所师范学校附属小学。同年，学堂内设师范讲习会，晚间讲授普通学科，并开办星期讲座，讲授教育学及教学法。1907 年，学堂废除简易科，增设理化选科，开始为中学堂及初等师范学堂培养师资，改名为天津两级师范学堂。

2. 北洋师范学堂

1905 年 9 月，直隶总督袁世凯奏请在天津设立北洋师范学堂，校址设在新开河西岸（今河北区志成道中学校址），占地 200 余亩。北洋师范学堂属于优级师范学堂性质，主要培养中学堂以及初级师范学堂师资，主要招收直隶、山东、山西以及东三省生员，办学条件优越，师资力量雄厚。初创时设优级完全科、专修科和简易科，前两科均设预科与本科，优级完全科主要为培养中学教师，完全科的预科与本科均修业 3 年，毕业生均给予出身。专修科以培养初级师范教师为主，其预科为半年，本科为 3 年。简易科一年毕业，主要培养小学师资。1911 年，因北洋各省师范学堂大都建立，加之北洋政府财政的严重空虚，学堂被撤销，改建天津直隶高等商业学堂。据统计，从1905 年建校至 1911 年学校撤立，共毕业学生 460 人，为北洋各省培养了一大批师资。

师范学堂学生除自费生外，享受严格公费待遇，不仅免交学费、食宿费，还酌情补给书籍及服装费。

（三）其他师范教育机构

1. 北洋女子师范学堂

虽然在 1904 年颁行的《奏定学堂章程》中，女子教育仍被排斥在学制系统外，但是随着民主呼声越来越高，女学发展呈现不可阻挡之势。1904 年，袁世凯和天津海关道唐绍仪等创办北洋女子公学（即天津公立女学堂），次年又创办天津北洋高等女学堂，以及公立初等女学堂（相当于小学）5 所。1906 年，北洋女子公学改名北洋女子师范学堂，专门为女子小学堂培养女教员，傅增湘任首任监督，租赁河北区三马路西口民房为堂址。同年 6 月 13 日，北洋女师学堂开学，学制为一年半的简易科，当时有学生 46 人，同年 9 月，又于天津、上海两地增招学生 67 名，实有学生 107 名。1907 年，为解决校舍严重不足，遂于督府西的三马路和天纬路之间，增建一座两层楼的新校。1908 年春，北洋女师学堂开始招完全师范班，学制 4 年。

2. 严氏保姆讲习所

1905 年，严修投入 1752 两白银在家中（西北角文昌宫附近）设保姆讲习所，培养幼儿教育师资。保姆讲习所的学生除严氏女塾的学生之外，还招收了一批新生，根据学生文化程度不同将其分为了两组。建立之初，几乎全部照搬日本经验，聘请日籍教师大野铃子教授主要课程。讲习所设蒙养院以备实习之需。1908 年，又成立过一个师范班，不久停办，部分学员在留园任教的同时，再用半天到直隶女子师范学堂旁听以继续深造。

保姆讲习所 3 年共培养 20 余人，经考试合格，发给文凭并举行毕业典礼。这批学员是我国第一批幼教工作者，对京津地区幼教事业的发展无疑产生了促进作用。据严修孙女严仁清回忆所载，当时讲习所的学生有张祝春（张伯苓之妹，马千里的夫人）、刘清扬、严智蠲、严智娴（严修之女）、严淑仪、严淑瑜（严修堂妹）、严智园（严修侄女）、刘霭如（严修侄媳）、韩升华（傅佩春夫人）、韩咏华（梅贻琦夫人）、王敏、徐本敬、李应兰、林溦、王素愿、安同君、华纵宪、华纵拂、郭静容、刘汝明等。① 讲习所的设立既是学前师范教育机构的创举，又是女子师范教育的拓展。

此外，有些学堂在普通教育外添设保姆科，如 1906 年，温世霖

---

① 中国人民政治协商会议天津市委员会文史资料研究委员会编：《文史资料选辑》（第 25 辑），天津人民出版社 1983 年版，第 48—49 页。

在其创办的私立普育女学堂中添设了师范和保姆科，以培养幼教师资。①

3. 天津体操音乐讲习所

为解决音乐、体育师资不足，1908 年，天津劝学所创办天津体操音乐讲习所，校址设在河北大经路劝业会场（今中山公园）东学务公所后院，由李侨任管理，王定保任司事，村冈祥太郎、齐滕传寿、张玉斌和王承瀛等人任教员。首期招收高等科学员 26 人，学制 2 年，经费由劝学所拨付。这是天津最早的培养音乐体育教师的学校，为天津培养了一批小学音乐体育教师。据北洋大学校史中所载，自体操音乐传习所的毕业生分配到各学校后，体育课才正式开展多种多样的体育活动，如教学生做徒手操、器械操、圈操等。②

1903—1908 年，天津师范教育机构详见表 7—1。

表 7—1　　　　　　　1903—1908 年天津师范教育机构统计表

类型	学校名称		创办时间	学校地址	创办人
短期师资培训（养）机构	补习所与研究所	教师补习所与教员研究所	1903		严修
	讲习所	师范讲习所	1904	会文书院旧址，后迁城隍庙	严修
	传习所及简易师范	天津师范传习所	1907	文昌宫北洋校士馆内	
		静海师范传习所	1908	静海镇四街内食品街二粮站处	
	附设师范	敬业中学堂特设高级师范班	1904		张伯苓
		北洋大学堂师范科	1906		

① 天津市地方志编修委员会办公室编：《天津通志——基础教育志》，天津社会科学院出版社 2000 年版，第 195 页。

② 张德忠：《清末京师直隶师范教育研究》，硕士学位论文，首都师范大学，2008 年。

续表

类型	学校名称		创办时间	学校地址	创办人
两级师范学堂		天河师范学堂	1905	文昌宫北洋校士馆内	胡家祺
		北洋师范学堂	1905	新开河西岸（今河北区志成道中学校址）	袁世凯
女子师范学堂		北洋女子师范学堂	1906	河北区三马路西口	袁世凯、唐绍仪
学前师资培养机构		严氏保姆讲习所	1905	西北角文昌宫西四棵树严宅内	严修
		普育女学堂附设师范及保姆科	1906	鼓楼西板桥胡同	温世霖
特科师范教育机构		天津体操音乐讲习所	1908	河北区大经路劝业会场东学务公所后院	劝学所

资料来源：根据政协文史资料、天津基础教育志、静海县志等资料整理。

从上表可见，1903—1908 年，天津师范教育机构有 12 所，层次涵盖初级师范和优级师范；性质涉及职前培养和职后培训；类型多样，有学前、音体特科以及女子师范，形式上更是灵活多样。这一时期，天津师范教育形成了分阶段、分类别的基本独立的框架体系。

三 师范教育机构的办学概况

与其他地区相比，天津师范教育虽然起步较晚，但凭借教育发展的内外优势，师范教育在发展初期便显示了强大生命力，取得了较大进展，造就了办学规范化与多元化交织的局面。通过探究师范教育机构的办学状况，可以透视当时师范教育发展的特点及水平。

（一）组织机构

天津师范学堂建立之初就确立了严格的管理制度，师范学堂都有自己明确的试办章程。

初级师范学堂确立了以监督为核心以教员为辅助的管理体系。以天河师范学堂及北洋女师学堂为例，二者成立之初均为初级师范学堂，当时学堂设置的人员有监督、教员、副教员、监学、附属小学办事官、小学教员、庶务员。其职责分别为：监督统辖全学堂人员、主持全学事务；教员掌教育学生，副教员辅助其工作；监学由教员或副教员兼充，掌学生斋舍事务；小学办事官由教员兼任，管理附属小学堂教育事务；小学教员掌握教授附属小学堂之学生，并指导初级师范生实习；庶务员管理学堂收支及一切庶务。初级师范学堂的组织机构详见图7—1。

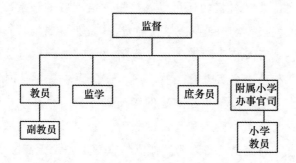

图7—1　初级师范学堂组织机构图①

优级师范学堂部门增多、职能细化，组织机构更为复杂，主要实行以监督为核心、各职能部门分级管理的制度。以北洋师范学堂为例，学校实行三级管理体制，其组织管理机构详见图7—2。

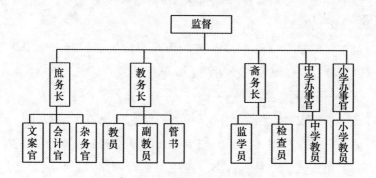

图7—2　优级师范学堂组织机构图②

---

① 天津市地方志编修委员会办公室编：《天津通志——基础教育志》，天津社会科学院出版社2000年版，第197页。

② 同上书，第199页。

（三）经费来源

这一时期，天津师范教育机构的经费来源有四：其一，官立及公立学堂主要由直隶学务处筹款。学务处经费主要来自于省藩司、运司、关道、津道、支应局、筹款总局、北洋官银号等每年拨发的银两，学务处收集经费后再进行统一分配，当时天津初级师范学堂可获得学务处每年1000两的拨款。上述各机构还可以直接拨款给相应的学堂，如天津道及北洋官银局可直接拨给初级师范学堂经费。① 此外，省府可责令各州县摊解经费，而各县所需经费则需各地自行解决。其二，发行公债，投资企业，从中获取利息，充实教育经费。卢木斋任直隶提学使时征得袁世凯同意将三四十万学款投资正在筹建的滦州矿务公司，从中得到了一笔可观的资金，大大充实了直隶和天津的教育经费。其三，收取学费。天津早期师范教育并非完全免费，北洋师范学堂学生入学无需缴纳食宿费用，但衣履书籍需自备。省府要为籍内学生缴纳津贴；学校缺额时招收自费生，缴纳学费膳费。其四，士绅捐资办学，以增设师范及保姆科的普育女学堂为例，开办初期的经费全由校长温世霖一人承担，后经士绅赞助，学校才能以为继。

总之，各级师范学堂经费主要来源于州府县道政府财政拨款，而讲习所以及传习所等短期师资培训机构及幼师培养机构多为个人捐资办学。

（三）教学管理

师范学堂的教学管理制度普遍较为严格，主要包括入学退学制度、学生奖励制度、考试制度以及毕业生服务制度。

1. 入学、退学制度

师范学堂不仅对入学考生的学识、品行、健康有明确要求，而且学生入学后有一定观察期，对于未完成学业要求、违反规章制度的学生予以劝退。北洋师范学堂对于入学的考生要进行两个月的试业，之后决定其去留；而对于荒废学业、品行不端、不遵章程及两次学年考试不及格者于监督审定后勒令其退学。北洋女子师范学堂简易科要求投考学生品行端谨，身体健全，文理通顺。

---

① 刘玉梅：《清末民初（1901—1921）教师群体研究——以直隶为考察对象》，博士学位论文，北京师范大学，2006年。

2. 学生奖励制度

师范学堂对学生实行严格考评，并根据考评结果奖励学生出身，此外还给予其他物质及精神奖励。北洋师范学堂《试办学堂章程》总章规定，学堂学生分类科毕业之后，遵奏定优级师范学堂奖励章程，给予出身，即优级师范学堂毕业生考列最优等者，奖给师范科举人，以内阁中书尽先补用，并加五品衔；考列优等者，奖给师范科举人，以中书科中书尽先补用；考列中等者，奖给师范科举人，以各部司务补用；考列下等者，给及格文凭；考列最下等者，给修业文凭。考列下等、最下等者，如在备有年级之学堂，准其留学补习一年再行考试奖励。根据北洋女子师范学堂的实际测算数据，每百人中最优等者仅有 6—8 人，优等有 8—10 人，而中等则有 40 人以上，可见要想取得最优等与优等，师范学生必须要努力学习。① 虽然这种依据成绩划分等级的奖励方式备受质疑，但不失激励学生向学的意义，是比较公平的。此外，对于优秀学生，学堂除物质奖励外还给予精神荣誉奖励，鼓励学生向学奋进。北洋师范学堂明文规定，学期学年考试中名列前茅者酌量给予名誉褒状和相当的奖赏品。②

3. 考试制度

为了规范教学活动，保证教学质量，学堂还确立了严格的考试制度。北洋师范学堂规定，优级完全科每月要由各教员按其所授功课举行一次临时考试，不及格者当场训诫；学期考试每半年由监督会同教务长及各教员举行一次，所得分数列表示知；学年考试每年由监督会同教务长及各教员举行一次，及格者照章升级并发给本学年修业凭单一纸，不及格者仍留原级补习，两次不及格者命其退学。毕业考试更加严格，要由北洋大臣特派专员临场监考，以示郑重。③

4. 毕业生服务制度

这一时期，师范毕业生服务制度以日本为摹本，对师范毕业生服务

　　① 王维新、陈金林、戴建国等：《中国师范教育图志》，上海辞书出版社 2002 年版，第56 页。

　　② 张德忠：《清末京师直隶师范教育研究》，硕士学位论文，首都师范大学，2008 年。

　　③ 《奏定北洋师范学堂章程》，多贺秋五郎：《近代中国教育史资料——清末篇》，台湾文海出版社 1976 年版，第 549—550 页。

期限、服务地区以及未尽义务之惩戒措施有明确规定。1904—1907 年，初级师范官费本科生毕业服务 6 年，简易科生服务 3 年；自费本科毕业者服务 3 年，简易科毕业者服务 2 年。优级师范毕业生义务服务年限暂定为 6 年，女子师范毕业生服务期为 3 年。1907 年，清政府颁布《师范毕业生义务章程》，将优级师范生服务年限改为 5 年，初级师范生改为 4 年；师范生因特殊事宜请缓服务期限的需经学部批准；明确规定师范生不得在服务期内规避教育职责。同时新增对服务情况的考察制度，包括每年年终将所编讲义、所订教案及教授成绩呈送学部，由学部进行监督。① 北洋师范学堂《试办章程》明确规定分类科毕业生效力年限为 6 年，专修科及简易科本科毕业生效力年限为 3 年。师范生免费制度与毕业服务制度互为契约，实现了权利与义务的统一。

（四）师资管理

1. 师资来源

天津早期师范教育机构的师资主要来自四个方面：一是延聘外籍教习，尤以日本教师为最；二是由学成归国留学生担任；三是充分利用现有中学堂、大学堂教员以及士人；四是由自己创办的新式学堂或师范教育机构毕业生任职。

由于师资及经验匮乏，延聘外籍教习是教育发展必然的选择。天津体操音乐讲习所成立初期，4 名教员中就有 2 名日本教员。严氏保姆讲习所日本教员大野铃子承担了幼教基础课程的全部教学。1909 年，北洋师范学堂全校教职员工共 42 人，其中职员 14 人，剩余 28 名教员中有 8 名日本教员，北洋师范学堂教员名录详见附表 7—2。

表 7—2　　　　　　　　1909 年北洋师范学堂教员名录

姓名	执教科目	简历
常育璋	国文	饶阳人，陆军部小京官
白毓昆	中地理	江苏廪贡，南阳公学毕业
孙雄	经学	江苏人，吏部主事

---

① 舒新城编：《中国近代教育史资料——中卷》，人民教育出版社 1961 年版，第 584 页。

续表

姓名	执教科目	简历
李份	历史	宁河举人，南宫教谕
张相文	中地理	江苏人，南洋师范毕业
武鸿勋	体操	广东人，日本体育会毕业
孙质超	制造	清苑人，师范毕业
邓汝圻	音乐	大城人，日本音乐毕业
何贤梁	手工	广东人，福建船政毕业
李汝谦	国文、经学	永平举人
李葆华	英算	河南人，初级师范毕业
松长长三郎	图画	日本人，美术学校毕业
中岛牛次郎	教育学	日本人，早稻田大学教授
关荣太郎	地理、历史	日本人，高等师范卒业
后滕龙缘	东文、伦理	日本人，高等师范卒业
大津原三郎	博物	日本人，高等师范卒业
柴田胜雄	农学	日本人，高等师范卒业
安成一雄	手工图画	日本人，高等工业卒业
武正兼一	理化	日本人，物理学校毕业

资料来源：陈元晖主编：《中国近代教育史资料汇编——实业教育、师范教育卷》，上海教育出版社 1994 年版，第 699 页。

汪向荣在《日本教习》一书中认为，在中国建设新教育的时候，作为新教育基础的从事师资培训的师范教育，是在日本教习手中成长起来的。虽然这一结论有待斟酌，但仍在很大程度上反映了日本教习在师范教育发展中的重要作用。

归国留学生是早期师范教育师资的又一中坚力量。师范传习所、北洋师范学堂、北洋女师学堂、体操音乐传习所等，都有多位归国留学生任教。早期师范教育机构保留了传统教育内容如读书讲经，因此，士人也是师范教育师资的组成部分。此外，随着各类新式学堂包括早期师范教育机构的迅速崛起，为师范教育培养了一批师资，他们当中的优秀者毕业以后或留校任教，或进入师范学堂成为师范师资，并逐渐取代了外籍教师成为教习主体。1907 年，天河师范学堂增设理化选科，目的之一就是为初等师范学堂和中学堂培养师资。

2. 教师待遇

各类师范教育机构教师的待遇不尽相同，且外籍教师与本国教师之间、不同学科之间教师待遇也存在显著差异，少的在百元以下，高的逾500元，一般都在150—500元之间，但直隶省府与大城市中的师范学堂教习的薪俸还是相对优厚。① 以北洋师范学堂及北洋女师学堂为例，北洋师范学堂日本教习月俸如下：中岛半次郎（总教习）350元，冈荣太郎200元，大津源三郎（教习）200元，安成一雄（教习）200元，北尾鼎（教习）200元，后藤龙缘（教习）170元，柴田胜雄（教习）170元，泷本洁（教习）150元，月原秀范（校医，兼职）60元。除了月薪以外，对某些教习还有住宅津贴、伙食津贴等贴补。② 北洋女子师范学堂聘日本女教习二人，一教乐歌，月薪20元；一教图画、东文，月薪60元；德国女教习教编织、体操，月薪30元。③ 可见，当时教习的薪水主要是由其所任教的科目来决定的，日本教习大多教授中国教习无力承担的科目，所以比中国同工人员的薪俸高5—10倍，就是比日本国内同工的最高薪俸也要高出3—5倍。④

（五）课程设置

师范教育课程分为两大类：一类是公共课程，包括教育学、心理学、生理学、教授法、伦理课、修身课、经学、国学、国文、外语、图画、体操等课程，这类课程体现了对师范生教育理论与技能、道德修养及基本知识素养的要求。另一类是学科课程，包括历史、地理、博物、理化、音乐等，这类课程体现了对师范生的学科要求。

不同类别、不同层次的办学机构其课程设置也各有偏重。如天河师范学堂完全科开设的课程有修身、中国文学、教育学、历史、地理、数学、理化、图画、体操等；而简易科开设的课程有修身、读经讲经、中国文学、教育学等。又比如北洋师范学堂优级完全科含地理历史、数学

---

① 张德忠：《清末京师直隶师范教育研究》，硕士学位论文，首都师范大学，2008年。
② 汪向荣：《日本教习》，中国青年出版社2000年版，第124—125页。
③ 刘玉梅：《清末民初（1901—1921）教师群体研究——以直隶为考察对象》，博士学位论文，北京师范大学，2007年。
④ 汪向荣：《日本教习》，中国青年出版社2000年版，第122页。

理化、博物三种，其公共课程包括修身、心理学及教育学、英语、体操、音乐（随意）；专修科分预科与正科，其本科又分为文学教育、地理历史、数学理化、博物、图画手工五科，其公共课程有伦理学、教育学、国文、图画、体操；其简易科开设的课程有修身、中国文学、教育学、历史、地理、数学、理化、图画、体操。北洋女师学堂完全科开设课程有修身、国文、教育、历史、地理、算学、格致、图画、家事、裁缝、手艺、音乐、体操等，每周教学时数为 34 小时。严氏保姆讲习所的设置课程既有保育法、音乐、弹琴、体操、游戏、手工等专业课程，又有英文、算术、生理、化学等基础课程。天津体操音乐讲习所的课程则更为专业化，开设唱歌、乐典、和声学、独唱、扬琴、风琴、生理、游戏、体操等课程，还要求学员选学一种乐器，每星期进行一次合奏，可见，学科课程所占比例更大一些。而女子师范及幼儿师范也非常重视学生生活技能的培养。

此外，各类师范教育机构的一个共同点就是重视实习。严氏保姆讲习所附设的蒙养院、天河师范学堂附设的小学堂，都作为实习基地之用。师范生实习制度化延续至今，对师范教育质量的保障起到重要作用。

四　萌发时期师范教育的特点

（一）师范教育类型多样

这一时期，天津师范教育发展迅速，类型多元，短期师资培训性质的补习所与研究所以及讲习所，中学堂与大学堂附设的师范班及师范科也成为培养师资的重要机构；与此同时，天津以及下辖县也建立了师范传习所以及简易师范。同时，女子师范教育得以发展，严氏保姆讲习所的设立，标志了天津幼儿师范教育的发轫；天津体操音乐讲习所的设立进一步丰富了师范教育的内容。这一时期天津既有短期师范教育机构又有规范的师范学堂；既有基础教育师资的培养机构，也有女子教育、幼儿教育以及特科教育师资的培养机构，它们共同构建了天津师范教育的框架，奠定了良好的发展基础。

（二）办学主体公、私结合

天津师范教育的发轫离不开教育家的爱国责任感及其探索实践。师范教育最初的产生更多的是一种个体或群体行为，而非政府行为，初期的师范教育大都是私人办学。其后，伴随师范教育政策的引导，在政府的扶持下天津相继创办了各级师范学堂以及传习所，政府逐渐成为师范教育办学的另一主体，形成了办学主体公私并存的局面。天津早期师范教育的产生发展是自下而上的，这与当时政治经济环境及兴学热潮有关，更离不开严修等教育家敏锐的洞察力。私人兴办师范教育机构是这一阶段师范教育发展的一大特色。

（三）深受日本影响

我国近代教育制度效法西方，师范教育更是舶来品。由于缺乏师资培养的传统与经验，向外国寻求良方就是自然而然的事了。早期天津师范深受日本影响，有的甚至照搬日本办学经验，如延聘日本教习、请留日归国学生任职教员等。体操音乐讲习所创立之初，由毕业于日本音乐学校的李侨任管理，而日籍教员有毕业于日本音乐学校的村岗祥太郎以及毕业于日本体育会的齐滕传寿等人；严氏保姆讲习所聘请日本教习大野铃子授课，办学几乎照搬日本幼师的模式；而北洋师范学堂则完全依照日本高等学校模式创建。可见，这一时期天津师范教育深受日本影响。

（四）新旧教育相互融合

这一时期，天津师范教育呈现出新旧交融的特点。首先，多所师范学堂都设有修身、伦理课程和经学等课程，有的学校还聘士人为师。其次，早期师范生多由士人而来，而且毕业之后奖励出身，与科举制度挂钩，体现了新旧教育在师范教育中的糅合。

应该说天津早期师范教育起点高，发展快，设置完善。虽然师范教育机构在办学水平及培养目标上存在差异，但在政策、制度的保证下，这种差异性及多元化促进了师范教育的迅速崛起。伴随着一系列师范学校章程的颁行，师范教育办学机构逐渐走向规范化，它们中的绝大多数被纳入了师范教育学制体系内，且越发表现出师范教育的专业性，体现了政策导向下师范教育自觉走向规范化本土化的特征。

第二节　师范教育的转型(1909—1927)

清末，天津在不到 10 年的时间里初步确立了师范教育体系。20 世纪初期到 20 年代，国家政局动荡不安，民生凋敝，经济发展落后，教育投入不足。1919 年又爆发了五四运动，新文化思想广泛传播，欧美教育思潮涌入中国，对我国教育产生了重要影响。

在政治、经济、文化的多重影响下，师范教育发生了系列变革：《师范教育令》《高等师范学堂章程》《师范学校课程标准》《女子高等师范学校规程》等纷纷颁行；高等师范区制建立后取消；1922 年新学制颁行，标志着教育模式由日本转向美国，并引发了教育界关于师范教育独立建置的大讨论。

一　师范教育机构发展

在一系列社会变革的影响下，1909—1926 年，天津师范教育出现了转型。从宏观层面来看，1922 年"新学制"的制定促使师范教育由学习日本转为学习美国；从中观层面来看，师范教育逐渐摆脱封建化，向科学化、规范化转变。1912 年，南京临时政府公布《普通教育暂行办法》，规定学堂一律改称学校，废止旧时奖励出身，师范学校毕业生转变为自谋职业的近代知识分子，开启了教育摆脱封建化及教师职业专门化的历程。与此同时，《师范教育令》《高等师范学堂章程》《师范学校课程标准》《女子高等师范学校规程》等法规的颁行，使师范教育逐渐走向规范化与制度化。在此基础上，天津各级各类师范都有不同程度的发展。

（一）师范学校

这一时期，天津区域内的省属师范学校数量没有变化。

1912 年，民国建立后，直隶省第一师范学堂改称直隶省立第一师范学校。1914 年，原天津民立第四十五小学划归该校，作为学校附属小学第二部。1920 年学校又迁往原北洋师范学堂旧址，并在其基础上加以扩充。1922 年，根据《学校系统改革案》的要求，学校将学制改为了 6 年，招 6 年制师范班。

随着女子师范教育地位的提升，北洋女师学堂赢得了发展机遇。1910 年 1 月，该校在西窑洼建立小学堂一处。同年 12 月，与该校毗邻的北洋客籍学堂并入南开中学，北洋女师范学堂奉命迁入。1913 年 8 月，北洋高等女学堂归并该校，成为该校附属女子中学。1914 年 7 月，天津劝学所设立蒙养园，拨归该校作为附属蒙养园。至此，北洋女师学堂建成了附有中学、小学、蒙养院的完整师范教育体系。1915 年 11 月，校长李家桐因病辞职，奉饬聘请南开学校校长张伯苓代理该校校长，由学监马千里执行校务。1916 年 1 月，齐国樑接任该校校长，奉省令改校名为直隶第一女子师范学校。1917 年 8 月，添招家事专修科一班。1920 年下半年学校添设中学班三班。1921 年春，因女学日渐发展，毕业生不足分配，呈请添招春季始业班级。1922 年，该校奉令添招初中班，定名为直隶第一女子师范附属女子中学部。1923 年，学校添设前期师范班及后期师范班，师范、中学改行新制，所有课程均按照三三制进行。1926 年 8 月，齐国梁留美归来，继任校长，他受美国在女子教育中增添家事教育内容的影响，向省教育厅建议增设女子家政艺术学院，研究家事学科及有关艺术，以改进女子教育，但是因当时连年战争，经费拮据而搁置。直至 3 年以后，这一计划才得以落实。[①]

据统计，1913—1916 年，全国师范学校数由 314 所减为 195 所，学生数由 34826 人减为 24959 人，教职员数由 3971 人减为 3256 人。[②] 而天津师范教育在这一时期却有所发展，据统计，1909 年北洋女子师范学堂共有教员 11 人，其中德国教员（贝安纳）与美国教员（卜朗克）各 1 人，分别教授德语、图画及英文、体操；而细观 1918 年直隶省立第一师范学校以及直隶第一女子师范学校的发展，两校教职员人数占直隶师范学校教职员总数的 50% 还多，学生数约占全省师范学堂学生总数的 37%，经费支出占全省师范学校总支出的比例超过 45%。且教职员、学生以及经费数量都有所增长，详见表 7—3、7—4。

| 表 7—3 | | | 师范学堂发展状况统计 | | | | | | 单位：两 |

年份	直隶省立第一师范学校					直隶第一女子师范学校				
	职员	教员	学生	经费	生均经费	职员	教员	学生	经费	生均经费
1911	1	14	197	25351	128.7	12	12	48	26862	559.6
1918	24	20	299	57592	192.6	21	24	53	39096	737.7

资料来源：根据《中国近代教育史资料汇编——实业教育、师范教育卷》第 931 页以及《天津简志》第 936 页整理。

---

① 天津市地方志编修委员会编：《天津通志——旧志点校卷》（下），南开大学出版社 2001 年版，第 153 页。

② 教育部编：《第一次中国教育年鉴（丙编）》，开明书店 1934 年版，第 311 页。

表7—4

1909 年北洋女子师范学堂简况表

名称	地址	成立时间
北洋女师范学堂	天津河北督署西	光绪三十二年(1906)闰四月

职员			教员		
职务	姓名	履历	学科	姓名	履历
总理	傅增湘	四川人，直隶提学使	历、地	白毓昆	江苏人，南洋公学毕业
协理	傅世炜	四川人，直隶候补道	文、史	邓毓怡	大成人，日本经纬学堂毕业
提调	吕鼎昌	清苑人，日本师范毕业，分省知州	国文、修身	杜应震	江苏人，速成师范学堂毕业
文案	啖念	四川宜宾举人，即用知县	英、算、博物	连之铎	山东人，文会馆毕业
学监	汪潘志明	江苏吴县人	算学	连素兰卿	山东人，文会馆毕业
学监	萧菱静珊	四川宜宾人	英文	郭美丽	山东登州人
内庶务	龚郑守贞	安徽人，本堂简易毕业	图画	贝安纳	德国人
内庶务	史徐德华	湖北人	体操	卜朗兑	美国人
书记	赵德昉	天津廪生	算学	孙德安	山东人，文会馆毕业
书记	汤昌国	浙江人，东文储才所所毕业	修身、国文、心理	吴致恭	江苏金山县人
庶务	王熙龄	天津监生候选县丞	音乐、手工艺	余边申君	任邱人
庶务	汪大椿	遵化人，候选县丞			

学生		备考
在堂数	毕业	
完全科第一部 42 人，第二部 42 人	无	本表根据《宣统元年直隶教育统计图表》绘制

资料来源：天津市地方志编修委员会办公室编：《天津通志——基础教育志》，天津社会科学院出版社 2000 年版，第 198 页。

　　1922 年新学制颁行后，由于实行"中师合一"及"高师改大"，全国范围内师范学校数量大规模减少，但天津师范学校却得以保留，逆向发展趋势更为突出。据 1914 年视察学务报告所录："直隶省省立现有高等师范一校，师范学校四校，天津女子师范一校，保定全省女学内设师范数班……各县简易师范多已停办，以教员需人之故，间有续办短期师范传习所者，然亦甚少……就此次视察所及，除高等师范亟待整顿，已详申表外，其他师范四校，大致办理均尚认真，管理教授尤以第二师范学校为优，第三第四两校于附属小学尚应研究扩充办法。天津女师设备编制大致亦可，保定全省女学风纪甚好。"① 辅之以 1916 年 11 月全国教育行政会议各省区报告汇录来看，20 世纪 20 年代中期直隶共有省立师范学校 6 所，男四女二，而天津占据两所，男一女一，且办学状况稳定。

　　(二) 讲习所及师范班

　　这一时期，伴随着推行义务教育，改造旧塾师，天津各区纷纷建立私塾教员传习所。1916 年"天津第一区私塾教员传习所各学员，现在实地练习教授已有端倪，故该所所长曹恕伯为将来各学员在塾教授切实起见，每日学员练习教授后，对于批评上非常注意，刻正预备考试毕业，研究妥善方法，以期将来考试裕如而资应用云"②。"天津劝学所于二十一号午后七钟，一区二期私塾传习所开幕，学员到者九十余人。首由劝学员邓君澄波登台演说新旧教育之比较，以新教育为良，并举例以明之；次有讲员赵君燕民演说，各塾师既入所，习学需悉心研究体、德、智三育教授方法，期收教育良好结果。"③ 1916 年 2 月，静海县单级师范讲习所建成，所长边秀忠，学员多为私塾教师与晚清秀才，学制 1 年，次年 2 月，首届 39 名学员毕业；1916 年 6 月招第二届学生，次年 7 月毕业 45 人；1923 年 3 月，招第三届学生 32 人；毕业生均被县内录为教员。

---

　　① 陈元晖主编：《中国近代教育史资料汇编——实业教育、师范教育卷》，上海教育出版社 1994 年版，第 898—899 页。

　　② 《教员传习所筹备毕业》，《益世报》1916 年 5 月 22 日。

　　③ 《二期私塾传习所开幕》，《益世报》1916 年 8 月 23 日。

随着新文化运动推广白话文国语讲习所开始出现。1924 年 10 月，静海师范国语讲习所成立，培训县内在职教师 100 余人。

与此同时，随着义务教育的推行以及各类教育发展对师资的需求，这一时期，天津也创办了许多师范讲习所及师范班。

1908 年，清政府颁行《强迫教育章程》，规定 7 岁以上幼童必须入学读书，否则就要"罪及父母"，但这一章程并未执行。1912 年，教育总长蔡元培发布《普通教育暂行办法通令》；1920 年，教育部颁令各省教育厅分期筹办义务教育，直隶由于灾祸频发，缓期两年举行。1924 年，天津县颁行《义务教育计划书》，其中主要任务之一就是筹备义务教育师资。为了规范义务教育办学，教育局还对各类小学教员资格进行规范，要求小学教员必须是师范教育机构毕业生或至少要接受过师范教育，这为天津师范教育的发展注入了动力。

1911 年 8 月，学部奏拟订临时小学教员养成所及单级教员养成所简章折，此后，临时小学教员养成所及单级教员养成所成了培养小学师资的重要机构。1910 年，直隶省学务公所在天津开办单级师范讲习所，学制 1 年，以培养各县单级教员。

为适应义务教育发展的需求，公私立学校纷纷添设师范专业学科。如 1917 年天津圣功女子学校于小学内附设旧学制师范一班，学制 5 年；1920 年，续设师范二班；1921 年后，师范班改为中学。1924 年 1 月，天津私立河东中学增设师范班。[①] 1926 年，天津县教育局于东马路民立第四女子小学校附女师范一班，年限为 3 年。

据天津劝学所调查，1921 年 1—6 月，第一学区增设单级教员讲习所、国话教员传习所、体育讲习所、手工教员传习所，均设在劝学所内，增设私立贞淑女子师范讲习所，设在贞淑小学校内。[②]

这一时期，私立女子师范凭借办学自主、经费自筹承担了培养女子师资的重任，为师范教育发展做出了卓越贡献。据《益世报》消息："天津县境因有省立女师范一处（即河北区天纬路第一女子师范学校）及私

---

① 天津市地方志编修委员会办公室编：《天津通志——基础教育志》，天津社会科学院出版社 2000 年版，第 195 页。

② 《劝学所调查增设学校》，《益世报》1921 年 9 月 4 日。

立师范如贞淑①等校，故境内小学女生毕业，颇多向各校投考。"② 由于
私立女师不受政府拨款限制，其办学条件相对较好，为女子师范教育发
展创造了良好的条件。

1913 年，教育总长范源濂提出在全国设立六大师范区，每一师范区
设立高等师范一所协助办好本区中等教育。直隶为六区之一，设立了北
京高师。由于天津一直是直隶管辖的下设县，且京师划归直隶大学区成
为直隶师范教育发展的中心，因此，师范区的设立并未对天津师范教育
产生实际影响。

1922 年"新学制"对师范教育做了较大改革，高师改大学或并入普
通大学，大学附设二年制师范专修科；师范学校修业年限 6 年，可单独
设后 2 年或 3 年，招初中毕业生，称为后期师范；师范学校可设师范讲习
所，修业年限不做统一规定；同时，高中应设师范科以培养小学教员，
开设课程与后期师范相同；师范生公费待遇取消。"新学制"打破了师范
教育的独立设置，对高等师范教育发展无疑是打击。由于天津的师范学
校基本都是中等师范，因此，这一改革措施对天津师范教育也没有多大
影响。

经历了从日本模式向学习美国模式的转变，师范学校在修业年限以
及课程等方面做出系列调整，师资紧缺的状况下，天津师范教育基本维
持了发展的态势。据 1922 年全国师范学校统计表中数据显示，1922 年直
隶有师范学校（含养成所与传习所）28 所，而笔者根据现有资料统计，
其中位于天津辖区的不少于 10 所，约占直隶师范学校数量的 36%，甚至
超过了福建、安徽以及湖北全省师范学校的数量。

（三）师范教育研究机构

伴随师范教育的发展，越来越多的学者开始认识到师范教育研究的
重要性，"师范学校非止负养成小学教员之责，且当使毕业生为实验的研
究，以谋学问之补充"③。1911 年 8 月 11 日，中国教育会成立，同日，张

---

① 贞淑，指私立贞淑女子师范讲习所，设在贞淑小学校内，校址在望海楼。此处所指的私
立师范并非单指师范学校，实际包括私立学校中开设的师范讲习所及附设师范班或师范科。

② 《天津县添设女子师范》，《益世报》1926 年 8 月 18 日。

③ 陈元晖主编：《中国近代教育史资料汇编——实业教育、师范教育卷》，上海教育出版
社 1994 年版，第 853 页。

謇在北京发起成立了第一个教育分会全国师范教育联合会，侧重谋求师范学校办法与行政管理的统一，交流经验，为决策机构提供建议。1915年4月，由直隶教育会发起的全国教育联合会及师范校长会议在天津首次召开，会议提议师范学校开办讲习会及研究会，以加强教师学习新知识，并于次年被教育部采录。1915年6月2日，北京高师校长陈宝泉又在北京创办了全国师范教育研究会，经教育部批准立案，成为第一个师范专业教育的学术性研究机构，它致力于师范教育研究工作，力求从理论上求得对师范教育规律的统一认识。师范教育研究机构的出现表明师范教育科学化的加强。

　　总之，这一时期虽然受到军阀混战、教育经费枯竭的影响，部分传习所停办，但天津师范教育总体上处于稳定发展的态势。

二　师范教育办学概况

（一）经费来源

　　这一时期，天津师范教育经费主要来自两个渠道，一是政府拨款，二是学校自筹。为了缓解经费紧张，很多师范教育办学机构采取收费形式，如1926年，民立第四女子小学附设师范班规定"每年学费定为四十八元，膳费书籍等亦归自备"①。政局动荡、军阀混战对师范教育办学产生了一定影响，师范学校以及所属县传习所与讲习所由于经费不足频繁停课，教师索薪事件频发。由于经费自筹，私立师范办学机构在这一时期发展相对稳定，私立直隶女子第一师范在经费短缺的情况下，采用跟学生借款的方式，提议学生每人每月纳学费5元，膳费自备，为暂借性质；待财政厅经费发到再照数偿还。② 可见，师范学校得以维持，除了依靠政府拨款外，还需要经费自筹。此外，有些私立学校如贞淑小学本身由天主教会拨款办学，其附设师范讲习所的经费同样来自于教会拨款。

（二）教职员管理

1. 职教员联合会

　　这一时期，天津成立了教职员的自主管理机构——职教员联合会。

---

① 《天津县添设女子师范》，《益世报》1926年8月18日。
② 《女师维持校务之进行，拟由家借款维持》，《益世报》1924年10月14日。

虽然联合会并非师范教育单独建立的机构，但作为中等教育的重要构成，它的成立对于发挥教职员的主体作用，维护教育秩序及教职员利益，促进师范教育发展有重要意义。

据《益世报》1923年10月22日消息："天津中等以上学校教职员联合会为索薪事于日前（二十）举代表郝连舫（高工）、李芜臣（甲商）、张锡（水产）、荆子久（法政）、黄荫清（直一中学）、方扎忠、杨澄□（第一师范）、张经甫（女师）、梁著男（学员）等十人，于上午九时许赴省公署求见省长，蒙王省长接见。"① 可知，职教员联合会在参与教育事务中发挥着重要作用，有着重要影响。

2. 教师薪俸制度

教师报酬的计算有时薪制与月薪制两种方式。师范学校教职员主要实行时薪制，即以时间来计算薪资，这种方式有一定的弊端，"学校教员薪俸向系均以时间钟点计算，所有薪额之高低，时间之多少，毫无一定标准。以故凡任教员者，但知加多时间，藉以增进薪俸，其他皆非所计，俨如营业性质，殊非慎重教育之道"②。鉴于此，1921年省教育厅提出了改良教员薪俸办法，实行月薪制与时薪制结合的薪俸制，在教员任职之初给予最低月薪，以后每两年加薪一次，依次递加，直至达到最高限定数额。这种做法对调动教师工作的积极性起到一定作用。

（三）课程与教材

这一时期，天津师范教育课程经历了一系列改革，其核心是摆脱旧教育的藩篱，发展科学化新教育，打破了前期师范教育新旧教育融合的局面。首先，增加国语课程，教授注音字母、发音学、国语文法等科目。新文化运动之后，为普及新教育，推广白话文，师范学校纷纷增设国语课程，并成立了专门的国语传习所。据1920年《益世报》报道："直隶第一师范学校近以本科四年级学生行将毕业，现添加国语一门，以便将来应用。已聘前在北京高师国语讲习会毕业学员刘坤佑君传习云。"③ 其次，改修身课为公民课，改体操课为体育课。学校德育由重视个体品德

① 《中小学教职员之索薪》，《益世报》1923年10月22日。
② 《改良教员薪俸之办法》，《益世报》1921年3月11日。
③ 《师范校添授国语》，《益世报》1920年5月5日。

培养转为强调公民道德的培养,体育受到重视,师范教育课程形成了德智体三育并举的局面。再次,更加重视专业课程,在基础的心理学、教育学之外,增加了各科教学法、教材研究法以及教育统计学知识,师范教育的专业化特征更加凸显。又次,女子师范教育增加实用课程,家事教育受到重视。一改早期女子师范尤重妇德教育,以陶冶心性为主要目的的教学,发展了女性的社会性,越发肯定女性的社会地位。最后,教育实习正式列为师范学校教育科课程且学分值高达 20 分,师范学校后三个学年中,每一个学期都要开展教育实习,详见表 7—5。保障了师范教育的专业性以及教学质量,成为师范教育传统与特色。

表 7—5　　　　　　　六年制师范学校教育科课程表①

科目		学会	一		二		三		四		五		六	
			一	二	三	四	五	六	七	八	九	十	十一	十二
教育科	教育入门	4			2	2								
	心理学入门	2					2							
	教育心理学	3						3						
	教学法	8							2	3	3			
	小学校行政	3										3		
	教育测验及统计	3											3	
	小学各科教材研究	6								3	3			
	教育原理	3												3
	教育实习	20							2	3	3	3	4	5
总计		52												

1912 年民国成立后,教育部为规范各级学校教材,颁布了《审定教科用图书规程》,规定凡中小学校、师范学校教学用书"任人自行编辑,惟须呈请教育部审定",审定合格后由各省组织图书审查会,择其中适宜之本,通告各校采用。各级学校必须采用教育部已审定出版的图书为教

---

① 刘问岫编:《中国师范教育简史》,人民教育出版社 1985 年版,第 50—51 页。

材，不得任意改变。因而民国以后，各校教材或选择现行出版教科书（商务印书馆或中华书局出版之教科书），或自行编写教材呈请教育部审定。

20世纪20年代前期，直隶自编教材的学校仅13所，其中就包括直隶省立第一师范和直隶第一女子师范学校。天津师范学校所用教材除基础科目外，其他学科多系自行编写。所编课本如下："第一师范学校：哲学大要，分团式动的教授法，孟子精义、地理制图法、几何学问题解决，师范本科第一部博物讲义，师范本科第二部博物讲义，师范讲习科物理讲义，师范本科第一部物理讲义，师范本科第二部化学讲义，普通化学试验法，物理学普通实验要则，几何画讲义，乐歌讲义，手工讲义，体操讲义，公文程式，师范生服务须知。第一女子师范学校：修身、历史、地理、物理、化学、几何、代数、图画、手工。"①

20年代以后，师范教育课程发生了改变，虽然公共课程及部分学科课程需使用规定教材，但在教材采用上还保留了一定的自主权。

（四）毕业生分派服务制度

师范学校毕业生有毕业后从教的义务，为了更为合理地分派师资，使校有师教，师有校任，也为了监督师范毕业生能按时履行服务义务，这一时期师范学校毕业生实行分派服务制度。师范学校在学生毕业前三个月将履历报由本省区长官分派服务，薪水按当地生活水平酌宜发放，务必使师范生能安心任教。对于借故规避服务者，应严令学生家属将学费及在校所需各费照数偿还。1921年6月《益世报》刊载了直隶第一女师呈请教育厅十一学级毕业学生分派事项："案据直隶第一女子师范学校呈称，为呈请事，窃本校第十一学级学生，于民国五年八月入学，计至本年暑假肄业五年期满，应习课程均已完竣，现正在附属小学及蒙养院实习。按照教育部令，师范学生届毕业时，应于毕业前，由学校开具各生履历，呈报钧厅，通令各县延聘，本校历经遵办在案。"②

---

① 《中等学校自编之课本》，《益世报》1923年6月20日。
② 《教厅令延聘女师范生》，《益世报》1921年6月12日。

三 转型时期师范教育的特点

（一）师范教育出现转型

这一时期，天津师范教育由学习日本转向学习美国，且逐步摆脱封建化，增强科学化，具体说来，首先，师范学校成为师范教育办学主体，师范教育办学由前一阶段的以私立为主自下而上转变为由政府引导自上而下地展开；其次，师范教育机构类型发生转变，除师范学校外，国语讲习所、单级师范讲习所、私塾教员传习所以及师范教育研究机构出现，女子师范教育机构增多，师范教育职能拓展，在原来单纯的师资培养之外增添了师范教育科学研究；再次，师范教育内容发生转变，传统道德教育转变为公民教育，实用课程、新教育课程以及师范教育专业课程增加，德智体三育并举局面逐渐形成；最后，师范学校学制发生转变，统一实行6年制。

（二）师范教育呈现逆势发展态势

民国成立后，受军阀混战以及新学制颁行的影响，全国师范教育处于混乱状态，但天津师范教育在这一时期呈现了逆势发展的态势，一方面，保留了中等师范学校的独立建制，坚持了师范教育定向培养，保证了其师范性；另一方面，基本贯彻了师范生免费制度，同时，也产生了众多新型师范教育机构。

究其原因，除政府对师范教育的重视外，天津推行义务教育为师范教育发展提供了强大的内部驱动力，尤其是《义务教育计划书》颁行以后，小学义务教育、民众教育广泛开展，小学师资缺口增大，对师资的需求成为师范教育发展的重要推动力。这一时期，中等师范教育发展较快，高等师范教育缺位，在客观上避免了"新学制"对天津师范教育制度的冲击，但也反映出天津师范教育发展中的不足。

（三）师范教育日趋专业化

随着西方教育思想及各种新式教学法的传入，天津师范教育日趋专业化，主要表现在两个方面：一是在课程设置上强化教育科教学理论，增加各科教学法以及教材研究法；二是将教育实习列为师范课程，增强了师范教育的实践性。理论性与实践性的相互融合使师范教育日趋专业化，师范教育定位日益明确，为之后的发展奠定了良好基础。

（四）管理手段日趋科学化

这一时期师范教育管理既重视教职员及学生的制度管理，也开始关注人性，把制度的规范性与人的主动性结合起来，形成了更为科学的管理手段，体现在以下几方面：首先，教职员联合会的建立，使教职员在作为被管理者的同时也获得了参与教育管理的权利，有利于激发教职员工作的积极性，保障自身权益。其次，教师薪酬管理实行时薪制与月薪制结合，在规范教师教学行为的同时，也使教师生活有了一定保障，通过采用薪酬奖励的方式，增加了教师工作投入度，提高了师范教育质量。最后，对师范毕业生采取了分派服务的管理方式，同时，为维护毕业生毕业服务与其优厚待遇之间的契约关系，教育主管部门开始实行监督与惩罚，保障了师范教育毕业生能真正投入教育工作，减少了师资流失。

（五）私立女子师范教育发展迅速，且承担了幼儿师范职能

时局动荡和军阀混战，致使经费拮据，官立女学发展陷入困境，为了给女学毕业生提供进一步学习的机会，私立女师迅速崛起。由于私立女师大多附设在私立女校，女校本部及其附设的幼稚园便成为女子师范生的主要实习场所。随着幼儿教育愈发受到重视，女子师范增设保姆科、女师及女师讲习所附设蒙养院，承担了培养幼儿师资之职能，也促进了幼儿师范教育的发展。

第三节　师范教育的调整完善(1928—1937)

从 1927 年南京国民政府成立，到 1937 年卢沟桥事变之前，天津基本保持了稳定的政局，师范教育在不断调整中实现了全面提升。这一时期，天津师范教育不断调整的原因有二：一是天津行政建制变更，1928 年 6 月，天津从县制提格为特别市；1930 年 6 月，天津特别市改为天津市，直隶于国民政府行政院；同年 11 月，河北省政府由北平移驻天津，天津市隶属于河北省政府；1935 年 6 月，河北省府迁保定，天津市恢复旧制，隶属行政院。行政建制的改变导致教育行政部门隶属发生变化，因而师范教育有所调整。二是教育部相继颁行了《师范学校法》（1932）、《教育标准案》（1932）、《师范学校规程》（1933）、《师范学校课程标准》（1934）等相关法规；天津市也要在国家政策指导下做相应的调整，先后

制定了《教育局工作计划》《义务教育实施计划草案》《津市教款保委会规程》以及《市立学校职教员养老金规程》等。天津师范教育在调整中不断完善，实现了数量质量的全面提升。

一　师范教育办学机构

1929 年，天津特别市教育局两次制订"三个月教育发展计划"[①]，筹设市立师范学校，计划"开办音乐体育练习所，及手工图画传习所"。其后，师范学校增设各专科班（科），培养小学特科师资，各类师范学校相继涌现。

（一）省（市）立师范学校

1. 河北省立天津师范学校

1928 年后直隶省改成河北省，直隶省立第一师范学校改称河北省立第一师范学校。全校占地 77145.94 平方米，内设体育场、农林场（16734.52 平方米）、植物园、疗养室、礼堂、餐厅、课外乐器练习室、音乐教室、物理仪器室、化学试验室、生物标本室、工艺教室、图书馆、理科教室等，基础建设十分完善。[②] 1934 年，又更名为河北省立天津师范学校，初期有教职员 42 人，前期师范 2 班，后期师范 7 班，体育科 1 班，共有学生 402 人。

1929 年，该校废除 6 年制师范班，开始招初中毕业生。随着义务教育的推行，1930 年添设乡村师范班。1933 年停止乡村师范班的招生，改招体育师范班 1 班。1934 年，停止前期师范和初中班的招生，一律招收初中毕业生，"七七事变"后该校停办。

2. 河北省女子师范学院

1930 年，直隶女子第一师范学校与省立女子师范学院（1929 年增设）合并，成立河北省女子师范学院，设家政、国文、体育等系。1930 年增设史地、英文两系，1931 年增设教育、音乐两系。1934 年，学院又对科系进行了调整，国文、史地仍保留 4 年学制，停止家政、英文、教

---

① 《市教育局行政计划》，《益世报》1929 年 7 月 6 日。
② 《河北省立天津师范学校一览表》，1933 年，天津市档案馆藏，资料号：J0227—1—000435。

育、音乐、体育各科系的招生，另设家政、体育、音乐三个专修科，3 年毕业。1934 年，学院有教员 49 人，职员 36 人，学生 383 人。1935 年，学院又相继增设生物、理化、数学、图画各系。至 1937 年七七事变前，河北省女子师范学院有国文、史地、英文、教育、家政、音乐、体育 7 个系，28 个班，共有学生 2000 余人。河北省女子师范学院建有科学馆、音乐馆、体育馆以及染织工厂，学校设施为当时全国女子相当唯一之完善，邓颖超、郭隆贞、刘清扬、许广平等均毕业于该校。

3. 天津市立师范学校

1930 年，天津市政府从地方卷烟特税（印花税）中抽取 4 万元筹建天津市立师范学校，这是第一所市属的师范学校，校址位于河东特二区海河东岸（今天津第二十六中学）。学校建有礼堂、图书馆、教室、实验室、作业室、音乐教室、餐厅等设施。学校曾先后设置师范本科、本科职业班、教育学班、完全师范科、幼稚师范科、义务师范科、初级中学班、小学教师进修班，并附设实验小学、幼稚园各 1 所。1931 年，学校设初级完全师范 3 班、高级后期师范 1 班、初级义务教育师范 2 班、初级幼稚教育师范 1 班，全校共有学生 307 人，教职员 41 人。1932 年，设高级师范 1 班、初级师范 7 班，停止招收义务教育班、幼稚教育班，时有学生 326 人，教员 42 人；1933 年，设高级师范 4 班、职业班 1 班、中学班 2 班，共有学生 340 人，教职员 49 人。1937 年天津沦陷后该校停办。天津市立师范学校基础设施完备，它的建立对缓解天津市小学师资紧张现状，提高小学教师的教学水平发挥了重要作用。

（二）简易师范学校

20 世纪 20 年代，平民教育思潮迅速推广，20 年代中期以后平民教育重心转向农村，形成了轰轰烈烈的乡村教育运动。乡村教育运动的开展使得培养乡村教师成为必然，乡村师范教育应运而生。1933 年的《师范教育规程》规定了乡村师范的宗旨，明确了简易师范办学要求。由于乡村师范以培养乡村小学师资为要旨，且要求尽可能设在乡村地区，因而随着培养范围扩展，1933 年前后县立乡村师范纷纷改为简易师范，学制由 3 年改为 4 年，办学地址多在当地的寺庙。

1933 年，静海县乡村师范学校落成，县教育局局长边尧忱兼任校长，招收高小程度的学生入学。下半年，更名为静海县简易师范学校，改为 4

年制（课业 3 年，实习 1 年）。该校共招三届学生，第一届 1933—1936 年，毕业 53 人。第二届 1936—1940 年，内因七七事变辍学数月，毕业 36 人。第三届 1940 年始，至 1942 年学校因经费困难停办，25 名学员内有女生 11 人，修业 3 年未及毕业就分配任教。①

（三）讲习所及传习所

在这一时期，各科师范教育除了依靠师范学校附设讲习班及讲习科办学，还独立开办了各类讲习所及传习所，它们组成了师范学校的强大助力，共同推动了师范教育发展。

1928 年，时任市教育局局长邓庆澜创办天津市立音乐体育传习所，由张幼宸任所长，地址设在河东中学内。

1929 年，市教育局 10—12 月行政计划中提出开办保姆传习所，并招收女师毕业富有教育学识经验者加以幼稚教育之传习，以储幼稚教育之师资。②

二　师范教育办学概况

这一时期在政府的政策规范及财政支持下，天津师范教育在办学及管理上有了很大进步。

（一）管理机构

师范学校都确立了严格的组织管理制度，虽然各校根据实际情况在设置与名称上略有区分，但基本都是校长负责制。

河北省立天津师范学校置校长 1 人（无副职），下设训育、教务、庶务三处，处设主任 2 人，各处另设职员 1—2 人。

天津市立师范学校置校长 1 人，综理全校校务，下设教务、训导、事务三处，各处设主任 1 人。教务处内设教学、注册、设备三组；训导处内分设训育、管理、体育卫生三组；事务处内分设文书、庶务、出纳三组。会计室直接受校长领导，设会计员及助理员各 1 人。另设军训团，团长由校长兼任，军训教官 1 人。此外，设校医 1 人，护士 1 人。③

---

① 静海县地方史志编修委员会编：《静海县志》，天津社会科学院出版社 1995 年版，第 601 页。

② 《市教局最近三个月行政计划》，《益世报》1929 年 11 月 27 日。

③ 天津市地方志编修委员会办公室编：《天津通志——基础教育志》，天津社会科学院出版社 2000 年版，第 200 页。

　　女子师范学院设院长 1 人，总理院务，学院分为学院、师范、中学、小学、幼稚园五部，各部分设主任。大政皆于院务会议解决。以下尚有学系会议、教务会议、事务会议，解决各种要政。①

　　（二）经费来源

　　南京国民政府成立以后，天津的教育经费来源有中央补助费、特种捐税教育专款的息金、地方自筹几个渠道。中央补助费大部分是拨发的义务教育补助经费，地方自筹部分实际用于教育局行政费开支，因此，师范教育经费政府拨款主要来自教育专款息金以及中央补助的部分。

　　这一时期，因为市立、县立学校成为办学主体，因此师范教育办学经费主要来自政府拨款，市立师范学校由市政府拨款，各县简易师范一般由县府财政支持。据 1930 年度天津市教育局教育事业经费分配统计表显示，当年市立师范学校经费 72000 元，占全部事业经费的 9.6%，占学校教育事业费的 13.2%。② 这一时期，经费自筹的情况较之前有所减少，不过师范学校还是可以接受社会或个人捐款的。以女师学院为例，到 1928 年，女师建校已有 20 余年，毕业生已达千余，分布于国内各省及南洋各处从事教育事业，因此除了当局拨款，毕业生捐款也促进了女师在 20 世纪二三十年代的发展。③

　　1933 年，教育部通令各省中等教育经费分配办法，要求普通中学占 40%，师范学校占 25%，职业学校不得少于 35%。虽然这一办法的根本目的是为了促进职业教育发展，但师范教育办学经费也在一定程度上得到保证。1933 年天津市中等教育调查结果显示，"河北全省中等教育费一百七十余万元，其中普通中等教育约占百分之四一，师范教育百分之四六，职业教育占百分之六又十分之五"④。

　　为了避免教育经费开支混乱，根据 1928 年全国教育会议通过的《教

---

　　① 天津市地方志编修委员会编：《天津通志——旧志点校卷》（下），南开大学出版社 2001 年版，第 154 页。

　　② 天津市地方志编修委员会办公室编：《天津通志——基础教育志》，天津社会科学院出版社 2000 年版，第 249 页。

　　③ 天津市地方志编修委员会编：《天津通志——旧志点校卷》（下），南开大学出版社 2001 年版，第 153 页。

　　④ 《教部督学戴应观来津视察冀省中等教育》，《益世报》1933 年 10 月 24 日。

育经费独立并保障》一案和《教款独立及保障要点》，天津组建了教育经费保管委员会来统筹教育经费收支，并制定了《津市教款保委会规程》保障教育经费独立并不得被挪用。

师范教育经费来源反映了政府对师范教育管理的加强，也表明政府更多地承担了发展师范教育的责任，对师范教育稳定有序地发展起到重要的作用。

（三）教学管理

这一时期，师范教育在教学管理方面最重要的举措就是实行毕业会考制度。

1935年，国民政府为了整顿教育，正式颁行了《师范学校学生毕业会考规程》，规定了师范学校、乡村师范学校、简易师范学校、简易乡村师范学校等各科师范毕业生参加会考的科目、时间、合格评定标准等。要求师范学生必须通过各科会考，方能授予毕业证书，始获正式服务教职之资格。① 按照规程，天津于1936年7月1日举行了师范学生毕业会考。为了保证毕业会考顺利进行，市社会局成立会考委员会，有委员11人，内设考试及事务两股，考试股内分文书、监试、试题、试卷及核算五组，事务股内分布置、庶务、会计三组。会考所需经费5000余元，由市府拨款。并拟定了会考章程、会考须知、考场规则及阅卷办法。② 可见，师范学校的毕业会考不仅有政府财政支持，还有专门的组织管理机构以及详细的监督管理办法，制度相当完备，极大地保证了毕业生的质量，规范了教师准入资格。

（四）师资管理

1. 教师聘任

这一时期，师范学校教员的聘用严格遵照《师范学校法》的规定。首先，师范学校教员除品格健全外，其所任教科必须为其所专习之学科，并于初等教育具有研究。其次，对教员学历也有要求，除特殊情况外，要求最低学历为专科，且要有教学工作经验。③ 教师聘任管理也比较严

---

① 孙培青：《中国教育史》，华东师范大学出版社2009年版，第439页。
② 《津会考如期举行》，《益世报》1936年6月6日。
③ 李友芝、李春年等编：《中国近现代师范教育史资料》，内部交流材料，第343页。

格，教师初聘任期为一学年，续聘任期为两学年，而且严令专任教员不能在校外兼任任何职务，保障了工作质量。这一时期，师范教师资格检定制度也得开始施实，成为教师任职及考核的重要标准。

2. 教师待遇

1932 年，教育部通令取消时薪制，教师薪俸主要采用等级制及年功加俸的办法。1930 年，河北省中等学校教职员的待遇多照《中小学教职员待遇规程》办理，教员专任月薪 70 元至百数十元，兼任教员每小时4—8 元；职员薪俸：校长多在 100—160 元，教务及训育主任在 80—90元之间，事务主任则在 60 元上下。成绩优良者得酌增薪金。①

为了节省教育经费，天津市效法北平的做法，取消晋级加俸，实行年功加俸，即新任教职员，按照俸给标准，校长及级任教员按级每月减 5元，科任教员按级每月每时减薪 4 角；学年结束时，根据教职员表现予以一次性奖励，为数甚微。②

在实行年功加俸办法后，教职员薪俸有所降低，同一时期天津民资企业工人平均工资仅为 12.13 元；小学教职工的平均工资为 37.06 元，中学教职工的平均工资为 53.6 元。③

除了教师薪俸以外，天津还按照《学校职教员养老金及恤金条例》给予达到服务年限后退休的教职员以养老金，并于 1935 年 4 月拟定了《市立学校职教员养老金暂行规程》，规定了不同服务年限、不同级别职教员的养老金额。可见，当时师范学校教职员的待遇比较优裕，对于稳定教师队伍具有重要意义。

(五) 学生管理

天津各类师范学校都建立了学生管理机构——学生会、学联会。市立师范学校学生自治会下设学术、体育、游艺、事务四部；学术部附设出版委员会，负责出版《市师校刊》，并组织各种学术研究团体；体育部附设体育会，开展丰富的体育活动；游艺部组织各种游乐团体，先后有

---

① 天津市地方志编修委员会办公室编：《天津通志——基础教育志》，天津社会科学院出版社 2000 年版，第 263—264 页。

② 《津教局停止职教员晋级加俸》，《益世报》1935 年 10 月 31 日。

③ 赵宝琪、张凤民主编：《天津教育史》，天津人民出版社 2002 年版，第 290 页。

游艺室、舞蹈团、八音弦乐队、校友西乐会等，这些团体经常为各种会议演出。此外学生自治会还组织各种戏剧团体进行公开演出，如戏剧研究会、孤松剧团等，在当时引起了很大反响，培养了梅阡、石羽、阳华等著名的影剧家。该校学生组织了各类团体：募捐队、裁判员训练班、文艺研究会、音乐研究会、实事研究会、图画工艺研究会等，极大地丰富了学生生活，拓展了学生学习内容。① 学生对这些活动的参与度很高，享有充分的自主权。

（六）课程设置

这一时期，天津师范教育机构形成了以实践为指导的课程体系，除传统的公共课程、学科课程外，实践课程比重增大，第三学年于附属中小学进行每周 21 学时的教育实习，还增加课外见习活动以利于培养学生的教学技能。

市立师范学校开设的课程有公民、国文、历史、地理、算学、物理、化学、生物、体育、卫生、军事训练、劳作、美术、音乐、伦理、教育学概论、社会学、教育心理学、教育测验及统计、讲演、小学教材及教学法、小学行政及实习等；课程内容有所更新，如国文课提倡学习新文学；学校在正课外开设选讲课，如《文学概论》《中国文学史》；音乐课增讲乐理知识等。② 为了让学生接触、了解社会，学校组织了社会视察团，参观水产学校、法院、仁立毛纺厂、寿丰面粉厂、南开大学、第三监狱等。此外，学校还经常组织学生开展远足活动，每年春季，全校学生都到中山公园、俄国公园、李善人花园等处去春游。学生毕业前，都组织去香山旅游消夏一次。③ 此外，对毕业生升学也有明确规定，即师范生毕业后需在小学服务一年以上方可报考各类大学，重视教育实践之程度可见一斑。

女师学院在杨村下朱庄开设了家事教育实验区，为学生谋实习之经验。④ 1935 年，学院提出将学生生活家庭化的新举措：添建学生自炊厨房

---

① 《市师学生课外活动》，《益世报》1933 年 3 月 12 日。
② 中国人民政治协商会议天津市委员会文史资料研究委员会编：《文史资料选辑》（第 44 辑），天津人民出版社 1988 年版，第 65 页。
③ 同上书，第 64 页。
④ 《女师附设家事教育实验区》，《益世报》1937 年 3 月 2 日。

以及缝纫洗濯等设备，提倡学生自行劳作；家政系成立家政研究会；添建科学馆，购置理化博物之实验设备；与中等学校联络，从事各科教材研究；音乐馆落成，与各中小学校联络，举办音乐及歌唱表演竞赛，振兴本市音乐教育；增加课外运动之机会，促进学生健康。① 此外，还鼓励应届毕业学生进行津外参观，增长见闻，提高能力，印证学理，其费用由学院及学生共同承担。② 对于家境贫困的学生，其承担的费用半数由原籍市县补贴，由教育专款动支，补贴额度一般为 10 元。③

三 调整完善时期师范教育的特点

（一）学校管理日趋完善

这一时期，从组织机构到人事管理都建立了严格的管理制度。师范学校建立了以校长负责制为核心、由校务会议共同决策的组织管理体系，保障了学校各项工作的开展。《师范学校法》的颁布使得教师任职、薪酬待遇、退休保障以及学生的学习、考核、待遇、义务等方面都有了明确的依据。此外，毕业会考制度对于规范师范教学，加强毕业生管理产生了积极影响。师范学校管理的完善得益于政府对师范教育管理的强化。《师范学校法》《师范学校规程》等法规的颁布，使师范教育逐步迈向规范化。可以说，师范教育规范化发展是政府强化管理职能的必然要求。

（二）确立了经费保障体系

这一时期，公立师范教育机构成为办学主体，省立、市立以及简易师范学校几乎承担了各级各类师资培养的全部任务，政府拨款成为最主要的经费来源。这一时期，还成立了教育经费的管理与监督机构——教育专款委员会，它的建立改变了以往经费管理混乱、收支不明的状况，经费独立得以实现，避免了教育经费被挤占、挪用，保障了专款专用。此外，为了奖助贫寒学生以及资助兴学者，天津市还成立了免费及公费委员会，"查各校有否免费生外，并成立公学及免费委员会处理之"④。

---

① 《学生生活将家庭化》，《益世报》1935 年 9 月 2 日。
② 《女师学院本届毕业生组津外参观团》，《益世报》1935 年 3 月 25 日。
③ 《二十一年份教育局呈报动之教育专款情形（河北省立女子师范学院师范毕业生名单）》，1932 年，天津市档案馆藏，资料号：J0054—1—000228。
④ 《市教育局拟定廿六年度行政计划（续）》，《益世报》1937 年 1 月 23 日。

教育经费保障体系确立，为师范教育发展提供了重要的物质基础与财政支持，也是师范教育发展完善的重要表现。

（三）师范教育社会化凸显

这一时期，天津的师范教育在培养中小学师资的同时，也承担了社会教化的职能，在推广社会教育方面做出了重要贡献。为了给广大劳动民众提供受教育的机会，女师学院于 1935 年在大经路院外运动场内建筑教室一座，开设妇女民众学校，招收附近失学妇女，由学院教育系学生前往实习教学，教授家事、生计、文艺、卫生、公民等各种教育，以期改进该区妇女之生活。[①] 此外，女师附小、市立师范等学校在推广义务教育、进行免费教职员在职培训等方面也颇有建树，表现出了强烈的社会责任感与使命感。师范教育以师范学校为媒介，承担了更为广泛的社会职能，师范教育的社会化特征凸显。

第四节　师范教育的重创与重建(1938—1949)

1937 年，"七七事变"爆发以后，天津建市以来形成的师范教育发展的良好局面崩塌了，师范学校教学秩序被打乱，很多县级简易师范学校停办；日军的狂轰滥炸，使教育事业损失惨重，教学设施与教学设备大量损坏，省立以及市立师范被迫停课，天津师范教育发展逐渐陷入困顿。1945 年抗战胜利以后，教育得以喘息，1948 年内战的爆发使得师范教育再次被打压，教育发展陷入新的困境。这一时期，天津师范教育总体上处于倒退的态势，但是部分师范院校坚持办学，为新中国成立后天津师范教育的发展奠定了基础。

一　师范教育办学机构

这一时期，由于战乱，一些学校被迫停办，一些学校时断时续，举步维艰。由于女师学院向后方迁移，省立天津师范学校并入市立师范学校，市立师范学校便成为天津师范教育的主要阵地。

---

① 《女师学院筹办妇女民众学校》，《益世报》1935 年 2 月 15 日。

（一）省立、市立师范学校

1. 河北省立天津师范学校

天津沦陷后省立师范学校停办。1939 年前后，又在双庙街太阳宫复校。1942 年，该校并入天津市立师范学校。抗战胜利后，河北省立天津师范学校在原校址（新开河）复校，继续招收后期师范班。1947 年，学校有校舍 1 处；教室 20 座，其中普通教室 13 座，特别教室 7 座，共 120 间；寝室 4 斋共 232 间；自习室 34 间；图书室 10 间；标本仪器室 8 间；浴室 3 间；养病室 5 间；厨房饭厅 25 间；办公室 9 间；教职员住室 47 间。图书 2384 种，15003 册；其中古籍 71 种，7421 册；适合学生阅览者 861 种，7292 册；杂志 110 种；报章 9 种；挂图 146 幅；其他零乱图书杂志等尚未编目登记者 150 种，650 册。[①] 1948 年，有教员 35 名，学生共 11 个班 401 人。可见，抗战胜利后，省师在短时间内有所恢复。

2. 河北省女子师范学院

天津沦陷后，女师遭日寇野蛮轰炸，学校被迫西迁至西安、兰州等地，与北师大、北洋大学等校成立了西北联大；师范部和中学部被私立耀华中学和圣功女中收容；小学则迁至志达小学。1938 年 10 月，师范部于河北省立女子中学（今海河中学）复课。1946 年，河北省立女子师范学院返回天津复校，师范部、中学部于 9 月 11 日开学，幼儿园于 9 月 20 日开学，附属小学于 10 月 1 日开学，学院部于 10 月 8 日开学，学校设国文、教育、家政、音乐、体育等系。天津解放后不久，该院与国立国术体育师范专科学校合并改建为河北省立师范学院。

3. 天津市立师范学校

天津市立师范学校在沦陷后不得不停办，其校舍被满铁（日本满洲铁道株式会社）圈占。1938 年 2 月，伪市教育局在省师旧址恢复天津特别市市立师范学校，在河北西窑洼原河北女师附小旧址办市立师范附属小学。同年 3 月，市师开学。这一时期，除了抗战前未毕业班级继续上课，市师还开设了师范本科班和初中班两部，每年都招收新生，前者住校，后者走读，班级由过去男女合班改为男女分班，另外新增设了日语

---

① 《（河北省教育厅督学处）河北省立天津师范学校视察表》，1947 年，天津市档案馆藏，资料号：J0250—1—002180。

专修班，招高中毕业生，学制一年，培养日语教员。1939 年 1 月，市师始招师范本科预备班，只招初中生，至暑假时升入师范本科班。1942 年 1 月，原省师三年级两个班及天津县简易师范班和原女师三年级两个班因学校调整被编入市师范本科班，而市师初中班的两个男生班及两个女生班分别被编到新成立的市立二中及市立女二中，至此，市师只剩师范班。这一时期，由于市师承担了培养师资的主要任务，还办过小学教师师资培训班。沦陷时期，市师师生大多倾向于爱国，有些师生秘密参加了地下抗日组织。

　　抗战胜利后，邓庆澜着手恢复市立师范学校，选大沽路下瓦房原日本吉野小学为新校址，学校占地 30 多亩，为二层丁字楼房。时有教员 20 余人，皆有丰富的教学经验。自复校至天津解放前夕，市师共招生 500 人，6 个班，学生均为公费生，学校包食宿。与此同时，市师还恢复了附属小学，共设 12 个班，为双轨制，另设幼儿班，特设复式班。1948 年，该校有 8 个班，399 名学生，35 名教职员。1948 年 10 月，该校成立了护校委员会，在天津解放时保护了学校财产。天津解放后，市军管会文教部接管市师，时有在校学生 10 个班共 351 人，教职员 53 人，学校被接管后，重新进行班级编排，又改为男女合班。可以说，市立师范学校保存了天津师范教育的主要力量。

　　4. 国立国术体育师范专科学校

　　国立国术体育师范专科学校的前身是 1933 年创立的中央国术馆国术体育传习所，校址在南京，设有三年制专科以及一年制师范科。该校自建校至"七七事变"之前发展迅速，设施完备，先后建有标准田径场、篮球场（馆）、摔跤场、拳击练习室等，师资力量不断充实，学生人数逐年增多，有广泛的社会影响。1937 年南京失陷，该校被迫向大后方转移，先后迁往长沙、昆明、重庆北碚。该校在北碚期间，设有三种学制，三年制招收高中毕业生；五年制招收初中毕业生；师资班招收中学在职体育教师进修一年。到抗战胜利前，学校仅以有限的经费来维持，学校设备只能勉强应付教学需要，但是学生们在简陋的环境中仍坚持学习。1946 年学校复校，由于南京的校舍毁于战火，教育部遂指令迁来天津，新校校址位于北站河北体育场（今天津北站体育场）。1947 学年度第一学期，有教职员 60 人，学生 246 人。此后该校在天津、北平、青岛、沈阳四处招生；到 1948 年共有学生 300 多人。天津解放后不久，该校与河北女子师范学校合并，成立了河北省立师范学院。

（二）县立简易师范学校

日军侵华战争爆发以后，县级简易师范学校同样受到重创，由于时局动荡或者经费不足，许多简易师范学校停办，严重打击了当时县级师范教育发展。抗战胜利后，部分区县师范教育有所恢复。

1. 杨村简易师范学校

该校创办于 1941 年，隶属伪津海道教育科。翌年，始招初中班 2 个，初师班 1 个，学生共 144 人，教职员 15 人，其中教员 8 人，职员 7 人。1947 年始招后师学生。解放后，学校改名河北省立杨村师范学校，隶属于河北省教育厅。①

与此同时，县内武清简师于 1942 年迁至城关南门外，于 1945 年增设初中班。

2. 静大联立师范

1946 年 7 月，大城县民主政权在大城县城内建立静大联立师范，招收学员 30 余人，开设文化课、政治课、教法课。11 月，国民党政府进攻解放区，联立师范迁至大城县李零巨天主教堂，1947 年 2 月迁回。不久，抽调部分学员参加工作，又招一批学员，下半年，该校并入设于河间县九吉村的第八分区联立师范。

1949 年，河北私立瀛海中学改为静海县初级师范学校，地址在城内河沿大街南端，同年 9 月份开始招生授课。②

这一时期，区县师范教育的发展一方面源于培养地方师资的需求，另一方面源于伪政府强化管理巩固统治的需要。区县师范教育大多建立在解放区内，在解放战争时期，由于国民党军队的破坏，师范学校或再次停办或发展缓慢。与此同时，这一时期政治教育及学习成为师范教育主要内容。

---

① 武清县地方史志编修委员会编：《武清县志》，天津社会科学院出版社 1991 年版，第 554 页。

② 静海县地方史志编修委员会编：《静海县志》，天津社会科学院出版社 1995 年版，第 599 页。

二　师范教育办学概况

虽然天津各类师范院校在抗日战争和解放战争时期都受到了冲击，但办学状况在不同时期有不同表现。

（一）机构管理

抗日战争和解放战争时期，天津师范学校原有的管理机构遭到严重破坏，虽然校长的编制仍然存在，但其职责与权力已经大打折扣，学校管理十分混乱。以市立师范学校为例，抗日战争时期，市立师范虽然还有校长、主任，但校长负责制已经名存实亡，学校管理权掌握在几个日本教官手中。当时学校有日语教官室，有4位教官，池田、德田大、增田、角谷，他们熟悉汉语，负责教授日语、体育、精神训练等课，并按日本学校要求和礼节训练学生。此外，他们还充任各科顾问。直到天津解放以后，随着师范教育的重建，师范学校在管理上确立了党委领导下的校长负责制。

（二）经费来源

抗日战争爆发以后，天津原有的教育经费保障体系被打破，虽然师范教育经费仍主要来自于政府拨款，但由于战乱，经费大幅削减，很多学校采取借款的形式，这种状况一直持续到抗战胜利后才有所缓解。1946年，教育局计划归还市师、省师的校产，并为市师投资经费补充教具，预备同年重新招考学生。教育局在1947年的工作计划中，提出推进师范教育，提高师范生公费待遇，对县籍师范生特别注意改善，并加强管理师范生服务。

1948年，天津市教育经费开始完全由政府承担，中央财政补助及自治费被取消，因而，师范教育经费数量减少，师范学校运转比较困难。与此同时，社会通货膨胀严重，物价飞涨，教师待遇难以支撑其基本生活，师范学校教师停课、停教活动频繁发生。师范教育失去了经费保障，其基本的教学活动与教学秩序难以为继，阻碍了学校正常秩序的恢复。

（三）师资管理

1. 师资待遇

天津沦陷后，教师生活极为拮据，当时的日伪报刊也承认"教师生活惨苦，达到极点"，教师为生活所迫，不得不白天上课，晚上去做买卖，甚至拉人力车。[①] 抗战期间，由于受教育经费不足的困扰，教师工资水平极低，难以维持基本生活。

抗战胜利后，教师待遇较之前有所提高。1946 年，"以基薪 80元者为例，去年十月薪津，共伪币三千七百八十元，折合法币七百五十六元。十一月份薪津，共伪币一万五千一百二十元，折合法币三千零二十九元。自十二月起改发法币，增至法币一万四千三百元，本年一月份增至二万三千八百元，二月份增至二万九千八百元。此外自去年十月份至十二月份，每人每月配给小麦五十公斤。本年一月份配给面粉二十五市斤，去岁十一月份更发福利金每人一千元，故现时各教职员之待遇，已在逐渐提高云"[②]。（注：当时的购买力为：法币 260元 = 1 斤玉米面）

1946 年，市立师范学校 16 名教职员月支薪金情况如下：2 人月支 70元，3 人月支 100 元，3 人月支 160 元，3 人月支 200 元，2 人月支 220元，1 人月支 240 元，1 人月支 360 元，还有 1 人不领取薪津；平均月支工资 160 元。[③] 可见，教师整体工资水平不高，而且，日益严重的通货膨胀令教师入不敷出，但相较于抗战时期已有所好转。

2. 师范教员资格检定制度

1939 年，教育部颁行《厉行中学教师检定制度以重师资案》，开始对中学教员进行检定，规定未经检定教师，各校一律不得聘用。但偏僻省区，教师缺乏时，准予任为代用教师。代用教师薪水，仅能等于检定教师三分之一。检定时间，每年于暑假中举行一次。[④] 自此，师范教员参照此办法按时进行资格检定。1946 年，天津师范教员无试验资格检定工作如期完成，据 1946 年天津市师范教育概况（教职员数）所录，当年全市师范教育教员共 11 人，男 9 人，女 2 人，教员检定合格者共 9 人，男 8

① 天津市地方志编修委员会办公室编：《天津通志——基础教育志》，天津社会科学院出版社 2000 年版，第 271 页。

② 《今日之津市教育》，《益世报》1946 年 3 月 17 日。

③ 《天津市师范教育概况（教职员月支薪金）》，1946 年，天津市档案馆藏，资料号：J0110—1—001457—003。

④ 李友芝、李春年等编：《中国近现代师范教育史资料》，内部交流材料，第 670—671 页。

人，女 1 人。①

表 7—6　　　　　　　　天津市师范教育概况（教职员数）

项别	教职员			检定合格者		
	计	男	女	计	男	女
共计	16	14	2	9	8	1
教员	11	9	2	9	8	1
职员	5	5	—	—	—	—

师范教员资格检定制度将教师薪资与资格检定挂钩，规范了教员任用，保障了师资质量，是这一时期师范教育的主要成果之一。

（四）课程与教材

抗战时期，师范教育原有的课程体系被打破，天津师范学校由于受到日伪政权的控制，实行奴化教育，课程设置甚至有复古的倾向，其专业性与科学性受到践踏，师范教育的教材也在一定时期内出现混乱局面。抗战胜利后，师范教育的部分公共课程以及学科课程才得以恢复。

如 1938 年市立师范的课程设置，国文偏重于古文，并重新恢复了修身课，以讲授儒家经典《论语》《孟子》为主；以后又增设了精神训练课，大讲"中日亲善""中日提携"。教材方面，市立师范在 1938 年复校时，学生并无固定课本，有的仍用老课本，有的则自选课本课文，一年以后才统一使用了新课本。

1949 年 1 月，天津解放后，市军管会接管市立师范学校，陈力任校长，强调对学生进行专业思想教育，鼓励学生以成为教师为荣；重视学生的美育教育，要求学生在校期间学会弹风琴，学会唱 100 首歌和画几种画，同时要求学生穿着整洁，注重仪表；此外，十分重视学生的体育活动，要求学生每天坚持一小时锻炼，提高自我竞争力。师范教育公共课程自此才逐渐恢复。

---

① 《天津师范教育概况（教职员数）》，1947 年，天津市档案馆藏，资料号：J0110—1—001457—002。

可见，抗战时期，师范学校虽然仍在开办，但当时师范教育发展受到重创，出现了倒退，一定程度上沦为日伪奴化的工具。

抗战胜利后，市教育局接收改造敌伪所设学校，天津师范教育迎来了短暂的春天。据统计，1946 年，天津仅有一所师范学校，共计四个班，学生 200 人，其中男生 90 人，女生 110 人。[①]

解放战争时期，天津师范教育恢复发展的势头被打压，但并未受到致命的冲击。1948 年 9 月 1 日，市立师范学校举行开学典礼，二、三年级学生正式上课，一年级新生则因食宿问题推迟到 13 日开学。9 月 27 日，市师学术委员会举办演讲及作文比赛，同时于下周二周年纪念日开放学校图书馆，在这一期间，市师还举办了与省女中的教职员篮球赛；但由于物资匮乏，食膳问题仍难以解决。[②] 10 月 2 日，市师教务处、训导处等已经接连开展学校管理工作，学术委员会、游艺委员会等各种学生团体也已恢复职能。[③] 可见，市立师范学校在困顿的环境中坚持办学并恢复到了一定水平。

1948 年上半年，市立师范共有 8 个班，399 名学生，教职员工 35 人，工友数为 13 个，教室 8 间；河北省立天津女子师范学院共有 4 个班，学生 164 人，教职员工 15 人，工友 6 人，教室 6 间；河北省立天津师范学校有 11 个班，学生 401 人，教职员工 35 人，教室 20 间。[④] 较 1946 年有明显好转。天津师范学校之所以能恢复发展，一是得益于前一阶段师范教育发展的良好基础，二是得益于学校师生的办学热忱以及不懈的努力。

天津解放以后，师范教育进入了恢复重建时期，各区县的师范教育变化尤为明显，恢复较快。据悉，武清于 1948 年 10 月全境解放，到 1949 年底，开办了简易师范学校 1 所，但教职员人数有 73 名，在校学生数为 750 人，创历史之新高。

---

① 《天津市师范教育概况（校数、学生数）》，1946 年，天津市档案馆藏，资料号：J0110—1—001457—001。

② 《学府丛讯》，《益世报》1948 年 9 月 27 日。

③ 同上，1948 年 10 月 2 日。

④ 天津市地方志编修委员会办公室编：《天津通志——基础教育志》，天津社会科学院出版社 2000 年版，第 165 页。

三　重创与重建时期师范教育的特点

天津沦陷后，师范教育在办学规模质量以及学校管理等方面都出现严重倒退。抗战期间，由于办学权力的转移，师范教育的职能发生改变，师范教育全面发展的局面付之一炬。抗战胜利之后，师范教育发展仍然困顿，但师范教育办学自主权收归政府，在培养目标、教学内容、教育管理上呈现出恢复的态势，为天津解放后师范教育重建奠定了良好基础。这一阶段，天津师范教育发展表现出了以下特点：

（一）完整的师范教育体系被打破

抗战期间，由于经费不足，政局动荡，县立简易师范数量锐减，天津师范教育市县统筹发展的合理布局被打破。据统计，1945 年，天津中等教育阶段包括省立、市立以及私立（包括已备案和未备案）中学、职业学校、师范学校共计学生 3811 人，男生 2438 人，女生 1373 人；其中师范学校人数总计只有 56 人，男生 19 人，女生 37 人；而师范学生统计中，简易师范人数为 0。① 除了简易师范学校数量锐减以外，各科师范教育也逐渐销声匿迹，完整的师范教育体系被彻底打破。受战乱影响，天津师范教育始终未能恢复到战前水平。

（二）师范教育工具化严重

抗战时期，日伪政府组织师范教育重建，其主要目的并非为了培养师资，而是为了通过控制教育来推行其价值观，进行文化扩张，推行奴化教育。学校的组织管理由日本教习控制，教育内容增设精神训练，教学方法照搬日本学校，日本教员充当各科顾问，这些都使得师范教育发展偏离了正常的轨道，教育沦为政治的附庸，被充当日伪政府进行思想钳制及政治统治的工具。

（三）师范教育坚守了社会责任

即使在倒退时期，天津师范教育也没有放弃自己的社会责任。在抗战以及内战时期，虽然师范教育在教学以及办学方面都受到了冲击，但师范学校学生体现了高度的自主性与革命性，学生的反帝国主义运动、

---

① 《民国三十四年度第二学期中等学校毕业生数统计》，1945 年，天津市档案馆藏，资料号：J0110—1—001457—035。

反独裁运动一直没有停止。解放战争时期，市立师范的地下党员通过组织读书会——野草社，联系了一批进步学生，成立了地下"民青"组织，发动学生积极参加反饥饿反内战的活动。此外，这种社会责任感也表现为师范学校教师的教育责任感，正是因为他们对师范教育的执着与热忱，使得抗战胜利后师范学校得以发展，为新中国成立后天津师范教育的重建奠定了基础。

第 八 章

天津近代职业教育

职业教育是天津近代教育制度中最具特色的部分。天津近代职业教育制度体系完善，学校类型多样，为各行各业培养了大量的熟练劳动力和技术人才，为天津近代经济和社会发展做出了贡献，也促进了天津教育近代化的发展。

第一节　职业教育产生的背景

第二次鸦片战争后，天津被迫通商开埠，城市得到了快速的发展，尤其在经济、政治领域比较突出，经济和政治的繁荣又促进了教育的发展。教育的发展是自然环境和社会环境共同作用的结果，有什么样的政治、经济、文化，就有什么样的教育。

一　自然环境

（一）地形地貌

就地理位置来看，天津位于华北大平原东部，北靠燕山，东临渤海湾，处于海河的下游地区。地势比较低下，这也导致了华北平原上面的多数河流先汇集到此再入海，形成了所谓的"九河下梢"。①

从地势上来看，天津位于平原地区，少丘陵，地势比较平坦。这种地势一方面有利于人口聚集，另一方面也使城市道路修建的难度大大降低。而河流的大量汇聚以及临海的特点又使得天津的水运较为便利，不

---

① 罗澍伟主编：《近代天津城市史》，中国社会科学出版社1993年版，第25页。

论是出海远洋抑或内陆通行都比较方便。但是河流的汇聚也使得沿海附近泻湖洼淀较多，土壤的排水不畅，盐碱度较高，阻碍了农业的发展。为了生存，沿海居民不得不从事渔业、盐业甚至是商业。发达的水产业不仅为天津工商业的发展奠定了基础，也为与渔业、盐业、水产、商业相关的职业教育的发展准备了条件。

（二）气候

天津背靠大陆，面临渤海，是典型的暖温带大陆性季风气候。"天津气候，非冬即夏，所求春秋佳日绝少。且有干风吹扬尘土，其势甚狂，几乎无日无之，人目尽眯，禾苗枯萎，所以常苦旱荒。"① 从前人记载中可以看出，天津春季多风干旱，这一气候特点则有利于沿海滩涂的晒盐，再加上临海的优势，使得天津近代的盐业比较发达，这为化学工业的发展以及与之相关的职业教育的出现与发展提供了必要的基础条件。

二　社会环境

独特的自然环境为天津近代职业教育的产生和发展奠定了物质基础，但仅有这些是远远不够的。教育是一种社会现象，教育的对象是人，只有人为参与或干涉才能促成某一种形态教育的出现和发展。因此，教育的发展不仅依赖已有的物质条件，更与整个社会的发展密不可分。

（一）重要的政治地位为天津的职业教育创造了良好的社会基础

由于临近北京，在近代，天津一直处在一个较为重要的政治地位上。早在 1731 年，直隶总督唐廷玉就在上奏朝廷的奏章中指出："天津州系水陆通衢，五方杂处，事务繁多，办理不易，请开州为府，附郭置天津县。"② 同时还将沧州、南皮、盐山、庆云等一州六县都统归天津管理。光绪年间，全国共设 185 个府，其中就有天津府，可见朝廷对于天津的重视。

（二）工商业的发展需要大量人才

随着中国主权一步一步地丧失，清政府逐渐认识到了中国与西方的巨大差距。为此，以李鸿章、奕䜣为代表的洋务派发起了旨在"自强"

---

① （清）张焘撰：《津门杂记》，清光绪十四年刻本，第 73 页。
② （清）李梅宾、程凤文：《天津府志》，天津图书馆 2011 年版。

"求富"的洋务运动，通过建立近代工矿企业发展经济、增强国力，以达到谋求富强、抵御外侮的目的。天津由于近京的地理优势，洋务派将其选为北方中心。一批军工企业纷纷在津成立，天津近代工业开始出现并得到初步发展。

天津被辟为通商口岸后，大批国内外商品、原料通过天津被运到世界各地，进出口贸易额逐年增加，天津从原先的交通枢纽与商业城市转变为近代工商业港口城市，经济结构从以农业、手工业为主变为工商业为主，这些都促成了天津近代的工商业的出现与发展。

随着洋务企业的建立和工商业的发展，企业对高素质生产人才的需求日益增加。而在当时，天津还没有一所能够培养这类人才的学校。为了解决这一问题，一批由工厂企业创办的实业学堂开始出现，形成了天津近代职业教育的雏形。

（三）有识之士的提倡和"小富即安"的市民心态

明末清初，由于农业和商品经济的发展，再加上反理学思潮的出现，一批早期启蒙思想家如黄宗羲、顾炎武、王夫之、颜元等，大力倡导"经世致用"，主张培养实用人才。此后，这一思想结合时代主题的变迁而不断更新。到了近代，"将理论学习和实践工作结合起来，培育实用性人才"成为一种教育理念，这对天津近代职业教育的出现和职业学校的形成起到了一定的推动作用。

天津开埠后，西方文明纷纷从天津"登陆"，试图以办学等方式传播其思想和价值观念，其中，西方职业教育思想和职业学校的模式给国人以很大启发，通过发展职业教育、兴办职业学校促进经济发展成为许多人的共识。

早期的职业技术教育多集中在军事领域，这是因为受到西方坚船利炮的冲击，人们意识到只有学习掌握西方先进的军事技术，以西方军队的训练方式来培养中国的职业军人才能抵抗外敌入侵，捍卫国家独立。但随着时间的推移，人们逐渐意识到单纯引进西方军事装备不足以实现国家的发展，只有通过教育来消化吸收西方先进技术，才能真正做到为我所用。对此，严复提出了"教育救国"的主张，他提倡学习西学，批判旧学，倡导学习"西艺""西政"。他还认为，要想将"西艺"利用到实际生产中，仅靠普通教育是难以实现的，只有通过实业教育，培养起能掌握技术的先进人才，才可以为我所用。此后，人们又意识到仅仅学习职业技能是远远不够的，需要将理论运用到实践中去，才能真正贯彻领悟所学的知识。此外，清政府在经历几次战败后也意识到经济发展对于国家富强的重要性，重点扶植工商业，通过颁布职业教育法令，设立职业学校来培养大批工商业所需要的人才。如袁世凯任直隶总督时期就设立大量的实习工场传习工艺，同时建设考工厂、劝工陈列所以及高等工业专业学校培养技术人才，使得天津"人人各印入实业二字于脑中而如响斯应，于是学界中有工业教育之想，商人界人有工艺创造之思"①。

受"码头文化"的影响，天津市民阶层普遍存在着"小富即安"的心态，他们看待事物总是抱着一种务实的态度，这种心态也影响到了他们对教育的选择。在他们看来，掌握"一技之长"最实用，而职业教育的经济性和实用性恰恰符合了他们这种心态，职业学校相对低廉的学费，普通家庭尚可以承受。因此，天津市民对职业教育认可度较高，比较愿意进职业学校学习，这成为天津职业学校的产生和发展的心理基础。

第二节　职业教育的发展历程

天津近代职业教育肇端于洋务派在天津创办的一批实业学堂。20世纪前20年，是天津职业教育奠定基础的阶段。20世纪二三十年代是天津职业教育发展的黄金时期。抗日战争和解放战争时期，天津的职业教育陷入困境，勉强维持，直至新中国成立。天津近代的职业教育在每个时期都表现出不同的特点，反映了职业教育自身发展的特性。

一　职业教育萌芽期（1876—1903）

从1876年到1903年，具有近代化特征的职业教育开始在天津出现并初步发展。受当时政治、经济等多种因素的影响，这一阶段的职业教育发展还不是很成熟，属于起步阶段。

（一）天津职业教育的滥觞

天津被辟为通商口岸后，与外界的交流更为频繁。大量西方先进的

---

① 罗澍伟主编：《近代天津城市史》，中国社会科学出版社1993年版，第413—414页。

科技、文化通过天津这个窗口涌入中国，新的经济结构在天津出现。同时作为北京的门户，自 19 世纪 60 年代起，洋务派开始在天津兴办了一大批近代工业，建立新式军队。创办实业学堂。甲午战争的失败给洋务派以致命的打击，意识到仅学习军事技术远远不够，于是开始转向兴办铁路、矿业等实业学堂。因为这一时期的洋务运动是以国家为主导，所以，设立的各种实业学堂均为公立学堂。

1876 年，天津机器局东局添设了电气水雷局，为了培养制造电线和水雷的人才，附设电气和水雷学堂，"制成各种水雷，历赴海口演示，应手立效"①，尽管这是一所附设在军工厂内的学校，但却培养出了萧义兴、吴凤珊等一批国内著名的制造水雷的工匠。这是天津近代最早的实业学堂，为后来一系列实业学堂的开办和职业教育的发展打下了基础。

1880 年，天津至大沽北塘海口炮台的电报线经过一年试用之后，李鸿章看到了电报在未来战争中的巨大作用。为了培养更多的电报人才，拓展国内电报网络。9 月，李鸿章上奏朝廷"由臣设立电报学堂，雇佣洋人教习中国学生，自行经理"②，清政府很快同意了李鸿章的奏请，并命其"遴派妥员，于六年九月在天津设立电报学堂，一面由丹国招雇洋人来华教习电学打报工作等事"③。经过一系列筹备工作，同年 10 月 6 日，天津电报学堂开学，雇用了一批丹麦大北电信公司的技师担任教习，教授电学和发报。到了 1881 年底，随着国内电报线路的不断扩展，电报人才出现了巨大缺口，为此，李鸿章奏请朝廷批准电报学堂再续办一年，此后又因各地来函要求而一直办下去。直到八国联军侵华时，学堂才因战火而停办。

北洋水师学堂是我国最早的军事专科学校和海军军官学校。它于 1881 年 7 月在城东贾家沽道东机器局以西落成并在当年开始招生。④ 学校教授海军理论知识并安排学生实践操作，学制 5 年。1900 年因八国联军

---

① 中国史学会编：《中国近代史资料丛刊·洋务运动四》，上海人民出版社 1961 年版，第 253 页。

② 同上书，第 336 页。

③ 同上书，第 337 页。

④ 天津市地方志编修委员会编：《天津通志·军事志》，天津社会科学院出版社 2001 年版，第 391 页。

入侵，学校毁于战火而停办。

除水师学堂之外，先后 1882 年、1883 年，洋务派建立海军水雷学堂和海军管轮学堂。这两所学堂都设在"东机器局水师学堂前一里许"，[①]与水师学堂一起构成了职业海军的培养体系。陆军方面，1885 年建立的北洋武备学堂是我国第一所新式陆军学堂，它由李鸿章奏请清廷派杨宗濂建立，教授西方军事技法和指挥技术。1900 年八国联军侵华时，学堂被敌军占领，自此停办。

北洋医学堂创办于 1893 年 12 月，它是由李鸿章委派法国军医梅尼在原"医学馆"的基础上创立的，校址设在法租界海大道，目的是为了培养军医，费用来自于海防经费。此后，随着政权的更迭和教育政策的变动，学校经过多次改组，直到 20 世纪 20 年代因经费不足而停办。

与此同时，一批与国计民生相关的实业学堂纷纷建立，培养了大量实业人才。

1893 年，英国人金达请求李鸿章开办铁路学堂，但由于资金不足，仅在武备学堂内部增招了一个铁路班。1896 年，金达再次上书津芦铁路督办胡燏棻提出兴办铁路学堂，并拟定了《在华学成之铁路工程司章程》一并上呈。11 月初，吴调卿制定了《铁路学堂章程》二十条上报朝廷并得到批准。学堂学制为 3 年，主要培养造路造桥的工程人才，其经费来源于津榆铁路总局筹款。20 日，山海关铁路学堂开始招生。1897 年 3 月，因场地协调问题，铁路学堂暂借北洋大学校舍正式开课。1897 年 11 月，因与北洋大学在办学上的摩擦纠纷，山海关铁路学堂从天津迁出前往山海关。[②]

1897 年，北洋武备学堂增设铁路工程科，聘请德国工程师包尔为总教习，教授铁路各门课程。本专业共有学生 40 人。[③] 同年 11 月，设立于北洋大学内的芦汉铁路学堂也开始提前招生。但直到 1898 年，铁路学堂才正式成立，其经费主要来自于铁路公司的拨款。学制 4 年，主要学习

---

① 张绍祖编著：《津门校史百汇》，天津人民出版社 1994 年版，第 19 页。
② 鲁珊君：《晚清天津职业教育发展研究》，硕士学位论文，天津师范大学，2011 年。
③ 天津市地方志编修委员会编：《天津通志·军事志》，天津社会科学院出版社 2001 年版，第 394 页。

英文、测量、绘图等工程专业课程。① 到了 1900 年，因八国联军入侵，北洋武备学堂内的铁路工程科停办，而北洋大学内的芦汉铁路学堂则编入上海南阳工学。

1898 年，天津俄文馆还增设矿务学堂，共招生 30 人，聘请俄国矿师祁培良为教习，教授矿物学、化学、星学、史学、地理学等，学制 4 年。② 1900 年因八国联军侵华而停办。

1902 年，北洋军医学堂成立，首期共招生 40 名，分医学和药剂两科。医学科 5 年毕业，药剂科 4 年毕业。学生毕业后分配到北洋各镇担任官职。③

同年，袁世凯委派天津巡警总监赵秉钧建立天津警务学堂，校址设在河北区堤头村，聘请日本警官担任教员，首批学员从现职警官中抽调，共计 225 人，用 7 个月的时间学习警察知识和中外法律等。1903 年该学堂与保定警务学堂合并成立北洋巡警学堂④，学员毕业后分配至天津、上海、南京等地警察所，1911 年又并入保定府巡警学堂。

1903 年，北洋工艺学堂创办，校址设于旧城东南角天津贡院东草厂庵。首期招收学生 30 名，并聘请三名教习，由工艺顾问日本人藤井恒久负责管理。学堂分正科与速成科。正科 5 年，主要分化学、图案和机器三科；预备科 3 年，学校采取"工学并举"的方式培养学生。⑤ 毕业后，除了返回原籍就业的学生，其余均被天津本地工厂企业聘用。

这一时期天津设立实业学堂详见表 8—1。

表 8—1　　　　　　　1876—1903 年间天津地区实业学堂一览表

学校名称	创办时间	创办人或负责人	办学地点
电器和水雷学堂	1876	天津机器局	天津机器局东局
北洋电报学堂	1880	李鸿章	法租界紫竹林

① 鲁珊君：《晚清天津职业教育发展研究》，硕士学位论文，天津师范大学，2011 年。
② 天津市地方志编修委员会编：《天津通志·军事志》，天津社会科学院出版社 2001 年版，第 391 页。
③ 同上书，第 401 页。
④ 同上书，第 117 页。
⑤ 张绍祖编著：《津门校史百汇》，天津人民出版社 1994 年版，第 26 页。

续表

学校名称	创办时间	创办人或负责人	办学地点
北洋水师学堂	1881	李鸿章	贾家沽道东机器局西
海军水雷学堂	1882	北洋水师	东机器局水师学堂
海军管轮学堂	1883	北洋水师	东机器局水师学堂
北洋武备学堂	1885	杨宗濂	英租界旧柳墅行宫
北洋医学堂	1893	法国军医梅尼	法租界海大道
山海关铁路学堂	1896	津榆铁路总局	北洋大学、山海关
北洋武备学堂附设铁路工程科	1897	杨宗濂	英租界旧柳墅行宫
芦汉铁路学堂	1898	芦汉铁路总局	北洋大学
天津俄文馆矿务学堂	1898	严复	梁家园大营门外
北洋军医学堂	1902	袁世凯	南斜街原浙江会馆
天津警务学堂	1902	赵秉钧	河北区堤头村
北洋工艺学堂	1903	凌福彭	天津贡院东草厂庵

资料来源：1. 张绍祖编著：《津门校史百汇》，天津人民出版社 1994 年版。

2. 天津市地方志编修委员会编：《天津通志·基础教育志》，天津社会科学院出版社 2000 年版。

（二）本阶段职业教育特点

1. 办学主体为公立官办

之所以会出现这种状况，主要是因为这时的企业是以国家为主体，职业教育是为国家物质生产和社会改革服务。这一时期，中国经历着从封建社会向半殖民地半封建社会转变，社会的各个方面都承受着巨大的压力，一方面是社会文化与传统旧文化价值观念的逐渐剥离，另一方面则是被动地适应接受西方外来资本主义思想文化。这种压力之巨大，转变之剧烈是个体或者小规模团体无法承受的，唯有发动全国的力量才能逐渐地去适应这种变化，因此这种自上而下的改革，国家势必要站在最前面。另外，洋务运动是清政府发起的，各个方面都必须以国家为主导，而且，对于如何创办实业学堂，人们对此经验不足，知之甚少，只有借助国家的力量向西方学习，引进并消化西方职业教育的经验，才能建立起符合国家物质生产需要与改革人才需求的实业学堂，而此时的私人团体以及大实业家个人的力量尚弱，他们有培养先进人才的意识，却没有能力和实力去付诸实践。

2. 以军事技术学校为主，尚未形成职业教育体系

这一时期的洋务学堂大多是军事或与军事相关的技术学堂。在魏源"师夷长技以制夷"思想的影响下，统治者认为只要有先进军事技术，制造先进武器装备，便能立于不败之地，于是，洋务派首先创办了大批的军工企业，建立一批新式军校以培养优秀指挥官，提升军队整体实力。另外，这一时期在天津的实业学堂，并没有形成一个初、中、高三级的体系，而是不同种类不同层次的实业学堂同时存在，彼此之间无任何关联。在职业教育兴起之初，实业学堂的开办具有自发性、实用性，没有考虑到学校层次以及之间的关联。

3. 教育管理尚不成熟

这一时期，实业学堂依附在各个机构内而没有独立出来，同时国家既没有一个明确的管理机构来对它们进行统一管理，也没有法律规章制度对其进行规范。教育制度成熟与否，不仅要看学校数量多少，体系是否完备，更要看学校之间的联系是否紧密，是否有明确的管理机构与法律条文规章制度来规范其发展。洋务派创办军事技术学堂的目的是为了培养"御外侮"急需的军事人才，在创办之前没有明确的规划。在政府内部根本没有与实业教育对应的管理部门，也就更谈不上出台相关法律文件了。

二 职业教育初步发展期（1904—1921）

随着天津经济的发展，企业规模不断扩大，民族资产阶级和实业家群体逐渐壮大起来，出于扩展产业、培养技术人才的目的，他们开始涉足职业教育，成为天津近代职业教育发展中一支重要的力量。同时，政府也意识到发展职业教育的重要性，并通过颁布学制法令的方式来引导、规范职业教育的发展，使天津职业教育有了初步的发展。

（一）各类实业学校的发展

随着经济的发展，天津出现了一批资产雄厚的商人、企业家，他们意识到知识的重要性，自身也有能力去开办一些教育机构来培养所需的技术人才和熟练人才。在政府的支持和倡导下，商会纷纷投资开办实业学堂和实业学校。

此外，根据"癸卯学制"和《奏定实业学堂章程》，天津县政府和一些实力雄厚的大资本家建立一批实业学堂，形成了初—中—高三级实业学堂体系。

1. 初等实业学堂

1904 年创办的实习工场是天津最早的初级技工学校，校址设在窑洼孙家花园旁。学校以传习手艺、提倡各项实业为宗旨，为天津乃至全国的各类公司培养工匠。学校共有学徒 900 名，根据所学专业不同分织巾、染色、提花、刺绣、木工、制皂等科。将学生分为甲乙两班，甲班偏重文化知识，乙班偏重实习工作。课程主要由理论知识和实际操作两部分组成。考试分月考、季考和大考三类。学校经费来源比较复杂，既有国家和企业的出资，也有从学生中征收的学费。学生毕业后，自费生可以自由选择留校或另寻他处工作，而公费生须在工厂工作 3 年后方可自由择业。[①] 1905 年，直隶工艺总局天津初等工艺学堂，设漆工和染织等科，共招生 93 人，分 4 个班，修业年限为 3 年。学校共有教员 8 人。其经费主要来自于工艺总局，每年 2000 元；另外也向学生征收学费，每人每月 1 元。[②] 1913 年，学堂根据实业学校法，改为乙种工业学校并设化学工艺科。1907 年，天津种植园开始在园内附设农业练习所，这也是当时公立的初等实业学堂之一。

1905 年，实业家宋则久开办商务半夜学堂，地址设在西马路宣讲所，这是天津较早的一所个人出资兴办的私立实业学堂。社会上的在职人员可以不受工作时间限制得到职业技能的培训，商务半夜学堂的成立大大增强了职业教育的灵活性。

1913 年，张铁创办天津补遗女子职业学校，这是对实业教育办学领域的一次拓展，它突破了以往女子职业教育仅限于少数女性为主的工厂内或家庭作坊式的传授，而是选择了学校教育的方式向女性传授职业技能。校址设在鼓楼北户部街朝阳观后院，共设 1 个职业班 2 个初小班，有学生 90 余人，教员 8 人，主要教授妇女织毛巾、织袜等生产技能，经费除了学生学费以及生产产品所得收入外，还获得了前实业厅长的捐助。

---

① 张绍祖编著：《津门校史百汇》，天津人民出版社 1994 年版，第 123 页。

② 同上书，第 124 页。

2. 中等实业学堂

出于训练中级实用人才的目的，1904 年，由直隶工艺总局管理，附设于北洋劝业铁工厂的图算学堂在天津窑洼正式成立，这是天津最早的中等技工学校。学校共有学生 40 余人，采用半工半读的方式进行学习，"每匠一名带艺徒若干名，每年考试一次，察其技艺之程度；固重图算，尤重实修；学生实修程度，每届季考，时列优等者，其平日教授之匠酌予记功；列下等者，该匠亦应记过，以示劝惩，而昭公允"①。1905 年学堂被撤销，有 20 名学生被送往直隶高等工业学堂机器速成科学习。

同年，天津电报学堂开办，初期学堂由地方捐款成立，政府仅提供政策上的便利，到了 1908 年，原私立的天津电报学堂改为天津公立电报学堂，归国家管理。经费来源也以国家拨款为主。②

1918 年，天津善堂联合会会长李星北创办了韦驮庙乙种商业学校，校址设在大夥巷韦驮庙内，其经费由天津善堂联合会拨给。③ 这是严格遵循《实业学校令》，按照乙种实业学校的标准设立的一所中等实业学校，校址设在天津县城，经费由商会负担，省政府不参与，学校没有实施完全实业教育。

3. 高等实业学堂

随着资产阶级力量的壮大，高等实业教育应运而生。1904 年，原北洋工艺学堂更名为直隶高等工艺学堂，由直隶工艺总局经办。学校分正科和速成科，正科设应用化学科、机器学科，修业年限为 3 年；速成科有制造化学科、艺匠图绘学科，修业年限为 2 年。1913 年，工艺学堂根据《实业学校令》更名为直隶公立工业专门学校，并附设了甲种染织工科，专业设置上分预科、应用化学科和机械科，只招收男生，修业年限也统一为预科 1 年，本科 3 年，共计 4 年。④

1910 年，孙子文创办直隶水产讲习所，校址设在河北区黄纬路长芦中学旧址内，由劝业道负责管理，经费由其划拨。学校分渔捞与制造两

---

① 甘厚慈：《北洋公牍类纂·北洋劝业铁厂试办章程》，文海出版社 1967 年版，第 837 页。
② 张绍祖编著：《津门校史百汇》，天津人民出版社 1994 年版，第 44—45 页。
③ 同上书，第 152 页。
④ 同上书，第 26 页。

大专业，首届共招生 96 人。1914 年奉教育部令改为直隶省立甲种水产学校，修业年限为预科 1 年，本科 3 年，管理机构也从清末的劝业道改为省教育厅。[①]

1908 年，民政部奏定《巡警学堂章程》规定高等巡警学堂设在省城，巡警教练所设在各府厅州县。按照这一规定，1909 年，天津撤销高等巡警学堂，成立巡警传习所，制定《巡警传习所章程》和《传习所讲堂规则》，要求天津各区均设立传习所，由天津南北段巡警总局督办，各村负责筹助。教员由巡警学堂毕业生担任，巡警学习分两班，单双日轮换，将粗通文理识字的编为甲班，不识字者编为乙班。学习巡警章程、白话文、算学和步兵操法等，修业年限为一年。[②] 1911 年又设巡警教练所，此后因社会动荡而停办。1914 年 2 月巡警教练所复办，7 月因政局更迭再次停办。1920 年 6 月再次复办。但到了 1921 年终因时局多变而再度停办。[③]

1906 年，直隶总督袁世凯下令创办北洋法政学堂，校址设在河北新开河堤头村河坝下。1907 年 9 月 2 日正式开课，首期学制 1 年，招职绅两班；第二期设专门科，分政治、法律两门，学制改为 6 年，共招生 200 名。1911 年改为北洋法政专门学校，1914 年与保定法政专门学校和天津高等商业专门学校合并，改称直隶公立法政专门学校。1919 年，附设甲种商业讲习科。[④]

1919 年，南开大学设立商科，开设会计学、银行学和普通商业三系，这意味着私立实业学校不仅数量上的有所增加，而且办学层次和水平也有所提高，使学生摆脱了无法进一步深造的窘境。

4. 厂办工读班

这一时期，除了正规的实业教育外，一些工厂、企业或是洋行商铺也根据自身实际情况开设补习班、培训班等工读班，以提高工人的文化水平，传授专业生产技能。1905 年，周学熙建立天津广仁堂女工厂，除

---

① 郭文韬、曹隆恭主编：《中国近代农业科技史》，中国农业科技出版社 1989 年版，第 114 页。

② 天津市地方志编修委员会编：《天津通志·公安卷》，天津社会科学院出版社 2001 年版，第 118 页。

③ 同上书，第 202 页。

④ 张绍祖编著：《津门校史百汇》，天津人民出版社 1994 年版，第 31 页。

了正常的生产以外，工厂还通过培训班的方式传授给女工们机器缝纫、刺绣、西式花辫、编绒、织布、毛巾、绘画、印刷等实用科目。① 1913年，宋则久创办天津国货售品所，内设有补习班，并且还招收外来青年来学习。每期补习班30人左右，学期两个到三个月。另外，所内还有教授班，主要学习经书、文学、经济学、货币学、簿记法、书札、英语、日语等。② 1914年，天津久大精盐永利制碱工厂在成立之初就设立了如下厂规："本厂为增进工人知能幸福起见，特设工读班，三年毕业。凡本厂工人有志于求学者，均得报名入学。本厂艺徒均须由工读班读书，不得规避。工读班由厂延聘专任教授，所有学费、书籍、文具等，均由本厂供给，不另收费"③。在外资开办的洋行中，也有职业教育的存在，如美商公懋洋行他们自己训练培养业务骨干，他们把培养对象分为青年知识分子与高级职员两类。前者由大学毕业生组成，洋行让他们先在总行各部门学习两年，等在技术和业务方面有了一定基础之后再择优公费派遣至美国汽车厂实习一两年，④ 学成归国后给予高薪任用。这一时期实业学校建设情况见表8—2、表8—3、表8—4。

表8—2　　　　　　　　1904—1912年天津公立实业学校汇总表

学校名称	创办时间	学校地址
实习工场	1904	天津窑洼孙家花园旁
图算学堂	1904	天津窑洼北洋劝业铁工厂
直隶高等工业学堂	1904	东南角天津贡院东草厂庵
河北省立法商学院	1906	河北区新开河堤头村河坝下
东文翻译所	1906	大经路劝业会场东学务公所
天津种植园附设农业练习所	1907	天津种植园

①　甘厚慈：《北洋公牍类纂·天津广仁堂女工厂章程》，台湾文海出版社1967年版，第906页。

②　中国人民政治协商会议天津市委员会文史资料委员会编：《天津文史资料选辑·六宋则久与天津国货售品所》，天津人民出版社1988年版，第105页。

③　中国人民政治协商会议天津市委员会文史资料委员会编：《天津文史资料选辑·二》，天津人民出版社1988年版，第202页。

④　中国人民政治协商会议天津市委员会文史资料委员会编：《天津文史资料选辑·十一美国公懋洋行在中国的活动》，天津人民出版社1988年版，第159页。

续表

学校名称	创办时间	学校地址
天津公立电报学堂	1908	天津"护饷关帝庙"
直隶水产讲习所	1910	河北区黄纬路长芦中学旧址
巡警教练所	1911	东南角天津贡院东草厂庵
直隶公立医学专门学校	1912	法租界海大道

资料来源：1. 张绍祖编著：《津门校史百汇》，天津人民出版社 1994 年版。

2. 天津市地方志编修委员会编：《天津通志·公安卷》，天津社会科学院出版社 2001 年版。

表 8—3　　　　1905—1911 年天津商会创办实业学堂汇总表

学校名称	创办时间	学校地址
商务半夜学堂	1905	西马路宣讲所
天津初等工艺学堂	1905	玉皇阁
民立初等商业学堂	1906	天后宫
民立第一艺徒学堂	1906	河北关下北极寺内
民立第二艺徒学堂	1906	河北关下广济补遗社内
天津中等商业学堂	1906	东门外南斜街芦纲公所内
民立第三艺徒学堂	1907	杨柳青
民立第五半日学堂	1911	天后宫
第一商务半日学堂	1911	西马路宣讲所
第四商务半日学堂	1911	药王庙
广育第一半夜学堂	1911	施馍厂
广育第二半夜学堂	1911	过街阁
广育第三半夜学堂	1911	西方庵

资料来源：1. 张绍祖编著：《津门校史百汇》，天津人民出版社 1994 年版。

2. 天津市地方志编修委员会编：《天津通志·基础教育志》，天津社会科学院出版社 2000 年版。

3. 宋美云：《近代天津商会》，天津社会科学院出版社 2002 年版。

表 8—4　　　　　　　　　1905—1920 年天津私立实业学堂汇总表

学校名称	创办时间	创办人或负责人	学校地址
广仁堂女工厂	1905	周学熙	天津广仁堂
商务半夜学堂	1905	天津市商会	西马路宣讲所
天津初等工艺学堂	1905	天津市商会	玉皇阁
民立初等商业学堂	1906	天津市商会	天后宫
民立第一艺徒学堂	1906	天津市商会	河北关下北极寺内
民立第二艺徒学堂	1906	天津市商会	河北关下广济补遗社内
天津中等商业学堂	1906	王贤宾、李子赫	东门外南斜街芦纲公所内
民立第三艺徒学堂	1907	天津市商会	杨柳青
民立第五半日学堂	1911	天津市商会	天后宫
第一商务半日学堂	1911	天津市商会	西马路宣讲所
第四商务半日学堂	1911	天津市商会	药王庙
广育第一半夜学堂	1911	天津市商会	施馍厂
广育第二半夜学堂	1911	天津市商会	过街阁
广育第三半夜学堂	1911	天津市商会	西方庵
补遗女子职业学校	1913	张铁	鼓楼北户部街朝阳观
国货售品所补习班	1913	宋则久	天津国货售品所
永利制碱工厂工读班	1914	范旭东	天津塘沽永利制碱工厂
韦驮庙乙种商业学校	1918	李星北	大夥巷韦驮庙
南开大学商科	1919	张伯苓	天津南开大学

资料来源：1. 张绍祖编著：《津门校史百汇》，天津人民出版社 1994 年版。

2. 天津市地方志编修委员会编：《天津通志·基础教育志》，天津社会科学院出版社 2000 年版。

3. 宋美云：《近代天津商会》，天津社会科学院出版社 2002 年版。

（二）本阶段职业教育的特点

1. 实业学堂数量增加、类型多样、层次完善

萌芽期的实业学堂数量较少，且多集中在军事领域，基本上都是根据所依附工厂生产需要或国家需求所开设，没有形成一个相互衔接的体系。而在这一时期，由于商人实力大增，兴办实业学校有了资金上的强力支持，学校数量大大增加。据笔者查阅史料整理后得知，1876—1903年，天津地区实业学堂仅有 14 所。而到了 1904 年以后直至 1921 年，天

津地区共有各类实业学校 30 所。类型上既有政府与私人创办的正规实业学校，也有工厂自行开办的工读班，还有洋行、商店开办的短期培训班等。在清末时期，天津地区就已经有初等、中等、高等三级实业学堂，学生可以依次晋升学习。到 1911 年民国建立后，这些学堂又根据学校系统令纷纷改组为不同等级的甲种或乙种商业学校，学生亦可根据需要进入不同种类的学校进行学习。

2. 管理日趋正规

萌芽期的实业学堂没有国家统一的规章制度与管理机构，学堂章程大多照搬英、德等国实业学校校规而来，管理上主要依靠其附设的单位。1904 年颁布《奏定学堂章程》（以下简称《章程》），实业教育第一次被纳入国家教育体系，这使得实业教育的发展和实业学堂的创办有法可依，招生条件、师资配备、修业年限等都要按照《章程》执行。《章程》的出台不仅使实业学堂建设开始变得正规化，也保障了学生接受全面职业教育的权利。1912 年颁布的《学校系统令》和 1913 年颁布的《实业学校规程》、《实业学校令》则在体系与制度建设上确立了民国实业教育的具体形式，天津地区的实业学校也根据这些法令规章进行了相应的改制。在管理机构上，1904 年直隶省建立了学务公所，统管该地区所有教育事务，其中实业科专司实业教育相关事项，这标志着国家开始对地区实业教育进行统一管理。到了 1906 年，根据学部法令，天津劝学所成立，其职责"掌管天津县内初等和中等教育行政"①，其中就包括了初等与中等实业教育。民国以后，由天津劝学所演变而来的天津教育局开始负责天津地区的各类教育行政工作，其中学校教育科就负责职业教育和职业学校的管理。直到新中国成立之前，天津一直采用这种管理方式。

3. 办学主体公立和私立并存

萌芽时期，由于私人实力不足，尽管他们有办学的意识与愿望，但在实行起来困难重重，所以实业学堂均为公立。到这一时期，随着经济的发展，私人个体和私立团体的实力不断增强，在办学上的物质条件已经能满足，而且随着他们产业规模的扩大，人才短缺的现状日益明显，

---

① 天津市河北区地方志编修委员会编：《河北区志》，天津社会科学院出版社 2003 年版，第 717 页。

仅靠公立实业学校不仅不能满足巨大的人才需求，基于此，私人开始创办实业学校以满足对人才的需求。但由于个体力量仍不足以支持其办学，所以私立团体即商会成为了这一时期私立学校办学的主力。在这一时期天津地区 30 所实业学校中，由商会创办的实业学校就有 13 所。此外，一些大型工厂或生产专业化程度比较高的工厂也纷纷创办工读班或补习班，以提高工人的文化素养与生产效率。这一时期厂办工读班已达到了 4 所，涉及炼铁、化工、商业等领域。这些不同种类私立实业学校的出现，表明了国家鼓励发展实业教育，只要有能力、有需求，私人或私立团体就可以在法律规定的范围内设立相应学校，同时，也表明了天津经济实力的提升以及工商业体系的完善与生产专业化趋势的加强。

三　职业教育快速发展期（1922—1936）

随着第一次世界大战的结束，外国资本卷土重来，对天津经济产生了冲击，大批企业家对商业上的投资减少，转而向教育领域投资。同时，政府出台了一系列法令规章引导并规范职业学校的建设与发展，职业教育进入一个快速发展的时期。

（一）各类职业学校的发展

从 1922 年"壬戌学制"颁布到 1927 年国民政府成立前的 6 年间，由于军阀混战，北洋政府挪用教育经费以满足战争需要，天津公立职业学校数量没有变化，陷入停滞不前的境地，直到 1927 年国民政府建立以后，情况才有所好转，政府或通过办学主权回收，或通过改制原有实业学校和直接出资等方式发展公立职业教育。

1928 年天津建市后，受政治中心南移的影响，国民政府对北方职业教育的关注程度和投资程度有所减弱，公立职业学校在发展上不如前期。同时，新式生活方式的出现、民众思想的变化也给私立职业学校的生存与发展提供了肥沃的土壤。因此，私立职业学校成了这一时期天津职业教育的主流。

1. 初等职业学校

1930 年，天津市立第一职业补习学校成立，学校位于西兴慈惠寺大街。学校共有学生 160 余人，教学人员 8 人。该校以增进学生生产能力、以备从事社会生产事业为教学目的，分普通科、商业科、工艺科，实行半工半读制，由政府出资，不收学生学费。

1930 年，天津市公安局通过筹集经费，维修了位于草厂庵的巡警教练所。1931 年，更名后的警察教练所开课。在经过短暂停办之后，1932年春教练所再度开办并进入稳定发展的状态。教练所归天津市公安局管辖，公安局局长兼任教练所校长，学校共有教官 12 名，助教 3 名，学员都是从天津市内各局选调而来。①

1936 年，原私人出资设立的天津市政府助产学校归天津市立第一医院，其性质也从原来的私立改为公立，② 此后校名虽经过多次更改，但学校公立性质未曾改变。

2. 中等职业学校

私立中等职业学校主要有以下几类：一是商科，包括在已有中学中设置商科和新建商科职业学校。1922 年，天津私立汇文中学设置了商科，1924 年第一批商科学生毕业；1926 年，私立旅津广东中学设立了以教授商业簿记为主要内容的商科，分为初、高两级，两级班都招收小学毕业生，但高级班修业年限为 5 年，初级班为 2 年；1931 年，私立树人中学也在高中部设立了商科。随着经济的发展，仅靠在中学中设立商科已经不能满足商业组织对人才的需求，建立商科职业学校势在必行。于是，1924 年，陈永寿在法租界巴黎道 30 号开办私立通惠商科职业学校，学校设本科和预备班。资金主要来自于银行基金利息，初期尚能维持其运行，但到抗战爆发，学生锐减，学校停办。③ 1926 年，罗光道在法租界 4 号路建立了私立弘德商科职业学校，学校所有教材均使用英文，授课采用英语。1927 年私立美育商科职业学校在法租界 24 号路成立。1931 年津邑刘氏商业学校成立。1934 年私立中山公学商科职业学校成立，设初级和高级两班，两班都招收小学毕业生，但教学内容和修业年限有所不同。初级班主要教授简易商业知识技能，培养学生从事商业能力，修业年限为 2年；高级班则传授较深的商业知识技能，培养他们继续深造的能力，修

① 天津市地方志编修委员会编：《天津通志·公安卷》，天津社会科学院出版社 2001 年版，第 202—290 页。

② 《为职业学校归属市政府呈》，1947 年，天津市档案馆藏，资料号：J0116—1—000410—024。

③ 张绍祖编著：《津门校史百汇》，天津人民出版社 1994 年版，第 67 页。

业年限 5 年。

二是医科，包括医学校和护士学校，主要有以下几所：1928 年 7 月成立的私立达生助产学校，主要培养助产人才和妇科医生；1929 年成立的私立济华高级护士职业学校，附设于天津马大夫纪念医院，这是一所教会职业学校，主要传授小儿科知识、产科知识和护理知识等，1949 年停办；1930 年 8 月由戴静琳、凌文爱设立的天津市政府助产学校，主要教授妇产科专业知识，1937 年归市立第一医院所有；1930 年陈曾源设立的天津私立中国医学传习所，主要教授中医学方面专业知识，1941 年停办；1932 年 8 月由钱伯泉创立的天津私立中医学校，也以中医医学知识为教学内容，课程主要分补习班、速成班和实习班三种，分内外两科。①

三是实用技术科，包括电工、打字、会计、语言等。抗战前，因工商业较为发达，民众生活相对稳定，所以这类学校数量不多。1931 年，由天津钱业同业公会主席王凤鸣，常务委员张玉珍、朱嘉宽等人提议成立天津市私立钱业补习学校以培养钱业人才。7 月，学校在鼓楼北钱业公会会所正式成立，这是天津最早的同业公会学校。② 而 1933 年由东京日文协会创办的爱善日语学校则以专门培养日语翻译人员为主，学生毕业后多进入日企工作，充当翻译。1937 年抗战爆发后，学校归日本外务省领导并更名为天津第一日语学校。

除了以上私立职业学校以外，一些社会名流还创办了女子中等职业学校，为女性提供职业教育。如 1922 年天津市就成立了私立第一女子初级职业学校。1931 年，由曹陈寒蕊女士捐款创办的天津私立三八女子职业学校正式开学授课。学校实行三三制，设初中一二年级各一班，另附设小学一班。1935 年学校迁至宇纬路，并更名为天津私立三八女子初级中学。

与私立中等职业学校蓬勃发展形成鲜明对照的则是公立中等职业学校的缓慢发展。1928 年天津设市后，原于 1904 年开办的私立天津电报学堂被政府回收办学权，隶属于天津市，由市教育局负责发放津贴，学校根据学制条例设有中学程度的普通学科及与电报有关的学科，学生毕业

---

① 张绍祖编著：《津门校史百汇》，天津人民出版社 1994 年版，第 90 页。
② 同上书，第 215 页。

后被各电报局、电话局和铁路局录用。同年，根据学制规定，天津市又将原公立甲种商业学校改为了天津公立商科职业学校。1929 年，政府又将原直隶省立甲种水产学校改为河北省立水产专门学校。在这之前的 1926 年，政府就已经将学校按照"壬戌学制"改为了四二制即四年初中班，两年高中水产班。河北省立水产专门学校成立后，同年 11 月又改为河北省立水产专科学校。分预科与本科两级，并将原先本科内设置的渔捞和制造两科改称两组。1931 年 8 月，学校取消预科，新添加了高中班，两年后取消，改为高职水产科。到 1934 年，本科暂停招生，学校附设高级职业学校。

3. 厂办工读班

在正规职业学校获得一定发展的同时，工厂工读班也较前期有所发展。《工厂法》的规定，工厂必须保障学徒工人受教育的权利。据此，许多大型工厂纷纷设立工读班。1929 年，陈调甫在创办永明油漆厂的同时就同步开办了工人业余补习班，并聘请专人任教和管理。工厂规定，补习班所用课本、文具、纸墨均由厂里供给，若工人出于深造的目的而请厂外的人补课的费用也由工厂负担，此外，工厂还聘请专任教员给工厂技术人员补习英语和日语。[①] 到 20 世纪 30 年代，工厂开办的工读班更加正规。如天津东亚工厂于 30 年代初开办了东亚夜校，以工厂工人为教育对象，夜校共分四等班级，甲班招收初中程度的工人，教授国文、数学和普通英语；乙班招收高小文化程度的工人，教授常识、数学和初级英语；丙班为扫盲班，主要传授数学和常识；丁班则是女生班，教学内容为常识、算术和千字文等。[②] 除了进行文化知识的教育，一些工厂还专门开设技术培训班。1936 年天兴制铁所成立后，在设备安装和试车生产期间，工厂先后聘用了高桥渡边荣一、大下越智勇等 8 名日本技术人员指导工人进行操作，授业年限为 1 年。[③]

---

① 中国人民政治协商会议天津市委员会文史资料委员会编：《天津文史资料选辑·二陈调甫与永明油漆厂》，天津人民出版社 1988 年版，第 149 页。

② 中国人民政治协商会议天津市委员会文史资料委员会编：《天津文史资料选辑·五天津东亚工厂》，天津人民出版社 1988 年版，第 200 页。

③ 中国人民政治协商会议天津市委员会文史资料委员会编：《天津文史资料选辑·十一天兴制铁所——天津第一家轧钢厂》，天津人民出版社 1988 年版，第 197 页。

这一时期，天津各类职业学校情况见表8—5、表8—6。

表8—5　　　　　　1928—1936 年间的天津公立职业学校一览表

学校名称	创办时间	学校地址
市属天津电报学校	1928	天津"护饷关帝庙"
天津公立商科职业学校	1928	河北新开河堤头村河坝下
河北省立水产专门学校	1929	河北区黄纬路长芦中学旧址
天津市立第一职业补习学校	1930	西头慈惠寺大街
天津警察教练所	1931	草厂庵
天津市政府助产学校	1936	天津市立第一医院

资料来源：张绍祖编著：《津门校史百汇》，天津人民出版社 1994 年版。

表8—6　　　　　　1922—1935 年天津私立职业学校一览表

学校名称	创办时间	创办人或负责人	学校地址
私立汇文中学商科	1922	美国基督教会美以美会	海大道
私立第一女子初级职业学校	1922	不详	不详
天津工商大学商科	1923	法国耶稣会	英租界马场道
私立通惠商科职业学校	1924	陈永寿	法租界巴黎道 30 号
私立弘德商科职业学校	1926	罗光道	法租界 4 号路
私立旅津广东中学商科	1926	吴幼航	法租界 26 号路
私立美育商科职业学校	1927	不详	法租界 24 号路
私立达生助产学校	1928	孙庆椿	东门外袜子胡同
私立济华高级护士职业学校	1929	张李明贞	马大夫纪念医院
永明油漆厂工人业余补习班	1929	陈调甫	天津河北区小王庄
私立中国医学传习所	1930	陈曾源	东门内文庙东箭道
私立钱业补习学校	1931	天津钱业同业公会	鼓楼北钱业公会会所
私立三八女子职业学校	1931	曹陈寒蕊	日租界秋山街 20 号
私立树人中学商科	1931	刘崇壹	英租界 10 号路球场
津邑刘氏商业学校	1931	不详	不详
私立中医学校	1932	钱伯泉	特别一区 17 号路
天津东亚工厂夜校	1932	宋棐卿	和平区云南路
爱善日语学校	1933	东京日文协会	日租界宫岛街

续表

学校名称	创办时间	创办人或负责人	学校地址
日本商业学校	1933	日本商会	日租界淡路街宫岛街
私立中山公学商科职业学校	1934	胡定远	河北大经路公园旁
私立志生助产学校	1935	邓志恩	鼓楼北大街 94 号

资料来源：1. 张绍祖编著：《津门校史百汇》，天津人民出版社 1994 年版。

2. 中国人民政治协商会议天津市委员会文史资料委员会编：《天津文史资料选辑》，天津人民出版社 1988 年版。

（二）本阶段职业教育的发展特点

1. 职业教育的目的从为社会生产培养人才转向为个人求职提供服务

早期的职业教育之所以称之为实业教育，是因为其培养目标、课程安排和专业设置上都侧重物质资料生产方面，不论是公立的工业学堂还是私立的艺徒学堂抑或工厂工读班，他们都是在传授生产技能，为将来进入工厂生产做准备。而这一时期的职业教育则将重点放到了个体求职需要上，大量的商科学校、职业补习学校、护士助产学校，着力培养学生在某一项工作方面的技能，目的是为了让学生以后可以从事该项工作。这种从集体化实业教育到个人化职业教育的转变，既是受 20 世纪 20 年代以来西方先进教育思想，尤其是杜威实用主义教育思想的影响，也是社会经济发展的需要。

2. 私立职业学校的发展迅速

据笔者统计，这一时期天津市共有各类职业教育组织机构 26 家，其中公立学校只有 6 家，厂办的工读班之类可查的有 3 家，而私立职业学校竟达到了 20 家。这一时期私立学校之所以有如此大的发展，一是因为一系列法规的颁布使得私立职业学校办学有法可依，政府也鼓励私立职业学校开办；二是因为在经过了短暂的冲击期后，民族资本主义实力有所恢复，办学资金有所保障；三是因为受经济曲折发展和战争的影响，一大批企业纷纷倒闭，大量工人失业，工作的丧失使得家庭生活难以维持，为了寻求更好的工作和更高的薪水，这些人一方面不断寻找新单位，另一方面则想通过学习一门技术让自己在求职竞争中脱颖而出。而公立职业学校办学灵活性差，所开设的专业很难满足这类人的期望。为了满足求职者的需求，一批有针对性的私立职业学校便纷纷出现。大批迎合市场需求的职业学校的出现，正是教育市场化的一种表现。

四　职业教育波动期（1937—1949）

1937 年"七七事变"爆发，日军便很快占领了天津。为了维持统治，日本人在文化教育方面实行了大量的专制奴化政策。伪政府除了支持日本人和日本商会等团体建立学校以外，还对原有学校进行改造，强制其加入日语、日本文化等课程，妄图对中国人进行思想上的潜移默化的教育。面对日军的侵略破坏，天津的学校或迁往内地或被迫停办，或接受日本人的改造而不得不成为宣传奴化思想的场所。职业教育在这一时期遭到了极大的破坏，大量的中国人开办的职业学校被迫停办，仅有少数学校维持；一些日本人开办的职业学校则得到了快速发展。抗战胜利后，政府一方面接收了日伪时期的职业学校，另一方面又恢复战时被破坏的职业学校。但此时国民党陷入解放战争的泥潭中，加之政府腐败，因此公立职业学校并没有多大发展。反而是私立职业学校，因针对性强，对解决民众就业问题起到有效的作用而广受欢迎，成了这一时期天津职业教育发展的主力。直到天津解放，新中国成立，天津职业教育才进入一个新的发展阶段。

（一）抗战时期的天津职业教育

在日伪政权管理天津的时期，天津各类教育都受到了极大的破坏，大批学校或停办，或被迫接受改造宣传奴化思想。这一时期天津的职业教育举步维艰，进入了一个勉强维持的状态。

1. 公立学校

公立学校仅有 1937 年改制的天津甲种警察教练所，后改为天津市警察训练所，但在抗战时期学校也受到了破坏，成为伪政府培养警察的机构。1940 年伪政府还建立了市立高级商科职业学校，抗战后被国民政府接收。

2. 私立学校

主要有 1937 年成立的私立众成商科职业学校，其校址位于法租界巴黎道，学校分初高两级，修业年限均为 3 年。1938 年，原归市属的天津电报学堂再次改为天津私立电报职业学校，继续行使培养电讯人才的使命，天津沦陷后，日寇对该校进行了大规模破坏，到 1940 年学校正式停办。而在 1943 年成立的私立仁爱高级护士职业学校，成了这一时期为数不多的私立医学校之一。

3. 厂办工读班

1940—1942 年间，出于技术人才培训的目的，天津中天电机厂开设了两届技术培训班，招收高初中以上的优秀学生进修电工业务、电器制造业务和生产管理等方面的专业，并聘请本厂工程师周仁斋和北洋大学机电专家罗作伦授课。[①] 通过半工半读、择优录取的方式，两届培训班共有 50 余人顺利毕业，成为电机厂的骨干力量。

与国人创办的职业教育惨淡形成鲜明对比的是，日本人开办的职业学校得到了"发展"，如设立在日租界淡路街宫岛街角的日本商业学校，尽管早在 1933 年就已经成立，但在日军侵华期间学校得到了较快发展，据史料记载，在 1939 年，学校教员就达到了 22 人。此外，抗战爆发后，天津女子职业教育遭到破坏，大批女子职业学校纷纷停办。仅有日本人大坪隆良为校长的宫岛日本高等女子职业学校仍开办，这显然也是与伪政府和日本方面的支持分不开的。

抗战时期天津职业学校情况见表 8—7。

表 8—7　　　　　　　抗战时期天津职业学校一览表

学校名称	创办时间	创办人或负责人	学校地址
天津甲种警察教练所	1937	天津市公安局	草厂庵
私立益世高级护士职业学校	1937	诸葛文屏	七区南关大街
私立众成商科职业学校	1937	王振纲	法租界巴黎道
私立天津电报职业学校	1938	罗椿林	天津"护饷关帝庙"
天津市立高级商科职业学校	1940	天津市政府	不详
宫岛日本高等女子职业学校	1941	大坪隆良	日租界宫岛街
天津中天电机厂技术培训班	1940—1942	王汰甄	天津中天电机厂

---

① 中国人民政治协商会议天津市委员会文史资料委员会编：《天津文史资料选辑·十五中天电机厂简述》，天津人民出版社 1988 年版。第 160 页。

续表

学校名称	创办时间	创办人或负责人	学校地址
私立仁爱高级护士职业学校	1943	海伦·琴纳尔	西开天主教医院
天津日报商业学校	1945	天津日报社	天津日报社

资料来源：1. 张绍祖编著：《津门校史百汇》，天津人民出版社 1994 年版。

2. 中国人民政治协商会议天津市委员会文史资料委员会编：《天津文史资料选辑》，天津人民出版社 1988 年版。

（二）战后职业教育的恢复、发展

1945 年抗战胜利。同年天津市立高级商科职业学校在战后迅速成立，这为战后职业教育的发展创造了一个良好的开端。由于公立职业学校在战争中受到的破坏较为严重，短时间内无法完全恢复，一时无法满足民众的需求。为了解决这一难题，从第二年开始，天津市政府相继出台了一系列政令法规开始鼓励支持工厂机关企业新建职业学校以解决公立职业教育发展不足的困境，如 1946 年天津市社会局就颁布训令"督促机关企业办理职业学校，对未办理的加以督促，并将奖励办法发送至各实业机关，对东亚中纱、天津化学、仁立等公司派人洽商办学相应事项"①。在政府的主导下，天津职业教育开始进行恢复重建，除原有已成立的学校恢复开课以外，也建立了一些新的职业学校，如 1937 年 1 月组建私立益世高级护士职业学校，因抗战直到 1946 年才复校授课；1937 年 6 月成立的私立志生助产学校，也因抗战爆发而在 1946 年才开始正式招生开学；1946 年政府成立天津市立高级助产职业学校，同年，私立天和医院也开始附设高级护士学校。此后天津职业教育逐步走上恢复发展的道路。

解放战争时期，大批私立实用技术型职业学校纷纷成立。原因是受解放战争的影响，经济遭到严重破坏，大批民众失去工作，最基本的生存受到了威胁，为寻求一份满意的工作，提升自己求职的胜算，不少人选择到职业学校学习一些实用性较强的职业技术，满足养家糊口的需要。这时期职业学校的数量大大增加，类型多种多样，如 1947 年成立了天津

---

① 《为填报实业机关及职业团体调查表给本市商会训令》，1946 年，天津市档案馆藏，资料号：J0128—2—000833—001。

私立建德1947年成立了天津私立建德工科职业学校，这是一所以培养工业人才为主的学校，主要课程有冶金、铸工、制图、机动等，并附设有实习工场；另外，1948年以培养会计为主的天津立信高级会计职业学校在吉林路众成商业职业学校内成立，学校共招生450多名，多为各界在职人员，主要教授与会计相关的专业知识。1951年学校停办。1947年天津市新成立的私立职业学校详见表8—8。

表8—8　　　　　　　　　1947年天津新成立职业学校一览表

学校名称	学校地址
私立启明商业补习学校	大沽路117号
私立复兴职业补习学校	山西路216号
爱德华打字职业补习学校	嫩江路75号
杰仁打字职业补习学校	罗斯福路18号
社会部天津职业介绍所市政府会计处合办会计补习学校	罗斯福路258号
东方电工职业补习学校	兴安路91号
联华电影职业实习学校	一区迪化道30号
华胜英文商业补习学校	沈阳道西口太平里5号
新民女子刺绣补习学校	河东小关曹家胡同6号
慈铭女子工科职业传习所	平安街54号
明明打字职业补习学校	兴隆街119号
私立无线电夜校	和平路8号
瑞家妇女工艺职业补习学校	河东寿安街76号
捷华华文打字学校	河北中山路319号
行素女子工读传习所	姚家台教堂北街荣法里
培华商职补习学校	浦口道26号
崇实小学附设簿记专修义务学校	南门内大寺西胡同19号
中医补习学校	南马路七区六保国民学校内
育文商职业补习学校	北门东万家胡同3号
国际打字传习所	东门内24号

续表

学校名称	学校地址
精诚电工职业补习学校	东马路 117 号
家禽孵育职业传习所	（今红桥区）邵公庄河沿 10 号
兴华打字学校	林森路仁安里 5 号
天津国医学社	林森路第十民教馆

资料来源：《天津市职业教育一览》，1947 年，天津市档案馆藏，资料号：J0002—3—006555—006。

（三）本阶段职业教育的特点

1. 职业教育发展一波三折

抗战前，中央和地方政府通过政策法令以及设立专门管理机构等方式规范职业教育的发展，使职业教育逐步走上正轨，形成了初—中—高三级衔接的职业教育体系。但抗战爆发后，日寇占领天津并实施统治，在"大东亚共荣圈"思想的指导下，伪政府及日军在天津实施奴化教育，使天津职业教育遭到破坏，原有的职业教育管理机构形同虚设，战前颁布的法令也成为一纸空文，公立职业学校或被迫停办，或被迫转为进行奴化教育的场所。尽管这一时期仍有少量公立职业学校存在，但发展规模和教学质量都远不如前，反而主要为日方军工企业培养工人，成了侵略者的帮凶。

战争对经济的破坏以及侵略者的掠夺，使企业家的个人资产遭受到极大损失，经费不足迫使一些私立职业学校停办，而伪政府在政策上的打压又使私立职业学校根本没有生存的空间。直到抗战结束，职业教育才得到恢复。政府不仅恢复了一批公立职业学校，除了支持战前及抗战时被迫停办的私立职业学校恢复开课以外，还鼓励机关企业开办新的职业学校。经过政府的努力，抗战后天津职业教育得到了恢复，学校的数量和类型较抗战时期有了较大进步，职业教育体系也逐步完善起来。

2. 私立实用性技术职业学校成为战后天津职业学校的主体

战前，天津的经济发展总体上是比较平稳的，再加上政府的有效管理，职业教育按部就班地发展。战前的职业教育多以培养工商业人才为主，而实用性技术培训则主要集中在工厂内，以短期培训班的形式进行。短期培训规模小、数量少，不符合当时职业教育的主流，因而发展缓慢。战后尽管国民政府采取积极措施尽全力恢复被战争破坏的社会经济，但内战的爆发又使民众的生活陷入了困境之中，最明显的表现就是失业人数的大幅度增加。为了解决生计，民众就不得不寻找新的工作。公立职业学校因受国家政策的制约，难以及时地对社会需求做出调整，而私立职业学校由于以满足民众需求，规模小、办学灵活等特点，能迅速转变自身办学定位与方向，因而大批实用技术型学校应运而生。同时，这些学校的创办者多拥有自己的企业，所以他们的教学不仅实用，而且专业化程度很高，能最大限度地满足需求。这些企业家往往通过办学为自己招揽工人，扩大生产，同时也解决了学生就业的问题，真正实现了"双赢"。

第三节　职业教育的行政管理

　　职业教育要取得长足发展，除了遵循教育规律、不断适应社会需求以外，一个强有力的行政管理机构也起到了重要的作用。行政管理机构通过制定法令政策等方式，使不同类型、不同等级的职业教育机构在发展过程中有法可依，同时，行政机构分工明确，上下层级严密，这既能保证管理的直接高效，又能保障政令的上下通达。

一　职业教育行政管理机构

（一）天津市教育局

　　天津市教育局负责全天津市教育事务的管理，是教育管理的专门机构。1905 年，原先设于保定的直隶学务公所迁入天津，统管直隶地区教育事务，其中就包括天津的教育。作为清末掌管天津教育的行政机构，学务公所针对不同类型的教育设立了专门的办事机构进行有针对性的管理。其中实业科负责管理清末时期天津地区的职业教育。该科设科长、副科长各 1 名，科员 3 名，主要负责传达清政府关于实业教育的法令以及处理本地区实业学校的开办和管理等问题。到了民国时期，国民政府又设立教育部统管全国教育事务，并在地方设立教育局负责管理本地区具体的教育。

1928 年，天津市教育局成立，下设学校教育科、社会教育科、总务科以及秘书处和督学处等①，其中，学校教育科负责天津学校教育的管理，其中就包括了职业教育。在初期，教育局主要负责制订本年度职业教育计划、将教育部关于职业教育的法令规章传达到各职业学校、统管职业教育各项事务等，同时负责批复各学校的迁移校舍、办学申请、停办备案等事项。如 1935 年 3 月 15 日，私立中山公学商科准备从河北区大经路公园旁迁至法租界 35 号路 68 号。为此，特意向天津市教育局进行迁校请示。4 月 4 日，教育局批复同意迁校。② 1932 年私立弘德商科职业学校向天津市教育局申请成立备案，经天津教育局向河北省教育厅上报，教育部同意备案，学校正式成立。③ 1937 年私立通惠商科职业学校因经费不足停办时，也向天津市教育局提出申请，并进行备案。到了抗战时期，受日军侵略的影响，天津市教育局成了为日伪政权服务的机构，对天津教育建设的作用微乎其微。抗战胜利后，国民政府重新接管了天津，市教育局继续履行原有的职责，如 1946 年天津市高级护士职业学校就佘韫珠担任校长一事向学校以及卫生局进行汇报请示。④

市教育局根据中央指示大力恢复被战争破坏的职业教育，在战后职业教育恢复中起到了领导作用。1946 年 12 月，教育局奉教育部指令对天津职业教育进行调查，登记现存以及已立项的职业学校名称、设科、班级数、学生数、教职员数、校长姓名和校址等。⑤ 并在调查的基础上向教育部提呈了职业教育推行和改进计划："1. 概述年度教育概况；2. 接收市立商业职业学校并加以整顿；3. 整顿私立职业学校；4. 策劝生产机关办理工业职业学校，增设化工、机械、纺织等学校各一所，设立实习工

① 张绍祖编著：《津门校史百汇》，天津人民出版社 1994 年版，第 201 页。
② 《为迁移校舍备案事致私立中山公学商科职业学校校董会指令》，1935 年，天津市档案馆藏，资料号：J0110—1—000030—014。
③ 《为弘德商科职业学校准予备案事致教育局训令》，1932 年，天津市档案馆藏，资料号：J0110—1—000029—007。
④ 《为佘韫珠任高级护士职业学校校长职务事致市卫生局指令》，1946 年，天津市档案馆藏，资料号：J0116—1—000411—005。
⑤ 《1946 年教育部对全国战后职业教育调查》，1946 年，天津市档案馆藏，资料号：J0110—1—001404。

场，裁并市立农业职业学校，筹设市立高级护士职业学校；5. 加强督导私立职业学校"。[①]

这一时期，教育局还负责职业学校归属权变更、职业学校教学器具的调拨以及新建或改组职业学校等。如1947年初根据教育局文件，天津市"高级助产职业学校改归教育局系统，高级护士学校仍属卫生局系统"[②]。同年，教育局针对妇女职业教育力量不足的现状，支持第九民教馆开设织袜专业培养妇女织袜技艺，并拨给民教馆织袜机数台，"本馆在兹一元复始之际业已确定特别着重于妇女职业教育，适应社会之需要拟增添针织袜之技术之教导并扩大名额，惟需织袜机十架，限于经费无力购置。教育局决定将市立第一职业补习学校存有的旧机器拨给"[③]。1947年，根据教育部指示，天津市教育局决定"筹设市立工业职业学校，先行招收机械化工两科初高级各一班……要求实业机关或职业团体来管理创办职业学校或职业训练，由市政府协助；改组市立第一医院附属高级助产职业学校；提升学生素质，改进学校办学条件，增设实习设备"[④]。在战后职业教育恢复的基础上进行推广建设。

可以说，清末直至新中国成立前，直隶学务公所特别是天津市教育局在职业教育的管理上一直发挥着统领作用，对天津近代职业教育发展的正规化、规范化起到了重要的协助作用。

（二）商会

商会是维护、保护商人利益的团体组织。1904年天津商会成立，并制订了商会的试办章程，其中明确提出"妥筹经费，设立商务学堂。造就人才，以维商务"[⑤]。通过创办学校的方式培养属于中国人自己的商业

---

① 《天津市教育局为奉报本年度职业教育推行及改进计划事致教育部呈》，1946年，天津市档案馆藏，资料号：J0110—3—001703—004。

② 《为职业学校归属市政府呈》，1947年，天津市档案馆藏，资料号：J0116—1—000410—024。

③ 《为第九民教馆加强妇女职业教育请发给织袜机事给该馆指令》，1947年，天津市档案馆藏，资料号：J0110—3—000734—001。

④ 《为送职业教育推行及改进计划准予备案事致天津市教育局代电》，1947年，天津市档案馆藏，资料号：J0110—3—001147—002。

⑤ 天津市档案馆编：《天津商会档案汇编（1903—1911）》，天津人民出版社1989年版，第48页。

人才，以期在与洋商洋行的竞争中处于不败之地。

商会对职业教育的管理体现在三方面：一是创办学校，二是确定学校教育目的，三是管理学校的师资。北洋政府时期政权更迭、战争频繁，尽管有相对稳定的发展时期，但持续时间不长，再加上 1927 年南京国民政府成立，政治中心南移，政府对北方社会发展的关注度减少，这就导致了天津公立职业教育资金投入不足，发展受限。私立职业教育，尤其是商会举办的学校成了近代天津职业教育的重要组成部分。早在 1905 年，天津商会就成立了商务半夜学堂，招收社会上商务人员学习知识，此后，商会又接连办起了初等、中等和高等商业学堂，形成了完整的商业职业教育体系，直到 1928 年天津建市前，商会成立的职业学校成了私立职业学校的主流。

商会办学的主要目的是为培养自己的人才，所以对于培养目标、课程设置、师资聘任等都在遵循国家法规的基础上结合本行业自身特点与需求加以改造，如天津商会在创办商业职业学校时，就规定了学校的教育宗旨是"授商业所必须之智识艺能，使将来实能从事商学"[1]，并且为了广揽人才，办学所需的经费全部由商会赞助，肄业的学生也概不收取学费。在课程设置上也极力体现行业特点，课程中既有中国文学、外国语这样的基础课程，也有统计学、破产学、国际法等职业教育专业基础课，更加入了商业道德、商业学、商业历史、商业地理等商业领域专门课程。[2] 在师资聘任上，商会严把质量关，任用有真才实学的人，如聘用毕业于天津高等工艺学堂的李恩波为商会职业学校校长，聘请国内外高等工艺学堂的优秀毕业生和行业知名人士为教师。名师的加入，使得学生不仅能真正学习到与行业相关的基础知识，还能了解到行业最新发展动态。通过这三方面的管理，商会便能牢牢把握住学校的发展方向，使其能培养出商会所急需的人才。

（三）工厂企业

随着资产阶级的发展壮大，西方大工厂生产在国内也得到了快速发

---

① 天津市档案馆编：《天津商会档案汇编（1903—1911）》，天津人民出版社 1989 年版，第 234 页。

② 同上书，第 236 页。

展。但工厂大机器生产对劳动力文化素质要求很高，这与当时国内劳动力文化水平低下产生了冲突；同时国内工厂想要在与国外同类工厂的竞争中处于优势，就必须重视生产工艺的创新和新产品的研发，但技术封锁使得从国外引进技术变得困难重重，这就要求国内工厂主必须自力更生，运用现有的技术人才来进行科研开发。基于以上原因，许多工厂企业创办了工读补习班和进修班，成了职业教育的一支新生力量。厂办职业培训由工厂负责管理，并提供场地、教材、文具等。由于工读补习班是在工厂内创办，且占用的是工人业余时间，所以不存在经费筹集问题，一切开支都纳入工厂日常运行费用中，如永利制碱厂开设的工读班不收取工人任何费用，所有的学费书籍文具等都由工厂供给；[①] 对于进修班，工厂在管理方面与工读班大致相同，唯一不同的是在师资聘任管理方面更注重企业特色，如天津中天电机厂开办的以进修电工业务和电器制造业务为目的的进修班就是聘请了本厂工程师周仁斋和北洋大学机电专家罗作伦来授课；[②] 天兴制铁所开办的技术培训班也聘请了日本工程师渡边荣一等人指导教学。[③] 这些教师所教授的内容与工厂生产密切相关，具有很强的针对性。

二　经费管理

（一）经费筹措

因办学主体的不同，各类职业学校经费筹措渠道存在差异。公立职业学校经费主要来源于政府的拨款，少部分来自于学生缴纳的学费。天津早期的洋务学堂都是公立官办的，其经费由清政府负担。洋务运动失败后至民国建立之前，实业学堂的经费主要由学堂归属部门负担，如天津初等工艺学堂于归工艺总局管理，其经费也由工艺总局承担，每年拨

---

① 中国人民政治协商会议天津市委员会文史资料委员会编：《天津文史资料选辑·二》，天津人民出版社 1988 年版，第 202 页。

② 中国人民政治协商会议天津市委员会文史资料委员会编：《天津文史资料选辑·十五中天电机厂简述》，天津人民出版社 1988 年版，第 160 页。

③ 中国人民政治协商会议天津市委员会文史资料委员会编：《天津文史资料选辑·十一天兴制铁所——天津第一家轧钢厂》，天津人民出版社 1988 年版，第 197 页。

款 2000 元，不足部分则用学生缴纳的学费来补足；① 长芦女医学堂归海关管辖，海关每月拨款 700 元供其使用。② 民国成立后，最初职业教育没有专门的经费，公立职业学校办学经费主要来自于天津本地的税收，在 1928 年前，政府每月从地方卷烟特税中抽取 6 万元来保障公立职业学校的正常运行。1928 年天津建市后，市教育局成立，职业学校有了专门的管理机构，公立职业学校的经费主要来自于政府的拨款。为了保障经费能够切实用在学校建设上，政府还组建了天津市教育经费保管委员会，明确"本委员会负责保障教育专款，并保持独立；此款为本市教育经费专用，无论何种急需，不得挪用"③。这使得公立职业学校的经费有了保障，不至于发生贪污挪用的状况。

私立职业学校办学经费由商会、大商人、工商企业自行解决。同时由于私立职业学校办学主体和出资方众多，所以其经费来源比较复杂。根据私立职业学校等级的不同，其经费来源也有所差别。

1. 初等职业学校

这类学校由于规模相对较小，一些实力雄厚的商人可以独资建立，如 1913 年成立的天津补遗女子职业学校就是由张铁个人出资建立；还有一类来源是商会拨款，如 1918 年天津善堂联合会会长李星北成立津韦驮庙乙种商业学校，学校经费就来自于善堂联合会的拨给；第三类是工厂资助，这主要是各工厂内创办的工读补习班，如天津东亚工厂开办的东亚夜校丙班和丁班。

2. 中等职业学校

这类学校由于规模扩大，仅凭借商人出资和商会捐助已经满足不了需求，往往多名有实力的大商人联合办学，尤其是商业职业学校。由于天津近代商业较为发达，出现了一大批实力雄厚的巨贾，为了培养所需的人才，多名商人联合起来共同出资办学，并实行校董会制度，学校的大股东成为校董会成员，建校所需的各项资金来源于校董们的捐助，如 1938 年成立的天津私立三八女子职业学校，学校校董会由 11 人组成，皆

---

① 张绍祖编著：《津门校史百汇》，天津人民出版社 1994 年版，第 124 页。
② 同上书，第 53 页。
③ 郑成伟：《近代天津商业教育研究》，硕士学位论文，天津师范大学，2012 年。

为国内知名人士，校董每年向学校拨款共 2800 元，但仅凭校董捐资还远远不够，为此，私立学校设立基金，利用基金及其产生的利息作为学校的经费来源，如私立通惠商科职业学校设有 2 万元的基金，每年产生利息 2000 元，学校取一部分做日常使用。① 此外，还收取学生学杂费弥补亏空，如私立育才高级商科职业学校每年每生学杂费为 80 元，每年共收取学费 87920 元。② 还有就是学校附设工厂、医院等，以取得的收入作为经费来源，如私立达生助产学校就设有实习医院，每年收入 6200 元，全部作为学校经费使用。③

3. 高等职业学校

除了商会出资、校董捐资、收取学杂费、使用学校基金及利息外，外国教会的资助成了新的资金来源，如天津工商大学是由法国耶稣会建立，其资金来源中就有耶稣会的捐助。

（二）经费支出

职业学校的经费支出一般用于学校设施建设、教师工资的发放、学生补助、贫困学生学费减免和学生日常生活支出等方面。其中，学校设施建设支出多集中在日常维护或新增教学设施和校舍以及支付校舍租金等，如私立三八女子职业学校每年都会支付 960 元租金用以租赁校舍。经费支出中最大的一项就是教职员薪酬，如天津补遗女子职业学校每月支付教师薪金每人 40 元；私立仁爱高级护士职业学校每月薪水合面粉 2—3 袋，20—30 元，该校共有教员 7 人，每月支出 140—210 元。④ 至于学生补助，则主要集中在公立职业学校，如天津电报学堂学生每月根据班级的高低领取 3—10 元不等的津贴。对于贫困生，在出具相关证明后，学校免除其费用，在校学习期间产生的一切费用均由学校承担，如天津中等商业学堂就规定，清贫学生持市署清贫学生免费审查委员会免费证明书，并经该校审查合格的予以免费，所产生费用均由学校支出。此外，一些学校学生服装、住宿、饮食等也均由学校负担；一些商会创办的商业职

---

① 郑成伟：《近代天津商业教育研究》，硕士学位论文，天津师范大学，2012 年，第 67 页。

② 张绍祖编著：《津门校史百汇》，天津人民出版社 1994 年版，第 52 页。

③ 同上书，第 75 页。

④ 同上书，第 100 页。

业学校更是免除了学生的学费，改由学校担负。

综上所述，天津近代职业教育在行政管理方面有着严密的组织结构，天津市教育局统管全市公私立职业学校和其他类型职业教育的全部事务；商会、工厂等仅次于教育局，对私立职业学校等私立职业教育机构通过规范教育宗旨、制定详细经费使用规程和师资聘任制度来规范其发展；校董会作为最基层的行政机构，负责管理私立职业学校内部具体事务，兼有传达上级政策与反馈学校需求的功能。机构严密、分工明确正是天津近代职业教育行政管理机构的特点。

第四节　职业教育的学校管理

学校的正常运行离不开高效有序的管理，从前期筹资建设到后期组织运行，天津近代职业学校形成了一套独具特色的管理体系。无论是日常校务管理还是教学管理、师生管理，都有着职业教育自身所固有的特点。

一　管理机构

根据学校性质不同，其管理机构也不相同。其中公立职业学校内部设立相应行政岗位，负责管理学校内部具体事务，而私立职业学校最高管理机构是校董会。

校董会是私立职业学校的管理核心，主要负责本校内的事务。校董会实行校长负责制，由校长负责处理学校日常教学科研等活动，完善学校管理，全权代表学校。校长拥有决策权、指挥权、人事权和财务权，受校董会领导。除此之外，校长及相关学校部门还拥有将学校的情况进行备案并呈送至教育局和教育厅进行备案的责任。这一机构处于职业教育行政管理体系内最下层，既负责传达上层机构颁发或转发的政策文件，又负责把本校日常运行的各类要求送达上级机关进行批复以保障正常运转。以私立众成商科职业学校为例，该校校董会对本校校务经济负担完全责任，同时负责筹募资金费用的决算和预算，拥有学校章程的制定和变更决策权。在校董会下下设校长一名，负责常规管理；校长下又设教导处和事务处两个部门分别管理学校的具体事务，其中教导处着重于学校教学与学生管理，主要包括教务组、训导组、卫生组和体育组等；事务处则偏重学校行政管理，下辖文书组、庶务组、出纳组和会计科四部门。① 与这一管理结构相类似的还有天津立信会计职业学校，同样在校董会领导下下设校长一人，校长下再设教务处与总务处两大部门管理日常工作。②

　　校董会多由学校的创办者及支持者组成，董事长往往由出资最多的人或社会知名人士担任。如在天津中等商业学堂筹建中，长芦盐纲公所纲总王贤宾捐资最多，因而在校董会中王贤宾就担任了董事长一职；而天津私立天和医院附设的高级护士学校校董会则聘请了曾任交通部次长的知名人士徐世章担任，希望借助徐的影响力为学校谋求更好的发展。董事们则由剩余的捐资者与该领域内专业人士和社会知名人士担任，如私立益世高级护士职业学校的董事主要有利生体育用品厂经理齐守愚、妇婴医院院长蒲仁德、开滦矿务局医师王韶亭、原中西女学教务主任范爱德等，他们或出资助学，或利用自身专业知识为学校服务。③

二　校务管理

　　校务管理作为学校日常运行中最基本的部分，涉及教师管理和学生管理两部分。由于职业教育是以传授某种职业技能或生产劳动所需要的知识和技能的教育，所以其日常管理带有明显的职业化特征，与工矿企业和商业主体之间的联系十分紧密。

（一）教师管理

　　除去一些义务的教员，大部分职业学校的教师都是招聘而来的，其来源也随着职业教育的发展而不断变化。在实业学堂时期，教师多聘请外国相关领域专业人才担任，如天津电报学堂早期聘请的教员即为丹麦大北电信公司的技师；北洋武备学堂聘请德国军官李宝、崔发禄、哲宁等职业军人担任学校教习。随着时间的推移，毕业生数量和归国留学生不断增加，国外教员的数量逐渐减少，仅在医学校和工厂工读班内少量

---

① 张绍祖编著：《津门校史百汇》，天津人民出版社 1994 年版，第 92—93 页。
② 同上书，第 110 页。
③ 同上书，第 89 页。

聘请，如 1943 年设立的私立仁爱高级护士职业学校就聘请了波兰医师海伦琴纳尔、安娜格洛乞夫司加和薛司加担任学校实习指导教师，1936 年天兴制铁所聘请日本人大下越智勇等人指导工人操作。除了国外教员，学校还聘请国内相关领域的知名人士赴校任教，如天津中等商业学堂就聘请了当时天津著名律师周康民教授民法和商法，还聘请天津商业界有"铁算盘"庄二爷之称的庄子良教授珠算。此外还聘请大批毕业生担任教师，这些毕业生主要分为三类：第一类是留学毕业生，如天津中等商业学堂商品学教员谢宝清就是日本早稻田大学毕业生，经济学教员刘次青毕业于日本庆应大学；第二类是国内知名高校毕业生，如私立三八女子职业学校新闻学教员唐际清毕业于南开大学，手工课教员王竞明毕业于河北女子师范学校，私立建德工科职业学校英文教师张今烈毕业于上海大夏大学，理化教员黄佩之毕业于河北省工业学院；第三类就是本校毕业生，在早期由于师资力量不足，学校通常会选拔一批优秀毕业生留校任教以充实师资，如北洋医学堂教师林联辉就是该校 1885 年的第一届毕业生。此外，一些医院的医师、护士长等也会兼任医学校教师，如私立济华高级护士职业学校的产科教员佘韫珠同时也是市立第一医院的护士主任，市立产院的医师黑静华、赵文荣兼职市立高级助产学校的产科教师。

　　教师聘任须签订合同，双方明确义务，时间多为一年，一年之后根据教学情况再决定是否续约。在工资待遇方面，义务教师不收取任何费用，聘请的专任教师根据来源不同，薪金也有所不同，一般外籍教师每月薪金 30 元，国内教师每月薪金 20 元。学校对教师实行考核制度，"每匠一名带艺徒若干名，每年考试一次……如教授艺徒著有成绩，更当格外加赏，以酬其劳。艺徒如有不用心，或久无进步者，由司事禀知坐办，对该匠徒分别惩儆……学生考核列下等者，该匠亦记过，以示劝惩，而昭公允"[①]。没教学任务或未达到教学目标的给予师生相应惩罚，这样不仅能最大限度激发学生学习动力，还能端正教师工作态度。

　　（二）学生管理

　　职业学校的学生成分复杂多样，既有普通学校毕业生，也有社会上

---

　　①　张绍祖编著：《津门校史百汇》，天津人民出版社 1994 年版，第 44 页。

已经参加工作的人，还有一些家庭贫困无力支付学费上学的贫民子女。在最初的阶段，由于缺乏经验以及知识体系的差异性，学校招收学生的要求比较高，如北洋水师学堂就招收"年在十六七岁以内，资质聪颖，能作论文或小讲半篇，情愿投考者"，对学生的年龄、文化素质都做出了较严格的要求。随着教育的发展，民众文化素养较前期有了一定提高，再加上职业教育形成了初—中—高三级体系，基本上与普通教育等级相似，因而职业学校招生标准随之降低以吸引更多的学生前来求学，根据自身所处的层次来招收相应等级普通学校毕业的学生，如私立通惠商科职业学校作为中等职业学校，主要招收高小毕业的学生，私立天和医院附设的高级护士学校，基于自身的层级（高级）和教授专业特点（护理专业），因而主要招收高级中学毕业的学生。另外还有一些学校或招收贫困子弟，或只招收已参加工作的人，如民立第二和第三艺徒学堂主要招收贫困家庭的子女，教授纺织等技能，商务半夜学堂主要招收社会上的商务人员学习知识，巡警学堂招收天津地区的巡警，实习工厂和大工厂开办的工读班主要招收本厂工人、技术人员等。

同普通学校一样，职业学校也有严格的规章制度以规范学生的日常行为，涉及学生生活的各个方面，如北洋武备学堂就通过《武备学堂学规》来对学生进行管理，如规定学生春秋两季 7 点起床，夏季 6 点起床，冬季 8 点起床；一日三餐"俱应齐赴饭厅，诸生听号齐集，按派定座位，各认各座，勿得喧嚷无礼；上课时均当端坐静听，不得踞坐呼问；学生一日不到，即少一日之课程，倘有托病及借故不到者，记过一次；亲友访问时准报明号房通知，候学生功课完时招出厅事叙话，不准引亲友至卧室；学生各卧室晚十点钟，均须灭火，听所派差弁周历稽查"[1]；学生请假要向总办提出申请，通过后还要告知教习；借阅书籍要说明借阅几日缴还等。此后其他学校也根据自身特点制定相应管理章程，但大体上都相似。

三 教学管理

职业学校的教学管理主要包括课程设置、学生的考核评价以及毕业

---

[1] 天津市地方志编修委员会编：《天津通志·军事志》，天津社会科学院出版社 2001 年版，第 395—399 页。

实习三个方面。

（一）课程设置

早期职业学校的课程设置以专业课为主，基本不开设文化基础课。如天津电报学堂最早只开设"电学与发报技术"，只招收有文化基础的学生，这种课程设置使得学生能在短时间内快速地掌握技术投入到工作中去，为基础设施建设打下基础。随着西方职业教育体系的引入，职业学校课程设置专业化程度越来越高，仅商业常识一门课程就从原来单纯的以教授商业簿记和记账为主变成涵盖商业道德、售货法、管理法、银行、保险、汇兑、关税和商法。而且，随着职业教育的不断发展，招生的数量越来越多，范围越来越大，一些社会中下层人家的子女也进入职业学校学习，但由于这些人文化基础比较薄弱，再加上 1922 年"壬戌学制"将职业教育与普通教育融为一体，这就使得职业教育也担负着一部分普通教育的职能；再加上国民政府成立后实行党化教育，对学生的思想进行监视、控制，职业学校的课程设置发生了明显的变化。一方面，文化基础课比重逐渐加大，如天津市立商科职业学校在原有的工商业课程的基础上增加了"国文、外文、数学、中国历史地理、数学、初中物理、美术、音乐、体育、高等代数"等普通学校开设的课程；[①] 另一方面学校重视思想品德课的开设，如私立旅津广东学校商科、私立通惠商科职业学校、私立三八学女子职业学校、河北省立水产专科学校、市立商科职业学校等课程都开设了党义、公民、修身等强调培养学生思想品德，一方面是帮助学生树立世界观、人生观和价值观，另一方面也有通过这些课程达到控制学生思想的目的。

（二）考核评价

职业学校的考核评价既有传统教育中的教育评价方式，又有结合职业教育自身特点而创造的考核方法。其中，文化基础课程如国文、外语等参照普通教育评价方式实行笔答或口述的方法，而专业课则实行实验和实习两种考察办法。两类课程的考核均由相应教员实施。以北洋医学堂为例，该学校考察主要分学期试验、学年试验和毕业试验三种，三种

---

① 《天津市立商科职业学校民国三十七年第一学期各级课程教学进度表》，1948 年，天津市档案馆藏，资料号：J0110—3—003407—001。

试验均由校长督同教员行之，其中学年试验和毕业试验由海军部派人负责监试。主要考查学生各项课程掌握程度，以笔答、口述、实验、实习四种方式获得各科成绩，同时教员为学生日常成绩进行打分。学生的考核成绩计算由每学年各科成绩相加再除以学科数得出："学期每学科试验成绩，参合平时成绩评定分数，为每学科之学期成绩；本学期各学科评定之总分数，以学科数除之得平均数，为总学科之学期成绩；学年每学科试验成绩，参合平时成绩评定分数后，再以学期成绩分数相加以二除之，为每学年之学年成绩。本学年各学科之总分数，以学科数除得之平均分数，为学年总分数。毕业试验成绩，参合平时成绩评定分数，为本学年每学科成绩分数，再以各学年每学科分数相加以学年数除之，为各学科毕业成绩分数。各学科毕业之总分数，以学科数除得之平均分，为毕业总分数。"① 计算出成绩以后根据成绩划分等级，其中 80 分以上者为甲等，70 分以上者为乙等，60 分以上者为丙等，不满 60 分的为丁等。根据所处等级和操行成绩来决定学生是否升级或毕业，那些凡是学科分数相差不到十分之一而未能及格，但操行成绩在乙等以上的，仍可升级或毕业；但学科分数仅达到及格线且操行在丁等以下的，取消升级或毕业资格。

（三）毕业实习

根据实习地点的不同，职业学校毕业实习主要分两类：第一类是校内实习，如天津实习工场，该工场是天津最早的初级技工学校。学校内设有机织工场、染色工场等，学生在学习完相关职业知识后可以直接在校内的工场进行实地操作练习，毕业班的学生也不用出校，直接在校内就能完成相关职业的实习。

第二类是校外实习，又分为本地实习和外地实习。大部分学校毕业生都选择在天津本地实习，他们或到天津市内各大与本职业相关的单位实习，或到学校附属单位进行实习。如私立通惠商科职业学校的毕业生就选择到天津各大银行、公司进行实习，而选择学校附属单位实习的多是护士学校、医师学校等专业性比较强的学校。另外一些医学校还附设

① 天津市地方志编修委员会编：《天津通志·军事志》，天津社会科学院出版社 2001 年版，第 386 页。

医院供学生实习，如私立志生助产学校就在一区河北路 105 号建立附属医院供学生实习，私立达生助产学校也设有达生医院作为学生的实习地。天津以外地区实习主要有河北省立水产专科学校、棉业学校等，以河北省立水产专科学校为例，该校每年都会派遣毕业生赴河北、山东等地出海实习，如 1921 年 6 月 21 日水产学校教员郑紫宸带领六班学生赶赴河北昌黎县团林地区开展海上实习①，1935 年 2 月初，学校又带领当年毕业生赴烟台海域实习。② 除了到外地进行实际操作实习外，参观也是实习的另一种方式，如 1916 年 1 月 21 日，直隶甲种工业学校的校长就带领本科毕业生赴日本工场参观见习，为期一年。③

　　作为教学计划中的关键环节，各职业学校非常重视教学实习，政府和社会各界也给予大力支持，如直隶高等工业专门学校毕业生赴唐山和大沽造船所实习的费用均由学校承担；直隶甲种工业学校学生赴日见习的费用则是由政府财政厅拨款，再由天津市教育局负责下发；水产学校在赴外地实习前，天津海关、山东海关和天津航政局都给予便利，不仅免除了实习船舶的各项税费，还为其颁发冰鲜船执照。此外，实习单位的领导和实习指导老师也为毕业生的实习提供各项便利，帮助实习生顺利完成实习任务。

第五节　职业教育发展的影响因素及历史作用

　　在梳理天津近代职业教育发展历程的基础上，认识天津近代职业教育发展的规律，就必须对影响近代职业教育发展的因素进行分析，厘清其所发挥的历史作用。

一　近代职业教育发展影响因素分析

（一）经济是职业教育发展的物质基础

　　无论何种教育，其发展都离不开经济基础。首先，城市经济的发展，

---

① 《水产学校做临海实习》，《益世报》1921 年 6 月 21 日。
② 《水产学校将赴烟捕鱼》，《益世报》1935 年 2 月 11 日。
③ 《工业学生拨款留学》，《益世报》1916 年 1 月 21 日。

促进了人们生活水平的提升，进而对教育的需求也就更加强烈；其次，经济的发展也要求产业结构的调整升级，对人才的需求也催生和推动了职业教育的产生与发展；再次，经济发展带来资金和物质的极大丰富，而这也是教育能够发展最基本的保障。近代天津作为通商口岸之一吸引了国内外大量资本在此投资，工商业的发达促成了经济的繁荣，同时也产生了对高素质劳动力的需求。这都为天津近代职业教育的发展奠定了基础。

第二次鸦片战争后，天津被辟为通商口岸。传统经济与资本主义经济在此发生碰撞与交融，旧有的小农经济结构被打破，以资本主义为主的新经济体系开始形成，天津经济发展进入了一个新的阶段，最显著的特征就是进出口贸易额的增加和新商业形式的出现，这为城市未来的发展形成一个良好的开端。良好的自然条件、宽松的投资环境和开埠以来形成的良好基础以及京畿区位优势，使洋务派选择在此处投资建厂，兴办洋务企业。同时经济的发展也带来了城市其他方面的发展，一些新的基础设施如电报、电话等开始在天津出现，而国内相关人才的缺乏也使得以培养电信人才为主的实业学堂开始在天津出现、壮大。以洋务产业为基础，天津近代工商业体系开始逐步建立。一大批商人、资本家纷纷在津投资创业，这些产业的出现与发展一方面给民众带来了大量的就业机会，另一方面也使得这些商人实力大增。实力的增长使得商人创办职业学校培养自己所需的人才成为了可能；而就业机会的增加使得工商业对高素质人才的需求大大增加，为了满足这一需求，以培养职业人才为目的的职业学校在天津纷纷出现。可以说经济越发达，对人才需求就越旺盛，职业学校发展也就越快。经济是职业教育发展的基础，它不仅为职业学校提供资金支持，更为其提供了生存发展的空间。

（二）政策推动职业教育的发展

职业教育的发展仅有物质基础是不够的。职业教育的定位是什么，怎样在短时间内快速推广职业教育、扩大职业教育的范围，建设什么样的职业学校，施行哪些方面哪些类型的职业教育，教师招聘标准与毕业生就业等，都是发展职业教育所必须要考虑的问题。这就需要制定政策，通过制定和执行政策，使得职业教育和职业学校发展变得有法可依，进而保障其良性发展。同时在职业教育低迷阶段通过相关扶持和推广政策的颁布可以使职业教育得到迅速恢复。

如 1904 年颁布的《奏定实业学堂通则》和《奏定中等农工商实业学堂章程》，对职业教育的目标和职业学校的分类做出明确规定，明确了职业教育的目的和发展方向，而对职业学校的规范使得办学主体在申请办学时可以明确自己的等级和所属专业，对不符合规定的职业学校按照章程进行专业调整，这使得原先在天津开办的职业学校摆脱了培养目标不明确、专业设置混乱的状态，步入正规发展的时期。1913 年颁布的《实业学校令》是民国初年最早规范职业教育的文件，在这一文件的规范下，天津已有的职业学校重新调整了管理机构，管理岗位和教学岗位分工明确，学制年限也得到了统一，同时根据学校办学水平新划分了甲乙两等实业学校，明确了职业教育发展的重点。按照这一政策，重新划分了天津职业教育的格局，与前期相比，学校的管理更加规范正规，教学也更符合教育规律。"壬戌学制"的颁布促进了天津职业学校体系的形成，职业教育不再仅限于中等教育层次，而是涵盖初—中—高三级学校体系，为职业教育体系内的学生搭建了上升的平台，与普通教育的融合则使得职业教育普及化，提升了普通学校学生的就业能力，培养了他们的职业意识，同时也将职业教育从原先以为生产领域输送人才为核心转变为以着眼于个人未来发展为核心，实现了以人为本的理念，这是职业教育理念方面的一次进步。

除了国家层面政策推动天津职业教育发展以外，天津市教育局也充分发挥管理作用，积极促进本地区职业教育的发展，尤其在抗战胜利后，面对职业教育破败的颓势，教育局先后出台了《战后职业教育调查》《本市职业教育一般报告表》《为填报实业机关及职业团体调查表给本市商会训令》等文件，在调查、统计现存职业学校的基础上着手恢复被战争破坏的职业教育体系，同时督促机关企业办理职业学校以解决战后职业学校不足的困境。通过出台实施一系列政策，使天津职业教育迅速从战时的衰败中恢复过来，在短时间内复课，建立了大批私立职业技术学校，使得战后天津职业教育更适应群众需求，办学的灵活性较战前有了显著提高。可以说，每次职业教育的发展都与政策的推动密切相关，或提升职业教育规范化、制度化、系统化，或促进职业教育理念的转变，使得职业教育能不断适应社会需求形成良性发展。

（三）重教兴学的传统，为职业教育的发展创造了良好的社会氛围

自明代设卫以来，天津就有重视教育的传统。明代天津设有卫学，以讲授四书五经为主要内容，此后天津当地名流和官员不断出资助学。直到清王朝覆灭，民国建立后，一批大资本家和商人、军阀、政客仍纷纷捐资助学，这体现了社会各界对教育的重视。此外，一些社会知名人士和教育家或提出自己的职业教育主张，或亲自投身于教学实践中，丰富了天津职业教育的形式与内容，如严复就提出将"西学"划分为"专门之用"和"公家之用"，其中"专门之用"就涉及职业教育所学的内容，这种专业性质的学科需要随个人所从事的职业去选学；① 卢木斋针对职业教育，主张不仅要设立专门的职业学堂，还要在小学中设置如初等手工、简易商业等职业课程，使学生在毕业时就有一定的就业基础。正是由于这些名人大家的不断努力再加上自古就有的兴学传统，在社会上才会形成一种重视教育的思想，造就了人人向学、人人重学的氛围。在这种氛围下，民众自然选择进入职业学校接受正规的职业教育。

（四）民众心态和社会需求促进职业教育的发展

自明朝天津设卫以后，大批外来农民、商人、军人移居至此，形成了一个以移民为主的城市。为了追求政绩的稳定，地方长官采取了敏行慎言的原则，对平民百姓严加管教，造成了天津地区地方文化的保守性。此外，天津位于九河下梢地带，河水的涨落决定着天津人的生活节奏，如何满足每天的生活需要成了当时天津人每天不得不考虑的事情。再加上因运河码头文化和社会动荡而形成的天津人务实的生活态度，一种"小富即安"的市民心态成了天津市民心理的主流，即不求自身有多大作为，安于现状，工作安稳，追求生活富足。② 这种务实心态造成近代天津的市民对实用性较强的教育有着很大的需求，同时近代天津商业城市的属性又加大了这一需求，而职业教育恰恰满足了这一点，因而成了他们首选的教育类型。所以说天津近代职业教育的发展也与社会需求密切相关，正是由于对掌握一技之长的需求强烈，才使得职业教育这一传授生

---

① 潘强主编：《天津近现代著名教育家传略》，天津教育史研究会 1995 年版，第 11—13 页。

② 来新夏主编：《天津历史与文化》，天津人民出版社 2008 年版，第 80 页。

产知识和职业技能的教育在天津获得广泛的认同和广阔的市场，从而得到快速发展。

二　近代职业教育的历史作用

作为近代天津最具特色的教育类型之一，职业教育在天津近代教育发展历史上占据了重要的地位，对城市经济的发展和教育近代化建设都发挥了重要作用。

（一）培养大批技术人才，促进了天津近代工商业发展

天津近代工商业发达，人才缺口较大，在客观上要求职业教育快速发展，反过来职业教育的发展也为天津各行各业培养了大批人才，这些人才又推动了天津近代工商业的发展，在一定程度上成为经济发展的助推器。

为了能够与近代工商业的发展相适应，天津职业教育始终坚持以迎合本地区工商业生产与社会发展的需要为目的，在专业设置上和教学内容上也切合本地区经济发展的实际情况，如洋务运动时期天津军事工业和通信业比较发达，便出现了天津电报学堂、北洋水师学堂、北洋医学堂、山海关铁路学堂等实业学堂，用以培养洋务企业所急需的各类人才；民国时期天津商业比较发达，大批商科职业学校纷纷建立，如天津中等商业学堂、私立通惠商科职业学校等，可见，职业教育能够较好地适应不同时期经济发展的需求。同时，这些学校往往配备一流的教师队伍，教学上不仅讲授最新的前沿知识，还格外注重学生的动手操作能力，许多学校与社会单位合作或自设相关单位用以供学生实习。这使得接受过职业教育的学生不仅有扎实的专业知识，在动手能力方面也与熟练工人不相上下。这些优秀毕业生走向社会后，在天津各大企业都担任要职，为天津经济的发展贡献出自己的力量，如山海关铁路学堂的学生以后都成了民国铁路建设领域的专家和权威，对天津地区铁路建设起到了举足轻重的作用。

近代职业教育对天津经济的"反哺"是显而易见的，大批职业学校毕业生进入生产领域，用自己所学的先进知识促进天津近代工商业的繁荣发展。1902—1905 年，天津工厂投资总额仅为 97 万元，到了 1906—1909 年，则猛增至 280.7 万元，工厂数量也从原来的 17 家增加至 22 家，

生产范围从原先纺织、日化和烟草扩展到面粉、火柴、烟草、纺织、榨油、烛皂等重要的轻工业与机械制造等重工业。到了民国初期，天津工厂数更是增加到了 1286 家，资本总额达到 3300 余万元。① 正是由于大批掌握生产知识和技能的职业学校毕业生投身到经济建设中去，才使得工厂生产水平不断提高，产品竞争力不断加强，增强了天津的工业实力。而一批掌握先进商业知识的职校毕业生参与到天津各商业机构的运作中，改良了天津旧有的商业形式，使天津商业开始向着近代化方向迈进。

（二）推动了天津教育的近代化

在职业教育出现之前，天津就已经存在着一些以教授传统文化知识为主的书院学堂。天津开埠后，随着近代科学知识的引入，出现了传播科学知识的潮流，但也仅限在上层知识分子群体中，随着洋务运动在天津的蓬勃开展，带有近代色彩的教育制度、教育体系开始在天津出现，尤其是实业学堂的出现，更是推动了天津教育从传统向近代的转变。

1905 年清末新政以后，伴随着传统教育制度的消亡和新学制的建立，近代教育开始在天津范围内广泛兴起。由于近代天津良好的经济基础再加上发达的工商业，作为以教给学生从事某项职业所需知识技能为目的的职业教育在天津有着较为自由的发展空间。天津近代职业教育主动适应并服务于社会生产和生活，尤其是对下层民众生活生计问题的关注和解决，因而在发展过程中得到了社会各界的重视和支持。20 世纪 20 年代，以"新学制"为契机，职业教育正式取得了法定意义上的位置，在教育观念和内容上，突破了传统教育。它与普通教育、师范教育一起，共同构成了天津近代教育体系。可以说天津职业教育的出现和发展不仅为教育近代化建设提供了范例，也丰富完善了天津的近代教育体系与形式，推动了天津教育近代化的发展。

---

① 罗澍伟主编：《近代天津城市史》，中国社会科学出版社 1993 年版，第 365—393 页。

第九章

天津近代社会教育

社会教育是教育事业的重要组成部分，它对社会的发展产生重要影响。天津近代社会教育萌芽于清末，在民国时期经历了确立、发展、繁荣和维持四个阶段。本章对天津近代社会教育产生的原因、社会教育机构、办学概况和特点几方面进行研究，以期为当代天津社会教育的发展提供经验和借鉴。

第一节　社会教育产生的原因

清朝末年，中国社会经历了"三千年未有之变局"，天津因其特殊的地理位置成为中西文化交流、碰撞、融合的前沿，在诸多内外因素的交互作用下，天津的社会教育应运而生。

一　外部原因

鸦片战争的失败把国人从"天朝上国"的美梦中唤醒，西方文化伴随着列强军事和经济的侵略传入中国。甲午战败后，帝国主义掀起瓜分中国狂潮。民族危亡迫使清廷上下接受"西学"，在"兴西学"的潮流中，清政府虽然恐惧"开民智"会威胁到自身统治，但仍颁布学制章程，发展新教育。

（一）政治因素

天津"当海河之冲，为畿辅之门户"的地理位置让西方列强垂涎已久。第二次鸦片战争后，天津被迫开埠，成为列强盘踞中国的基地之一。西方列强在天津划定租界，控制海关，设立教堂、学校、医院、银行等，从政治、经济、军事、文化教育等方面大举渗透，使天津逐渐偏离传统中国城市的发展模式。近代天津的社会教育便是在这种背景下产生的。

（二）经济因素

从19世纪60年代开始，洋务派以"自强""求富"为目的，在天津兴办了一批军工厂和民用工业企业。在洋务运动的带动下，天津的民族资本主义产生，并在甲午战后获得了初步的发展，为社会教育的产生奠定了经济基础。

两次鸦片战争的冲击使天津旧有的封建生产力和生产关系开始发生质变。此外，清政府逐步放宽的政策为民族资本主义的发展提供了宽松的外部环境。在此背景下，袁世凯"大兴工艺"，天津出现了创办民族工业企业的高潮，以轻工业为主的近代天津民族工业获得了初步发展，这一方面为社会教育的发展提供了经济基础，另一方面，现代工业的发展对劳动者的素质提出了新的要求，在客观上为社会教育的产生提供了契机。

（三）思想文化因素

西方文化的冲击使中国传统的社会教化体系逐渐崩溃，以"得民心"为主旨的传统社会教化体系无法适应救亡图存的时代主题。在这样的背景下，先进知识分子意识到，国家贫弱的根源在于人民的愚昧无知。只有"开民智"，让人民大众接受基本教育，提高国民文化素质，中国才能走出被动挨打的局面。他们通过写文章、翻译书籍等方式进行理论宣传，为近代中国社会教育的开展做好了理论准备。同时，他们还积极投身到实践活动中去。天津教育家严修将社会教育和学校教育放在同等重要的地位，认为只有人人都受教育，中国"私""弱""虚"的病根才能除掉。他的主张得到了一些人的支持，在当时的天津形成了一股热心社会教育的力量，使天津社会教育的发展获得了广泛的舆论基础。近代天津社会教育的产生还离不开天津人民广泛接受新事物的包容心理。特殊的地理位置和"码头文化"传统使天津人民对新事物持宽容的态度，愿意接受新事物的心理特征为社会教育的产生和发展提供了广泛的民众基础。

二　内部原因

"外因通过内因而起作用。"天津近代社会教育产生与教育发展的内部原因直接相关。

（一）法规章程的引领

1904 年清政府颁行《奏定学堂章程》，规定中小附设具有社会教育性质的实业补习普通学堂和艺徒学堂，这表明社会教育依法纳入国家的学校体系中。1906 年学部颁行《奏定劝学所章程》，提出建立宣讲所、陈列所和半日学堂。同年，学部公布《教育会章程》，要求各省、府、州、县成立作为各级教育行政襄助机关的教育会，它具有辅助教育行政、推进教育普及的作用。在实际运作中，教育会不仅要进行宣教活动，更要"筹设图书馆、教育品陈列馆及教育品制造所"，"搜集教育标本，刊行有关教育之书报"[①]。1907 年 1 月天津成立了兼有协商和监督二重性质的"天津教育会"。1908 年清政府制定《奏拟宪法大纲及议院选举各法》，提出推行简易识字运动，随后又颁行了《简易识字学塾章程》。这一系列的法规章程的制定，在政策层面上，为天津近代社会教育的产生扫清了障碍，起到了引领的作用。

（二）学校教育的不足

西方列强的入侵使中国沦为半殖民地半封建社会，传统封建学校培养出的人已经难以适应经济和社会发展的要求。在这种情况下，一方面清政府在"新政"教育改革中效仿日本先后建立了"壬寅学制"和"癸卯学制"，创办新式学校，培养适应社会发展需求的人才。但是此时的学制过分照搬外国经验，没有考虑到本国经济和社会发展的状况，因此新式学校的办学并没有收到预期的效果。另一方面，推行新政、发展资本主义工商业，需要有素质的新国民，但千百年来，封建社会统治者以"愚民政策"统治百姓，只有处于社会上层的少数人才有机会接受教育，广大民众的文化水平普遍较低。因而，设立简易识字学塾，发展社会教育，便成为短期内提高国民素质的首选措施。

（三）清末天津兴学高潮的推动

清末新政教育改革，废除科举、颁行近代学制等，使天津教育进入了一个新的发展时期。此时，民族工商业的发展不仅带动了天津的经济，

---

① 学部：《奏定教育会章程》，朱有瓛主编：《中国近代教育史资料汇编·教育行政机构及教育团体》，上海教育出版社 1993 年版，第 215 页。

更推动了教育的发展。时任直隶总督袁世凯重视发展教育，建立教育行政机构，筹集教育经费和在社会上还有许多热心教育事业的人士，出现了以严修、林墨青为代表的热心社会教育士绅阶层，他们将国家的变革与天津的社会实际相结合，推动了天津社会教育的产生和发展。天津出现了兴学高潮，各级各类学校蓬勃发展。

第二节　社会教育的萌芽（1860—1911）

在内外因的交互作用下，清末，天津的社会教育开始萌芽。虽然政府并没有对社会教育给予足够的关注，但仁人志士的实践引领和民众对社会教育的接受，为天津近代社会教育的发展奠定了良好的基础。

一　社会教育机构的出现

近代天津社会教育办学活动"始于直隶工艺总局开展的一系列劝学活动"[1]，它既有与全国社会教育相同的共性，也有不同于全国大部分地区的个性。根据举办形式的不同可将社会教育机构分为学校式社教机构和社会式社教机构。

（一）学校式社教机构

为救助常年失学和无力上学的贫寒子弟，天津创办了一批官立或公办的简易小学堂、半日学堂和半夜学堂。以天津第一半日学堂为例，学堂"上下午分为两班，每班三小时，专课修身、单字、珠算。学生准其半日入学，半日营业。每人借给营业书钱五吊，陆续还清，不取利息"[2]。这类学校入学门槛低，学习形式灵活，为广大贫寒子弟提供了入学机会，促进了教育的普及。但由于经费等多方面因素的制约，这些学校大多开办时间不长，到1911年天津县境内主要的学校式社会教育机构仅有15所，详见表9—1。

---

① 赵宝琪、张凤民主编：《天津教育史》，天津人民出版社 2001 年版，第 148 页。
② 《教育杂志》第 1 期，第 55 页。

表 9—1　　　　　1911 年天津县主要学校式社会教育机构一览表

学堂名称		学堂名称
简易小学堂（9 所）	官立简易小学堂	大悲庵官立初等简易小学堂（东南城角）、西马路官立初等简易小学堂（西马路）、天齐庙官立初等简易小学堂（东马路）、地藏庵官立初等小学堂（地藏庵）、甘露寺官立初等简易小学堂（甘露寺）
	公立简易小学堂	公立第一初等简易小学堂（城隍庙）、公立第二初等简易小学堂（萧曹祠）、公立第三初等简易小学堂（清真寺）、普及简易小学堂（奥租界）
半日学堂（1 所）		民立第五半日学堂（天后宫）
半夜学堂（5 所）		第一商务半夜学堂（西宣讲所）、第四商务半夜学堂（药王庙）、广育第一半夜学堂（施馍厂）、广育第二半夜学堂（过街阁）、广育第三半夜学堂（西方庵）

资料来源：张大民主编：《天津近代教育史》，天津人民出版社 1993 年版，第 228—229 页。

（二）社会式社教机构

本阶段天津社会式社教机构主要有天津考工厂、教育品陈列馆、宣讲所和阅报所。

1. 天津考工厂

1902 年，直隶工艺总局创办天津考工厂。初创时"提调为宁世福、林兆翰、卞禹昌（相当于厂长、经理），厂址在北马路龙亭（今祥德斋）后，有楼房上下 33 间"[①]。考工厂的性质为博物馆，以开通民智，启迪智慧为宗旨，分类收藏并向民众开放展览本省、外省货物和国外制品。"翌年八月初一日正式开放，展览品 3000 余件，价值 3 万余金"[②]。"展览开放之初，门庭若市，车水马龙"[③]，每天的参观者多达 2000 多人，深受各界人士喜爱。随着展品的增多，1907 年 5 月考工厂迁至河北中州会馆北首劝业会场，更名为劝工陈列所。

2. 教育品陈列馆

1904 年 9 月，督办周学熙在玉皇阁创办教育品陈列馆，并附设教育

---

① 张绍祖编著：《津门校史百汇》，天津人民出版社 1994 年版，第 202 页。

② 同上。

③ 同上。

品制造所和藏书楼，目的是"解决科举初废，学堂方兴，讲授自然科学，既乏标本又无仪器的状况"①。陈列馆成立之初从日本购入普通教育所需的器械、器具、模型、标本等做展品。教育品制造所成立后，又将教育品制造所制成的优秀教育品一起陈列。藏书楼由郑菊如（1866—1954）先生管理，图书来自于严修家藏图书的捐赠，共计1300余册，且多为各科应用的书籍。1907年，教育品制造所迁至河北大经路劝业会场，陈列馆改为参观室，并归于制造所内。而图书室则因图书数量增多，改由直隶学务公所管辖，更名为"天津图书馆"，由张秀儒、储毓轩管理。据直隶会所统计，1910年"天津汉语类书籍4335部，日语书籍1654部，洋文书籍153部"②，居直隶地区榜首。

3. 宣讲所

宣讲所是进行通俗讲演的会场。为唤起舆论，宣传新教育、新思想，在林墨青等热心教育的有识之士的倡议下，1905—1906年，天津共创办"天、西、地、甘"四处宣讲所，详情见表9—2。宣讲活动每晚7点到8点开始，10点半或11点结束。宣讲所内设讲演室、为讲演者准备的休息室和供听者休息的茶室。到宣讲所听讲不收取任何费用，讲演内容丰富，通俗易懂，贴近百姓生活实际，因而深受民众的欢迎，平均每日有百余人来听讲。此外，各宣讲所还附设阅报所，组织半日小学和武术会，以提高民众的素质，推动教育的普及。

表 9—2   **清末天津宣讲所一览表**

宣讲所名称	开设时间	地址
齐天庙（东马路）宣讲所	1905年6月1日	东门外，今为中央制药二厂
西马路宣讲所	1905年12月5日	西马路，旧址在今宣讲所胡同
地藏庵宣讲所	1905年12月10日	河东粮店街东
甘露寺（北大关）宣讲所	1906年7月5日	河北

资料来源：张绍祖编著：《津门校史百汇》，天津人民出版社1994年版，第204页。

---

① 张绍祖编著：《津门校史百汇》，天津人民出版社1994年版，第202页。
② 直隶学务公所编：《直隶教育统计表》，1912年，第33页。

4. 阅报所

阅报所是备有各种书报杂志、供公众阅览的场所。天津最早成立的阅报所有启文阅报所、小老爷庙看报处、准提庵看报处、进明阅报社和日新阅报社，详情见表9—3。阅报所除了设有阅览室外，还设有休息室和茶室。阅报者需取得入场券方可向管理人员借阅书报杂志。开放时间为上午8点到12点，下午1点到7点。每当重大事件发生时，阅报所工作人员会将刊登消息的报纸贴在门口，以便公众阅览。阅报所因任何人都能随时查阅信息而受到了民众的欢迎，据记载"阅报人数，每天平均五六十名，下午比上午人多"[1]。

表9—3　　　　　　　　清末天津部分阅报所一览表

阅报所名称	创立时间	地址
启文阅报所	1905 年 6 月	东北角
小老爷庙看报处	1906 年 10 月	河东兴隆街的小老爷庙
准提庵看报处	1905 年 7 月	河东意租界准提庵
进明阅报社	1905 年 9 月	河东过街阁上
日新阅报社	1905 年 11 月 10 日	河东地藏庵宣讲所内

资料来源：张绍祖编著：《津门校史百汇》，天津人民出版社1994年版，第205页。

二　社会教育的概况

（一）社会教育的管理

社会教育发轫初期，政府对社会教育的管理是有限的，政府部门中并没有专门管理社会教育的机构，政府在社会教育的发展中处于一种缺位的状态。政府已经有发展社会教育的意识，如设立简易小学等有社会教育性质的机构救助失学儿童，各社教机构内部都有一套组织人事制度，又如"宣讲所设有总理、宣讲师、书记、庶务、役夫等"[2]，"阅报所的机构由总理、书记、庶务员、役夫等组成"[3]。总理一般由当地士绅担任，对该机构进行管理。这种政府缺位，各机构自行发展的状态在一定程度

---

① 张绍祖编著：《津门校史百汇》，天津人民出版社1994年版，第205页。
② 同上书，第204页。
③ 同上书，第205页。

上制约了社教机构的发展。

（二）社会教育的经费

自筹经费是社会教育机构的普遍特征。政府管理的缺位使社教机构失去了政府拨款这一经费来源，因此民间捐款便成了社会教育机构的主要经费来源。为了维持机构的正常运营，一些社会教育机构还通过经营副业来增加收入，如宣讲所内设有吸烟喝茶的茶室，对吃茶者征收茶费。没有经费保障是制约社教机构发展的重要因素之一。

（三）社会教育的内容

这一时期社会教育以开启民智为中心，对民众进行"简易识字教育"并传播基本科学知识。1909 年，清政府编行以"伦常日用易知易行之事物"为内容的简易识字课本，并制定了《简易识字学塾章程》，遵循清政府的规定，"简易识字教育"成了学校式社教机构的主要内容。社会式社教机构则偏重对公民灌输基本科学知识，如天津考工厂通过收藏展览本省、外省乃至外国的各种商品，开启民智；教育品陈列馆则通过陈列涉及天文、地理、生理、力学、水学、气学、声学、光学、化学、热学、电学、磁学、矿学等学科的器械、器具、模型、标本等，以提高数、理、化等学科的教学质量；宣讲所通过读报纸、讲故事、宣传好人好事、传播科学知识等来达到改良风俗、开启民智的目的。可见，这一时期天津社会教育的内容是比较丰富的。

三　萌芽期社会教育的特点

萌芽期的天津社会教育获得了初步发展，"在'壬子癸卯学制'颁行前后，天津的社会教育成绩斐然，冠于直隶，居于全国先列"[1]。这一时期天津社会教育呈现以下几个特点：

（一）仁人志士的引领

这一时期，推动天津社会教育发展的有政府官员，如袁世凯；有教育家如严修、林墨青等人；还有热衷于教育的乡绅文人等等，在仁人志士的引领下，天津社会教育萌芽并逐步走上正轨。

---

[1]　张大民主编：《天津近代教育史》，天津人民出版社 1993 年版，第 227 页。

（二）内容丰富、形式多样

这一时期，全国各地的社会教育大多围绕"简易识字教育"展开，而天津的社会教育在对失学儿童进行简易识字教育的同时，还开设博物馆性质的考工厂、教育品陈列馆，通过展览涉及多种学科知识的展品向民众普及科学知识；开办宣讲所、阅报所，通过宣传好人好事、讲故事、读报纸等形式向民众传递正确的价值观。各社教机构通过授课、展览、讲故事、读报纸、宣传好人好事等多种形式向民众普及知识。通俗易懂的内容，丰富多样的活动，受到了民众的普遍欢迎，广大民众积极参与其中，这不仅在一定程度上实现了"开民智，新民德"，更为近代天津社会教育的发展打下了坚实的基础。

（三）社会教育的边缘化

这一时期清政府虽然意识到发展社会教育的必要性，但在颁行的法规中却没有明确提出社会教育，更没有设置专门的管理机构，使社会教育缺乏统一的规划和管理，加之社会制度、经费等诸多因素的制约，使社会教育机构特别是学校式社会教育机构大都开办时间较短，有些在开办一段时间后便停办，有些则并入正式小学，社会教育处在被边缘化的位置。值得注意的是，这一时期社会教育的形式大多得以保留，并在此后发挥了较大的作用。

第三节　社会教育的确立(1912—1918)

虽然社会教育机构在清末已经萌芽，但是清政府并没有在行政上给予社会教育以独立的地位。1912 年中华民国成立，临时政府教育总长蔡元培"眼见各国社会教育之发达，深信教育之责任不仅在教育青年，须兼顾多数年长失学之成人。故草拟官制时，于普通、专门二司外，坚持设社会教育一司"[①]。1912 年 4 月教育部成立，设立社会教育司，下设宗教礼俗、科学美术和通俗教育三科。至此，社会教育在全国范围内获得独立的行政地位。1914 年 7 月，社会教育司的职能被明确为掌管通俗教

---

① 蒋维乔：《民初以后之教育行政》，《清末民初教育史料》，《光华半月刊》1936 年第 5 卷第 2 期。

育及演讲会事项、感化事项、有关通俗礼仪的事项、有关文艺、音乐、演剧的事项、有关美术馆及美术展览的事项、有关动植物园等学术事项、博物馆图书馆事项、通俗博物馆、通俗图书馆事项和公众体育及游戏事项九种内容。1914 年 7 月 1 日，天津社会教育办事处成立，至此天津社会教育有了专门的办事机构，社会教育在天津得以确立。

一　社会教育机构

受社会政治、经济的影响，上一阶段各种社会教育机构虽然开办时间不长，但社会教育的形式却得以保留，并对这一时期社会教育机构的创办产生影响。

（一）学校式社教机构

1. 露天学校

在教育尚未普及、贫苦儿童和年长失学者较多的社会背景下，露天学校成了补救的良方。天津的露天学校始于严修创办的南开中学，随后逐渐推广。到 1914 年，天津已有 5 所普通露天学校和 2 所女子露天学校。露天学校简便易行，只需要有场地简单设施便可开课，"黑板一，教桌一，琴一"①，"其场所以高屋东墙下最为宜，盛暑日光不及也。女子则借人家院落行之，而特为设坐，非女子不得入"②。因为是在露天授课，所以受自然条件影响较大，阴雨天和冬季是无法授课的，因此，开课时间一般在每年农历三月到八月之间。每日授课时间一般安排在普通学校放学之后。课程截止后成绩较好的儿童一般会被送到贫民学校或半日学校继续接受教育。露天学校受到了学生及家长的普遍欢迎，"儿童与儿童之父母，纷纷要求延续无废"③。1916 年巡按使通饬各县效仿天津县办理露天学校，以便救助贫苦儿童和年长失学者，为社会改良做出贡献。

2. 贫民半日学校

天津县政府提出"子弟成年不入学校，罪其父兄"，试图通过强迫教育的方式推进教育的普及，但普通百姓没有送子女入学的经济能力。直隶警

---

① 黄炎培：《参观京津通俗教育记》，《教育杂志》第七卷第一号特别记事，第 1—3 页。
② 同上。
③ 同上。

务处长杨敬林有感于天津百姓生活困难，失学民众较多，便于1915年借公有房产作为校舍，以警区为单位共设置了16所贫民半日学校。学生毕业后主要有三种出路，即派充军警、到小学插班和去工厂商号当学徒。杨敬林十分关注半日学校学生的发展，要求各贫民半日学校"各学生所授功课并练习成绩品，随时送处，分别考验备核，以便奖励"①。他创办贫民半日学校的义举受到了北京政府大总统黎元洪的嘉奖，更得到了社会各界的肯定。

（二）社会式社教机构

社会式社教机构在前一时期的基础上有所发展，宣讲所、阅报所的组织性有所提高，图书馆和博物院走进了民众的生活。

1. 天津社会教育办事处

1915年7月1日，在直隶行政长官朱家宝倡议和委托下，林墨青创建了天津社会教育办事处，并担任总董，地址位于西北城角文昌宫东口（今大丰路）。社会教育办事处具有管理和举办社会教育的双重性质，办事处成立后，接管了启文阅报所、小老爷庙看报处、日新阅报所等阅报场所，对各阅报所统一管理，拨发经费，并在每晚派人到"天、西、地、甘"四个宣讲所里宣讲世界形势、国家大事、好人好事和科学知识。此外，社会教育办事处附设陈列室和阅览室，通过展览和书报阅读的方式向民众普及文化知识。至1929年被撤销前，社会教育办事处作为天津社会教育正式的办事机构、社会教育基地，为推动社会教育的发展做出了贡献。

2. 图书馆

（1）天津直隶图书馆

创建于1907年的天津图书馆经过一段时间的发展，藏书逐渐丰富，读者亦越来越多，一时间影响颇大。1913年，天津图书馆迁至河北公园（今中山公园）北部的楼房，并更名为"天津直隶图书馆"。迁址后的天津直隶图书馆由天津县教育科李琴湘（1871—1948）负责管理，馆内设有阅览部、儿童阅览部、妇女阅览部等，规模和影响都较之前有所扩大，"被称为'大江南北'第三位图书馆（第一位京师图书馆、第二位浙江图书馆)"①。1918 年天津直隶图书馆更名为"直隶图书馆"。

（2）社会教育办事处附设儿童阅览室

社会教育办事处成立后附设一个儿童阅览室，阅览室由三间连着的房屋组成，室内摆有条案和长凳，墙上贴有介绍自然科学和史地知识的挂图，条案上摆着儿童读物、标本、模型及儿童玩具。阅览室有 1 名管理员，开放时间一般为下午，读者多为附近小学的学生。为促进儿童社会教育的发展，该馆每年举办一次展览会，向各校 8—12 岁学生征集作品，最佳作品和参展作品最多的儿童将得到儿童用书或玩具等奖励。

3. 博物院

1916 年，由直隶公署教育科、天津劝学所发起并在各学校的协助下，严智怡、李琴湘、华石斧等人筹办成立了天津第一座博物馆——天津博物院。1918 年 6 月 1 日至 30 日，天津博物院在天津公园（今河北中山公园）举行了为期一个月的展览会，展览分自然和历史两个主题。自然部分的展品有动物、植物、矿物岩石等；历史部分则包括文字、陶器、瓷器、骨器等内容。会展期间每日参观者络绎不绝。黎元洪以及日本驻津总领事沼野安郎君等人在参观后都对展览赞许有加。

二　社会教育概况

（一）社会教育管理

相比前一阶段时期，社会教育得到政府更多的关注。中央政府不仅成立社会教育的专门机构，还颁行了一系列社会教育的法律法规，为社会教育的发展提供了制度保障。天津社会教育初创时期，直隶公署教育科和县劝学所负责参与社会教育的管理。1914 年 7 月，天津成立了专门的社会教育办事机构——天津社会教育办事处。社会教育处由政府设立，接受政府的领导，天津直隶图书馆、天津博物馆、阅报所及社会教育办事处附设机构由天津社会教育办事处统一领导，其他由民间人士创办的社会教育机构则多由创办者或机构内部设立的董事会进行管理。

（二）社会教育经费

这一时期，政府并没有对社会教育的经费做出明确规定，一些社会

---

① 张绍祖编著：《津门校史百汇》，天津人民出版社 1994 年版，第 206 页。

教育机构从主管部门获得经费，例如启文阅报所、小老爷庙看报处、日新阅报所等阅报场所，由天津社会教育办事处统一拨给经费。而那些没有隶属关系的社会教育机构，大多通过捐款捐物的方式获得运营经费，如贫民半日学校学生书本课桌的花销来自于戏院戏票的捐款和绅商的捐款捐物，而教师则分文不取，义务授课。

（三）社会教育师资

这一时期，还没有专职的社会教育人员，学校式社会教育机构的教师大多是从普通学校的教师中挑选出来的志愿者，他们利用课余时间到露天学校或者贫民半日学校任教，教失学民众读书识字。由于社会教育机构大多经费紧张，因此教师都义务授课。此外，师资紧缺也是这一时期社会教育存在的一大问题，以露天学校为例，1914 年天津共有男女露天学校 7 所，"每所教员六人，每次二人，分授两节"①。可见，在师资等方面仍有待加强。

（四）社会教育内容

这一时期，社会教育的内容围绕着灌输常识、增进道德展开。露天学校和贫民半日学校主要开设识字、珠算、心算、体操、音乐、游戏等课程，以此向儿童传授基本常识。博物馆则通过展览动物、植物、矿物岩石等自然科学的展品和以文字、陶器、瓷器、骨器等为内容的历史文化展品，向前去参观的民众灌输常识。此外，政府对报纸、图书、戏剧等加强了管理，要求其能够培养道德，开通社会风气，矫正不良风气。

（五）社会教育途径

报纸、图书和戏剧等在改良社会风气、增进公民道德方面有积极的意义，在这一时期亦被作为推广社会教育的途径。

1. 报纸

1915 年，林墨青创办《社会教育星期报》（简称《星期报》），聘剧作家韩补庵任主编，报纸逢周日出版，"用 4 开型毛边纸单面铅印，辟有 6 块书页式版面，为的是可裁可叠，又可装订成册，便于携带阅读和保存"②。该报以"培养旧有道德，增进普通知识，筹划平民生计，矫正不

---

① 黄炎培：《参观京津通俗教育记》，《教育杂志》第七卷第一号特别记事，第 1—3 页。

② 中国人民政治协商会议天津市委员会文史资料委员会编：《近代天津十二大教育家》，天津人民出版社 1999 年版，第 101 页。

良风俗"为宗旨，面向社会大众，刊载普及科学知识的作品和文学艺术创作品，评介有民族气节剧作的文章，宣传好人好事，以潜移默化的方式对大众施以影响，弥补学校教育的不足。《星期报》的发行，对天津社会教育的发展以及社会风气的改良，都起到了积极的作用。

2. 图书

小说在开启民智、宣传社会风尚、改良社会风气方面有一定的积极作用，因此政府加强了对小说、报纸等印刷物的管理。1916 年，朱省长下令禁止小贩怀挟猥琐书画任意兜售。1917 年初，直隶省长下令禁止翻印一批有伤风化，贻害人心的小说。随后，教育部通俗教育研究会审查并禁止包括《臣庇世界》等在内的 13 种小说。次年，通俗教育研究会向社会大众推荐了一批优秀小说，以期对改良社会风气起到良好的作用。

3. 戏剧

蔡元培说："戏剧之有关风化，人所公认。盖剧中所装点之各种人物，其语言动作，无一不适应世人思想之程度。"[①] 演出开通社会风气的戏剧可以让民从中感受蕴含其中的道理，从而达到形成良好社会风气的目的。为促进社会教育的发展，天津各新剧社积极创编新剧，制作各样布景，演绎警醒世人的戏剧。当局对以提倡道德为己任的新剧持支持和保护态度，这在一定程度上促进了良好社会风气的形成。

三 确立期社会教育的特点

在这一阶段，天津社会教育制度确立下来并呈现出以下特点：

(一) 成立专门的社会教育管理机构

清末，社会教育并没有取得独立地位。民国成立后，教育部成立社会教育司，颁行社会教育的规章法令，社会教育取得了独立的行政地位及制度保障。1915 年 7 月 1 日，天津成立了社会教育办事处；在直隶公署教育科、天津劝学所的协助下，1916 年天津开始筹办天津博物院。这些机构的筹建和创办都体现天津县政府对社会教育的关注，这对天津社会教育的发展起到了促进作用。

---

① 马燕编：《蔡元培讲演集》，河北人民出版社 2004 年版，第 42 页。

（二）乡绅名流的推动

民间人士是推动社会教育发展的主力军。虽然中央政府以法律规程的形式确立了社会教育独立的行政地位，但天津的社会教育是在广大民间人士的推动下前进的。他们中间有：贫民半日学校的发起者政府官员杨敬林；露天学校的首创者严修；社会教育办事处的创办以及《社会教育星期报》的出版发行者林墨青，以及很多为发展社会教育捐款捐物的乡绅。与上一阶段相比，这一时期民间推动社会教育发展的队伍有所壮大并成为社会教育发展的主要推动者。

（三）通俗教育成为社会教育的主旋律

1915 年，教育部先后颁布《通俗教育研究会章程》《通俗教育讲演所章程》《通俗图书馆章程》《通俗演讲传习所办法》《露天学校简章及规则》等一系列章程法令，规范社会教育的发展。从这一时期天津社会教育的内容来说，学校式社教机构所授科目大体一致，均包含识字和珠算。而社会式社教机构则以开通民智，改善社会风貌，宣传道德为工作重点。特别是这一时期的报纸、图书、戏剧在增进公民道德方面发挥了重要的作用，通俗教育成社会教育的主旋律。

第四节 社会教育的发展(1919—1926)

虽然社会教育的行政制度得以延续，亦有新的法令出台，但政局的动乱，在一定程度上制约了政策的执行，社会力量和民间团体成为这一时期推动社会教育发展的中坚力量。在五四运动中，爱国知识分子看到了民众的力量，也意识到了民众的无知。在他们的努力下，以除文盲、做新民为宗旨的"平民教育"被认为是适合国情的教育而备受推崇。

受五四运动和杜威来华讲演"平民主义与教育"等因素的影响，天津学生同志会、天津基督教青年会、天津维一社、天津女星社等知识分子团体开始创办平民学校、组织平教运动会、组建平教唤醒团，四处演讲，印发传单，大力推行平民教育。1923 年天津县教育局成立后，针对学龄儿童入学率低的问题，提出利用各学校放学后的空余时间和现有设备发展补习学校或夜校，教失学儿童和成年文盲识字及简单的算术。随后在政府的推动下，天津平民教育干事会成立，辅助政府推行平民教育。

由此，天津平民教育运动走上了统一领导，全局规划的发展道路。在民间团体和天津政府的共同努力下，这一时期社会教育获得了较大的发展。

一　社会教育机构

这一时期平民学校纷纷建立，前期建立的贫民半日学校和通俗学校仍发挥着重要作用，此外，还出现了针对妇女、儿童的补习学校。

（一）学校式社教机构

1. 平民学校

五四运动爆发后，平民教育运动席卷全国，平民学校作为平民教育的主要机构在天津大量创建。根据创办者的不同，天津的平民学校可以分为民间团体创办的平民学校和政府设立的平民学校。

（1）民间团体创办的平民学校

平民教育兴起之初，并不为人所知，为了让广大民众了解并接受，各团体积极宣传平民教育，并创办平民学校。

1922 年 3 月，青年会社会服务团在河东水梯子耶稣教会筹设第一平民义务学校，3 月 28 日，青年会第一平民义务学校在河北水梯子教会举行开学礼。[①] 1925 年 9 月，天津青年会在大礼堂为职工部第三期平民学校学生举行毕业式。在主席华捷臣致开幕辞，游仁淑女士演说，学生代表牛殿贵致答谢辞，教员魏蕴德叮嘱毕业生毕业后注意认字、写字和用字，游仁淑女士为各位毕业生颁发文凭。[②]

1921 年 12 月 3 日，"天津学生同志会，借文昌宫学校内，成立第三儿童义务学社"[③]；22 日，天津学生同志会借用直指庵学校场地筹备第四国民义务学校[④]；29 日，学生同志会筹备的第五儿童义务学校在直指庵学校举行开学仪式。[⑤] 为造福津埠失学儿童，天津学生同志会还借用商会作为校址，创办临时平民夜校，编纂讲义，并在每天晚间教授 1—2 小时的识字、

---

① 《第一平民学校开幕之盛况》，《益世报》1922 年 3 月 30 日。
② 《第三届平民教育毕业志盛》，《益世报》1925 年 9 月 14 日。
③ 《第三义务学社开幕》，《益世报》1921 年 12 月 3 日。
④ 《第四义务学校定期开学》，《益世报》1921 年 12 月 22 日。
⑤ 《第五义务学校今日开学》，《益世报》1921 年 12 月 29 日。

国耻史。短期内便有 150 余人报名参加。① 4 月 4 日，天津学生同志会第一妇女义务学校在锦衣卫桥耶稣教会开课，上课时间为每天下午 3 点到 6 点，由女会员向 20 岁到 40 岁之间的妇女教授国语、技能、笔算、家政，班容量为 30 人。② 为解决 5 处平民学校经费问题，同志会曾向织染同业会募捐。

此外，其他民间团体亦积极创办平民学校，为平民教育的发展做出了贡献。这一时期民间团体创办的平民学校详见表 9—4。

表 9—4　　　　　　　　20 世纪 20 年代天津平民学校一览表

团体名称	学校名称	备注
青年会社会服务团	第一平民义务学校	
天津学生同志会	第三儿童义务学社；第四国民义务学校；第五儿童义务学校；临时平民夜校；妇女义务学校	
天津维一社	5 处国民义务学校；1 处平民义务夜校；1 处妇女义务学校	
回教联合会	天津回教联合会第一补习夜校	面向 15—40 岁不识字亦无力求学的会员
天津第一团新学书院童子军	工人夜校	面向该校一切校役、厨役
天津养真社	儿童义务学校 3 处	
天津女星社	第一补习学校	

资料来源：《第一平民学校开幕之盛况》，《益世报》1922 年 3 月 30 日。
《第三义务学社开幕》，《益世报》1921 年 12 月 3 日。
《第四义务学校定期开学》，《益世报》1921 年 12 月 22 日。
《第五义务学校今日开学》，《益世报》1921 年 12 月 29 日。
《平民夜校昨日开学》，《益世报》1922 年 1 月 7 日。
《妇女义务学校之成立》，《益世报》1922 年 4 月 4 日。
《维一社扩充义务教育》，《益世报》1922 年 3 月 24 日。
《养真社之成绩与计划》，《益世报》1924 年 1 月 7 日。
《女星社之周年纪念会》，《益世报》1924 年 4 月 27 日。
《回教联合会设立学校》，《益世报》1922 年 4 月 11 日。
《童子军创办工人夜学》，《益世报》1922 年 5 月 5 日。

① 《平民夜校昨日开学》，《益世报》1922 年 1 月 7 日。
② 《妇女义务学校之成立》，《益世报》1922 年 4 月 4 日。《妇女义务学校行开学礼》，《益世报》1922 年 4 月 6 日。

（2）政府设立的平民学校

1924 年，天津县教育局对各县所报学龄儿童询查表进行统计，显示学龄儿童入学率最高不过 20%，最低不到 10%，对此，提出利用现有学校资源创办平民补习学校和夜间学校，教授失学儿童和成年文盲识字及简单的算术。① 随后天津县知县齐耀城在与吴象贤、邓澄波、阎润章等人商议后，提出办义务学校 1000 处，平民教育学校 200 处；奖励出资设立平民教育学校和义务教授的人。② 天津县公署拟将天津分为 4 大区，每区设传习所 3 处，以 3 个月为期，培养各贫民义务学校教员。③

在政府的引导和各团体的宣传下，平民教育得到了广大民众的积极响应。

平民学校如雨后春笋般在天津城乡各地纷纷建立起来。在大直沽村，失学民众较多，为了让人民了解、接受平民教育，在二区学务委员徐镜波和民六学校职员等人的倡议下，创设平民学校一处。据报道："西宣讲所，已成立男、女两班。又劝学员刘紫洲报告：西乡第四区杨家庄设第二平民学校。小稍直口民立十二设第三平民学校。杨柳青公立学校，设立第四平民学校。又二十八代用学校，设第五平民学校。又三十七代用学校，设第六平民学校。又民立十三学校设第七平民学校。又三十六代用学校设第八平民学校。大稍直口民立十九学校，设第九平民学校。各校之学生四五十名不等云。④ 此外，河东、海河各村也纷纷建立了平民学校。据《天津县筹办义务平民教育纪实》记载，1924 年 7 月天津县四大学区共有 88 所平民教育学校，而 1925 年 1 月天津县教育局的统计资料显示，向教育局报务成立平民学校共 218 处，具体情况见表 9—5。短短 6 个月，平校总数增长 147.73%，这背后是天津县政府对平民教育的重视以及社会各界为发展平民教育付出的努力。

---

① 《教育厅令办义务教育》，《益世报》1924 年 1 月 23 日。
② 《天津普及教育之计划》，《益世报》1924 年 6 月 17 日。
③ 《县署办平民教育计划》，《益世报》1924 年 6 月 23 日。
④ 《积极进行之平民教育》，《益世报》1924 年 7 月 2 日。

表 9—5　　　　　　　　1925 年 1 月呈报在案平民学校数量分布

学区	学校总数（所）	女校数量（所）
第一学区	133	34
第二学区	35	7
第三学区	29	4
第四学区	21	无

资料来源：《教育局呈报平校数目》，《益世报》1925 年 1 月 9 日。

2. 贫民半日学校

1915 年天津警察厅长杨敬林率先创办贫民半日学校。经过几年的发展，各贫民半日学校取得了不错的成绩，但却鲜为人知，因此，有关部门专门把各贫民半日学校的办学经过和成绩汇编成《贫民半日学社纪略》，分送给各机关、学校。到 1924 年，警察厅设立的各区贫民学校共收有在校生 6700 余人，历届毕业生大多进入工厂、商号工作，受到社会各界的好评。为了让更多无力就学的贫寒子弟接受教育，杨敬林对当时的贫民半日学校进行了扩充，并借此机会进行整顿，任命鲁嗣香为各区教务主任。鲁上任后在调查各校实情的基础上拟订改进计划，将学校更名为某区警察义务学校；在各区绅商中选出董事，组建董事会，鲁嗣香任总董，董事会负责学校的扩充改进。经过调整，该校按官立小学办法运行，毕业生与高小衔接。

3. 通俗学校

在这一时期，通俗学校仍发挥着不可忽视的作用。个人和社会团体纷纷竭尽所能创办通俗学校，让民众有读书识字的机会。1919 年 10 月，河东沈王庄绅士窦英堂利用节俭葬墓的 1000 元创办通俗学校；1920 年，邑绅宋君分别在东门内仓门口耶教会和东马路耶稣堂创办两所班额为 60 人的通俗学校，为劳工提供闲暇读书识字的机会。天津学生联合会计划在各校附设专授国语的贫民教育，以两个月为期，救助失学儿童；1921 年国货售品所计划借用学校或教堂的场地设 10 所售品所通俗学校。从 1921 年天津劝学所所做的新增学校情况调查我们不难看出，1921 年上半年短短 6 个月中，通俗学校大量增加，为普通民众提供了更多接受教育的机会。详情见表 9—6。

表 9—6　　　　　　　　　1921 年 1—6 月各区新增学校情况表

学区	学校名称	办学地点	办学人
第一学区	南开私立国民学校	南门外杨家花园南	宁奎章、杜克臣、苏兆霈、杨福保
	第一通俗学校	附设如意庵小学校内	宋寿恒
	第二通俗学校	附设放生院小学校内	宋寿恒
	第三通俗学校	附设陈家沟小学校内	宋寿恒
	第四通俗学校	附设营务处小学校内	宋寿恒
	第五通俗学校	附设广仁堂北小学校内	宋寿恒
	第六通俗学校	附设四方庵小学校内	宋寿恒
	第七通俗学校	附设堤头小学校内	宋寿恒
	第八通俗学校	附设东马路讲演所	宋寿恒
	第九通俗学校	附设第六代用学校	宋寿恒
	第十通俗学校	附设南市福音堂	宋寿恒
	第十一通俗学校	附设西方庵小学校	宋寿恒
	地藏庵国民学校分校	附设东马路讲演所	林兆翰
	民立八十一国民学校	西门北马路振华栈旁	刘振宗
	私立贞淑蒙养园	附设私立贞淑女学校内	狄教士
第二学区	民立八十国民学校	海河高家园	高玉芝
第三学区	宋氏私立第三国民学校	北仓	宋寿恒
	私立佩贞女子国民学校	宜兴埠	温世珍
第四学区	三十八代用学校	增设高小学校	郝廷枢
	民立八十二国民学校	大觉庵	严修、李廷学

注：此外尚有第一学区所设该所附后：单级教员讲习所、国话教员传习所、体育讲习所、手工教员传习所，均在劝学所内，私立贞淑女子师范讲习所，私立贞淑小学校内。

资料来源：《劝学所调查增设学校》，《益世报》1921 年 9 月 4 日。

4. 妇女补习学校

随着社会教育的推进，一些知识分子逐渐注意到妇女这个弱势群体的受教育问题。虽然在 1905 年天津就开始建立了北洋高等女学堂、严氏女学、天津普育女学堂，此后，女子教育逐步发展，但能有受教育机会的妇女却少之又少。于是，一些知识分子致力于设立妇女补习学校，希望以此提高妇女文化水平，从而对下一代产生积极的影响。这一时期的妇女补习学校主要有以下 3 个，详见表 9—7。

表 9—7　　　　19 世纪 20 年代天津部分妇女补习学校情况表

学校名称	创办者	地址	课程	学生	教职工	其他
第一妇女补习学校	马千里、刘铁庵等人	西门北清真寺后刘宅	国语、习字、作文、书礼、算术、妇女常识、手工、唱歌等课程	15—35 岁未曾入过学校的妇女	刘孟扬为名誉校董，刘铁庵、马千里为男责任校董，□毅韬女士为女责任校董，陈栾涛女士为教员	毕业年限甲种为二年半，乙种为一年半；计划 1922 年 1 月 2 日开学
天津学生同志会第一妇女义务学校	天津学生同志会	借河东锦衣卫桥大街耶稣教会地址	国语、技能、笔算、家政	20—40 岁妇女	同志会女会员担任教员	免学费；学额 30 人；于 1922 年 4 月 6 日举行开学礼
天津女权请愿团第一妇女义务学校	天津女权请愿团	借鼓楼西教会内	国话、算数、珠算、尺牍、家政、手工、图画、修身	12—40 岁妇女	初由该团职员王、范二人义务担任，1924 年 2 月约请陈达三任教，团友范、黄二人义务协教	免学费，自备课本；经费由天津妇女请愿团承担；每日授课 2 小时；预计修业年限为 2 年

资料来源：1.《创设妇女补习学校》，《益世报》1921 年 11 月 25 日。

2.《妇女义务学校之成立》，《益世报》1922 年 4 月 1 日。

3.《妇女义务学校请备案》，《益世报》1924 年 7 月 25 日。

5. 儿童补习学校

这一时期，由于政局动荡，学校大多经费紧缺。为了用有限的经费让更多人接受教育，由学校创办为失学儿童提供补习教育的学校。1921年10月，直隶教育厅厅长孙子文提出利用各小学校下午3点半课后时间招收失学儿童授课的计划。为保证此计划的顺利实施，教育局令各小学校长调查附近失学儿童数，并草拟实施办法。1923年直一中学在校内附设夜校一所，每天下午5—9点分成两个时段，急于做事和学习成绩较差的学生分成甲乙两班进行补习。另外中等以上学校利用暑假创办夏令营儿童学校，对无力求学的幼童进行补习教育。1921年6月18日，《益世报》名为《夏令儿童校开始招生》的报道记载，南开、成美、官立中学三所学校业已筹备完夏令儿童学校相关事宜，开始招生。儿童补习学校充分利用了现有的学校资源，既节省了经费，又为广大失学儿童提供了就学机会。

（二）社会式社教机构

1. 广智馆

1921年，林墨青效仿山东济南广智院筹办天津社会教育广智馆。为了达到广开民智的目的，广智馆面向社会公开征集展品，1922年5月广智馆面向社会各界征集木质标本，到9月时，广智馆已经收到社会各界寄达的24种木质标本。此外广智馆征求模型标本的一批模型，包括信函也得到了耿春卿的回复。1923年耿春卿寄给广智馆秫秕细工编制克林德牌坊、颐和园石舫、大高殿祈雨亭等。① 经过4年的艰苦筹备，1925年1月5日，天津社会教育广智馆开幕。严修任董事长，林墨青任馆长，李琴湘为副馆长。广智馆以遵照社会教育实施方案、广开民智为宗旨。设总务部、编辑部、图书部和五个陈列室，展出"天津的土特产品、工农业生产程序、科学常识图解、名人绘画及其它工艺作品、民情风俗介绍"②。开馆时间为上午9点至11点半，下午1点半至4点半。每周一三五及周日上午招待男宾，每周二四六及周日下午招待女宾，每位参观券售铜元4枚。

2. 图书馆

这一时期的图书馆成立了阅览室，采取书报借阅的形式，为民众借

---

① 《广智馆之陈列新品》，《益世报》1923年2月2日。

② 赵宝琪、张凤民主编：《天津教育史》（上卷），天津人民出版社2002年版，第157页。

阅图书报纸提供了极大的方便。

（1）直隶省立第一图书馆

1918 年，直隶省立第一图书馆的主人严侗广泛收集中外新书杂志等，"并函致各机关各团体欢迎阅览"①，由于藏书丰富，服务热情，一时间受到广大读者的普遍欢迎，"自八年至十二年间，阅览人异常踊跃，颇极一时之盛"②。为方便读者阅览，1922 年，直隶省立第一图书馆制定了借书章程，对借阅证的办理、借书的数量、借书的期限、污损的赔偿等做出详细的规定，为民众借阅图书提供了极大的便利。但好景不长，1924 年冬，军队的侵占给该馆造成了很大损失。1925 年，奉系郭松龄带军队占领该馆，交涉无果，馆内的家具图书遭到破坏，"足损失一万元左右"③。郭松龄的军队撤走后，李景林、张褚的军队又对该馆进行了破坏，"多数兵士，有将藏书携出，作为废纸出售，每斤作价八枚，阻止无方"④。由于经费有限，该馆无法添置桌椅、书籍，甚至无法正常开馆。

（2）爱智学会图书馆

爱智学会认为读书是满足人民大众求知欲望的方法之一，为方便读者阅览，爱智学会在会所内设立了图书馆，面向会员开放。该馆以"汇集书报研究学术为宗旨"⑤，馆内设有书报储藏和书报阅览两个部门，通过购买、借入和面向社会捐赠三种途径收集图书，其中，社会捐赠是该馆图书的重要来源，到 1922 年 6 月 6 日，图书馆共收到书报 4205 册。到图书馆开放前，共有报纸杂志 20 余种，藏有图书将近 5000 册。

（3）社会教育办事处附设图书阅览所

1921 年 6 月，天津社会教育办事处在馆内筹设面向公众开放的图书阅览所，计划通过直隶教育图书馆分拨，自行购买和面向社会发函征集三种途径筹集图书。此外，办事处附设的儿童教育图书馆是一个以儿童为受众的专门图书馆，从 1923 年 4—6 月儿童馆的阅览人数和阅读册数

---

① 天津市地方志编修委员会：《天津通志·旧志点校卷》（下册），南开大学出版社 2001 年版，第 172 页。

② 同上。

③ 《不堪回首之河北省第一图书馆》，《益世报》1929 年 5 月 10 日。

④ 同上。

⑤ 《爱智学会图书馆组织大纲》，《益世报》1922 年 10 月 13 日。

（详情见表9—8），可以看出儿童对图书阅览的喜爱。

表9—8　1923年4—6月社会教育办事处附设儿童图书馆阅览情况表

月份	阅书儿童数（人）		阅书数（册）
	男生	女生	
4月	204	7	813
5月	285	10	810
6月	290	7	1269

资料来源：《儿童图书馆阅书统计》，《益世报》1923年7月22日。

（4）其他图书阅览场所

随着民众阅读需求的增长，这一时期还出现了其他图书阅览场所。1920年1月6日，河东行宫庙学校高等第二学级图书馆成立，直隶省立第一图书馆捐赠38种图书共计63册；1921年5月1日，青年会阅书室成立，该阅书室设在青年会25号房，每周一、二、三、五晚7点半到9点面向全体会员开放；1922年11月1日，天津学生同志会筹设的图书馆开馆。

3.博物院

天津博物院自成立以来，只在天津公园举办过一次展览会。由于没有房屋场地，所有展品均被运往实业厅保存。为促进博物院发展，1919年11月，省议会决定将公园内旧藩臬公所拨给天津博物院，并令实业厅将博物院迁入。次年，相关部门将"实业各界经费中抽出百分之一充该院经费"①。1922年，博物院董事会成立，"推举严慈约先生担任院长，华石斧先生担任副院长"②。经过多方努力，天津博物院于1923年2月25日开幕，市民凭票参观。1924年，博物院经过停业整顿，于6月8日重新开馆，并展出多种从前未陈列过的展品。开馆后除星期日和节假日外，每日下午1点到6点面向游人开放。1925年之后，受战乱的影响，博物

① 《博物院之抽费办法》，《益世报》1920年8月29日。
② 天津市地方志编修委员会编：《天津通志·旧志点校卷》（下册），南开大学出版社2001年版，第171页。

院的房屋大多被军队借住，展览无法正常进行，且有限的经费亦制约了博物院的正常运营。

二 社会教育概况

（一）社会教育管理

初期，政府对社会教育的管理较少。1923年天津县教育局成立后，政府对社会教育事业的参与程度逐步提高。天津县教育局根据学龄儿童入学情况对天津社会教育的发展做出规划，设立平民学校，培养平民学校师资，成立平民教育干事总会。在政府一系列举措的影响下，平民教育获得了较大发展。

本阶段初期，平民学校多由社会团体创办，各团体负责管理自己创设的平民学校，如青年会、天津学生同志会对自己团体创办的平民学校进行管理。一些社教机构如贫民补习学校董事会管理学校各项事务。为了加强对图书馆的管理，促进各图书馆间的协同合作，1924年6月天津图书馆协会成立，并召开成立会，推选王文山为正会长，严台孙为副会长，并将会议议决呈请省长立案。图书馆协会的成立有利于为广大市民提供优质高效的阅览服务，对社会教育的发展有一定的促进作用。

（二）社会教育经费

这一时期，政府没有明确社会教育经费来源的政策，但却提出奖励出资设立平民教育和义务教育的人，由此可知，民间捐助仍是社会教育经费的重要来源。由于经费所限，很多社会教育机构如回教联合会第一补习夜校和新学书院童子军团附设工人夜校都明确规定不收学费。

创办团体拨款、捐款和运营所得是社会教育机构经费的主要来源。比如1921年国货售品所计划创建10所售品通俗学校，并全额承担经费；天津同志会通过向织染同业会募捐，获得平民学校的经费；天津学生联合会计划用每月出版旬刊所得经费举办贫民教育；博物馆通过售卖门票补贴运营经费等等。

（三）社会教育师资

本阶段初期社会教育机构并没有专业的师资。民间团体创办的平民学校多由本团体内部有一定文化的会员担任教职员，如1922年青年会服务团成立的第一平民义务学校，便让居住在河东的团员担任学校的教职员；天津第一团新学书院童子军以该团高级童子军充当工人夜校的教职员。1924年，天津县公署提出分区设立传习所以培养各平民学校教员，这成为天津培养社会教育师资开端，也是近代天津社会教育专业化发展的一个里程碑。

（四）社会教育内容

这一时期，社会教育的主要内容是平民教育，涵盖文字教育、生计教育、卫生教育、公民教育。以学校式社教机构开设的课程为例，妇女补习学校开设的课程有国语、习字、作文、书礼、算术、技能、手工、家政、尺牍、妇女常识、画图、修身、唱歌等；天津第一团新学书院童子军创办的工人夜校，开设国文、卫生、习字、圣经、尺牍、算学、作句等科目，这些课程主要涉及基本文化知识、谋生技能和公民道德修养等方面，反映了社会发展的要求。

（五）社会教育途径

1. 讲演

讲演可以启迪真理，传播知识信息，激发感情，唤起行动，内容积极向上的讲演具有一定的教育作用，是社会教育的重要途径。这一时期，常有各种团体组织讲演活动，讲演者有国内的知识分子，有国际友人，更有掌握知识的普通民众。讲演内容涵盖教育、卫生、科学、爱国等多个方面。讲演时间多为晚上，便于更多民众参与。讲演对于开启民智、交流思想起到一定的积极作用。表9—9是这一时期部分讲演的情况。

表9—9　　　　　　　1919—1926年部分讲演情况表

组织机构	讲演人	主题	演讲时间
青年会	沈鸿翔先生	家庭卫生	1920年10月23日晚8点
青年会	毕德辉博士	电影讲演会：欧战时红十字会在战场的工作	1921年11月16日晚7点半
青年会	毕德辉博士	电影讲演会：卫生问题	1921年11月17日晚7点半
青年会	李燕豪先生	教育救国	1922年2月11日晚7点半
天津慈母育儿会	各会员	儿童卫生	

续表

组织机构	讲演人	主题	演讲时间
	艾迪博士、艾迪夫人、艾迪之弟并钟恩思博士	世界之大局、世界大势及中国之希望、欧美教会之新运动、今日学生之需要、为中国与现在的世界状况之关系等	1922 年 10 月 12—15 日
南开大学暑期学校	徐志摩	未来的诗	1923 年 8 月 7 日晚 8 点
	张仲述	戏的未来	1923 年 8 月 7 日晚 8 点
	邓澄波	小学教育	1923 年 8 月 9 日晚 8 点
	梁任公		1923 年 8 月 10 日晚 8 点
天津县教育会	毕稚轩先生	实业教育	1923 年 10 月 15 日晚 7 点
南开中学校	柯尔脱博士	天演之意义	1924 年 1 月 8 日下午 4 点
天津教育局	胡君玉	中国文学史	
	拍克赫司特	道儿敦制新授法	
北京日本学生同学会	井上武次	中国国民运动与不平等条约	
	智原善太郎	中日青年应负的责任	
	小泽照治	不要把华人看作外人	
	山本金助	中国与日本之关系	
	木村辰雄	关于中国的文学革命	
青年会智育部	潘述庵	成功的道路	1925 年 12 月 12 日晚 7 点半

资料来源：根据《益世报》相关资料整理。

2. 体育活动和游戏

　　随着社会的发展，体育的重要性得到了社会的认可，体育可以锻炼身心，强壮体格，对提升民众的精气神有很大的作用。但学校体育只能惠及在校学生，于广大社会民众无益，因而收效甚微。为了促进社会体育的发展，直隶教育厅训令各地根据地方情形编制讲稿，以讲演等方式对人民施以劝导，让广大民众认识到体育的重要性，积极参加体育活动，达到强身健体的目的。在儿童体育方面，1921 年 6 月 24 日，青年会在广东会馆筹办的儿童游戏场开幕，受到广大儿童的欢迎。1923 年，天津男女青年会借鼓楼广东会馆开办夏令儿童游戏场，每日下午 5 点免费开设唱歌、舞蹈、游戏等课程，这些都是儿童喜闻乐见且有益于身心的活动。

3. 电影和戏剧

在上一阶段，政府意识到电影戏剧在社会教育中所发挥的作用，故利用电影、戏剧对民众进行社会教育。有些戏园、剧院为了吸引观众，便投其所好，放映侦探大盗、炸弹手枪、奸淫掳掠等诲淫诲盗内容的影片，于社会治安无益。于是，1921 年 9 月，警察厅要求各戏园、落子馆、电影院提前将要上映的新剧脚本、影片送到警察厅审定。为了防止此类影片对幼年学生的身心发展产生消极影响，劝学所通函各学校，要求禁止学生观看此类影片，对于不遵守此规定的学生予以处罚。1923 年，劝学所、内务部、警察厅等部门再次对电影市场提出质疑，要求加强监管，取缔不良影片，以便维持社会风化，促进社会教育发展。这一时期，为了净化市场，发挥电影、戏剧在社会教育中的积极作用，政府加强了对电影和戏剧的监管。

4. 图书和报纸

随着图书等出版物的日渐丰富，一些有碍社会教育的书籍在市面上公然出售。为了阻止这种贻害社会的现象，1921 年初，内务部提出"查通俗流行各种不良小说，迭经该会呈由教育部，咨送通行查禁在案，兹准前因，自应严行禁止"[1]。次年，警察厅提出要严厉查禁不良小说，以维护风化。对图书出版物管理的加强说明政府已经意识到图书出版物在社会教育中发挥着不可忽视的作用，亦说明政府对社会教育的重视。

5. 展览

这一时期，展览作为一种新的社会教育方式，走进了平民百姓的生活。展览的主题多样，有针对儿童的儿童展览会；有中外名家的书画展览；有各校国语成绩展览，更有以历史为主题的展览会。展览会的承办者有个人、社会团体以及政府机构。这种社会教育方式让民众在娱乐放松中感受知识的熏陶，并最终达到开通民智的目的。

---

[1] 《内务部咨禁淫秽图书》，《益世报》1921 年 1 月 29 日。

三　发展期社会教育的特点

（一）自下而上地推动社会教育

这一时期，推动社会教育发展的主力军由民间团体变为政府。1919年在国内国际局势的双重影响下，中国社会发生了很大变化。到1927年南京国民政府成立之前，国内政治纷争不断，各方势力忙于争权夺利，无暇顾及社会教育。在这种环境下，民间团体通过宣传、讲演、办平民学校等方式推动平民教育发展。到本阶段后期，天津县教育局积极地参加到了平民教育的规划和发展中，通过加强管理，统一规划等方式促进平民教育发展，成为推动社会教育发展的主要力量。

（二）社会教育的对象有所扩大

政局的混乱和新式思想的传播，使平民教育思想逐渐为越来越多的知识分子和社会团体所接受，平民教育成为这一时期社会教育的主旋律。因此，社会教育的对象由贫困失学的民众变为"一般已过学龄期限而不识字，或已识字而缺乏常识的青年和成人"[1]。教育对象的扩大使平民有更多的机会去读书识字。天津平民学校及各式社会教育机构的运行，为民众提供了接受教育、开启智识、提高谋生能力的机会。

（三）出现了专门培训社会教育师资的学校

之前，学校式社会教育机构的教师多由普通中小学教师兼职或读书识字的知识分子兼任。这一阶段，天津县公署为促进平民教育的发展，"将全津分为四大区，各区设立传习所三处，每处招考50人，共计600人。三个月毕业后，即充为各平民义务学校教员"[2]。社会教育师资培训机构的建立，是社会教育的一大进步。

（四）学校式社教机构办学条件较差

由于社会动乱，这一时期的社会教育经费较为紧张，一些机构甚至需要通过义演、募捐等活动筹集经费。为了能充分利用有限的经费，让更多的人接受社会教育，这一时期很多社会教育机构，大到天津博物院，小到平民教育学校都通过借场地的方式来举办活动或者办学。这种既能

---

① 马秋帆、熊明安主编：《晏阳初教育论著选》，人民教育出版社1993年版，第39页。

② 《县署办平民教育计划》，《益世报》1924年6月23日。

充分利用资源，又能达到兴办社会教育的方式，得到了社会各界的普遍认可，成为这一阶段天津社会教育的特点之一。

第五节　社会教育的繁荣（1927—1936）

1927 年南京国民政府成立，东北易帜之后，南京国民政府在形式上完成了国家的统一。为了维护统治，政府加强了对教育的管理。1928 年 5 月，第一次全国教育会议在南京召开，会议通过了《实施民众教育及确定社会教育案》，将社会教育定位为配合"训政"的重要措施。1929 年 1 月，教育部颁发《民众学校办法大纲》和《识字运动宣传大纲》，《民众学校办法大纲》规定 16—50 岁失学男女均应入民众学校学习，在全国掀起民众教育的高潮。《识字运动宣传大纲》颁布后，在全国范围掀起了一场识字运动。1931 年，教育部令各省市筹设社会教育或民众教育员培训机关，以培养社会教育的专门人才。在这一系列政策的推动下，社会教育在全国各地蓬勃发展。1928 年天津特别市成立，邓庆澜出任天津市教育局局长，他上任后对天津市教育局进行了整顿扩充，设立专门负责社会教育事业的社会教育科，附设公报处、保管教育基金委员会办事处、义务教育委员会办事处、民众补习学校办公处等机构。至此，规划管理社会教育成为天津市教育局工作的一部分。在天津市教育局及社会各界的共同努力下，天津近代社会教育走向了巅峰。

一　社会教育机构

（一）学校式社教机构

民众补习学校是这一时期最主要的学校式社教机构。1929 年 5 月，天津市教育局拟定并通过了《实施民众补习教育暂行规程》，明确民众补习教育的宗旨是"遵照国民党政纲，厉行普及教育，使一般年长失学之民众，得由识字读书，增进公民道德与生活技能"[①]，规定由民众补习学校、妇女补习学校、工人补习学校、商人补习学校、农人补习学校、技能补习学校（或称传习所）及其他补习性质的学校，对 12 周岁以上的失

---

① 《实施民众补习教育规程》，《益世报》1929 年 5 月 28 日。

学男女实施补习教育。为普及教育，要求各官署、公所、会社、公私立学校、工厂都应按附设程序设置民众补习学校。规程提出要在一年内（1929 年）调查全市失学民众的情况，以调查结果作为设学标准和督促民众入学的依据；对于通知两次仍未按时入学的人，由教育局给予警告或者处罚。在实施方面，该规程要求从 1929 年开始，每年办两期，每期根据实际情况扩充改进。在这一规程的指导和推动下，天津民众补习学校迅速发展起来。据统计，1929 年天津市平民补习学校"总计 69 校，名誉校长 69 人，教员 115 人，学生 3504 人"①；市立妇女补习"总计学校 30 处，名誉校长 29 人，教员 39 人，31 班，1161 人"②；"工商人补习学校 16 处 27 班 1534 人"；"私立补习学校 13 处 16 班 604 人"③。

　　为了给更多的普通民众提供接受补习教育的机会，1930 年，天津市民众补习学校办公处在调查"本市各区编街，及租界三特别区户口人口街数"④ 的基础上，制定了新增民众补习学校的设校分布计划，详见表 9—10。

表 9—10　　　　　　　1930 年天津市新设民众实习学校计划表

新划学区	学区范围	人口（人）	编街（条）	平均每街人口（人）	设立补校数（处）
第一学区	公安一区，五区，英租界，义租界	365487	97	37679	30
第二学区	公安二区，特别二区，特别三区，日租界，比租界	230470	98	23512	34
第三学区	公安三区，公安四区，特别一区，法租界	296825	96	4134	33

　　资料来源：《津市补校共设百处》，《益世报》1930 年 6 月 3 日。

　　1929—1933 年，共有 5 届毕业生从各式补习学校毕业。"第一届为 120 班，第二届为 80 班，第三届为 63 班，第四届为 68 班，第五届为 70

①　《市立平民补习学校一览（续）》，《益世报》1929 年 10 月 29 日。
②　《市立妇女补习学校一览（续）》，《益世报》1929 年 7 月 6 日。
③　《天津市教育概况》，《益世报》1929 年 6 月 12 日。
④　《津市补校共设百处》，《益世报》1930 年 6 月 3 日。

班，5 届一共 401 班，帮助 16000 余人摆脱文盲的身份"①。之后，由于华北局势紧张，市教育局民众教育委员会虽然已经开始筹办第六届民众补习学校，但却未定开学日期，直到 1935 年 1 月，市教育局才在各短期小学内，附设 20 处民众补习学校，教授 16—40 岁之间的失学男女千字课、符号、笔算珠算等课程，希望在救济失学民众的同时，提高公民的生活能力，增进道德素养。

（二）社会式社教机构

这一时期的社会教育机构，无论在种类上还是形式上都达到了民国时期的巅峰，极大地丰富了民众的社会文化生活。

1. 民众教育馆

"民众教育馆是南京国民政府时期，主要由政府设立的，集中了各种教育设施、运用各种教育办法，实现和达到民众所需要的各种教育的一种民众教育综合机关。"② 为了唤起失学民众的求学兴趣，1930 年 3 月，天津市教育局在年度工作计划大纲中提出创设民众教育馆一处。同年 7 月，天津市教育局在本年度工作计划中提出，拨款 29000 余元，筹设民众教育馆一处。经过 9 个月的筹办，1931 年 4 月 1 日，天津市立民众教育馆正式开幕，开幕当天 "游览者除各市立私立小学整队游览者外，约有三千余人"③。民众教育馆由孙士琛担任馆长，馆长下 "分事物、陈设两部，各设主任一人。事务部负责办理庶务、会计、文书事宜；陈设部分为五室、五股：计博物室、理化室、史地室、卫生室、游艺室等；计讲演股、试验股、编印股、仿制股、调查股等"④。各股的工作职责详见表 9—11。

表 9—11　　　天津市立民众教育馆组织机构及部门职责一览表

名称	主要活动
讲演股	馆内讲演、馆内幻灯讲演、馆外幻灯讲演、馆外临时讲演
试验股	馆内科学试验、馆外科学试验、馆外临时科学试验

① 《市教育局举办之民众补习学校第五届将毕业》，《益世报》1933 年 1 月 16 日。
② 周慧梅：《近代民众教育馆研究》，北京师范大学出版社 2012 年版，第 50 页。
③ 《天津市立民众教育馆》，《益世报》1931 年 4 月 2 日。
④ 张绍祖编著：《津门校史百汇》，天津人民出版社 1994 年版，第 215 页。

续表

名称	主要活动
编印股	编印民众生活、民众画报、民众丛书、民众特刊、民众特画、本馆概览
仿制股	民众教育牌画、各种生理卫生图表、壁画
调查股	学校成绩品陈列、实用作品展览、年假展览会、南洋物品及香港钱币陈列、戏剧脸谱及学校照片陈列

资料来源：《本市民众教育馆长报告五年来之民众教育》，《益世报》1935 年 4 月 6 日。

　　这一时期市立民众教育馆，所做的工作列举如下：1931 年 3 月，函请卫生局派人员来馆为民众施种牛痘；1931 年 7 月，附设民众问字处 1 处；1931 年 9 月成立了一个民众补习班，到 1933 年 9 月，共毕业 4 班；1932 年 1 月，成立民众代笔处；1933 年 5 月，成立注音符号研究会；1933 年 7 月，增设游艺活动设施，供民众娱乐；12 月，成立民众法律顾问处，为民众解决法律疑问；1934 年 7 月，奉教育局令成立阅报室，于馆门前悬挂民众常识及民众画报牌。此外，民众教育馆"随时举行或帮助各机关举行各种活动"[1]。这种既可以对公民进行教育，又可为民众提供娱乐和生活服务的综合场所受到了市民的欢迎。1935 年 6 月，天津市教育局拟定扩大市民众教育馆的组织办法。1936 年 6 月，社会局提出将市立各通俗讲演所、通俗图书馆改组为民众教育馆，详情见表 9—12，同时"改组各阅书报所为民众教育馆之分馆"[2]，形成了每区有一所负责该区社会教育的民众教育馆的格局。

表 9—12　　1936 年天津市社会局改组创建民众教育馆情况表

原单位	改组结果
第一通俗图书馆、第一通俗讲演所	第二民众教育馆
第二通俗图书馆、第二通俗讲演所	第三民众教育馆
第三通俗图书馆、第三通俗讲演所	第四民众教育馆
第四通俗图书馆、第四通俗讲演所	第五民众教育馆

[1] 《本市民众教育馆长报告五年来之民众教育》，《益世报》1935 年 4 月 7 日。
[2] 《社会局拟定廿五年度社教计划大纲（续）》，《益世报》1936 年 6 月 23 日。

续表

原单位	改组结果
第一阅书报所	第六民众教育馆
第五通俗讲演所、第六通俗图书馆	第七民众教育馆
第五通俗图书馆	第八民众教育馆

资料来源:《社会局拟定廿五年度社教计划大纲(续)》,《益世报》1936 年 6 月 23 日。

2. 图书馆

这一时期,社会教育主管部门多次在工作计划中提到图书馆建设问题,如 1929 年 11 月,天津市教育局在行政计划中提出"增设通俗图书馆";"添设通俗图书馆代办所及巡回文库";"设市立图书馆"[①]。1930 年,天津市教育局年度工作计划提到"市立图书馆已于 18 年成立筹备处,拟于本年内择地开办","创设市立儿童图书馆,拟择定相当地点,设立五所"[②]。在市政府的支持下,旧有图书馆得到修复,新的图书馆亦纷纷建立:这一时期新建 1 处市立图书馆,8 处市立通俗图书馆。

(1) 河北省立第一图书馆

直隶省立第一图书馆在北伐战争中被军队当作驻地,"所有馆内器具桌椅,以及门窗墙壁,均捣毁无余,入内一观苍凉满目"[③],很多图书被军队当作废纸卖掉了,不幸中之万幸的是保留了一部分图书,1928 年该馆更名为"河北省立第一图书馆",刘潜任馆长,有馆员 11 人。"该馆楼房共 56 间,楼上右 8 间为藏书室,楼上左 8 间为办公室,楼上中 12 间为妇女儿童阅览室,楼下左 12 间为藏书室及出纳课,其余 16 间为成人阅览室。该馆藏书,中文书 8 万余册,日文书 3000 册,西文书 700 多册,杂志 60 种,儿童读物约 900 种。每月阅览者平均约 6000 人。"[④] 1929 年 5 月省政府拨付 1000 元开办费,收到拨款后,严侗主任即着手整顿内部,1929 年 6 月重新开馆。为推进民众教育,1935 年 6 月,河北省立第一图书馆馆长

---

① 《市教局最近三个月行政计划(续)》,《益世报》1929 年 11 月 23 日。
② 《教育本年度工作》(四),《益世报》1930 年 3 月 11 日。
③ 《不堪回首之河北省第一图书馆》,《益世报》1929 年 5 月 10 日。
④ 张绍祖编著:《津门校史百汇》,天津人民出版社 1994 年版,第 206 页。

李琴湘先生特举办暑期茶馆活动，活动包括书报阅览、讲演、评书表奏词曲和冰厨。[①] 希望通过这些富有教育性的活动帮助青年修身养性。

（2）天津特别市市立图书馆

1929 年 6 月，为促进社会教育发展，充实普通民众的常识，天津市教育局提出成立天津市立图书馆。7 月市政会议通过了教育局筹设市立图书馆的计划。根据计划大纲，该馆隶属天津特别市教育局，教育局负责该馆的人事任免、经费拨给、机构设置等事项。为保证图书馆建设的顺利进行，教育局专门成立了筹备处，并由教育专款拨给经费。1930 年 5 月经市教育局制定，市政会议通过的市立图书馆规程颁布实施。为方便民众阅览，该馆设图书阅览室、新闻杂志阅览室和儿童阅览室。馆内组织机构及各部门职责详见表 9—13。该馆虽设有董事会，馆务会议，但"办事细则、阅览规则、借阅规则、行事历及征集图书文献办法，由本馆拟定，呈请教育局核准实施"[②]。由此可见，这一时期政府加强了对社会教育机构的管理。

表 9—13　　　　天津特别市市立图书馆组织机构及部门职责一览表

馆长：秉承教育局长综合管理本馆一切事务	图书部：设主任一人，商承馆长综理该部一切事务	选购股：掌图书之调查选择订购，收受图书总簿之登记保管及地方文献之征集等事项
		编订股：掌图书之分类，书目之编制，目录之编定，图书之装订，编整杂志讲义报章等之分装合订等事项
		典藏股：掌图书之收藏保管，书架之整理，藏书之统计等事项
		出纳股：掌图书之借阅，贷出收纳，阅览人之监督，阅览室之管理，参考图书之指导及各种统计等事项
	总务部：设主任一人，商承馆长综理该部一切事务	文书股：掌撰拟文稿，收发文件，保管卷宗记录，馆务典守印信及出版刊物之编辑交换等事项
		会计股：掌编造预算，决算，收支款项等事项
		庶务股：掌设备修缮、器具物品之购置保管、职工馆役之监督、参观之招待及一切杂物事项

资料来源：《市立图书馆规程已通过》，《益世报》1930 年 5 月 24 日。

---

① 《民众教育之新设计、省图书馆举办暑期茶馆》，《益世报》1935 年 6 月 28 日。

② 《市立图书馆规程已通过》，《益世报》1930 年 5 月 24 日。

（3）通俗图书馆

天津市教育局接管原有的 4 座宣讲所后，便在各宣讲所设通俗图书馆 1 处。为了满足各区民众的阅读需求，市教育局又陆续筹建第五到第八通俗图书馆，各馆详情见表 9—14。为了加强对通俗图书馆的管理，1929 年 7 月，天津市教育局拟定并公布《通俗图书馆组织规程》，为了给民众提供良好的阅读环境，市教育局还对一些通俗图书馆进行了扩充。1930 年扩充后的第一通俗图书馆"楼上为图书馆，后面楼下为阅报室，院中盖以罩棚，满嵌玻璃，光线极适宜，讲演台，装饰很雅，概用白面，宛如戏台，为津埠最宏丽之讲演所"①。每天下午 4—6 点、8 点到 10 点有两场讲演，讲演员由教育局聘定或各名流担任。此外，1932 年，第六通俗图书馆主任谭滨在馆内创设民众问事处，为市民咨询提供便利。

表 9—14　　　　　　　　　本阶段通俗图书馆设立情况表

图书馆名称	馆址	开业时间
第一通俗图书馆	东马路宣讲所	1929 年 2 月 22 日
第二通俗图书馆	西马路宣讲所	1929 年 9 月 23 日
第三通俗图书馆	北大关宣讲所	
第四通俗图书馆	地藏庵宣讲所	
第五通俗图书馆	南马路法庭对过	1929 年 11 月 1 日
第六通俗图书馆	堤头	1929 年 11 月 7 日
第七通俗图书馆	河北元纬路	1930 年 6 月 14 日
第八通俗图书馆	特别三区七纬路	

资料来源：根据《益世报》相关资料整理。

（4）儿童图书馆

这一时期，儿童图书馆的创建取得了突出成绩：1935 年 2 月，北马路国货售品所提出在所内设立儿童图书馆，计划在院内开辟一块三面通风的地方，摆放各种图书、游戏器具，免费让年幼的学生到这里看书、

---

① 《天津市第一通俗图书馆本月二十二日开幕》，《益世报》1930 年 2 月 14 日。

玩游戏，以得到身体和精神上的双重收益。

为增加旨趣，启迪儿童智慧，1936 年 4 月，市立七处图书馆提出在城内鼓楼西、河东特二区和西头太平街分别设 3 处儿童图书馆，5 月 1 日，第一儿童图书馆便举行了开幕仪式；6 月 18 日天津市第三图书馆在西头大伙巷创办的儿童图书馆开幕。

（5）巡回文库

为了满足居住偏远民众的阅览需求，天津市教育局提出创办巡回文库的计划，即在偏远区域的茶楼、市场内设立图书代办处，放置图书、报纸，供民众免费阅读，拟将部分图书按期轮流送往各代办处，以方便民众借阅。为保证巡回文库的顺利运营，1929 年 6 月，市教育局制定《图书馆巡回文库办法》，对巡回文库的路线、书籍、运营方式、借阅期限、赔偿方式等都做了具体的规定。

3. 博物院

1925 年，天津博物院受经费和军队进驻的双重影响无法正常运营。1928 年，天津博物院向省政府申请经费。省政府决定每月拨给博物院 367 元经费，并对博物院进行了改革："归省府直辖，修改章程，仍保留董事制。"[1] 从此天津博物院更名为河北第一博物院。1929 年冬，博物院对部分借住军队腾出的房屋进行布置，1930 年 1 月，博物院恢复展览。并于同年 7 月召开全体董事会，会议"推举严慈约先生担任院长，姚品侯先生担任副院长"[2]。1930 年冬，军队撤出后，博物院用省政府拨发的维修费进行了修缮，并扩充了陈列区。1931 年博物院向提供补助经费的各学校请求恢复赞助，用于扩充馆藏。此外博物院还向各方发送信函，征集文物展品。经过修整，该馆分自然、历史两部，有陈列室七楹，展品包括"动物，植物，矿物，岩石，化石，宗教，文字，陶器，瓷器，货币，骨器，石器，玉器，掌故，科举，武器，礼器，人种风俗，古迹风景，纪念等类"[3]，"总计全数约 16900 余事，以寄陈品居多，历年之出版品计

---

① 天津市地方志编修委员会编：《天津通志·旧志点校卷》（下册），南开大学出版社 2001 年版，第 171 页。

② 同上书，第 171—172 页。

③ 《河北第一博物院今日全部开放》，《益世报》1931 年 9 月 1 日。

38 种"①。院内辟有植物花卉种植区,在供游人观赏的同时,用作植物标本研究。9 月 1 日,该馆重新开放。"凡著有学校制服,或佩戴徽章,及持有团体名片者,一概免费,购券入览者,每券仅收铜元 10 枚。"② 每日开放时间为下午 2 点到 5 点,周一和纪念放假日次日闭馆休息。此外该院还计划发行一种半月刊宣传学术文化。1933 年河北第一博物院再次扩充陈列室 3 楹,展品为人种风俗古迹风景类物品,大约有 400 件。并调整对外开放时间:将周四和周日定为公开展览日,展览时间也延长为上午 8 点半到下午 5 点半。

4. 体育场馆

1929 年 11 月,市教育局在行政计划中提出"择适当地点,设立公共体育场,以资提倡"③。同月,天津市公共体育场筹备委员会在东马路青年会开会讨论相关事宜。经多方考察、协商,决定以官价收买蔡家花园旁空地作为天津市公共体育运动场的场地。由于体育场占地广,建设耗资较大,为保证工程顺利进行,津浦铁路局借助了一部分空地,"天津警备司令傅作义,天津市长崔廷献均决由公费余款项下捐洋一万元,其余分别募捐"④。1930 年 6 月 7 日,体育场开始动工。体育场冬季还设立溜冰场,供市民游玩。溜冰场入场券分为红色优待证,蓝色季票和绿色临时票三种。门票收入用于补足溜冰场建设经费支出。开放时间为上午 12 点到午后 6 点,周六日延长至晚上 9 点。此外,冰场设有冰球场可供冰球队训练或做冰球比赛用。

为迎接第 18 届华北运动会,天津市政府于第五区宁园东筹建河北省体育场,1934 年 9 月落成。此外 1933 年 6 月云龙篮球场落成;1936 年 5 月海河提供体育场建设完毕;同年 8 月第一公园游泳池开幕。体育场馆的建立,在为市民提供休闲娱乐去处的同时,促进了社会体育的发展。

5. 美术馆

1929 年 11 月,市教育局呈请天津市政府设立美术馆。次年,市政府

---

① 《河北第一博物院今日全部开放》,《益世报》1931 年 9 月 1 日。
② 同上。
③ 《市教局最近三个月行政计划(续)》,《益世报》1929 年 11 月 23 日。
④ 《筹筑公共体育场崔傅各捐一万元》,《益世报》1929 年 12 月 9 日。

批准了市美术馆建设的计划。10 月，天津市美术馆新馆落成，"馆址在河北大经路河北公园（今中山公园）内"①，严智开出任馆长，馆内设有"建筑陈列室、石刻陈列室、国画陈列室、雕塑陈列室、西画陈列室、画室和课堂，设备相当完美。并设有国画研究所、细化研究所、图案建筑研究所、雕刻研究所及摄影、篆刻、邮票等研究会，为天津市第一个美术教育基地"②。美术馆隶属于市教育局管理，每年于教育专款内拨 1000 元作为活动经费。市美术馆的成立，受到了广大民众的欢迎，从 1930 年成立到 1941 年之间，共"举办各种美术展览 85 次，参观者 50 余万人"③。此外，美术馆还附设各种美术研究社，出版《美术丛刊》，以培养美术人才，提高市民的审美能力。

除了以上几种社教机构外，这一时期，政府还积极规划、建设、管理公园、民众阅报所、阅报牌、公共娱乐场所、剧场电影院等公共式社会教育机构，丰富了市民的文化生活。在政府的提倡以及社会各界的共同努力下，这一时期的社会教育在经费投入、设施建设和民众受益等方面都达到了民国时期的顶峰。

二　社会教育概况

（一）社会教育管理

1928 年 7 月，天津特别市教育局成立后，局长邓庆澜便着手教育局扩充整顿。"该局内部组织分为三科：第一科为学校教育科；第二科为社会教育科；第三科为总务科。二处一为秘书处，一为督学处。附设有：公报处、保管教育基金委员会办公处、义务教育委员会办公处、民众补习学校办公处等"④。为了更好地推进社会教育的发展，市教育局及时制订促进社会教育发展的行政计划，统计相关数据，派专员进行视察，以及时修正计划。

（二）社会教育经费

南京国民政府规定社会教育经费应占整个教育经费的 10%—20%。

---

① 张绍祖编著：《津门校史百汇》，天津人民出版社 1994 年版，第 214 页。
② 同上。
③ 同上。
④ 同上书，第 213 页。

为了达到此项规定，天津市政府每月从地方卷烟特税中拨款 6 万元作为社会教育专款。这一决定为天津市教育事业的发展提供了经济保障。1929 年 5 月，市教育局发布《实施民众补习教育暂行规程》，规定民众补习学校的经费由"本市教育专款中划归社会教育之民众补习教育者充之"，同时接受"逆产及公产之划归教育者；私人或团体之捐助；其他由市府指拨之特产捐及附加税"①。市立图书馆规定"本馆经费由教育局于转款项下支给之"②；最初在各宣讲所设立的 4 处通俗图书馆，每月能得到教育局拨给的 280 元经费。由此可见，在这一时期，政府成为了社会教育的承办者。

（三）社会教育师资

这一时期，市教育局加强了对社会教育师资的培养与管理。《实施民众补习教育暂行规程》规定，教师应当符合"党义教师检定合格者；曾任教职员或中等以上学校毕业曾受党义训练热心民众教育者；忠实党员，曾在中等学校毕业者，确有相当学识与经验经教育局考查合格者"③，突出教师的政治标准，还提出"由教育局开设民众补习学校教员培训班"④，以培养补习学校师资。

（四）社会教育内容

这一时期，天津社会教育的内容更加丰富。鉴于文盲大量存在，社会教育以识字教育为中心，兼有生计教育、公民教育、健康教育、休闲教育。学校式社教机构主要对公民进行识字教育、生计教育和公民教育；民众补习学校的开设党义、识字、常识、笔算、珠算等课程，以识字为授课重点；民众教育馆、图书馆、博物院、体育场等社会式社教机构则通过举办丰富多彩的活动吸引民众参与，以潜移默化的形式对广大民众进行健康教育、休闲教育。

（五）社会教育途径

社会教育机构除了通过学校教学对民众进行教育外，还通过识

---

① 《实施民众补习教育规程》，《益世报》1929 年 5 月 28 日。
② 《市教局筹设市立图书馆》，《益世报》1929 年 7 月 31 日。
③ 《实施民众补习教育规程》，《益世报》1929 年 5 月 28 日。
④ 同上。

字运动、电化教育、体育活动等方式对民众的生活产生积极的
影响。

1. 识字运动

识字运动是在天津市政府的直接领导下进行的。为了更好地宣传、
组织识字运动，市政府组建了天津识字运动委员会。1929 年 5 月 31 日，
识字运动委员会召开会议，议决了包括修正通过实施办法、印刷宣言、
印刷问题等在内的七项内容。会议通过周密的宣传计划，制定了利用讲
演队、唱歌游行队、标语、图书、书报、宣言、告民众书、识字要义、
识字方法、旗帜、幻灯机电影、留声机、广播无线电进行宣传的实施办
法。7 月 13 日，识字运动宣传委员会从识字对个人、家庭和国家的必要
性和重要性三方面总结了十条宣传要点，将个人发展与道德和责任、家
庭和国家的发展联系在一起，激发民众对识字运动的热情和关注。此外，
伴随民众学习需求的增长，现有 100 所民众补习学校的数量还会继续增
加；为了有目的有计划地推进识字运动，识字运动委员会安排了"讲演
所举行讲演，小学生作家庭宣传，并由公安局及各特别区公署散发传
单"① 等宣传活动，并从 12 月 16 日开始，对全市 5 个公安区和 3 个特别
区的 192721 个住户，总计 934821 人进行了分住户和军队的调查，此次调
查的结果详见表 9—15。

表 9—15　　　　　　　　1930 年天津市文盲情况调查表

区域	每千人中不识字人数（人）		
	总计	男	女
全市	574	403	815
公安一区	479	32	793
公安二区	546	429	749
公安三区	550	368	905
公安四区	682	576	841
公安五区	665	556	815
特别一区	544	396	756

① 《调查本市不识字者》，《益世报》1929 年 12 月 21 日。

续表

区域	每千人中不识字人数（人）		
	总计	男	女
特别二区	393	307	486
特别三区	582	397	947

资料来源：《本市文盲三十五万每千人中有五百七十四名》，《益世报》1932 年 6 月 16 日。

"本市识字运动宣传委员会以本市文盲人数已达 35 万余，占全市人数十分之六，颇为注意，对于宣传工作积极进行，以期救济文盲"[1]。1930 年，天津市效仿河南省，在"各机关各民众团体、各学校图书馆阅报处"分别设立民众问字处[2]，由各机关团体派专员负责为问字民众答疑解惑；1932 年 7 月，识字运动宣传委员会议决三项提议："一、在各街巷设立铁牌，画写代图单字。二、继续设立民众问字处。三、在此暑假期间设立露天学校"[3]。11 月，铁道部筹设天津职工识字学校，为铁道职工提供识字机会；12 月，杨村在地方绅商领袖、完全小学和省立乡村民众教育馆联合举行了识字运动。这一系列活动对天津的普及教育起到重要的推动作用。

2. 电化教育

随着科技的发展，广播走进了普通民众的生活，并逐渐被运用于社会教育。1934 年，北马路中华书局与任昌绸缎庄商议，用任昌绸缎庄的无线电广播设备教授大众英语，从 4 月 1 日起，每天下午 5 点到 6 点，由邓淑蕙女士讲授。课本采用中华书局出版的《基本英语》。有意向学习英语的人只需要有收音机和英语课本并按时收听即可。此外，中华书局还在东马路第一宣讲所和西马路第二宣讲所安装了播音机器，为无力购买收音机的民众提供了免费学习的机会。1935 年 2 月，天津市政府在市立图书馆、市立民众教育馆、市立第一到第五通俗讲演所、市立第一到第七通俗图书馆、市立第一到第十民众阅书报所都安装了无线电收音机，

---

① 《识字会筹设露天学校》，《益世报》1932 年 7 月 9 日。
② 《津市将筹设民众问字处》，《益世报》1930 年 2 月 26 日。
③ 《识字会筹设露天学校》，《益世报》1932 年 7 月 9 日。

于 2 月 25 日开始播放社会教育节目，节目安排详见表 9—16。为方便市民收听，市教育局要求各社会教育机关"将电台日期时间，主讲者讲演各项，公布门外"①。

表 9—16　　　　　　　　1935 年天津市社会教育收音节目安排

时间	节目
待定	中国文化建设协会天津分会特约讲演
周一	中央广播电台纪念周讲演
周二下午 8：30—9：00	青年会电台注音符号讲演
周四下午 8：30—9：30	青年会儿童教育讲演
周五下午 7：00—8：00	南开大学电台科学讲演
每日	中央广播电台政治报告
每晚	酌情收听中央广播电台及本埠各电台其他有关文化与教育节目

资料来源：《市教育局整饬教育》，《益世报》1935 年 2 月 23 日。

1936 年，"教育部令举办电化教育人员训练班，养成各省市电教人才"②，天津市教育局派林秉实等人赴京学习。为了更好地利用电教设备发展社会教育，天津市教育局长凌勉之提出根据"本市财政情形，先设广播电台一座，并购电影放映机一二架，及教育影片若干，以便随时播演社教节目"③。公共电台设在河北贾家大桥民众教育馆新址内，开办及日常开支由教育局拨教育专款。

在这一时期，政府加强了对电影的审查管理力度。1929 年，政府制定电影检查规则十六条，要求电影必须经该规则的检查核准后才能放映。随着经济和社会的发展，"有伤风化及怪诞不经等文艺作品日多"④。1932年 9 月，天津市公安局按政府要求，"依法组织天津市审检文艺电影委员会"⑤。1935 年 10 月，天津市教育局、社会局、公安局联合对电影院上映

---

① 《市教育局整饬教育》，《益世报》1935 年 2 月 23 日。
② 《实施电化教育　教局将设广播电台》，《益世报》1936 年 9 月 6 日。
③ 《实施电化教育　教局将设广播电台》，《益世报》1936 年 9 月 6 日。
④ 《本市决组织审查文艺电影会》，《益世报》1932 年 9 月 6 日。
⑤ 同上。

的未经许可影片进行检查。为促进电影行业的健康发展。1936 年 8 月，天津市教育局、公安局联合组建电影监察员联席会，制定了检查办法和组织规程，这一系列措施在一定程度上肃清了电影中有碍青少年身心发展和社会进步的"毒素"。

3. 体育活动

为增强市民体质，社会各界举办了多种体育竞赛，如 1934 年公共体育场便举行过第一届越野赛跑，第一届抖空钟（竹）比赛；[①] 同年 10 月，河北体育场举办了第 18 届华北运动会；1936 年 1 月，市立公共体育场主办冰上运动会；4 月，市体育协进会在市立体育场举办男女脚踏车比赛。这些活动不仅调动了市民参加体育锻炼的积极性，增强了体质，更促进了天津市体育事业的发展。

除了以上几种社会教育途径，丰富多彩的书画艺术品展览、改良评剧演出、图书报纸、年画等都在社会教育的推进中发挥了积极的作用。

三　繁荣期社会教育的特点

（一）政府为主要推动力量

全国的统一和政治局势的稳定使南京国民政府有更多的精力来发展社会教育。同时，国民政府亦需要用社会教育来维护统治。因此，政府对社会教育的关注程度大幅度提高。天津市教育局不仅设有社会教育科，有明确的组织机构和职责，更制定了社会教育发展规划，要求各机构对一段时期内社会教育机构和活动的情况进行统计，以便主管部门在制定下一时期的规划时能够更有针对性。

（二）社会教育经费有了保障

这一阶段，社会教育有了专项经费。1928 年 5 月，大学院召开第一次全国教育会议，议决"社会教育经费在整个教育经费中，暂定应占 10%—20%"[②]，国民政府要求各省市政府自 1929 年起一律按此要求执行。据教育部 1929 年的统计数据显示，1929 年天津市社会教育占全部教育经费的比例为 20%，仅次于 23% 的西康省，而其他地区达到标准的很

① 《公共体育均将举行第一届抖空钟比赛》，《益世报》1934 年 3 月 2 日。
② 杨才林：《民国社会教育研究》，社会科学文献出版社 2011 年版，第 109—110 页。

少，足见天津市政府相当重视社会教育。1929—1936 年天津社会教育经费占教育经费比例详见图 9—1。

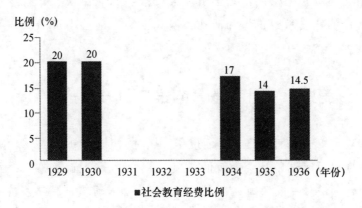

图 9—1　1929—1936 年天津市社会教育经费占教育经费比例

资料来源：根据王雷《中国近代社会教育史》（人民教育出版社 2003 年版）第 120 页相关数据绘制。

（三）社会教育事业蒸蒸日上

这一时期，政府积极创办民众补习学校、职业补习学校，推进识字运动，增设通俗图书馆、通俗图书馆代办所、巡回文库，添设民众阅报所、阅报牌，设立体育场、美术馆，创建公园，加强对电影的检查，刊行社会教育周报等。可以说"凡是和教育有联系的、凡是对人有影响的、凡是具有教育意义的事情，几乎都是社会教育的事业"①。社会教育的形式多种多样，内容丰富多彩，对广大天津市民产生了全方位的积极影响。

（四）民众教育是社会教育的核心

"1932 年 7 月教育部《修正各司分科规程》和 1933 年 4 月国民政府颁布的《修正教育部组织法》中，在社会教育司掌管事项中，第一条就是'民众教育事项'，至此在社会教育行政上，民众教育成了社会教育工作的首要事项"②。因此，这一时期的社会教育是围绕民众教育展开的。市教育局专门设立了民众补习学校办公处，管理民众补习学校的

① 王雷：《中国近代社会教育史》，人民教育出版社 2003 年版，第 123 页。
② 同上书，第 265—266 页。

相关事宜；市政府创办了大量民众补习学校，对广大失学民众进行补习教育，以提高其智识和生活水平；市政府还在市区周边县设立民众教育馆，用丰富多彩的活动吸引广大民众、影响民众。虽然这一时期还有其他的社会教育设施和活动，但其影响力远远小于民众补习学校和民众教育馆。

第六节　社会教育的维持(1937—1949)

1937 年 7 月 7 日，日本全面侵华，战时社会教育成为主导，政府根据国情变化及时调整社会教育的各项政策法规，以抗战的需要为重点，有针对性地培养民众的国家观念、民族意识以及强健的体格。抗战胜利后社会教育获得短暂的恢复，但是内战的爆发再次影响了社会教育的发展进程。

日本侵略者占领天津后，利用社会教育设施向民众传播倒退的思想文化；进步人士则利用社会教育设施传播民族文化知识，培养民众的民族精神和爱国热情。抗日战争胜利后，国民政府从日本侵略者手中重新接过社会教育事业，但是由于内战和资金短缺，社会教育事业举步维艰，勉强维持成为这一时期天津社会教育的主题。

一　社会教育机构

战争打乱了国民政府发展社会教育的计划，让众多社会教育机构陷入艰难维持的境地。抗战胜利后，天津社会教育有所恢复，但内战的爆发和物价的飞涨又一次抑制了社会教育的发展；经费的短缺使大多数社会教育机构遭到了灭顶之灾。

（一）学校式社教机构

1937 年 5 月，市教育局为了提高普及民众教育的效率，效仿青岛拟定了强迫民众入学的办法："根据警察局户籍册，指派入学受训四个月，凡有设法规避者，即予处罚"[1]。但很快因战争的爆发被迫中断。抗日战争胜利后，天津市教育局于 1946 年 5 月对全市小学校数和失学人数进行

---

[1]　《强迫民众入学　市教局拟定办法》，《益世报》1937 年 5 月 14 日。

了调查，调查结果显示，天津市有市立小学 102 处，私立小学 155 处，[①]
失学人数详见表 9—17。很明显，现有学校很难满足失学民众的求学需
求。于是，市教育局提出将市立小学改为国民小学，附设成人和妇女班，
对失学的成年男女进行教育。

表 9—17　　　　　　　　1946 年天津市失学人数情况表

项目	人数	项目	人数
学龄儿童	20 万	入学儿童	8 万
12—15 岁儿童	9 万	入学儿童	6 万
16—30 岁成人	125 万	未受教育者	65 万

资料来源：《推行国民教育　扫除本市文盲》，《益世报》1946 年 5 月 20 日。

（二）社会式社教机构

抗战时期，日伪一边破坏公共设施，掠夺文物，烧毁书籍资料，一
边利用社会教育机构对民众进行奴化教育。由于战争的破坏，1937—
1945 年天津社会教育的资料相当有限，直到抗日战争胜利后，有关社会
教育的资料才逐渐增多。

1. 民众教育馆

1946 年，天津市政府对社会教育机构进行摸底调查时，指出"本市
原有各民众教育馆，为敌伪时期所划分，因有租界限制，故不普遍，亦
不合实际。自本年 8 月起，本市教育局按照自治区重新划分，每区设一
民教馆。除原有 9 个民教馆更名外，并在第十区内增设第十民教馆，以
资推行各区社教工作"[②]。1947 年 3 月，天津市第十区民众教育馆经过多
日的修葺筹备正式开放。"其主要部门除图书阅报，儿童实习班，妇女识
字班，簿记识字班，国画研究班等义务教育工作每日开课外，并有电化
教育，富有教育性之影片公开放映"[③]。为推进社教工作，该馆还积极邀

① 《推行国民教育　扫除本市文盲》，《益世报》1946 年 5 月 20 日。
② 《津市教育近貌》，《天津市》1946 年第 1 期。
③ 《津十区民教馆推进社教工作》，《益世报》1947 年 3 月 18 日。

请平津著名教授到馆演讲。

为促进社会教育的恢复和发展，1946 年 11 月，市教育局举办扩大社会教育运动宣传周活动，各民众教育馆积极参与，举行了丰富多彩的活动，详情见表 9—18。

表 9—18　　　　　　　　　民众教育馆举办活动一览表

主办单位	活动情况
第一民教馆	新闻照片展览；播放电影
第二民教馆	12 日：新闻照片壁报展览及游艺大会；彩唱平剧《玉堂春》等 13 日：国防科学讲演 14 日：播放电影
第四民教馆	举办照片展览、壁报、讲演比赛
第五民教馆	举办照片展览、壁报、电影
第六民教馆	新闻照片展览、壁报、电影
第七民教馆	新闻照片展览、电影
第八民教馆	新闻照片展览、放映两场电影
第九民教馆	举行纪念大会，由馆长讲演国父生前革命历史； 举行游艺大会；彩唱《武家坡》等平剧
第十民教馆	照片展览

资料来源：《津市教育局推动社教运动》，《益世报》1946 年 11 月 13 日。

2. 图书馆

资金紧缺是这一时期天津各个图书馆面临的共同问题，尽管如此，他们仍苦苦维持，为市民提供读书阅报的场所。

（1）河北省立天津图书馆

1945 年，河北省立第一图书馆更名为河北省立天津图书馆。受战乱和经费紧缺的影响，1945 年到 1948 年，"仅添购了三四百本的书籍，其中《新中学文库》和《小学文库》便占去了一半的数目"[①]，在仅有的 11 万册图书中，2/3 以上为线装书，其他的大多为中日英文书，自然科学或

[①] 《濒于"灭顶"的文化事业　津市三图书馆介绍》，《益世报》1948 年 9 月 27 日。

社会科学的中文书籍大多是 1937 年以前购进的。尽管如此，"每天还是平均有 200 人以上去看书阅报"，"每到星期日因为阅览室狭小，借书的人有时要排着二行等候"①。1949 年 3 月，该图书馆与原"天津图书馆"合并，组建"天津市第二图书馆"。

（2）市立第一图书馆

受经费等因素制约，成立于 1929 年的天津市立第一图书馆面临图书资源不足和人手不足的双重压力。该馆时有藏书 6 万册，"线装书多于新书，复员三年仅添购 100 多本书"②。经费的短缺使以儿童和学生为主的读者无书可看——"儿童书籍已经被小孩们翻阅得破烂不堪，除了几份报纸以外杂志是没有的"③。经费短缺带来的另一个问题是工作人员的不足，这使得主任、职员与工友之间彼此无法划分工作。

（3）天津图书馆

1947 年，天津图书馆迁入位于承德道的公议大楼，以日本居留民团图书馆留下的 8 万余册图书为基础，开始筹建。为了避免政治和人事变动的影响，天津图书馆筹备委员会决定由地方士绅组成董事会负责该馆的经费和人事。1948 年，天津图书馆成立，5 月，增设一个儿童阅览室，8 月，在三楼搭建平台，定期播放教育新闻影片，供市民免费观看。11 月，购置新书 1000 余册，并制定借书章程以方便读者借阅。天津图书馆文化服务部的义务夜校还筹设商业补习班和英语补习班，深受读者的喜爱，"自从开馆以来，每天总在 500 到 900 人的样子，最多的时候到过 1000 多"④。但受局势影响，到 1949 年天津解放时，天津市图书馆"仅局部开放了 8 个月"⑤。

（4）其他阅览场所

天津市社会服务处设立的阅览室和图书室受到广大读者的欢迎。阅览室有"平津两市的大小报和比较严肃的杂志几十种"⑥。受经费限制，

① 《濒于"灭顶"的文化事业　津市三图书馆介绍》，《益世报》1948 年 9 月 27 日。
② 同上。
③ 同上。
④ 《文化事业荒废一例　津图书馆遭危机》，《益世报》1948 年 6 月 24 日。
⑤ 张绍祖编著：《津门校史百汇》，天津人民出版社 1994 年版，第 217 页。
⑥ 《天津市社会服务处书报两室市民多》，《益世报》1948 年 3 月 15 日。

图书室藏书不到 3000 册，且大部分是民众捐献的旧书。为了给读者提供更好的阅览服务，服务处向天津市图书馆、各学校轮流借书。尽管阅览室和图书室条件有限，但还是创下一个月内平均每天近 600 人阅览的最高纪录。

美国新闻处图书馆位于十区中正路利华大楼二楼美国领事馆内。馆内存有最新的《纽约时报》供天津市民免费阅览，开馆时间为每天上午 9 点到下午 5 点。1949 年 1 月，该馆随美国新闻处迁入一区承德道十号法国学校的旧址，并恢复阅览。为了营造良好的阅览环境，该馆于每周二、四下午 3 点到 4 点半在阅览室内播放古典音乐，吸引了广大民众前去借阅图书、报刊。

3. 博物馆

为纪念抗战胜利，弘扬民族精神，1946 年，河北省立天津博物馆特设抗战纪念室，面向全社会征集有关抗战的照片、文献、先烈史迹、战利品、证明敌伪罪行的物品以及联合国作战照片、欧亚各地作战事迹等，向公众展示抗战的情形。为了扩充展品，弥补战争对博物馆造成的损失，该馆还面向社会"征集关于自然科学、历史、工艺、交通、建筑、工业、卫生等展品"[1]，以期为市民创设更好的社会教育环境。

4. 体育场馆

抗战胜利后，为了活跃人民的生活，推动体育事业发展，教育部拟订推进社会体育发展五年计划。天津市积极响应号召，筹建体育场馆。1946—1949 年，每逢夏季，市立第一体育场游泳池、市立第二游泳池、黄家花园游泳池都给市民带来戏水的欢乐，冬天来临时，天津市搭建溜冰场供市民娱乐。1947 年冬天，市第一体育场溜冰场、工商学院溜冰场和宁园溜冰场向市民开放。

5. 艺术馆

1947 年，天津美术馆更名为天津市艺术馆。由于经费有限，艺术馆外观简陋，"阴暗狭小的馆址，灰绿色的墙，走进去，便令人有一种冷森森的感觉"[2]，毫无艺术气息。由于无力购买钢琴等必要设备，致使音乐

---

① 《津省立博物馆拟辟抗战纪念室》，《益世报》1946 年 5 月 3 日。

② 《连一架破钢琴也没有 艺术馆里无艺术》，《益世报》1948 年 9 月 22 日。

部、戏剧部无法成立。国剧爱好者自发捐款成立了国剧研究班，每周日下午举行活动。美术部是艺术馆中较为完善的一个部门，设有国画班和西画班，每班下又分正班（隔日上课，有20多名学生）和星期班（有10多名学生）。国画班由馆长刘子久兼任教师，绘制教材，西画班则以石膏塑像作为模特临摹、绘画。

二　社会教育概况

（一）社会教育管理

沦陷时期，天津的社会教育被日伪政权所掌控，成为宣传"中日友好""东亚共荣"的工具。抗战胜利后，市政府重新接管天津社会教育；为推动社会教育的发展，自1946年11月12日起，天津市教育局"举行了扩大社教运动宣传周，发动所属体育场、民众教育馆、美术馆、图书馆等举行球类比赛、游艺会、照片展览、中西画展、文献展览、国术表演"① 等一系列的活动。此外，天津市政府部门还积极制订推进社会教育的年度工作计划，拨款成立有关社会教育的研究组织。在市政府的努力下，天津社会教育恢复较快，但很快又因飞涨的物价而陷入困境。

这一时期，社会教育机构组织简单，以图书馆和艺术馆为例，市立第一图书馆的工作人员只有"一位馆长，一位主任，三位职员，三位工友"②，艺术馆内"除馆长外，只有主任、保管、会计和工友各一人"③。成立较晚的天津图书馆虽然在成立之初召开董监事联席会议，推定21名董事，3名监事，"聘时子周为馆长，陶履中为副馆长"④，但在实际运营中，董事会自成立会议后便一直都没再开会，到图书馆视察的董事也不过三四人，形同虚设。

（二）社会教育经费

这一期社会教育机构普遍经费紧缺。天津图书馆在筹备阶段共借款

---

① 《津市教育局推动社教运动》，《益世报》1946年11月13日。
② 同上。
③ 《濒于"灭顶"的文化事业　津市三图书馆介绍》，《益世报》1948年9月27日。
④ 《天津图书馆常务董监事推定》，《益世报》1947年11月26日。

约 10 亿元，其中"借自市府八千万，河北省银行三亿，市银行六亿三"①，到开馆时，这笔钱就已用尽。开馆时"李烛尘氏捐赠九千万，徐端甫氏捐赠一千万"②。证券交易所答应自 4 月到 6 月每月拨给该馆 3 亿元办公经费，但这笔钱在征订报刊、支付杂费支出之后连员工的薪水都无法支付。副馆长陶履中虽然到南京寻求经费支持，但却未得到让人满意的结果。经费完全依靠社会人士捐赠令天津图书馆举步维艰。

政府的拨款是极为有限的。省立天津图书馆每月的经费是 1 元 3 角 5 分金圆；市立第一图书馆每月经费为 2 元金圆。③ 天津市艺术馆由于经费短缺无法成立音乐部和戏剧部，职工薪金和办公费更是少得可怜。尽管体育场馆以出售门票贴补运营费用，但此项收入依旧无法弥补飞涨的物价带来的亏损。1948 年 8 月，开放不到一个半月的市立第二游泳池因水电费激增而关闭。经费的短缺使这些社教机构举步维艰。

（三）社会教育内容

日伪统治时期，社会教育的主要内容是灌输"东亚共荣""中日友好"等思想，以模糊中日界限，淡化民众的爱国精神，而爱国人士则以秘密的方式向广大民众宣传民族精神和爱国思想。抗日战争胜利后，社会教育的内容重新回归到抗战前以识字教育为主，公民教育、生计教育、健康教育、休闲教育等多种教育。

（四）社会教育途径

1. 电化教育

电化教育在这一时期得到了较大的发展。为落实教育部"注意社会教育，尤其注重电化教育之推行"的要求，1946 年天津市教育局效仿青年会缴纳较低会费享受多种权利的办法，发动全市民众教育馆和与教育有关的团体单位组织"电化教育研究会"，"研究将采座谈会、出版刊物、广播、放映新闻教育片等方式"④ 进行。此外教育局还计划组织巡回放映队，用已购得的十六毫米放映机到市郊各地放映义演。1947 年天津市教

---

① 《文化事业荒废一例　津图书馆遭危机》，《益世报》1948 年 6 月 24 日。
② 同上。
③ 《濒于"灭顶"的文化事业　津市三图书馆介绍》，《益世报》1948 年 9 月 27 日。
④ 《津市教育局积极推进电化教育》，《益世报》1946 年 10 月 13 日。

育局决定"分全市为数区，以民教馆及国民学校为中心，藉电影及无线电教育民众"①。天津市美国新闻处表示愿以设备、影片和人力协助天津市教育局推广民众教育，每月在每一民众教育中心放映一次教育电影。

在广播方面，抗战胜利后，天津市的广播事业蓬勃发展，在创建新电台的同时，政府加强了对已有电台的管理。1946 年，中国广播电台在天津第一区罗斯福路 251 号设立了一处播音台，定于 11 月 12 日开始播音，播音内容包括报告新闻、社会教育节目、广告节目。1948 年 10 月，天津文化电台成立，"每日下午划出一定时间来报告市府或所属各局处的重要消息，报告文化会堂业务，和作各种教育文化专题讲座，并每隔相当时间，即由各局处负责人向市民作工作业务的总报告"②。这一时期的电台，多播放一些具有教育意义的节目，如天津广播电台第一播音台每晚 8 点播放《居里夫人传》，使民众在休闲的同时受到教育。从 1946 年 11 月到 1947 年 3 月短短 4 个月时间，相继成立了中国、中行、华声、世界、友声、宇宙、青联 7 家电台，这些电台以广告收入维持运行。为了吸引商家投放广告，一些电台甚至播放海淫歌曲，对社会风气造成了不良影响。因此，市政府于 1947 年 1 月对已经设立但没有营业执照的民营电台予以取缔。

在电影方面，天津市政府加强了对上映影片的审核和管理，确保了电化教育的良性发展。1937 年 3 月，教育部拨发的电影放映机运抵天津，随机附赠了"《我们的前途》《蚊子长生史》《巴拿马运河》《农家》"③四部富有教育意义影片，教育局指定受过电化教育训练的科员林秉实负责放映，由于只有一台放映机，因此要在第一、二民教馆、小王庄实验区和各讲演所之间轮流放映。1947 年 12 月，教育部将第二批 10 部影片寄到天津，这些影片分别是"《中国人在战时英国》2 部，《前线救护工作》2 部，《保卫我们的土地》4 部，《滦州影》、《蒋公寿辰》各 1 部"④，并在各区放映。政府还加强了对上映影片的审查。1945 年社会局规定

---

① 《津教育局推动电化教育》，《益世报》1947 年 5 月 29 日。
② 《市府传声筒文化电台将成立》，《益世报》1948 年 9 月 20 日。
③ 《推行电化教育电影放映机》，《益世报》1937 年 3 月 1 日。
④ 《教育电影小学生轮流观看》，《益世报》1947 年 12 月 17 日。

"举凡各影戏院于上演影剧前,必须将片名,剧本呈请行政当局审阅批准后,方准映演"①。1948 年市教育局制定了《天津市电影片检验办法》,规定"凡在本市映演之中外电影片均须有内政部电影检查处核发的准演执照,并应于每一电影映演前,由各影院填具映演申请书检同准演执照送呈教育局查验办理登记手续"②,核验无误发给公演证后方准上映,违者根据情节予以处罚。

2. 体育活动

为谋国民体育的发展,1942 年初,国民政府将 9 月 9 日定为体育节。体育节当天,市教育局与天津体育协会共同筹办了包括越野比赛、体育游行表演、各项球类表演等活动在内的盛大的庆祝活动,广大市民踊跃参与。此外,各团体经常举办丰富多彩的体育竞赛,如春季运动会、秋季运动会、冰上运动会、篮球比赛、足球比赛、越野赛等等。虽然一些运动会因经费拮据而取消,但却阻挡不了市民对体育运动的热情。为顺利举办 1947 年春季运动会,天津市社会各界纷纷捐款捐物。可见,体育活动已经成为天津市民生活的重要组成部分。

3. 图书出版

抗战胜利后,天津市政府在为市民提供良好阅读环境的同时,对图书出版市场进行了治理整顿。为防止不正当印刷品毒害社会,1946 年 1 月,天津市社会局出台了查禁敌伪书刊的办法,对各书店、书摊进行检查。同年 12 月,天津市教育局制定了十条审查小人书的办法,查禁影响儿童身心小人书。尽管如此,黄色书刊还是在市面上大量流传,据《益世报》记者报道,被黄色书刊抢占市场后,一些"正派刊物的销路已自几千份减为几百份,甚至几十份,十几份,从出版之日摆到书店或书摊上,一期二期的叠起来,以致书皮发黄"③。此外黄色歌曲也成为相关部门打击扫除的重点。受飞涨物价的影响,生计成为市民考虑的首要问题,旧书多被束之高阁,价值连废纸都不如。

① 《影剧上演前须送呈审阅》,《益世报》1945 年 12 月 14 日。
② 《检查影片教育局订办法》,《益世报》1948 年 7 月 23 日。
③ 《精神食粮变质 正经杂志无人问津 黄色刊物风行一时》,《益世报》1947 年 6 月 8 日。

面对每况愈下的旧书行业，1948 年天津市教育局向北平方面咨询购书经费等相关问题，以便救济本市旧书业。

4. 戏剧

抗战胜利后政府重新加强了对戏剧的管理，以防戏剧中所含"毒素"对社会风气造成不良影响。1946 年 2 月，天津市社会局以《四郎探母》一剧中杨四郎贪恋富贵、女色，于家不孝，于国不忠，不适宜在抗战胜利、亟待提倡民族正气的时候播出而禁演了该剧。1948 年 1 月，教育局叫停了包括《桃花庵》、《驼龙》等在内的 11 部含有毒素的评戏，要求更改剧情，待符合要求后才可酌情解禁。

5. 展览

抗战胜利后，各种展览又重新走进民众的生活。1946—1949 年间，天津多次举办展览会。高频率的展览不仅反映了这一时期文化事业的发展，更显示了天津人民对文化艺术的热衷。1946 年到 1947 年天津市的展览活动详见表 9—19。

表 9—19　　　　　　　　1946—1947 年天津市展览情况表

举办者	展览地点	展览内容	时间
中华全国美术会天津分会	中原公司六楼	会员作品	1946 年 3 月 26 日至 28 日
国风画社	第一区聚合成饭庄	本市知名画家慕凌飞、王又余、张士夏、初晓东等人的画作	1946 年 6 月 23 日至 25 日
张志鱼、万砚北、李太庸	天津永安饭店或梦花室	扇股、印章、书画	
天津市美术馆	天津市美术馆	古书画真迹展	1946 年 8 月 17 日至 19 日每天上午 10 点到 12 点起，下午 3 点到 6 点止
天津市天主教青年会	青年会会场	辛莲子作品	1946 年 10 月 26 日下午 2 点到 7 点；27 日上午 9 点到下午 7 点

续表

举办者	展览地点	展览内容	时间
中华全国美术协会天津分会、三民主义青年团天津支团部	罗斯福路中原公司六楼	书画展览	1947 年 3 月 25 日
章德表	永安饭店二楼	章德表画作	1947 年 3 月 29 日至 31 日
凌宵	东马路青年会	蝴蝶展览会	1947 年 9 月 7、8、9、12、13、17 日至 21 日 10 天

资料来源：根据《益世报》1946—1947 年相关资料整理。

三　维持期社会教育的特点

（一）维持是此阶段社会教育的主要特征

抗日战争时期，日寇利用社会教育宣传"大东亚共荣圈""中日亲善，共存共荣"等反动思想，试图让天津民众接受他们的奴化教育，成为顺民。迫于形势，民众爱国主义教育转到地下秘密进行，社会教育在爱国人士的努力之下艰难维持。日本投降后，国民政府重新接管天津，市教育局重新开展各类社教活动，社会教育较战期有所恢复，但是内战的爆发又使政府无暇顾及社会教育各类社会教育机构苦苦维持。

（二）社会教育经费严重不足

在这一时期，社会教育经费始终严重不足，成为制约社会教育发展的主要原因。各社教机构普遍经费紧缺，职工薪金私办公经费少得可怜。图书馆经费捉襟见肘，读者无新书可看，艺术馆缺办经费，"连一架破钢琴也没有"，"艺术馆里无艺术"；游泳池因付不起水电费而关闭……资金缺乏使社会教育难以为继。

（三）电化教育得到较大发展

起源并兴盛于 20 世纪 30 年代的电化教育在这一时期被广泛应用，获得了较大的发展。在战乱时期，民众很难按时去补习学校或者民众教育馆等社教机构学习，在这种情况下，电化远程教育的优势便体现了出来。

民众可以用收音机在家收听电台播出的文化教育节目，了解信息、学习科学知识，对传播新思想、普及科学知识、移风易俗、倡导爱国主义起到了积极作用。

结　　语

　　天津近代各级各类学校教育发轫于清末，经历了民国初期的转型和国民政府时期的调整，逐步形成了完整的教育制度体系，表现出制度化、规范化、专业化的特征，尽管在日寇入侵时期遭受重创，但抗战结束后，依靠之前奠定的良好基础，在较短时间内就得以恢复和重建。纵观天津近代教育制度半个世纪的发展历程，不难看出，它有自己的鲜明特色；虽然发展道路坎坷曲折，但也积累了宝贵的经验；虽然前进道路上也出现一些问题，但只要正视这些不足，仍能为当今的教育改革提供有益借鉴。

一　天津近代教育制度发展的特色

（一）新式学校发端早

　　近代，天津凭借着独特的区位优势和政治环境，成为各方势力争夺的重地，教育自然作为不可或缺的工具被格外重视。天津第一所教会小学出现在 1860 年，第一所教会中学出现在 1887 年，同期，洋务派在天津兴建了一批洋务学堂。19 世纪 80 年代以后，天津的新式学堂如雨后春笋般涌现，诞生了许多全国第一：中国近代第一所大学——北洋大学堂；中国第一套完整的私立教育体系——南开系列学校；中国第一所工业技术学校——北洋电报学堂；中国第一所陆军军官学校——北洋武备学堂；中国第一所培养水雷技术人才的军事学校——电气水雷学堂；中国第一所法政专科学院——北洋法政学堂；中国第一所警察学校——北洋巡警学堂；中国第一所女子师范学校——北洋女师学堂；中国第一所培养音乐、体育师资的专科学校——天津音乐体操传习所；中国第一所水产学校——直隶水产讲习所；中国第一所铁路中学——扶轮中学。新式学堂成为天津近代学校教育的主体，开启了天津教育近代化的历程。

（二）学校体系健全

清末民国，天津各级各类学校层出不穷，数量之多，令人惊叹。根据《津门校史百汇》统计，天津近代有高等院校 18 所；中等学校 103 所，其中普通中学 69 所，中等师范学校 10 所，中等职业学校 24 所；初等学校 156 所。

天津的教育制度体系在清末民就已经建立起来。从纵向看，有幼稚园、小学、中学、大学、研究所（20 世纪 20 年代末设立）；从横向看，有普通教育、职业教育、师范教育；从教育类型上看，既有学校教育，又有社会教育。教育层级齐全，学校类型多样，构成了十分全面的学校制度体系，为近代天津经济和社会的发展培养了各级各类人才。

（三）办学主体多元化，私立学校异军突起

天津近代的学校，办学主体呈现多元化格局，有公立、私立或官办、企业办和个人办。官、商积极办学成为天津近代教育发展的一个鲜明特色。严修、卢木斋、林墨青、周学熙等人，既为官又办学，为天津教育的发展做出了重要贡献。

在整个近代，私立学校的发展优于公立学校。天津私立学校一直长盛不衰，甚至占据学校教育的多半壁江山。据不完全统计，近代天津共有 156 所小学，其中私立小学有 94 所；普通中学有 69 所，其中私立中学 48 所。天津近代的私立学校一部分是个人办学，一部分是教会办学。私立学校兴盛有两个原因：一是 20 世纪二三十年代，教会学校向中国政府立案，准予继续办学的一律改为私立性质，这样，一大批教会中小学都转为私立学校；二是有不少绅商富贾，非常重视教育，或为家族、或为企业出资兴办学校，最著名的要数 1919 年成立的私立南开大学了。公立学校与私立学校并举，共同承担为天津培养各类人才的社会责任。

（四）学校服务于社会

天津近代教育制度的发展与近代工商业发展相辅相成。天津是北方重要港口和经济中心，工商业生产发展需要教育提供合格的劳动力和专门人才，因此，中等职业学校、工科和商科高等院校应运而生，甚至一些中学和分科大学中也设置商科，如北洋大学、南开大学等。一些学校特别是实业（职业）学校在设立前都进行一番周密的调查研究，确保能对企业及个人产生效用。一方面经济、生产发展呼唤专门人才，推动了教育的发展；另一方面教育为工商业发展培养、各种人才，推动民族工商业的发展，二者相辅相成。

（五）女子教育蔚然成风

也许因为近代的天津是一个繁华商贸城市的缘故，天津的女子教育出现较早，而且女子学校数量多，类型也多。天津第一所教会小学就是女子学校，第一所世俗女子学校是 1902 年创办的严氏女塾，此后，女子学校蓬勃发展，女子教育蔚然成风。

天津近代女子学校的兴起和发展，不仅促进女性意识的觉醒，提高自身素质，还对城市文明程度的提升起到了不可替代的作用。

二 天津近代教育制度发展的经验

天津近代教育制度在不断发展和改革中积累了许多宝贵的经验，主要有以下三条：

（一）政府发挥主导作用

在近代教育制度发展过程中，地方教育行政机构——直隶学校司、天津县劝学所、天津市特别教育局，对天津教育的发展起到了主导作用，主要表现为推行、宣传国家的教育方针政策，制定本辖区教育工作的具体政策、行政规章，拟订辖区教育事业年度工作计划，指导、督促、检查各级学校教育、教学工作，筹集、划拨教育经费等。近代天津义务教育的发展，就离不开教育行政部门的管理，如劝学所组建私塾研究会，确立私塾的办学宗旨，改革私塾的课程、教学方法和组织形式，积极推进私塾改良；劝学所组织小学教育研究会，讨论学制、学科、教授和管理等议案，注重发展初等小学教育。这些都对天津义务教育的发展起到了重要的推动作用。1928 年天津特别市教育局制订了《义务教育实施计划草案》，使天津的义务教育驶入有序发展的轨道。再如，为了保障教育经费顺利划拨到各个学校，天津特别市教育局成立了教育经费保管委员会，专门保管政府教育经费，并制定了《津市教款保委会规程》，做到专款专用。天津教育行政部门落实国家教育法规，制定地方教育政策法规，为天津教育事业的发展提供了根本保障和方向的引领。

（二）社会力量积极参与

半个世纪的经验证明，教育要取得前进动力，不仅需要国家政策的大力支持，也需要民间力量的热心帮扶，全社会积极参与才能助力教育走向繁荣。近代以来，由于政局不稳，社会动荡，经济落后，政府财政拮据，各级公立学校的经费时常难以为继，一些乡绅和企业家慷慨捐助，缓解经费不足的燃眉之急。如民初，一些地方士绅和地方团体纷纷解囊兴办初等小学。邑绅卞会昌之母捐出"五千元筹设小学校，以教津埠之贫寒子弟"①；天津学生联合会设贫民教育学校专授国语；天津学生同志会仅 1921 年一年内便设立 5 所儿童义务学校，1922 年 6 月 11 日又开始筹办第六儿童义务学社。天津唯一会也组织了 3 所国民义务学校。这些私人和团体有钱的出钱，有力的出力，为推进天津义务教育贡献自己的绵薄之力。在近代的学校中，众多个人或企业出资，私立学校长盛不衰，与公立学校相互补充，培养了无数优秀人才，成为近代天津学校的中坚力量，也形成了私人捐资助学的优良传统。

（三）教育发展，师资先行

天津近代各级各类学校都非常注重师资培养，建设高质量的教师队伍。近代义务教育开办之初，就设立塾师传习所、简易师范传习所培养私塾教员；设立师范学校和短期小学师资训练班，培训小学教师。1932年，市教育局还颁布了《天津市市立小学聘任教员规程》，规定小学教职员聘任资格。近代社会教育发展进程中，设立传习所，培训平民学校的师资。各高等院校都十分重视师资培养，例如，南开大学注重从留学归来的年轻学者和国内高校的优秀毕业生中聘请教师，悉心指导、培养，使他们很快成长起来，为学校的长远发展奠定了坚实的基础。

然而，天津近代教育制度在发展过程中也暴露一些问题：

1. 经费来源不稳定，教育发展屡屡受限

经费不足首先影响学校日常开销，教学条件、设备等不能满足师生的需求；二是不能保障教师的薪水，留不住优秀的教师，学校的教学质量也会随之下降，这种情况在 20 世纪 20 年代初期和 40 年代后期十分常

---

① 《捐资兴学》，《大公报》1913 年 2 月 18 日。

见，北洋大学的教师就曾因拿不到薪水而举行大规模的罢课活动；三是经费困难使一些教育政策得不到落实，阻碍高等教育的发展。

2. 高等教育在学科设置上偏重理工和各种实业，文科发展滞后

天津高校中仅女师学院和南开大学设置文科，文理失衡严重，是导致近代天津没有出现综合性大学的重要原因之一。学科设置顺应社会需要本无可厚非，但近代天津也是中西文化交汇的前沿，设置文科专业有助于保存和传承我国传统文化，促进文化繁荣，对塑造学生个人品德也是非常有益和必要的。

三　天津近代教育制度发展的启示

通过对天津近代教育制度发展的特色、经验与不足的分析，可以得到以下几点启示：

（一）办学主体多元化，重视发展民办教育

健全、完善教育制度的一个重要标志就是办学体制多样化，办学主体"百家争鸣"，公办、民办、民办公助多种形式办学，要调动社会力量办学的积极性，重视发展民办教育，这样，既可以满足社会对人才需求多样化需求，又可以满足个人对教育资源需求多样化的要求，扩大教育资源，促进学校之间的竞争，提高教育质量和效益。

（二）拓宽教育投资渠道，调动社会各界捐资助学

各级各类学校的持续发展有赖于稳定的经费投入和增长。因此，应扩宽经费来源渠道，才能保证学校日常教育、教学活动的开展，保证乃至提高教师的待遇，提升学校的办学水平。目前，我国教育经费主要来自国家财政拨款、社会集资捐资、学校自身投入、企业教育投入、家庭个人投入几个渠道，对于不同层级、不同类型的学校，在明确经费来源渠道的同时，进一步拓宽经费来源渠道，发扬天津近代绅商热心办学的优良传统，大力提倡和鼓励国家企事业单位、私人企业、港澳台同胞、海外侨胞和内地公民捐资助学，广泛吸纳各种社会资金，拓宽教育经费来源渠道。

（三）重视师资队伍建设，提高教师待遇

师资队伍的质量是办好学校的关键，加强教师专业化是提升学校办

学水平和综合实力的核心。教师专业化的根本就是要优化结构，即优化年龄结构、学历结构、专业结构、知识结构及能力结构，建立教师继续教育制度，加强职业道德建设。同时，提高教师的物质待遇，特别是提高农村基层教师的待遇，制定相应法律法规，切实保障教师的工资待遇不低于公务员，从而增强教师的社会地位和职业吸引力，调动教师工作的积极性。

参考文献

教育志、年鉴

[1] 高彤皆编:《天津县新志》,天津修志局 1930 年版。

[2] 河北省教育厅编卜西君主编:《河北省各县普通教育概览·十七年度》,河北省教育厅 1929 年。

[3] 河北省教育厅编:《河北省教育概况》,河北省教育厅 1935 年。

[4] 河西区教育志编修委员会编任树钢主编:《天津市河西区教育志》,天津市照证厂 1992 年。

[5] 教育部社会教育司编:《战时社会教育》,正中书局 1939 年版。

[6] 教育部参事处编:《教育法令汇编(一)》,商务印书馆 1936 年版。

[7] 静海县地方史志编修委员会编张培生主编:《静海县志》,天津社会科学院出版社 1995 年版。

[8] 天津地方志编修委员会编:《天津通志》,天津社会科学院出版社 1994 年版。

[9] 天津地方志委员会编:《中国天津通鉴》,中国青年出版社 2005 年版。

[10] 天津教育局编:《督查会刊》,天津市教育局 1931 年。

[11] 天津教育总览编辑委员会编:《天津教育总览》,天津社会科学院出版社 1994 年版。

[12] 天津市北辰区地方志编修委员会编:《北辰区志》,天津古籍出版社 2000 年版。

[13] 中共天津市委党史研究室天津市档案馆编:《日本帝国主义在天津的殖民统治》,天津人民出版社 1998 年版。

[14] 天津市地方志编修委员会编:《天津简志》,人民出版社 1991 年版。

［15］天津市地方志编修委员会编：《天津通志·基础教育志》，天津社会科学院出版社 2000 年版。

［16］天津市地方志编修委员会编：《天津通志·旧志点校卷（下）》，南开大学出版社 2001 年版。

［17］天津市和平区地方志编纂委员会编（李润兰主编）：《和平区志》，中华书局 2004 年版。

［18］天津市河北区地方志编修委员会编（李德崇主编）：《河北区志》，天津社会科学院出版社 2003 年版。

［19］天津市红桥区地方志编修委员会编：《红桥区志》，天津古籍出版社 2001 年版。

［20］天津市教育局教育志编修办公室编：《天津教育大事记 1840—1948（上册）》，天津市教育局 1987 年。

［21］天津市教育局编：《天津市十九年度教育统计表》，天津市教育局 1930 年。

［22］天津市教育局编：《天津市二十年度教育统计表》，天津市教育局 1931 年。

［23］天津市教育局编：《天津市二十二年度教育统计表》，天津市教育局 1933 年。

［24］天津市教育局编：《中华民国二十八年天津特别市教育统计》，天津特别市教育局 1940 年。

［25］武清县地方史志编修委员会编马悦龄总纂：《武清县志》，天津社会科学院出版社 1991 年版。

［26］张绍祖主编：《近代天津教育图志》，天津古籍出版社 2013 年版。

［27］中国社会科学院世界宗教研究所编：《中华归主——中国基督教事业统计（1901—1920）》，中国社会科学出版社 1987 年版。

［28］全国政协文史资料研究委员会编：《文史资料选辑·第十七辑》（内部发行），中华书局 1961 年版。

资料汇编

［1］北洋大学—天津大学校史编辑室编：《北洋大学—天津大学校史（第一卷）1895 年 10 月——1949 年 1 月》，天津大学出版社 1990 年版。

［2］ 陈元晖主编：《中国近代教育史资料汇编》，上海教育出版社 2007 年版。

［3］ 杜元战主编：《（革命文献第六十辑）抗战时期之高等教育》，兴台印刷厂 1972 年。

［4］ 教育部编：《中学教育法令汇编》，商务印书馆 1935 年版。

［5］ 教育部教育年鉴编纂委员会编：《第一次中国教育年鉴》，商务印书馆 1934 年版。

［6］ 教育部教育年鉴编纂委员会编：《第二次中国教育年鉴》，商务印书馆 1948 年版。

［7］ 李楚材编：《帝国主义侵华教育史资料——教会教育》，教育科学出版社 1987 年版。

［8］ 李友芝、李春年等编：《中国近现代师范教育史资料》，内部交流材料。

［9］ 刘真主编：《留学教育——中国留学教育史料》，国立编译馆 1980 年版。

［10］ 南开大学校史组编：《南开大学校史：一九一九——一九四九》，南开大学出版社 1989 年版。

［11］ 清华大学中共党史教研组编：《赴法勤工俭学运动史料》，北京出版社 1979 年版。

［12］ 舒新城编：《中国近代教育史资料》，人民教育出版社 1961 年版。

［13］ 宋恩荣、章咸主编：《中华民国教育法规选编》（修订版），江苏教育出版社 2005 年版。

［14］ 天津市第三中学校史资料编辑委员会编著：《官立中学堂—天津市第三中学校史（1901—2001）》，天津市第三中学校史资料编辑委员会 2002 年。

［15］ 天津学校名录编委会编张春茹主编：《天津学校名录》，天津人民出版社 1998 年版。

［16］ 天津宗教志编辑室编：《天津宗教资料选辑》，天津宗教志编辑室 1986 年版。

［17］ 王文俊、梁吉生等编：《南开大学校史资料选：1919—1949》，南开大学出版社 1989 年版。

[18] 西南联合大学北京校友会校史编辑委员会编：《国立西南联合大学校史资料》，北京大学出版社1986年版。

[19] 中国学前教育史编写组编：《中国学前教育史资料选（全一册）》，人民教育出版社1989年版。

[20] 中国第二历史档案馆编：《中华民国史档案资料汇编》，江苏古籍出版社1991年版。

[21] 中国人民政治协商会议天津市委员会文史资料研究委员会编：《沦陷时期的天津》，天津市委员会文史资料研究委员会1992年。

[22] 朱有瓛、高时良等编：《中国近代学制史料》，华东师范大学出版社1983年版。

[23] 庄俞、贺圣鼐编：《最近三十五年之中国教育》，商务印书馆1931年版。

档案

[1]《1946年教育部对全国战后职业教育调查》，1946年。

[2]《本校立案各项表册》，1930年。

[3]《本校立案各项表册之私立中西学校立案用表之十三》，1931年。

[4]《本校立案用表概况之私立中西女子中学校立案用表之三》，1930年。

[5]《二十一年份教育局呈报动之教育专款情形（河北省立女子师范学院师范毕业生名单）》，1932年。

[6]《法汉中学立案用表》，1937年。

[7]《各私立救济育幼机构配售面粉》，1949年。

[8]《河北省立天津师范学校视察表》，1947年。

[9]《河北省立天津师范学校一览表》，1933年。

[10]《河北省私立法汉中学立案用表》，1934年。

[11]《南开同学录》，1922年。

[12]《私立工商大学一览》，1935年。

[13]《私立究真初级中学立案用表之十一》，1930年。

[14]《私立究真初级中学立案用表之十》，1930年。

[15]《私立究真小学校立案表（课程表）（三）》，1931年。

[16]《私立究真中学校立案用表之三》，1930 年。

[17]《私立蒙养园呈请立案》，1930 年。

[18]《私立培才小学校校董会呈请备案》，1931 年。

[19]《私立育真小学呈请立案用表之三》，1947 年。

[20]《私立中西女子中学校立案用表之十、十一》，1927 年。

[21]《天津老西开学校立案用表之二》，1930 年。

[22]《天津师范教育概况（教职员数）》，1947 年。

[23]《天津市法汉中学校立案用表》，1930 年。

[24]《天津市教育局为奉报本年度职业教育推行及改进计划事致教育部呈》，1946 年。

[25]《天津市立商科职业学校民国三十七年第一学期各级课程教学进度表》，1948 年。

[26]《天津市师范教育概况（教职员月支薪金）》，1946 年。

[27]《天津市师范教育概况（校数、学生数）》，1946 年。

[28]《天津市私立老西开初级中学立案表册初级中学校校董回立案表及学校平面图》，1931 年。

[29]《天津市私立老西开小学校董会立案表册》，1931 年。

[30]《天津市私立老西开小学校校务董事会立案表册五》，1931 年。

[31]《天津市私立圣功女子小学立案用表》，1929 年。

[32]《天津市私立树人中学校立案用表》，1930 年。

[33]《天津市职业教育一览》，1947 年。

[34]《天津私立河东中学》，1930 年。

[35]《天津私立老西开学校立案用表之三》，1931 年。

[36]《天津私立老西开学校校董会立案用表之二》，1931 年。

[37]《天津特别市私立圣功女学校校董会用表之二》，1929 年。

[38]《天津特别市私立圣功女子小学校立案用表之二》，1929 年。

[39]《天津特别市私立圣功女子小学校立案用表之三》，1929 年。

[40]《为毕业考试派员监考不能照准事致天津私立中山中学校指令（附中山学校呈）》，1930 年。

[41]《为第九民教馆加强妇女职业教育请发给织袜机事给该馆指令》，1947 年。

[42]《为弘德商科职业学校准予备案事致教育局训令》,1932年。

[43]《为寄送公私立幼稚园概况调查表与天津市教育局来往函(附概况调查表)》,1949年。

[44]《为迁移校舍备案事致私立中山公学商科职业学校校董会指令》,1935年。

[45]《为佘韫珠任高级护士职业学校校长职务事致市卫生局指令》,1946年。

[46]《为送职业教育推行及改进计划准予备案事致天津市教育局代电》,1947年。

[47]《为提倡职业教育事致天津市商会的函》,1931年。

[48]《为填报实业机关及职业团体调查表给本市商会训令》,1946年。

[49]《为学校及董事会成立立案事致天津特别市教育局呈(附简章立案表)》,1933年。

[50]《为职业学校归属市政府呈》,1947年。

[51]《为转发毕业证事与中纺公司天津分公司往来函(附中纺天津分公司各子弟校幼儿园等毕业成绩表)》,1948年。

著作

[1] 陈潮:《近代留学生》,上海古籍出版社1998年版。

[2] 陈鸿文编:《义务教育视导》,上海中华书局1939年版。

[3] 陈礼江:《抗战期中之中国社会教育》,正中书局1938年版。

[4] 陈侠:《近代中国小学课程演变史》,商务印书馆1944年版。

[5] 陈选善主编:《职业教育之理论与实际》,中华职业教育社1933年版。

[6] 陈学恂主编:《中国近代教育大事记》,上海教育出版社1981年版。

[7] 陈友松:《各国社会教育事业》,商务印书馆1937年版。

[8] 邓萃英:《中国之师范教育》,中华书局1931年版。

[9] 董守义:《清代留学运动史》,辽宁人民出版社1985年版。

[10] 杜成宪、王伦信:《中国幼儿教育史》,上海教育出版社1998年版。

[11] 费正清编:《剑桥中国晚清史(1800—1911年)》,历史研究所编译室译,中国社会科学出版社1985年版。

［12］费正清编：《剑桥中华民国史（1912—1949）》，杨名泉等译，中国社会科学出版社 1994 年版。

［13］高时良主编：《中国教会学校史》，湖南教育出版社 1994 年版。

［14］耿文侠、冯春明：《百年历程——河北师范教育创建与发展》，河北教育出版社 2004 年版。

［15］顾卫民：《基督教与近代中国社会》，人民出版社 1996 年版。

［16］何晓夏、史静寰：《教会学校与中国教育的近代化》，广东教育出版社 1996 年版。

［17］何晓夏主编：《简明中国学前教育史》，北京师范大学出版社 1990 年版。

［18］胡卫清：《普遍主义的挑战——近代中国基督教教育研究（1877—1927）》，人民出版社 2000 年版。

［19］黄福庆：《清末留日学生》，台北"中央研究院"近代史研究所 1975 年版。

［20］黄新宪：《中国留学教育的历史反思》，四川教育出版社 1991 年版。

［21］霍益萍：《中国近代的高等教育》，华东师范大学出版社 1999 年版。

［22］江恒源、沈光烈：《职业教育》，正中书局 1937 年版。

［23］姜琦、慈心等：《义务教育之研究及讨论》，商务印书馆 1925 年版。

［24］金以林：《近代中国大学研究（1895—1949）》，中央文献出版社 2000 年版。

［25］来新夏主编：《天津近代史》，南开大学出版社 1987 年版。

［26］李定开编：《中国学前教育》，西南师范大学出版社 1990 年版。

［27］李华兴主编：《民国教育史》，上海教育出版社 1997 年版。

［28］李蔺田主编：《中国职业技术教育史》，高等教育出版社 1994 年版。

［29］李喜所、刘集林：《近代中国的留美教育》，天津古籍出版社 2000 年版。

［30］廖其发编：《中国幼儿教育史》，山西教育出版社 2006 年版。

［31］林本：《世界各国师范教育制度——我国师范教育制度之研究》，开明书店 1974 年版。

［32］林子勋：《中国留学教育史》，华冈出版社 1976 年版。

［33］刘海峰、史静寰主编：《高等教育史》，高等教育出版社 2010 年版。

［34］刘捷、谢维和：《栅栏内外——中国高等师范教育百年省思》，北京师范大学出版社 2002 年版。

［35］刘晓琴：《中国近代留英教育史》，南开大学出版社 2005 年版。

［36］罗澍伟主编：《近代天津城市史》，中国社会科学出版社 1993 年版。

［37］罗廷光：《师范教育》，正中书局 1940 年版。

［38］马啸风主编：《中国师范教育史（1897—2000）》，首都师范大学出版社 2003 年版。

［39］潘懋元主编：《中国高等教育百年》，广东高等教育出版社 2003 年版。

［40］瞿立鹤：《清末留学教育》，台北三民书局 1973 年版。

［41］沈殿成主编：《中国人留学日本百年史（1896—1996）》，辽宁教育出版社 1997 年版。

［42］盛朗西编：《小学课程沿革》，中华书局 1934 年版。

［43］实藤惠秀，《中国人留学日本史》，潭汝谦、林启彦译，生活·读书·新知三联书店 1983 年版。

［44］舒新城编：《近代中国留学史》，中华书局 1927 年版。

［45］宋秋蓉：《近代中国私立大学研究》，人民出版社 2003 年版。

［46］孙石月：《中国近代女子留学史》，中国和平出版社 1995 年版。

［47］邰爽秋、黄振祺等编：《中国普及教育问题》，商务印书馆 1938 年版。

［48］唐淑、冯晓霞主编：《百年中国幼教》，教育科学出版社 2003 年版。

［49］唐淑、何晓夏主编：《学前教育史》，辽宁师范大学出版社 2001 年版。

［50］唐淑、钟昭华主编：《中国学前教育史》，人民教育出版社 2000 年版。

［51］田正平、肖朗主编：《世纪之理想——中国近代义务教育研究》，浙江教育出版社 1993 年版。

［52］田正平：《留学生与中国教育近代化》，广东教育出版社 1996 年版。

［53］田正平主编：《中外教育交流史》，广东教育出版社 2004 年版。

［54］涂又光：《中国高等教育史论》，湖北教育出版社 1997 年版。

［55］汪向荣：《日本教习》，中国青年出版社 2000 年版。

［56］王雷：《中国近代社会教育史》，人民教育出版社 2003 年版。

［57］王奇生：《中国留学生的历史轨迹（1872—1949）》，湖北教育出版社 1992 年版。

［58］王志廉编：《天津市小学校乡土教材》，天津市立第九小学出版部 1935 年版。

［59］王忠欣：《基督教与中国近现代教育》，湖北教育出版社 2002 年版。

［60］卫道治主编：《中外教育交流史》，湖南教育出版社 1998 年版。

［61］吴洪成：《中国教会教育史》，西南师范大学出版社 1998 年版。

［62］吴洪成：《中国近代职业教育制度史研究》，知识产权出版社 2012 年版。

［63］吴寄萍：《私塾改良》，中华书局 1939 年版。

［64］吴学信：《社会教育史》，商务印书馆 1939 年版。

［65］吴玉琦：《中国职业教育史》，吉林教育出版社 1991 年版。

［66］谢长法：《中国职业教育史》，山西教育出版社 2011 年版。

［67］谢长法编著：《中国留学教育史》，山西教育出版社 2006 年版。

［68］谢长法主编：《中国中学教育史》，山西教育出版社 2009 年版。

［69］熊明安：《中国高等教育史》，重庆出版社 1983 年版。

［70］熊贤君：《中国近代义务教育研究》，华中师范大学出版社 2006 年版。

［71］熊月之：《西学东渐与晚清社会》，人民出版社 1994 年版。

［72］徐甘棠：《职业教育》，中华职业教育社 1918 年版。

［73］阎国华、安效珍主编：《河北教育史》，河北教育出版社 2003 年版。

［74］杨才林：《民国社会教育研究》，社会科学文献出版社 2011 年版。

［75］易慧清：《中国近现代学前教育史》，东北师范大学出版社 1994 年版。

［76］尹文涓编：《基督教与中国近代中等教育》，人民出版社 2008 年版。

［77］余家菊：《师范教育》，中华书局 1930 年版。

［78］喻本伐编著：《中国幼儿教育史》，大象出版社 2000 年版。

［79］袁希涛：《义务教育》，商务印书馆 1931 年版。

［80］袁希涛编：《义务教育之商榷》，商务印书馆 1921 年版。

[81] 张伯苓:《南开四十年》，南开中学印行 1944 年版。

[82] 张大民主编:《天津近代教育史》，天津人民出版社 1993 年版。

[83] 张绍祖编著:《津门校史百汇》，天津人民出版社 1994 年版。

[84] 张允侯:《留法勤工俭学运动》，人民出版社 1980 年版。

[85] 赵宝琪、张凤民主编:《天津教育史》，天津人民出版社 2002年版。

[86] 赵裕仁编:《义务教育行政》，上海中华书局 1939 年版。

[87] 郑登云编:《中国高等教育史》，华东师范大学出版社 1994 年版。

[88] 周慧梅:《近代民众教育馆研究》，北京师范大学出版社 2012年版。

[89] 周棉主编:《中国留学生大辞典》，南京大学出版社 1999 年版。

论文

[1] 安延、叶隽:《中国人留学法国史研究概述》，《法国研究》2003 年第 1 期。

[2] 柏荣:《民国初期著名中学管理实践研究》，硕士学位论文，华东师范大学，2010 年。

[3] 曹传兰:《基督教在华传教方针的嬗变》，硕士学位论文，福建师范大学，2004 年。

[4] 陈璠:《清末民初学前教育课程研究》，硕士学位论文，东北师范大学，2008 年。

[5] 陈竞芳:《论中国近代幼儿教师教育的历史演变》，硕士学位论文，福建师范大学，2009 年。

[6] 痴子:《救救短小教员》，《新民教育》1939 年第 7 期。

[7] 楚双志:《袁世凯与清末直隶地区的新式教育》，《辽宁教育研究》2002 年第 7 期。

[8] 崔运武:《中国近代师范教育历史发展研究引论》，《学园》2008 年第 2 期。

[9] 代晓:《二十世纪二三十年代的幼稚教育改革》，硕士学位论文，华中师范大学，2007 年。

[10] 德忠:《袁世凯和清末直隶师范教育》，《首都师范大学学报》（社

会科学版）2007 年第 A1 期。

［11］邓庆伟：《抗战时期国统区师范教育论述》，《四川师范大学学报》
（社会科学版）1996 年第 4 期。

［12］丁柏传、郑瑞君：《近代中国教会学校述论》，《中共中央党校学
报》2000 年第 4 卷。

［13］杜娟：《近代天津职业学校的发展研究》，硕士学位论文，天津师范
大学，2013 年。

［14］段春敏：《近代女子师范教育之研究》，硕士学位论文，河南大学，
2010 年。

［15］段凤藻：《津市短期小学校教学研究会工作概况》，《新民教育》
1939 年第 2 期。

［16］樊国福：《留日学生与直隶省教育近代化（1896—1928）》，博士学
位论文，河北大学，2012 年。

［17］方玉芬：《清末幼稚园教育发展日本化透视》，《幼儿教育·教育科
学》2007 年第 5 期。

［18］冯开文：《论晚清的留学政策》，《近代史研究》1993 年第 2 期。

［19］冯丽：《清末中学教育研究》，硕士学位论文，河北大学，2005 年。

［20］扶小兰：《论近代中国社会教育发生和发展的原因》，《西南交通大
学学报》（社会科学版）2003 年第 4 卷。

［21］高桂林：《清末师范教育的发展》，《师资培训研究》1996 年第
2 期。

［22］勾小群：《近代学前教育课程中国化探索》，《西安教育学院学报》
2004 年第 4 期。

［23］谷小水：《近代中国的职业教育 1866—1927》，《历史档案》2000 年
第 2 期。

［24］顾明远：《中国高等教育传统的演变和形成》，《高等教育研究》
2001 年第 1 期。

［25］韩兵、张雪：《清末新政时期袁世凯的师范教育思想及实践评述》，
《长春师范学院学报》人文社会科学版 2010 年第 6 期。

［26］韩艳明：《清末直隶教育行政体制研究》，硕士学位论文，天津师范
大学，2009 年。

［27］ 洪港：《南京国民政府时期社会教育行政研究（1927—1937）》，硕士学位论文，沈阳师范大学，2005 年。

［28］ 胡卫清：《论近代教会学校的宗教教育》，《学术研究》2001 年第7 期。

［29］ 胡小君：《近代中国基督教中学研究》，硕士学位论文，苏州大学，2003 年。

［30］ 户部健：《关于 20 世纪 20 年代末至 40 年代天津社会教育的变迁——以民众教育馆的教育活动为例》，《城市史研究》2010 年第00 期。

［31］ 黄飙：《民国时期义务教育师资培养与管理研究》，硕士学位论文，东北师范大学，2007 年。

［32］ 黄兴国：《天津职业教育的发展与实践》，《中国职业技术教育》2012 年第 16 期。

［33］ 黄钰生：《早期的南开中学》，《基础教育》2006 年第 12 期。

［34］ 贾祥瑞：《民国时期义务教育经费筹措研究》，硕士学位论文，东北师范大学，2008 年。

［35］ 姜新：《评清末民初的留学生归国考试》，《史学月刊》2005 年第12 期。

［36］ 蒋纯焦：《论清末的中学、中学生与中学课程》，《河北师范大学学报》（教育科学版）2014 年第 6 期。

［37］ 蒋雅俊：《论中国学前课程的历史演变》，硕士学位论文，南京师范大学，2010 年。

［38］ 靳春泓：《晚清留学制度演变考察》，硕士学位论文，西北大学，2003 年。

［39］ 孔凡岭：《民国时期的留美途径》，《历史档案》2003 年第 3 期。

［40］ 李良品、年尹维：《中国近代义务教育的起源、特点与实绩》，《重庆社会科学》2006 年第 7 期。

［41］ 李松丽：《南京国民政府时期中学教育研究（1927—1949.）》，硕士学位论文，河北大学，2006 年。

［42］ 李伟：《民国时期高师教育实习政策的演变》，《内蒙古师范大学学报》（教育科学版）2006 第 1 期。

［43］李召存：《中国近代幼儿师范教育的历史嬗变》，《学前教育研究》2008 年第 11 期。

［44］李忠：《商会与中国近代教育研究》，博士学位论文，河北大学，2005 年。

［45］林乙烽：《清末民初的中小学教育》，《徐州师范学院学报》1982 年第 3 期。

［46］刘白杨：《清末民国时期私塾对义务教育的作用分析》，《江西师范大学学报》（哲学社会科学版）2008 年第 5 期。

［47］刘敬坤、年徐宏：《中国高等教育发展历程回顾（上、下）》，《东南大学学报》（哲学社会科学版）2004 年第 1 期。

［48］刘晓华、贺燕丽：《略谈教会学校对中国近现代教育的影响》，《陕西教育学院学报》2005 年第 1 期。

［49］刘玉梅：《清末民初（1901—1921）教师群体研究——以直隶为考察对象》，博士学位论文，北京师范大学，2007 年。

［50］卢红玲：《民国早期中学教育研究（1912—1927）》，硕士学位论文，河北大学，2006 年。

［51］鲁珊君：《晚清天津职业教育发展研究》，硕士学位论文，天津师范大学，2011 年。

［52］吕苹：《中国幼稚教育改革的历史启示——对上世纪二三十年代幼稚教育中国化运动的再认识》，《学前教育研究》2003 年第 5 期。

［53］马志亮：《小学师资之我观》，《新民教育》1939 年第 5 期。

［54］孟鑫：《中国近代中学教师资格制度的考察及其启示》，《现代教育论丛》2014 年第 3 期。

［55］潘懋元、肖海涛：《现代高等教育演变的历程——从 20 世纪到 21 世纪》，《高等教育研究》2007 年第 8 期。

［56］沈萍霞：《清末民初的留美教育与中国教育近代化》，硕士学位论文，陕西师范大学，2005 年。

［57］沈晴：《民国时期著名中学的办学实践》，硕士学位论文，华东师范大学，2004 年。

［58］施克灿、马忠虎：《日本教习与清末师范教育的创始》，《教师教育

研究》2004 年第 3 期。

[59] 史静寰:《教会学校与近代中国的师资培养》,《高等师范教育研究》1995 年第 1 期。

[60] 舒新城:《中国幼稚教育小史》,《教育杂志》1922 年第 2 期。

[61] 宋秋蓉:《私立大学与近代中国的社会转型》,《华东师范大学学报》(教育科学版)2004 年第 1 期。

[62] 孙辉:《清末民初湖南留学运动探析(1898—1924)》,硕士学位论文,湖南师范大学,2009 年。

[63] 孙莉:《民国北京政府时期直隶地区女子教育研究》,硕士学位论文,河北师范大学,2012 年。

[64] 孙新丽:《清末民初直隶留学教育探究》,硕士学位论文,河北大学,2010 年。

[65] 孙祖基:《十年来中国之职业教育》,《教育与职业》1933 年第 2 期。

[66] 谈儒强:《民国时期中学会考制度评析》,《华东师范大学学报》(教育科学版)1998 年第 1 期。

[67] 田景正、杨素琴、吴庆:《论教会幼儿教育对中国幼儿教育近代化的影响》,《河北师范大学学报》(教育科学版)2009 年第 5 期。

[68] 田正平、李笑贤:《论中国近代留学教育的兴起》,《教育研究》1994 年第 5 期。

[69] 王炳照:《中国师资培养与师范教育》,《高等师范教育研究》1997 年第 6 期。

[70] 王春燕:《中国学前课程百年发展、变革的历史与思考》,博士学位论文,南京师范大学,2003 年。

[71] 王冬凌:《试论中国近现代教会学校的发展轨迹及特点》,《大连教育学院报》1997 年第 1 期。

[72] 王桂可:《从西学东渐看天津近代教育演变》,《黑龙江史志》2014 年第 14 期。

[73] 王华银:《留法勤工俭学运动与中国现代教育》,硕士学位论文,河北大学,2004 年。

[74] 王慧:《论近代职业教育师资培养体制的演进及存在的问题》,《教

师教育研究》2004 年第 4 期。

［75］王建军：《论近代高等师范教育的课程设置》，《教育研究》1998 年
第 12 期。

［76］王建军：《评清末义务教育的课程设置》，《课程·教材·教法》
1998 年第 6 期。

［77］王娟：《清末民国早期（1897—1927）师范教育研究》，硕士学位
论文，河北大学，2007 年。

［78］王伦信：《清末民国时期中学教育研究》，博士学位论文，华东师范
大学，2001 年。

［79］王奇生：《教会女子高等教育的历史演变》，《华中师范大学学报》
（哲社版）1996 年第 2 期。

［80］王献玲：《中国近代义务教育的艰难进程及历史启示》，《天津师范
大学学报》（基础教育版）2008 年第 3 期。

［81］王艳：《1912—1927 年的北京地区的中学教育研究》，硕士学位论
文，首都师范大学，2007 年。

［82］王兆祥：《近代华北城市社会教育形成与发展初探》，《天津社会科
学》2003 年第 1 期。

［83］魏光奇：《直隶地方自治中的县财政》，《近代史研究》1998 年第
1 期。

［84］吴国荣：《中国近代职业教育研究（1866 年—1911 年）》，博士学
位论文，福建师范大学，2008 年。

［85］严仁清：《回忆祖父严修在天津创办的幼儿教育》，《幼教通讯》
1983 年第 9 期。

［86］杨齐福：《教会学校的兴起与近代中国的教育改革》，《扬州大学学
报》（高教研究版）2000 年第 1 期。

［87］杨素琴：《教会学前教育与中国学前教育近代化》，硕士学位论文，
湖南师范大学，2009 年。

［88］杨云兰：《民国时期中学教育财政体制探析》，《沈阳师范大学学
报》（社会科学版）2013 年第 1 期。

［89］杨真珍：《清末留日学生与中国教育近代化》，硕士学位论文，西南
大学，2007 年。

[90] 尹树鹏：《近代天津教育的发展及启示》，《天津教育》2005 年第 3 期。

[91] 于伟敏：《南京国民政府时期义务教育研究（1927—1945）》，硕士学位论文，东北师范大学，2008 年。

[92] 余子侠：《抗战时期国立中学的创办及其意义》，《近代史研究》2003 年第 3 期。

[93] 俞启定：《中国近代职业教育形成的探讨》，《中国职业技术教育》2010 年第 3 期。

[94] 岳红廷：《近代天津的私塾改良活动》，硕士学位论文，天津师范大学，2009 年。

[95] 张德忠：《1901—1911 年直隶省师范学堂考略》，《首都师范大学学报》（社会科学版）2012 年第 3 期。

[96] 张德忠：《清末京师直隶师范教育研究》，硕士学位论文，首都师范大学，2008 年。

[97] 张绍春：《清末与民国前期天津社会教育研究（1905—1937）》，硕士学位论文，天津师范大学，2011 年。

[98] 张绍祖：《天津沦陷时期教育界的抗日活动》，《天津市社会主义学院学报》2015 年第 2 期。

[99] 张殊夏：《民国时期学前教育研究》，硕士学位论文，东北师范大学，2007 年。

[100] 张晓飞：《李鸿章与直隶教育》，硕士学位论文，河北师范大学，2009 年。

[101] 张艳丽：《清末直隶新政中的督学机构与兴学措施》，硕士学位论文，河北师范大学，2002 年。

[102] 张元隆：《民国教育经费制度述论》，《安徽史学》1996 年第 4 期。

[103] 赵成日：《教会学校对中国近代教育的影响》，硕士学位论文，吉林大学，2007 年。

[104] 赵宇静：《清末民初幼儿教育研究》，硕士学位论文，山东师范大学，2008 年。

[105] 周棉：《留学运动的性质及意义》，《徐州师范大学学报》（哲学社会科学版）2004 年第 1 期。

[106] 朱景坤:《中国近代留学教育与中国高等教育近代化》,《徐州师范大学学报》(哲学社会科学版) 2002 年第 3 期。

报纸类

[1]《大公报》,1912—1924 年。

[2]《益世报》,1915—1937 年、1945—1949 年。

后　记

2007 年 6 月，我来到天津师范大学工作，主要从事中国教育史的教学与研究。曾几何时，我伫立在海河畔，流连在西洋建筑群，漫步在古文化街，沉浸在古籍书店……幻想着自己能穿越时光，去眺望中国近代文明的窗口，去感受中国近代历史的脉动，也就是从那时候起，我开始关注天津地方教育史，并搜集相关文献资料。从 2011 年到 2016 年，在我的指导下，先后有 10 名研究生以天津近代教育制度作为硕士学位论文的选题，并通过了答辩。2013 年，"天津近代教育专题史研究"还入选天津市哲学社会科学规划课题（TJJX13—012）。

本书是我们对天津近代教育制度研究的初步成果，研究还很肤浅，尚有很多问题需要深入挖掘。由于水平有限，存在舛误、疏漏在所难免，敬请各位读者匡正与补充。

感谢天津市哲学社会科学规划领导小组办公室对本书提供的资助。感谢天津师范大学教育科学学院对本书的出版给予的鼎力支持。著名教育史学家阎国华教授不顾年事已高，欣然为本书作序；天津教育史专家张绍祖先生为本书提供了非常有价值的资料；中国社会科学出版社马明编辑为本书的出版付出了辛勤的劳动，在此一并表示由衷的感谢。感谢杨娜娜、徐婷为本书所做的工作。

感谢所有为本书提供支持和帮助的人！

王慧

2017 年 3 月 26 日